CB128118

OKRs

Para leigos

OKRs

Para leigos

Paul R. Niven

ALTA BOOKS
GRUPO EDITORIAL
Rio de Janeiro, 2025

OKRs Para Leigos

Copyright © 2025 STARLIN ALTA EDITORA E CONSULTORIA LTDA.

Copyright ©2023 Paul R. Niven.

ISBN: 978-85-508-2689-9

Alta Books é uma Editora do Grupo Editorial Alta Books.

Translated from original OKRs For Dummies © 2023 by Wiley Publishing, Inc. ISBN 978-1-394-18348-7. This translation is published and sold by John Wiley, the owner of all rights to publish and sell the same. PORTUGUESE language edition published by Starlin Alta Editora e Consultoria Eireli, Copyright © 2025 by STARLIN ALTA EDITORA E CONSULTORIA LTDA.

Impresso no Brasil — 1ª Edição, 2025 — Edição revisada conforme o Acordo Ortográfico da Língua Portuguesa de 2009.

Dados Internacionais de Catalogação na Publicação (CIP)
(BENITEZ Catalogação Ass. Editorial, MS, Brasil)

N735o
1.ed. Niven, Paul R.
OKRs para leigos / Paul R. Niven ; tradução Renan Amorim. – 1.ed. – Rio de Janeiro : Alta Books, 2025.
336 p.; il.; 16 x 23 cm. – (Para leigos)

Título original: OKRs for dummies.
ISBN 978-85-508-2689-9

1. Aprendizagem organizacional. 2. Desenvolvimento organizacional – Administração. 3. Gestão empresarial. 4. Objetivos qualitativos. 5. Planejamento estratégico. I. Título. II. Série.

06-2025/47 CDD 658.1

Índice para catálogo sistemático:
1. Desenvolvimento organizacional : Objetivos qualitativos : Administração 658.1
Aline Graziele Benitez – Bibliotecária – CRB-1/3129

Todos os direitos estão reservados e protegidos por Lei. Nenhuma parte deste livro, sem autorização prévia por escrito da editora, poderá ser reproduzida ou transmitida. A violação dos Direitos Autorais é crime estabelecido na Lei nº 9.610/98 e com punição de acordo com o artigo 184 do Código Penal.

O conteúdo desta obra fora formulado exclusivamente pelo(s) autor(es).

Marcas Registradas: Todos os termos mencionados e reconhecidos como Marca Registrada e/ou Comercial são de responsabilidade de seus proprietários. A editora informa não estar associada a nenhum produto e/ou fornecedor apresentado no livro.

Material de apoio e erratas: Se parte integrante da obra e/ou por real necessidade, no site da editora o leitor encontrará os materiais de apoio (download), errata e/ou quaisquer outros conteúdos aplicáveis à obra. Acesse o site www.altabooks.com.br e procure pelo título do livro desejado para ter acesso ao conteúdo.

Suporte Técnico: A obra é comercializada na forma em que está, sem direito a suporte técnico ou orientação pessoal/exclusiva ao leitor.

A editora não se responsabiliza pela manutenção, atualização e idioma dos sites, programas, materiais complementares ou similares referidos pelos autores nesta obra.

Grupo Editorial Alta Books

Produção Editorial: Grupo Editorial Alta Books
Diretor Editorial: Anderson Vieira
Editor da Obra: Gorki Starlin
Vendas Governamentais: Cristiane Mutüs
Gerência Comercial: Claudio Lima

Produtor Editorial: Thiê Alves
Tradução: Renan Amorim
Copidesque: Eveline Machado
Revisão Gramatical: Alberto Streicher
Diagramação: Natalia Curupana

ALTA BOOKS
GRUPO EDITORIAL

Rua Viúva Cláudio, 291 — Bairro Industrial do Jacaré
CEP: 20.970-031 — Rio de Janeiro (RJ)
Tels.: (21) 3278-8069 / 3278-8419
www.altabooks.com.br — altabooks@altabooks.com.br
Ouvidoria: ouvidoria@altabooks.com.br

Editora **afiliada à:**

ASSOCIADO

Sobre o Autor

Paul R. Niven é consultor de gestão, autor e palestrante de destaque de tópicos sobre Estratégia, Execução de Estratégias, Objetivos e Resultados-chave (OKRs) e Balanced Scorecard (BSC). Como fundador do site OKRsTraining.com [todos os sites citados no livro apresentam conteúdo em inglês], ele desenvolveu sistemas de execução de estratégias para clientes grandes e pequenos em uma ampla variedade de organizações, incluindo empresas da Fortune 1000, do setor público e organizações sem fins lucrativos. Desde 2001, a empresa ajudou mais de quinhentas organizações ao redor do mundo a executar sua estratégia com eficácia. Uma pequena amostra de seus clientes inclui Mercedes-Benz, Humana, Walmart Canada e The Michael J. Fox Foundation.

Paul é autor de seis outros livros sobre estratégia e execução de estratégias, que foram traduzidos para mais de quinze idiomas ao redor do mundo.

Dedicatória

Para a minha esposa, Lois, por seu apoio inabalável e incentivo durante minhas aventuras de escrita.

Agradecimentos do Autor

Este livro foi escrito para ser um guia abrangente e de fácil acesso para organizações que se aventuram ou já estão implementando OKRs. Meu papel como autor foi dar conselhos práticos e — tão importante quanto — confiáveis para ajudar os leitores em seu caminho para o sucesso. Se eu consegui ter sucesso nessa tarefa isso se deve basicamente à inestimável experiência que ganhei ao interagir com centenas de organizações ao longo de mais de vinte anos como consultor. Meus mais sinceros agradecimentos a cada uma delas por sua confiança, generosidade e comprometimento ao aprimorar com uma estratégia melhor empregando os OKRs. Também gostaria de enviar um agradecimento especial aos meus colegas do OKRsTraining.com, Kevin Baum e Zack Ross, por suas muitas e valiosas contribuições, tanto para o sucesso da nossa empresa como para o campo dos OKRs. Para concluir, meus mais sinceros agradecimentos a Susan Christophersen, Tracy Boggier, Vicki Adang e toda a equipe Para Leigos por me guiarem com habilidade nas exigências específicas para escrever um livro da série.

Sumário Resumido

Introdução 1

Parte 1: Apresentando os OKRs 5

CAPÍTULO 1: Atingindo Metas com OKRs 7

CAPÍTULO 2: Benefícios dos OKRs 21

Parte 2: Preparando OKRs 39

CAPÍTULO 3: Primeiro o Mais Importante: Por que Criar OKRs 41

CAPÍTULO 4: Papéis Vitais de OKRs na Organização 51

CAPÍTULO 5: Onde e Quando Criar OKRs 73

CAPÍTULO 6: Matérias-primas dos OKRs: Missão, Visão e Estratégia 95

Parte 3: Criando OKRs 117

CAPÍTULO 7: Preparando-se para Criar OKRs 119

CAPÍTULO 8: Arregaçando as Mangas, Parte 1: Criando Objetivos 145

CAPÍTULO 9: Arregaçando as Mangas, Parte 2: Criando Resultados-chave . . . 171

CAPÍTULO 10: OKRs Ainda Mais Fortes 199

Parte 4: Trabalhando com OKRs 221

CAPÍTULO 11: Fazendo Reuniões de Revisão dos OKRs 223

CAPÍTULO 12: Pontuando e Analisando OKRs 245

CAPÍTULO 13: Fazendo os OKRs Perdurarem 263

Parte 5: A Parte dos Dez 281

CAPÍTULO 14: Dez Perguntas sobre OKRs 283

CAPÍTULO 15: Dez Obrigações para Ter Sucesso com OKRs 293

CAPÍTULO 16: Dez Dicas para Criar OKRs Eficazes 303

Índice 313

CONHEÇA OUTROS LIVROS DA ALTA BOOKS

Negócios - Nacionais - Comunicação - Guias de Viagem - Interesse Geral - Informática - Idiomas

Todas as imagens são meramente ilustrativas.

SEJA AUTOR DA ALTA BOOKS!

Envie a sua proposta para: autoria@altabooks.com.br

Visite também nosso site e nossas redes sociais para conhecer lançamentos e futuras publicações!

www.altabooks.com.br

/altabooks • /altabooks • /alta_books

ALTA BOOKS
EDITORA

Impressão e Acabamento| Gráfica Viena
www.graficaviena.com.br

OKRs Para leigos

Se deseja transformar suas aspirações em sucessos mensuráveis, a melhor maneira de fazer isso é implementar o sistema de criação de objetivos e resultados-chave (OKRs). Inúmeras organizações têm usado OKRs para gerar foco, aumentar o alinhamento e atingir resultados notáveis.

Se deseja aumentar a produtividade, estimular a inovação ou combinar os esforços da sua equipe em prol de uma visão comum, os OKRs oferecem uma estrutura que pode ajudá-lo a avançar. Esta Folha de Cola apresenta dicas e truques essenciais para ajudá-lo a acessar o poder dos OKRs e traçar seu caminho para o sucesso com eficácia.

10 PERGUNTAS PARA AJUDÁ-LO A CRIAR OKRS EFICAZES

Criar OKRs eficazes exige uma consideração bem pensada, uma introspecção profunda e um comprometimento com o pensamento estratégico. Considere as seguintes perguntas específicas ao desenvolver seus próprios OKRs.

1. Quais são os desafios primários que precisamos superar para sermos bem-sucedidos?
2. Quais oportunidades ou tendências do mercado podemos capitalizar para conduzir nosso sucesso?
3. Quais são os pontos fortes e as capacidades únicos da nossa organização que podemos empregar?
4. Do que mais gostamos como organização?
5. Se começássemos nossa organização hoje, o que faríamos diferente?
6. Quais resultados comerciais específicos queremos atingir no próximo ano/trimestre/quadrimestre?
7. Quais métricas ou indicadores-chave nos ajudarão a medir o progresso em direção a esses resultados?
8. O que os clientes esperam ou exigem de nós como organização?
9. Quais são as principais áreas de melhoria ou crescimento em que devemos nos concentrar?
10. O que as melhores organizações do ramo fazem muito bem e que podemos imitar?

COMO LIDAR COM DESAFIOS DE OKRS

Se os OKRs forem uma novidade para você, a boa notícia é que esse sistema é uma maneira poderosa de gerar foco, alinhamento e engajamento de cima para baixo. A má notícia é que você provavelmente terá alguns obstáculos no caminho para a sua implementação.

OKRs Para leigos

Seguem algumas sugestões de como lidar com os problemas quando se deparar com eles:

Problema	Solução
Resistência de indivíduos ou equipes acostumados com métodos diferentes de definição de metas	Providencie uma comunicação clara sobre os benefícios dos OKRs e por que sua organização está implementando esse sistema. Lide com as preocupações e dê apoio para ajudar as pessoas a fazer a transição para a estrutura dos OKRs.
Falta de compreensão sobre os fundamentos dos OKRs e como implementá-los	Realize workshops de treinamento abrangentes para instruir os colaboradores sobre o objetivo, a estrutura e as melhores práticas dos OKRs.
Confusão sobre quem é o responsável pelos OKRs	Designe papéis cruciais para a implementação: patrocinador executivo; Defensor (ou Campeão) dos OKRs (executa o programa internamente); e Embaixadores dos OKRs ("superusuários" espalhados pela organização).
Objetivos que são vagos ou amplos demais, dificultando a medição do progresso	Seja específico ao escrever os objetivos e que qualquer pessoa que os leia tenha uma compreensão compartilhada do que você está tentando fazer.
Resultados-chave que não são específicos, mensuráveis ou práticos, dificultando a medição do progresso	Enfatize a importância de resultados-chave bem definidos e quantificáveis que demonstrem claramente que o objetivo foi atingido.
OKRs que não se alinham com os objetivos e a estratégia gerais da organização	Implemente uma abordagem de conexão de cima para baixo e de baixo para cima, alinhando os objetivos de cada nível com os objetivos mais elevados, estimulando o alinhamento da organização.
OKRs demais	Incentive as equipes a estabelecer no máximo dois OKRs por período. Cada objetivo deve vir acompanhado de 3–5 resultados-chave.
Falta de colaboração e comunicação entre os departamentos ou as equipes em relação aos OKRs	Incentive a colaboração multidisciplinar, o compartilhamento de melhores práticas e a comunicação regular para estimular o alinhamento e o desenvolvimento de OKRs compartilhados.
Falha em acompanhar e monitorar o progresso dos OKRs com consistência	Implemente um ritmo regular para acompanhar os OKRs, como verificações semanais ou mensais e retrospectivas de fim de período para avaliar o progresso, identificar desafios e fazer os ajustes necessários.
Adesão e participação limitadas dos colaboradores no processo dos OKRs	Envolva os colaboradores no processo de estabelecimento dos OKRs. Peça a opinião deles e lhes dê oportunidades para contribuírem com a definição de OKRs significativos.

Sumário

INTRODUÇÃO 1
Sobre Este Livro 2
Penso que... 3
Ícones Usados Neste Livro 3
Além Deste Livro 4
De Lá para Cá, Daqui para Lá 4

PARTE 1: APRESENTANDO OS OKRS 5

CAPÍTULO 1: **Atingindo Metas com OKRs 7**
OKRs — Um Sistema de Definição de Metas 8
O Valor da Definição de Metas 9
Examinando os Elementos dos OKRs 12
Definindo um "objetivo" 12
Escrevendo um objetivo básico 12
Definindo um resultado-chave 14
Escrevendo resultados-chave 14
OKRs e Outros Sistemas de Definição de Metas 16
OKRs versus metas SMART 16
OKRs versus KPIs 17
OKRs versus 4DX 17
OKRs versus BSC 19

CAPÍTULO 2: **Benefícios dos OKRs 21**
Superando os Desafios Organizacionais Comuns com OKRs . . . 22
A dificuldade de executar estratégias 23
Reconhecendo o desafio do crescimento sustentável 25
Trabalhando com a ameaça da disrupção 27
Como Seu Pessoal se Beneficiará com os OKRs 28
Focando o que é mais importante 29
Alinhamento do topo à base, e além 30
Aumentando o engajamento 33
Senso de responsabilidade com conhecimento estratégico . 35
Elevando o nível com o pensamento visionário 36
Trabalhando em um sistema fácil de entender e usar 37

PARTE 2: PREPARANDO OKRS 39

CAPÍTULO 3: **Primeiro o Mais Importante: Por que Criar OKRs 41**
Descobrindo Como Não Iniciar Sua Jornada de OKRs 42

Evite pedir que seu assistente administrativo contate consultores 43
O que fazer? 44
Não inicie um processo de mudança levianamente 45
Então, o que fazer? 45
O "Motivo" para Criar OKRs 45
Seu motivo único para implementar OKRs 46
É essencial saber o seu motivo 48

CAPÍTULO 4: **Papéis Vitais de OKRs na Organização 51**

Conseguindo um Patrocinador Executivo: Um Elemento Vital . . . 52
Entendendo o Patrocínio Executivo e Por que Ele É Importante 53
Ter entendimento dos OKRs 54
Definindo o sucesso e por que acreditar nos OKRs 54
Defendendo o uso de OKRs no nível da liderança sênior 54
Aprovando o financiamento da iniciativa 55
Criando seu "manual" de OKRs com o defensor e a equipe de executivos 55
Atuando como ponto final de escalada dos problemas com OKRs 56
Vendo o patrocínio em ação 56
Obtendo o patrocínio executivo 58
O Defensor dos OKRs: Um Papel Vital para o Sucesso dos OKRs 59
O papel de um defensor dos OKRs 60
Escolhendo o defensor de OKRs perfeito 64
Por que o defensor é vital para o sucesso dos OKRs 65
Incluindo os Embaixadores dos OKRs 66
O Papel de um Embaixador dos OKRs 67
Atuando como especialista interno dos OKRs e divulgador do sistema 68
Treinando equipes para criar e revisar OKRs 68
Ajudando as equipes a diferenciar os OKRs das tarefas normais 68
Atuando como contato para assuntos relacionados a OKRs na sua área 69
Atuando como agente de ligação com outros embaixadores e o defensor 69
Descrevendo o Perfil de um Embaixador dos OKRs 70
Maximizando o Sucesso dos OKRs com Embaixadores 71

CAPÍTULO 5: **Onde e Quando Criar OKRs 73**

Determinando Onde Usar os OKRs 74
OKRs Apenas no Nível da Empresa 74
Benefícios de começar no nível mais alto 75
Mais benefícios de começar no nível mais alto 76
Agora as desvantagens dos OKRs no nível mais alto 76

Pré-requisitos dos OKRs no nível da empresa 76
Criando OKRs nos Níveis da Empresa e das Equipes 77
Incluindo equipes e unidades 77
Seguir o organograma ou ligar equipes dependentes 78
Criando OKRs com base nos clientes 79
Criando OKRs Individuais para a Organização Inteira 79
O Google usa, mas você não precisa usar 79
Mais problemas com OKRs individuais 80
Outras Opções de Onde Criar OKRs 82
Realizando pilotos em uma unidade de negócios ou equipes 82
Usando OKRs para projetos 85
Usando OKRs para grupos de apoio 86
A Cadência Certa para os OKRs 88
Cronometrando OKRs no nível da empresa (Dica: Anual é melhor) 89
Determinando se os trimestres ou os quadrimestres são certos para você 91
A linha do tempo dos OKRs 93

CAPÍTULO 6: **Matérias-primas dos OKRs: Missão, Visão e Estratégia 95**

Acordo nas Definições de "Missão", "Visão" e "Estratégia" 96
Missão: Por Que o Negócio Existe 97
Sim, é preciso tempo para criar uma declaração de missão . 98
O que torna uma declaração de missão eficaz 100
Se você já tem a declaração de missão 102
Visão: Criando Sua Imagem de Futuro Ideal 103
Peculiaridades das declarações de visão 104
O que torna uma declaração de visão eficaz 105
Quantificada e com prazo 106
Brainstorming para criar sua declaração de visão 108
Estratégia: Definindo as Prioridades 109
Por que a estratégia é vital para os OKRs 110
Começando com a estratégia 111
O Jogo das 21 Perguntas 113

PARTE 3: CRIANDO OKRS 117

CAPÍTULO 7: **Preparando-se para Criar OKRs 119**

Treinando a Organização para OKRs de Sucesso 120
O treinamento é fundamental 120
Preparando-se para o treinamento 124
Começando bem o treinamento 126
Trabalhando com o Plano de Treinamento 128
Comece com uma história 129
Dando uma aula de história 130

Definindo seus termos 131
Exemplos de OKRs eficazes 131
Diferenciando os resultados-chave....132
As características dos OKRs 132
Aprendendo na prática 133
Terminando bem 137
A eficácia do treinamento virtual....138
Preparando-se 139
Determinando a Filosofia dos OKRs 141
Decidindo se as atividades rotineiras devem ser usadas como OKRs....141
Criando um painel de métricas da "saúde do negócio"....143

CAPÍTULO 8: **Arregaçando as Mangas, Parte 1: Criando Objetivos 145**

Trabalhando com Vários Objetivos 146
Olhando para o futuro: Objetivos anuais....146
Aqui e agora: OKRs trimestrais ou quadrimestrais 149
Objetivos imediatos e necessários 150
O Passo a Passo do Processo de Criar Objetivos....151
A pergunta básica para definir objetivos (com base na cadência)....152
Fazendo uma lista de possíveis objetivos 153
Filtrando os itens da lista 155
Escolhendo os objetivos mais importantes....156
Usando sua fórmula 158
Outras Maneiras de Ajudá-lo a Estabelecer Objetivos....159
Usando rituais....160
Usando a sabedoria das multidões 162
Pensando no que o atrapalha 162
Incorporando as Características de Objetivos Eficazes....163
Tornando-o qualitativo 164
Tornando-o significativo para você....165
Garantindo que será feito dentro do prazo 166
Alinhando-o vertical e horizontalmente....167
Fácil de ler e entender....168
Controlando os recursos necessários 169
Gerando valor comercial....169

CAPÍTULO 9: **Arregaçando as Mangas, Parte 2: Criando Resultados-chave 171**

Analisando os Resultados-chave 172
Resultados-chave do tipo métrica....173
Resultados-chave do tipo marco....174
Processo de Criação dos Resultados-chave 177
Pergunta básica para determinar o resultado-chave de impacto comercial....178
Contando a história de sucesso com resultados-chave orientadores 179

Não espere resultados-chave perfeitos 182
Usando fórmulas 184
Incorporando as Características de um Resultado-chave Eficaz 186
Tornando-o quantitativo 187
Buscando extensão, mas com realismo 188
Limitando o número de resultados-chave 190
Tornando-o específico 193
Que seja um resultado-chave, não uma tarefa 195
A síndrome "Não dá para medir o que fazemos" 197

CAPÍTULO 10: **OKRs Ainda Mais Fortes 199**
Alinhamento dos OKRs 200
Alinhamento vertical para executar a estratégia 200
Pense em conectar, não no método cascata 202
Alinhamento horizontal administrando as dependências . . 204
FAQs sobre OKRs que Serão Feitas 207
E se eu não conseguir medir o impacto comercial durante o trimestre? 208
Qual é a diferença entre OKRs comprometidos e aspiracionais? 210
Tudo bem usar resultados-chave baseados em reuniões? . 211
Os OKRs podem mudar no trimestre? 214
Como posicionar as equipes para obter sucesso na criação de OKRs? 216
Existem atalhos para a criação de OKRs? 218

PARTE 4: TRABALHANDO COM OKRS 221

CAPÍTULO 11: **Fazendo Reuniões de Revisão dos OKRs . . 223**
A Cadência das Reuniões 224
Fazendo reuniões semanais 225
Fazendo reuniões mensais 228
Retrospectivas de fim de período 231
Tirando o Máximo das Reuniões de OKRs 233
Agendando reuniões com antecedência 234
Fazendo perguntas simples 236
Concentrando-se no aprendizado 237
Controlando suas expectativas 239
Mantendo o ritmo da reunião 241
Avaliando a reunião 243

CAPÍTULO 12: **Pontuando e Analisando OKRs 245**
Pontuando OKRs 246
Entendendo o Que e Como Pontuar 247
Exemplo de pontuação n.º 1: Maximizando o impacto de uma conferência nacional de vendas 247

Interpretando as pontuações 248
Exemplo de pontuação n.º 2: Maximizando um investimento de locação 249
Interpretando as pontuações 250
Pontuando resultados-chave do tipo marco. 251
Decifrando as pontuações dos OKRs 252
Analisando os Resultados dos OKRs. 254
Comparando os softwares de OKRs com os métodos da "velha guarda". 254
Escolhendo a melhor opção para você 257
O Que Considerar ao Escolher um Software de OKRs 257
Ferramentas de estratégia corporativa e de execução de estratégias. 258
Orientação para OKRs de equipes 259
Capacidades de integração 259
Planejamento e recursos 260
Recursos para relatórios. 261
Recursos de administração 262
Outros recursos importantes. 262

CAPÍTULO 13: **Fazendo os OKRs Perdurarem 263**

A Base do Sucesso dos OKRs. 264
Encarando os OKRs como uma jornada, não um projeto a concluir 265
Comemorando o sucesso. 266
Descobrindo como os OKRs se encaixam 267
Considerando o Uso de Consultores 269
A credibilidade de um especialista para aqueles que duvidam. 270
Descobrindo como acelerar seu sucesso 271
Fornecendo orientação constante 271
O que Procurar em um Consultor. 272
Maximizando Seu Sucesso com OKRs 273
Fornecer treinamento constante 273
Fornecendo recursos e suporte 275
Avaliando e refinando continuamente. 277
Usando o sistema. 279

PARTE 5: A PARTE DOS DEZ 281

CAPÍTULO 14: **Dez Perguntas sobre OKRs 283**

OKRs Têm Relação com Revisões de Desempenho? 284
Os OKRs Devem Se Relacionar com a Remuneração por Incentivo?. 285
Quantos OKRs Você Deve Ter?. 286
Como Superar a Resistência?. 287
O Que Ganho com Isso? Por Que me Importar com OKRs?. . . 287

Onde Encontrar Modelos de OKRs para o Negócio? 288
Não Conseguimos Controlar os Resultados-chave. E agora? . . 289
Como Equilibrar OKRs Estendidos com uma Cultura de Alta Realização? 290
Como Saber se os OKRs São Certos para a Organização? 291
Atividades Rotineiras Podem Ser OKRs? 292

CAPÍTULO 15: Dez Obrigações para Ter Sucesso com OKRs 293

Por que Implementar OKRs 294
Designe um Patrocinador Executivo, um Defensor e um Embaixador 295
Dê Treinamento (e Muito) para Quem Criará os OKRs 296
Crie um Manual de OKRs 297
Não Tão Rápido 297
Garanta a Consistência de Como as Equipes Escreverão OKRs 298
Não Crie e Esqueça 299
Vá Além dos Números para Aprender com os OKRs 300
Aprenda e Evolua com o Tempo 301
Tenha Ajuda Profissional se Precisar 302

CAPÍTULO 16: Dez Dicas para Criar OKRs Eficazes 303

Conheça a Estratégia da Organização 303
Aprenda a Escrever um OKR Tecnicamente Bom 304
Transforme os Objetivos em um Projeto CRAFT 305
Seja Específico 306
Sempre Conte a História de Sucesso com Resultados-chave . 307
Não Espere Resultados-chave Perfeitos 308
Equilibre a Equação 309
Gere Alinhamentos Vertical e Horizontal 309
Transforme-o em um Esforço Colaborativo 310
Foque o que Realmente Importa 311

ÍNDICE 313

Introdução

Oi, eu me chamo Paul e para mim é um prazer (de verdade, eu amo isso) servir como seu guia no brilhante mundo dos objetivos e dos resultados-chave, que abreviarei como OKRs ao longo do livro.

Não faço ideia de quando você está lendo isto. Pode ser uma época de prosperidade econômica com a aceleração do crescimento de empregos, o mercado de ações pode ter atingido alturas recordes e, para citar Herbert Hoover, pode haver uma galinha em cada panela (minhas desculpas aos veganos). Mas talvez você tenha escolhido este livro em um período de ansiedade e agitação econômica, com os lucros corporativos caindo, demissões dominando as manchetes e nada além de macarrão instantâneo em cada panela (minhas desculpas a todos que comem isso).

Embora eu não possa prever as condições econômicas existentes quando folhear estas páginas, uma coisa que posso afirmar com certeza é que, independentemente das circunstâncias com as quais estiver lidando, continuar comprometido com o que é mais importante para executar a estratégia da sua organização será de extrema importância para você, seus colaboradores e àqueles a quem atende. Para ajudá-lo nesse comprometimento, não existe uma ferramenta melhor do que os OKRs para gerar foco, alinhamento e engajamento.

Ferramentas são coisas poderosas quando usadas com cuidado e orientação apropriados. Uma motosserra é uma ferramenta, mas ninguém gostaria de estar no jardim perto de alguém que nunca pegou em uma ("Acho que consigo alcançar aquele galho... aaaah!!"). Embora os OKRs mal implementados provavelmente não acabem em catástrofe, se você não desenvolver o programa com cuidado, ele poderá drenar uma quantidade significativa dos seus recursos humanos e financeiros. Uma má implementação de OKRs também poderá privá-lo de um diferencial crucial em qualquer ambiente econômico: o foco preciso naquelas coisas — e apenas naquelas coisas — que levarão sua organização ao próximo nível.

Eu escrevi este livro para que você não perca essa oportunidade. *OKRs Para Leigos* é seu guia definitivo sobre como elaborar e implementar um programa bem-sucedido e sustentável de OKRs, um que lhe trará benefícios duradouros na forma de foco intenso, comprometimento aprimorado e alinhamento de cima para baixo.

Sobre Este Livro

Os OKRs se tornaram uma estrutura imensamente popular, ganhando a confiança de organizações de todo tipo e tamanho, ao redor do globo, para executar suas estratégias com eficácia. Existem muitos motivos para esse sistema ter ganhado tanta atenção, sendo sua relativa simplicidade um dos primeiros. No caso dos OKRs, não precisamos de uma lupa para seguir setas, caixas e círculos concêntricos que compõem algumas das elaboradas e excessivamente complexas soluções de gestão de hoje. Os OKRs têm apenas dois conceitos: objetivos (o que você deseja fazer) e resultados-chave (como demonstrar que está atingindo esses objetivos). Mas *simples* não significa *simplista*. Existem diversas armadilhas e desafios em potencial à espreita, prontas, dispostas e com muita capacidade de empacar o progresso dos seus OKRs. Por isso você precisa deste livro.

Como em qualquer sistema de gestão popular, você não terá problemas para encontrar conselhos sobre OKRs por aí — alguns valiosos, outros muito questionáveis e uma parte expressamente errada. Já venho trabalhando nessa área há quase trinta anos, e coloquei nestas páginas as lições que aprendi ao trabalhar com centenas de organizações de todo tipo concebível de setor, tamanho e localização. Nestas páginas eu mapeio toda a jornada dos OKRs para garantir que, independentemente de esta ser sua primeira tentativa de implementar OKRs ou se já tentou e teve dificuldades com o sistema no passado, você conseguirá encontrar as informações certas no momento certo para maximizar seu uso da estrutura dos OKRs.

Para fazer com que o conteúdo seja o mais acessível possível, eu o dividi em cinco partes.

- **Parte 1: Apresentando os OKRs:** Nessa parte, mostrarei o poder da definição de metas, apresentarei um breve, porém esclarecedor, resumo da história dos OKRs e lhe darei uma visão geral do básico. Como diversos sistemas "aspirantes" podem estar competindo por sua atenção, também comparo os OKRs com outras estruturas e apresento os muitos benefícios que eles têm a oferecer.
- **Parte 2: Preparando OKRs:** Quer esteja saindo da linha de largada de uma corrida de Fórmula 1, começando um novo projeto no trabalho, quer embarcando nos OKRs, é vital começar bem. Os capítulos dessa parte o equiparão com tudo de que precisa para começar com o com o pé direito em seus esforços de OKRs. Você verá que determinar seu "motivo" para os OKRs é a primeira coisa que deveria fazer, descreverá os papéis vitais de OKRs que as pessoas em sua organização deverão exercer, receberá orientação sobre quando e como criar OKRs e obterá insights sobre as matérias-primas usadas para desenvolver OKRs.

- **Parte 3: Criando OKRs:** Que os jogos comecem! O objetivo dessa parte do livro é fornecer todas as ferramentas, dicas, técnicas e o que mais for necessário para criar um conjunto poderoso de OKRs. Essa parte começa explicando por que o treinamento é essencial para o sucesso dos OKRs, então detalha o processo de criação deles, incluindo fórmulas, características e dicas internas para escrever OKRs poderosos. Você talvez fique com algumas perguntas ao longo do caminho, e é por isso que concluo essa parte com FAQs sobre os OKRs.
- **Parte 4: Trabalhando com OKRs:** Você não desperdiçará todo o trabalho dedicado na criação de OKRs, não é? É claro que não! Nessa parte do livro, eu lhe darei algumas informações de que precisa para não "criar e se esquecer" dos OKRs. Você verá como realizar reuniões de revisão de OKRs para maximizar o aprendizado, aprenderá a pontuar seus OKRs e encontrará dicas e conselhos sobre como garantir que os OKRs se tornem parte da cultura da organização.
- **Parte 5: A Parte dos Dez:** Se estiver atrás de uma dose rápida de inspiração, é para cá que deve vir. Os capítulos dessa parte têm minhas listas dos "dez mais" sobre perguntas comuns sobre os OKRs feitas por sua equipe, itens obrigatórios para garantir o sucesso dos OKRs e dicas para criar OKRs dinâmicos e impactantes.

Penso que...

Ao escrever este livro, suponho que você seja um ser humano que se importa o suficiente para não acessar simplesmente o ChatGPT ou qualquer outra ferramenta de IA e digitar "Mostre alguns OKRs para o meu negócio". Ou talvez tenha tentado isso, mas os resultados não foram exatamente o que esperava, o que o levou a este livro. Se esse for o caso, bem-vindo!

Também suponho que esteja implementando OKRs para algum tipo de organização — uma empresa comercial, uma organização sem fins lucrativos ou do governo. Tendo dito isso, na maioria dos casos os conselhos destas páginas podem se aplicar a indivíduos e até a famílias.

Ícones Usados Neste Livro

Ao longo do livro, você encontrará ícones nas margens que destacam certas informações valiosas. Os ícones são apresentados a seguir, com uma breve descrição de cada um deles:

DICA

O ícone Dica apresenta dicas e atalhos que você poderá usar para tornar os OKRs mais fáceis. São práticos por natureza e incluem passos específicos que você pode dar para aprimorar o progresso dos OKRs.

LEMBRE-SE

O ícone Lembre-se apresenta ideias ou informações que você deve ter sempre em mente.

CUIDADO

O ícone Cuidado serve de alerta! Ele tem informações importantes que podem evitar dores de cabeça ao planejar, criar e administrar com OKRs.

Além Deste Livro

Além das inúmeras informações e orientações relacionadas aos OKRs que este livro fornece, você pode acessar a Folha de Cola Online no site da editora Alta Books. Procure pelo título do livro. Faça o download da Folha de Cola completa, bem como de erratas e possíveis arquivos de apoio.

De Lá para Cá, Daqui para Lá

O que fazer agora depende muito de onde você se encontra em sua jornada de OKRs e, obviamente, do seu estilo pessoal de leitura. No meu caso, independentemente de eu estar lendo um romance, um livro de negócios ou o rótulo de um shampoo, sou do tipo de pessoa que gosta de ler do início ao fim, em sequência. Mas nem todo mundo é assim, e como no caso de todos os livros da *Para Leigos*, este aqui foi feito para que você possa ir direto para as seções que lhe sejam relevantes.

Se os OKRs são algo novo para sua organização, recomendado ler os capítulos em ordem, porque eles o guiarão cronologicamente no processo. Talvez se sinta tentado a pular os primeiros capítulos que abrangem tópicos como o "motivo" dos OKRs ou como determinar os papéis-chave deles, e ir direto para o assunto principal de escrever objetivos e resultados-chave, mas os resultados serão melhores no longo prazo se tirar um tempo para entender e aplicar corretamente todos os princípios abordados na parte inicial do livro.

Se estiver lendo este livro porque já tentou usar os OKRs em sua organização, mas se deparou com alguns obstáculos, talvez queira ler os capítulos específicos relacionados a seus problemas. Mas lê-lo desde o início poderá ajudá-lo a não cometer os mesmos erros duas vezes, pagando dividendos consideráveis no final. O que quer que escolha, espero que goste do livro, e gostaria de saber sua opinião. Você pode entrar em contato comigo pelo e-mail `paul@okrstraining.com`. Boa sorte e divirta-se!

1 Apresentando os OKRs

NESTA PARTE...

Objetivos e resultados-chave (OKRs) são uma poderosa estrutura de definição de metas e execução de estratégias adotada por organizações de todos os tipos e tamanhos do mundo todo. Sua ampla aplicabilidade e eficácia comprovadas são duas das coisas que tornam esse sistema atraente.

Nesta parte, você descobrirá o valor de definir metas e se familiarizar com a história das pessoas que trouxeram a estrutura dos OKRs para a sua vida. Verá quais são os principais elementos do sistema de OKRs e o comparará com outras ferramentas de definição de metas. Esta parte também detalhará os muitos benefícios que os OKRs oferecem a uma organização, incluindo foco, alinhamento, comprometimento, responsabilidade, pensamento visionário e gestão do crescimento.

NESTE CAPÍTULO

» **Vendo como os OKRs transformam desejos em ações**

» **Aprendendo a escrever um objetivo e um resultado-chave**

» **Diferenciando os OKRs de outros sistemas de definição de metas**

Capítulo **1**

Atingindo Metas com OKRs

Você provavelmente já estabeleceu muitas metas na vida. De fato, estabelecer metas ambiciosas é uma característica da experiência humana. Como espécie, os humanos se empenham com afinco. Independentemente de o objetivo ser conquistar o espaço, curar doenças debilitantes ou fazer cinco flexões de manhã, as pessoas estão sempre se esforçando para atingir os resultados desejados. De muitas formas, tentar atingir metas dá à vida significado e propósito por dizer o que queremos, fazer planos para isso, executar esse plano e, por fim, ter a recompensadora experiência de atingir nossos objetivos.

As organizações também são ávidas estabelecedoras de metas e os OKRs são a estrutura escolhida para o estabelecimento bem-sucedido delas no mundo inteiro, em todo tipo possível de organização: startups, organizações sem fins lucrativos, agências do governo de todos os níveis, pequenas e médias empresas, e conglomerados da Fortune 500. *OKRs* é uma sigla em inglês para Objectives and Key Results e significa Objetivos e Resultados-chave, um sistema simples e comprovado de transformar desejos em realidade. Eles fornecem a estrutura necessária para criar metas claras e que nos manterá concentrados em fazer o que mais importa para entregar os resultados que queremos.

Este capítulo apresenta um resumo da estrutura dos OKRs. Falaremos sobre o valor de estabelecer metas e examinar os elementos dos OKRs, e compararemos rapidamente a abordagem dos OKRs com outros sistemas de definição de metas com os quais você talvez esteja familiarizado.

OKRs — Um Sistema de Definição de Metas

Como vimos antes, os humanos têm o costume de estabelecer metas, sempre tentando melhorar seu desempenho independentemente do setor ou do empreendimento escolhido. Você talvez tenha experiência em estabelecer metas em alguns desses campos:

- **Família:** Parceiro, filhos, relações ampliadas
- **Físico:** Saúde, fitness e bem-estar
- **Trabalho:** Carreira, trabalho voluntário
- **Espiritual:** Religião ou outras afiliações espirituais
- **Relacionamentos:** Com amigos ou outros
- **Passatempos:** Interesses além do trabalho

Algumas de minhas lembranças de definição de metas me fazem rir, como meu objetivo de ganhar um Oscar de "Melhor Roteiro" depois de fazer uma aula de roteirista. Até imaginei Steven Spielberg tendo a honra de me entregar o prêmio. Quanto mais específico o alvo, melhor, não é? Falaremos mais sobre o valor de metas específicas neste livro.

Sua empresa provavelmente tem metas relacionadas com vendas, satisfação do cliente, manter as melhores pessoas e diversos outros elementos pensados para colocá-la à frente da concorrência. Tendo as pessoas suas empresas ou a si mesmas em mente, não restam dúvidas de que definir metas é uma atividade bastante saudável e positiva, uma que todos deveriam buscar com rigor. Contudo, costuma haver problemas na forma de as pessoas escreverem e elaborarem essas metas. É aí que muitas delas, não importa se elaboram metas para suas empresas ou para si mesmas, empacam quase que instantaneamente.

É comum, por exemplo, escreverem alvos vagos e nebulosos: "Ficar mais em forma." "Ser a melhor empresa do setor." Isso parece bom — e são poucos os que argumentariam contra os méritos desses dois exemplos —, mas a qualidade que marca especificamente o sucesso de verdade não está presente em nenhum deles. Há diversas armadilhas à espreita no mundo das metas:

- Estabelecer metas irreais que você não tem a mínima chance de atingir
- Estabelecer muitas metas de uma vez
- Não pedir a ajuda necessária para atingir as metas

CUIDADO

A definição de metas é vista pela maioria das pessoas como uma noção relativamente simples, uma que exige pouca preparação ou estudo. Voltaremos a falar sobre isso ao longo do livro, mas, por enquanto, lembre-se de que para implementar os OKRs com eficácia na organização, você precisará mudar a forma como as pessoas pensam sobre o processo de estabelecer metas.

Apesar dos possíveis desafios, a definição de metas é uma das coisas mais poderosas que você pode fazer em sua organização (e na sua vida). Você só precisará de um sistema melhor e mais confiável, e é aí que os OKRs entram.

Parece bom, não é? Talvez se eu já conhecesse os OKRs quando estava praticando meu discurso do Oscar, já estaria com uma estatueta de ouro nas mãos. A boa notícia para mim e para você é que nunca é tarde demais para sermos bem-sucedidos. Assim, vá em frente e comece!

O Valor da Definição de Metas

O título desta seção pode dar a impressão de que estou tentando convencê-lo de que a definição de metas tem algo a oferecer. Mas talvez você já tenha sido convencido e acredite no poder de estabelecer metas ambiciosas, com a experiência de toda uma vida para dar suporte a essa afirmação. Se for o caso, ótimo — temos isso em comum. Por outro lado, talvez precise ser convencido do valor de estabelecer metas. Talvez esteja lendo este livro por ordem do seu chefe, entregando um exemplar dele a cada gerente da empresa com ordens estritas para lê-lo, e no fim de semana sem falta. Talvez tenha enfrentado dificuldades e não acredite no mundo mágico da definição de metas. Bem, tenho notícias para você: a definição de metas, em especial com o uso de OKRs, funciona de verdade, e convencerei você dessa ideia, prometo.

Em 1968, quando a música "Hey Jude" dos Beatles dominava as rádios, um professor não muito conhecido da Universidade de Maryland chamado Edwin Locke publicou um artigo fantástico que revolucionaria o campo da definição de metas: "Toward a Theory of Task Motivation and Incentives".

Baseado em sua pesquisa pioneira, ele mostrava que definir metas resultava em um desempenho maior em diversos setores. Envolvendo funcionários trabalhando em escritórios cheios de fumaça (lembre-se: eram os anos 1960), lenhadores derrubando árvores no norte na Colúmbia Britânica ou caminhoneiros rodando nas estradas, Locke demonstrou que definir metas melhorava o desempenho de forma estatisticamente significativa. Não era incomum, por exemplo, ver ganhos de desempenho de mais de 200%! Esqueça o amor livre e os filhos das flores; a verdadeira revolução dos anos 1960 foi a definição de metas.

Locke passou a colaborar com um professor da Universidade de Toronto chamado Gary Latham. Juntos, eles realizaram centenas de estudos sobre a definição de metas e revisaram outras centenas, culminando na sua obra-prima de 1990: *A Theory of Goal Setting & Task Performance*. Embora não fosse tão cativante quanto um livro de Dan Brown ou Agatha Christie, ela foi uma revelação. Locke e Latham demonstraram sem sombra de dúvidas que a definição de metas melhorava os resultados e, como bônus, que trabalhar em prol de um objetivo melhorava a motivação.

Locke e Latham deixaram bem claro que determinadas metas são melhores que outras. Metas específicas e desafiadoras (mas não tanto) eram essenciais para a melhoria do desempenho. Ambas as características (especificidade e desafio) são vitais para os OKRs, como veremos nos próximos capítulos. Falando em OKRs, acho que já fiz você esperar demais; permita-me apresentá-lo à estrela do nosso programa: "Objetivos e Resultados-chave".

DE MBOS A OKRS — AS PESSOAS E AS IDEIAS QUE DERAM VIDA AOS OKRS

Os OKRs não são uma moda passageira dos negócios; em vez disso, eles se baseiam em diversos princípios razoáveis de negócios e historicamente comprovados — e se aprimoraram com base neles também. Esta é uma breve lista das principais pessoas que contribuíram para a estrutura de OKRs tal como a conhecemos hoje:

Peter Drucker: Considerado por muitos como o maior pensador de gestão do século XX, Peter Drucker foi um verdadeiro astro da gestão, tendo escrito mais de trinta livros inovadores. Em sua obra de 1954 intitulada *The Practice of Management*, ele apresentou o conceito da Gestão por Objetivos (MBOs, segundo sua sigla em inglês). Bem resumidamente, a ideia era a de que todos os colaboradores precisavam de objetivos que deixassem bem claro quais contribuições se esperavam deles e de suas equipes. Drucker relacionou a ideia de ter objetivos à estratégia da empresa (as metas do negócio) e disse que eles deveriam ter uma multidisciplinaridade por natureza quando necessário. É como se ele tivesse um megafone enorme e influente, e todas as empresas, de costa a costa, começaram a criar MBOs.

Andy Grove: Como CEO da Intel de 1987 a 1998, Andy Grove foi responsável por muito do crescimento da Intel, fazendo com que a empresa deixasse de ser apenas uma fabricante de chips de memória e se tornasse a maior fornecedora de microprocessadores do mundo. Ele tinha bastante interesse em gestão e reconhecia os benefícios em potencial de uma versão bem elaborada e implementada do sistema MBO de Drucker, resumindo tudo a apenas duas perguntas a serem respondidas: 1) Aonde quero ir (o objetivo) e 2) Como manterei o ritmo para ver se estou chegando lá? Ele acabou se referindo à resposta para a segunda pergunta como *resultado-chave*. Assim, quando usamos a sigla OKRs hoje, devemos isto a Grove. Obrigado, Andy!

Grove também fez experiências com a cadência da definição de metas: eliminação das metas anuais e estabelecimento de objetivos trimestrais e, às vezes, mensais. Um feedback rápido e agilidade eram vitais para ficar à frente da concorrência, de modo que os OKRs precisavam se manter consistentes com a meta. Grove também acreditava que o conceito de extensão era vital para os OKRs.

John Doerr: Doerr era parceiro da empresa de capital de risco Kleiner Perkins Caulfield & Byers, no Vale do Silício, quando eles fizeram apostas elaboradas em diversas startups destinadas a se tornarem companhias de renome. Já ouviu falar de uma empresinha chamada Amazon? A Kleiner Perkins recebeu um retorno líquido de US$1 bilhão sobre seu investimento de US$8 milhões. Doerr também trabalhou na Intel no início da década de 1970 e foi apresentado aos OKRs em um curso ministrado por Andy Grove. A estrutura se tornou uma ferramenta-chave no kit de Doerr para trabalhar com empreendedores e suas empresas, incluindo a dos nossos dois últimos nomes. O popular livro de Doerr intitulado *Avalie o que importa* conta várias histórias inspiradoras sobre o uso de OKRs de pessoas como Bono e Bill Gates que você pode usar para demonstrar o poder deles. O livro de Doerr não fornece um guia passo a passo sobre como criar OKRs (e é aí que entra este livro).

Larry Page e Sergey Brin: São os criadores do Google. Como muitas startups que acabam se destacando no mundo todo, eles começaram de forma humilde, do jeitinho do Vale do Silício: em uma garagem. Contudo, tiveram a sorte de transferir suas primeiras reuniões de diretoria para um local mais sofisticado: um pequeno escritório que ficava em cima de uma sorveteria no centro de Palo Alto. Ali, John Doerr apresentou os OKRs à dupla, e o Google decidiu usar esse sistema desde o primeiro dia. Brin, Page e os próximos líderes apresentaram o sistema de forma consistente como uma força orientadora na eterna trajetória da empresa para o sucesso.

Examinando os Elementos dos OKRs

O título desta seção pode parecer frio e clínico, mas, na verdade, estabelecer metas, em especial usando OKRs, pode ser... adivinhe só... *divertido*. Como Locke e Latham (veja a seção anterior) deixaram bem claro, isso melhora a motivação. E quem não gosta de se sentir motivado a correr atrás de algo importante?

Outra boa notícia é que os OKRs são uma estrutura com pouca terminologia. Ela envolve apenas três termos: *objetivos*, *resultados* e *chave*. Tecnicamente, são três palavras e uma conjunção. Sim, eu pesquise; "e" é uma conjunção. Na verdade, são só dois termos: *objetivos* e *resultados-chave*, mais comumente chamados de OKRs. Na próxima seção, definiremos esses termos e veremos um exemplo.

LEMBRE-SE

A terminologia é importante em qualquer iniciativa de mudança, inclusive nos OKRs. Algumas pessoas às vezes abreviam a sigla como OKR, omitindo o *s*. Não existe uma concordância sobre a sigla, mas neste livro, uso o plural OKRs e sugiro que você faça o mesmo. Entretanto, o mais importante é usar a sigla de forma consistente na organização, independentemente de qual for escolhida.

Definindo um "objetivo"

Objetivo é a declaração de uma meta ampla e qualitativa elaborada para fazer a organização avançar na direção desejada. Precisamos avaliar algumas coisas sobre essa definição simples. A primeira é a palavra *qualitativa*. Ela aponta para o fato de que os objetivos são declarações motivadoras e não incluem números. (Como verá em breve, os números se enquadram no campo dos resultados-chave.)

A segunda palavra a ser analisada é *organização*. Você pode criar — e provavelmente criará — OKRs em diversos níveis da organização: no nível da empresa; na unidade de negócios; na equipe de departamento; etc. Assim, a ideia por trás da palavra *organização* nessa definição é ser genérica.

Por fim, a última parte da definição destaca a ideia de fazer a organização avançar na direção desejada. É a essência de um objetivo, que, para resumir, pergunta: "O que queremos fazer?"

Escrevendo um objetivo básico

Agora vem uma das tarefas mais difíceis que enfrentei ao escrever este livro: dar o primeiro exemplo de objetivo. Por que foi tão difícil? Independentemente do campo ou do setor no qual me baseasse haveria o risco de alguns pensarem: "Ah, então os OKRs são só para esses tipos de empresa." Ou "Bem, isso não se aplica a mim." Ei! Sempre se lembre de que você pode usar os OKRs para qualquer coisa, desde escrever música pop até erradicar a malária. Assim, não vá muito longe ao tirar conclusões do exemplo a seguir.

Digamos que a sua empresa tem um app para celular que trava ultimamente, para a tristeza dos usuários. Esse é um problema estratégico e os OKRs são muito adequados para ajudá-lo a lidar com desafios estratégicos. Sendo assim, este seria um possível objetivo:

Diminuir as falhas do app móvel para aumentar a satisfação dos usuários.

Tá-dá! Você acabou de ver um objetivo apresentado no estilo OKR pela primeira vez. Emocionante, não é? (Obviamente esse não é um daqueles "momentos em que você deve se lembrar onde estava" enquanto assimila isso.) Esse exemplo de objetivo é uma declaração relativamente simples, mas é composta das três partes que todos os objetivos eficazes têm em comum:

- **Começa com um verbo.** Naturalmente, um objetivo é uma ação orientada; assim, sempre comece com um verbo.

  O verbo escolhido dependerá do objetivo que você deseja alcançar, mas todas as palavras importam em um objetivo, e o verbo escolhido determina o tom do restante da declaração.
- **O verbo é seguido por uma descrição do que você quer fazer.** Nesse caso, você deseja diminuir as falhas do app móvel. Bem, várias pessoas parariam por aí. "Diminuir as falhas do app móvel" parece um objetivo nobre. Mas — e este é um dos *mas* mais importantes do livro — os objetivos bem escritos possuem um terceiro elemento, que é...
- **"Para" ou "de modo que".** Essa parte final abarca o impacto comercial dos dois primeiros elementos do objetivo. Por que é importante diminuir as falhas do app móvel? Porque você acha que isso resultará no aumento da satisfação dos usuários. Esse elemento final é o mais importante, porque destaca a relevância estratégica do objetivo: a importância dele. Aposto que você pararia de ler agora para fazer um rápido brainstorm de uma dezena de coisas que gostaria de realizar nos meses seguintes. Fazer isso é relativamente fácil, mas ao acrescentar o terceiro elemento *por que*, o objetivo passa a ser estrategicamente importante; você logo identifica o que é relevante e quais objetivos são vitais e devem ser buscados.

DICA

Compartilhe esta fórmula para escrever um objetivo com sua equipe:

Verbo + o que você quer fazer + para / de modo que (impacto comercial)

Algumas pessoas são contra a abordagem de criação de objetivos com fórmulas e atribuição de cores e números, mas a definição de metas não é algo natural para todos. As pessoas precisam de toda a ajuda que puderem obter ao escrever OKRs eficazes, em especial no começo. Fornecer uma fórmula ou um modelo serve simplesmente para lhes dar uma vantagem na tarefa sem inibir sua criatividade. Afinal, a fórmula não diz que verbo deve ser usado ou por que seu objetivo é importante. Apenas lhes fornece uma via para criar objetivos que serão tecnicamente fundamentados e acrescentarão valor.

Definindo um resultado-chave

Agora podemos falar sobre os resultados-chave. *Resultado-chave* é uma declaração quantitativa que mede a realização de determinado objetivo. Ele responde a pergunta: "Como saberemos que atingimos o objetivo?" Obviamente, a palavra mais importante da definição de "resultado-chave" é *quantitativa*. Um resultado-chave deve ser composto por números brutos, quantias em dinheiro, porcentagens ou até datas, os quais serão usados nos casos de resultados-chave baseados em marcos.

Escrevendo resultados-chave

Na seção "Escrevendo um objetivo básico", vista anteriormente, o exemplo de objetivo foi "Diminuir as falhas do app móvel para aumentar a satisfação dos usuários". Agora você precisa decidir qual conjunto de resultados-chave indicará a realização desse objetivo. Você poderia experimentar estes:

1. Estudar as falhas do app e identificar as três causas mais comuns até 15 de maio.
2. Desenvolver correções e atualizar o app até 1º de junho.
3. Diminuir o número de falhas do app de 5 para 1.
4. Aumentar a classificação na app store de 4,2 para 4,8.

Uma pergunta que costumo ouvir com frequência é "Quantos resultados-chave cada objetivo deve ter?" Embora não haja uma resposta absoluta certa ou errada para essa pergunta, uma boa regra (até onde elas podem ajudar) é de três a cinco. Mas além do número, você também precisa pensar em termos de contar uma história com seus resultados-chave, ou seja, eles devem trabalhar juntos, de forma coordenada, para indicar o sucesso do objetivo.

Continuando com o exemplo de objetivo, se a ideia é diminuir a quantidade de falhas do app móvel, primeiro é necessário descobrir por que ele falha, determinando as causas comuns. Esse tópico seria um bom "capítulo" de abertura para a história de sucesso para esse objetivo. Esse resultado-chave é um *marco*, que é binário: é bem-sucedido ou não. Os marcos são como obstáculos que você precisa superar para medir o impacto final sobre o negócio descrito no objetivo.

LEMBRE-SE

Um resultado-chave baseado em marcos sempre incluirá uma data — o quão rápido você acha que conseguirá atingi-lo sem sacrificar a qualidade.

Depois de estudar os motivos por trás das falhas, seu próximo resultado-chave se concentrará em desenvolver correções e atualizar o app. Pense novamente na história: primeiro, você identifica os motivos, então, desenvolve as correções. Isso também é um resultado-chave baseado em marcos.

É agora que as coisas ficam interessantes. Seu terceiro resultado-chave mede a redução das falhas do app móvel de cinco para uma. É um *resultado--chave baseado em métricas* porque envolve números. Esse resultado-chave também se encaixa direitinho em sua história. Você estudou as falhas, aplicou uma correção e sua hipótese é que, fazendo isso, verá uma redução nas falhas do app.

LEMBRE-SE

Hipótese é uma palavra-chave no contexto dos OKRs e nas medições em geral. Sempre que medimos algo, fazemos uma suposição relacionada ao resultado desejado.

O resultado-chave final, "Aumentar a classificação na app store de 4,2 para 4,8", também é uma métrica — enfatizando: porque envolve números. A diferença é que ele é o mais importante dos resultados-chave do exemplo por medir diretamente o impacto comercial do aumento da satisfação dos usuários indicada no objetivo. Assim, esse é um final maravilhoso e lógico para uma história estratégica.

Recomendo fortemente que você use o conceito de história ao elaborar seu conjunto de resultados-chave. Comece com o final em mente identificando o impacto comercial do seu resultado-chave e venha trabalhando de trás para frente, perguntando-se o que leva ao resultado-chave ou resulta nele. Fazer isso o ajudará a elaborar um conjunto abrangente e coeso de resultados-chave.

Bem, isso praticamente resume os OKRs. Foi um prazer ser o seu guia; espero que tenha gostado de ler o livro e, por favor, faça uma crítica na Amazon... Não! Espere só um minuto... há muito mais a dizer sobre os OKRs. Trata-se de uma estrutura que é — alerta de clichê — simples, mas não simplista. Ei, não posso entregar todos os segredos no Capítulo 1.

Continue lendo para se familiarizar com a divertida e emocionante história de como fazer os OKRs trabalharem para sua organização.

OKRs e Outros Sistemas de Definição de Metas

Os OKRs não são o único produto que existe quando o assunto são estruturas de definição de metas organizacionais. Ao longo dos anos, diversos sistemas foram aplicados por empresas ansiosas para colher os benefícios de estabelecer e atingir metas audaciosas. Alguns ainda são usados hoje; muitos se limitam aos livros de história; ao passo que outros desapareceram sem deixar rastros. Nas próximas seções, compararei e diferenciarei os OKRs com algumas das estruturas mais populares que você talvez tenha usado no passado ou que talvez esteja usando atualmente. Alerta de spoiler: mostrarei por que os OKRs são melhores do que todas elas.

OKRs versus metas SMART

Se me desculpar pela mistura de metáforas, gostaria que você fosse direto ao ponto e lidasse com o elefante na sala: os OKRs não passam de outra forma de escrever metas SMART? Na superfície, pode parecer que sim, mas, na verdade, não, esse não é o caso. A sigla SMART, e o método de definição de metas associado, pode ser atribuída a um artigo de 1981 escrito pelo consultor George T. Doran. Nos anos que se seguiram desde essa época, as metas SMART mantiveram uma popularidade consistente nos círculos de gestão. Em geral, é uma sigla em inglês para Específico, Mensurável, Possível, Relevante e Com Prazo. Digo "em geral" porque, ao longo dos anos, diversas definições foram atribuídas a algumas letras de SMART. Por exemplo, o *R* pode significar *Baseado em Resultados*, *Realista* ou *Razoável*. Esse é um dos problemas com SMART: ninguém sabe direito o que significa.

À primeira vista, um ORK bem escrito parece ter muito em comum com uma meta SMART. Por exemplo, nos OKRs, os objetivos e os resultados-chave devem ser específicos para produzir as ações necessárias para a realização. Cada um dos outros elementos de SMART também está sempre presente nos OKRs. Mas dizer que uma meta SMART é o mesmo que um ORK seria errado. As metas SMART — e esta é uma grande diferença — não incluem os objetivos complementares, de modo que não há nenhum contexto para a meta; não dá para saber por que estamos tentando atingi-la.

Outra diferença significativa entre os dois é a abrangência. SMART é uma ideia isolada, sem nenhuma estrutura complementar. No fim, isso faz com seja mais uma regra útil do que um sistema rigoroso de execução de estratégias. Já os OKRs incluem um conjunto de práticas subjacentes de gestão que não existem nas metas SMART. Os sistemas robustos de OKRs são orientados por uma cadência de revisão de gestão cuidadosamente elaborada, que reconhece a realidade operacional da organização e sempre questiona o status quo focando as metas estendidas.

OKRs versus KPIs

KPI é uma sigla em inglês que significa *Indicador-chave de Desempenho*. Esse termo é bem popular (é possível até encontrar um livro *Para Leigos* sobre o assunto), mas infelizmente não é usado de forma consistente em todas as organizações, resultando em confusão. Em geral, a maioria das organizações usa os KPIs para monitorar o desempenho operacional: elementos que devem ser medidos de forma rápida e frequente. Por exemplo, é muito comum que uma organização monitore o "tempo de atividade" dos seus sistemas principais. KPIs como o tempo de atividade têm a tendência de durar para sempre e não mudam. Sempre queremos monitorar a disponibilidade dos nossos sistemas principais para os usuários. Os OKRs, por outro lado, se concentram em indicar o valor comercial e o impacto estratégico. Eles sempre mudarão de acordo com as nossas estratégias e principais desafios.

Podemos usar (e a maioria das organizações usará) KPIs e OKRs. Qualquer coisa tática que exige um monitoramento frequente será a base de um KPI, ao passo que os empreendimentos mais estratégicos exigirão OKRs. A Tabela 1-1 descreve outras diferenças entre os dois sistemas.

OKRs versus 4DX

4DX significa "As 4 Disciplinas de Execução". Assim como as metas SMART, os OKRs e a 4DX compartilham vários elementos. Ambos exigem foco no que realmente importa para o sucesso organizacional — os Alvos Muito Importantes (ou WIG, em inglês) da 4DX e os Objetivos e os Resultados-chave dos OKRs. Ambos os sistemas sugerem o uso de medidas dos resultados passados e futuros (resultados-chave, em termos dos OKRs). Um método para avaliar o progresso com facilidade também é uma de suas características em comum. Por fim, ambas as estruturas afirmam que revisões regulares são fundamentais para o progresso, o avanço e a execução.

TABELA 1-1 **Comparando e Diferenciando OKRs e KPIs**

Fator Diferenciador	OKRs	KPIs
Propósito	Estratégico — foco, alinhamento, comprometimento, pensamento visionário	Tático — avaliação das atividades do negócio
Duração	Em geral, trimestral ou quadrimestral	Anual, com atualizações frequentes
Definido no contexto de um objetivo	Sim, por definição	Não
Focado em métricas de manutenção e boas condições	Raramente	Frequentemente
Tem o objetivo de aumentar o alinhamento entre as equipes	Frequentemente	Raramente
Relacionado com a compensação por incentivos	Raramente	Frequentemente
Origina-se "da base" de equipes e indivíduos	Frequentemente	Raramente
Muda com frequência	Sim (com uma cadência selecionada)	Não

A maior diferença entre os dois sistemas é a cadência. Quando estabelecemos um WIG, é para o ano todo; por exemplo, um WIG pode ser "Aumentar a receita de US$20 milhões para US$40 milhões até 31 de dezembro". Para esse WIG, criamos medidas dos resultados passados e futuros que serão monitoradas ao longo do ano. Os OKRs também podem ser definidos para o ano todo, mas também são (em geral) estabelecidos a cada trimestre ou quadrimestre. Embora os OKRs anuais não mudem ao longo do ano, os OKRs trimestrais são ajustados para refletir o contexto estratégico no qual a organização está inserida. Acredito que esses ajustes estratégicos são uma vantagem do método OKRs. A maioria dos especialistas concordaria (e as estatísticas confirmam) que a concorrência em praticamente todos os setores está aumentando rapidamente, com a tendência de reduzir a vida útil de uma estratégia. As coisas podem mudar tão rápido hoje que o que parecia ser uma prioridade urgente ontem não está mais no nosso radar agora. Os OKRs, com seu foco em uma cadência mais curta, permitem que as organizações respondam rapidamente às mudanças em seu ambiente, fazendo com que a execução estratégica (e a estratégia em si) fique mais dinâmica, ágil e emergente.

OKRs versus BSC

O Balanced Scorecard (BSC) é uma estrutura de gestão de desempenho e execução de estratégias desenvolvida por Robert Kaplan e David Norton no início dos anos 1990. Eu tenho bastante experiência com esse sistema; uma empresa na qual trabalhei na época foi uma das primeiras a adotar o BSC e a usá-lo com muito sucesso.

O BSC faz as organizações criarem objetivos e medidas a partir de quatro perspectivas de desempenho diferentes, porém relacionadas:

- **Financeiro:** Esse campo costuma incluir o crescimento, a rentabilidade, o uso de ativos e o valor do acionista.
- **Cliente:** O foco aqui é adquirir, satisfazer e conservar os clientes-alvo com uma proposta de valor única.
- **Processos internos:** São as atividades e os processos que geram valor para os clientes e podem incluir operações, inovações, fabricação, marcas e muito mais.
- **Aprendizado e crescimento dos colaboradores:** Essa área inclui intangíveis, como o conhecimento e a cultura dos colaboradores que geram resultados.

Assim como os outros sistemas já examinados, os OKRs e o BSC têm algumas características em comum. Ambos incluem objetivos acompanhados por medidas, chamados de *resultados-chave* na estrutura dos OKRs. Existem duas diferenças significativas entre esses sistemas.

A primeira diferença é a cadência. Assim como a 4DX, a maioria dos profissionais BSC estabelecerá objetivos e medidas anuais. Essa é uma possível deficiência do BSC, porque introduz a possibilidade de um inimigo traiçoeiro da boa medição: a mentalidade de "definir e esquecer". Os objetivos e as medidas que parecem inspiradores e emocionantes em janeiro perderão o brilho e serão desconsiderados em outubro. Em contraste com os objetivos e as medidas do BSC, os OKRs são criados com mais frequência ao longo do ano, fornecendo agilidade e permitindo flexibilidade com base em suas circunstâncias estratégicas.

Outra possível armadilha do BSC é a necessidade de empregar o modelo das quatro perspectivas na organização inteira. No caso das equipes de nível mais baixo de uma empresa, pode ser mais difícil preencher essas perspectivas com objetivos e medidas significativos, pois elas costumam se concentrar em um conjunto pequeno e distinto de resultados. No caso desses grupos, criar objetivos e medidas nas quatro perspectivas poderá se resumir a um exercício de riscar os afazeres de uma lista, contribuindo com itens de pouco valor real em termos de fazer o negócio avançar.

Por outro lado, os OKRs são criados determinando o que seria estrategicamente mais importante no momento. Poderia ser um problema com os clientes, uma oportunidade na cadeia logística ou uma campanha de recrutamento. Não é necessário criar um excesso de objetivos e medidas. Em vez disso, o foco é o que é mais importante no momento, permitindo que as equipes o isolem e executem com eficácia.

NESTE CAPÍTULO

» Superando desafios de negócios com OKRs

» Vendo como sua empresa se beneficiará com os OKRs

» Descobrindo como seu pessoal se beneficiará com os OKRs

Capítulo 2

Benefícios dos OKRs

No Capítulo 1, fiz uma piada sugerindo que seu chefe talvez tenha lhe dado este livro com a estrita "sugestão" de lê-lo imediatamente, mesmo sem acreditar muito no poder das metas. Mas uma leitura obrigatória do chefe é sem dúvidas algo real, como ouvi de diversos clientes ao longo dos anos. Esta é uma conversa comum:

> Eu: Como foi que você ouviu falar dos OKRs?
>
> Possível cliente: Nosso CEO nos... (pausa desconfortável) obrigou a ler um livro sobre OKRs...

Se você já leu o primeiro capítulo, espero que agora consiga reconhecer o valor que os OKRs podem trazer para a organização. Mas você provavelmente ainda está um pouco preocupado com os custos de implementar o programa. Afinal, você e a sua equipe já estão cheios de questões para resolver, pressões para lidar, tentando descobrir quem deixou aquele sanduíche de atum de uma semana na geladeira, além de um milhão de outros problemas. Por que inventar mexer com outra coisa agora? A resposta é simples: os OKRs oferecem diversos benefícios significativos e comprovados para você e sua organização.

Neste capítulo, apresento alguns desses muitos benefícios, tanto para a sua empresa em geral como para seus associados. Você descobrirá como os OKRs poderão ajudá-lo a decifrar o código da execução de estratégias, como eles geram paixão e comprometimento nas equipes e como o sistema fornece o que pode ser o atributo mais importante para o sucesso de qualquer organização moderna: foco constante.

LEMBRE-SE

Os OKRs podem ser considerados uma iniciativa de mudanças, e vender a necessidade de qualquer programa de mudança é fundamental para seu sucesso futuro. Use os benefícios deste capítulo para ajudá-lo a elaborar sua história de mudanças.

Superando os Desafios Organizacionais Comuns com OKRs

Existem muitas evidências que dão suporte à ideia de que todos nós achamos que somos diferentes e, na maioria dos casos, melhores do que a média. Uma das minhas ilustrações favoritas disso é o fato de que três quartos das pessoas afirmam ser melhores do que o motorista comum. Os homens, em especial, acham isso, com oito a cada dez defendendo sua superioridade. Basta andar cinco minutos em qualquer estrada para comprovar que essa estatística está errada. E, obviamente, a matemática comprova que nem todos podem ser melhores do que a média, mas isso não nos impede de achar que somos; *nós*, da realeza, somos diferentes. O mesmo vale para as organizações. Já perdi a conta de quantas vezes o executivo de alguma empresa me disse, nos primeiros cinco minutos depois de conhecê-lo, o quanto ela era diferente.

Em parte, é verdade que, quando o assunto é o mundo organizacional, há muitas diferenças — nos tipos de setores, locais, culturas e a lista continua. Mas depois de 25 anos nas trincheiras da consultoria, descobri que há mais coisas que nos une como organizações do que nos divide. Nas seções a seguir descreverei três desafios que todas as organizações enfrentam (sim, até a sua empresa diferente e acima da média):

» Executar sua estratégia
» Sustentar o crescimento
» Lidar com a disrupção

Continue lendo para ter mais detalhes sobre esses desafios e como os OKRs podem ajudá-lo a superar cada um deles.

A dificuldade de executar estratégias

Gostaria de ver provas de que executar estratégias é um problema para a maioria das organizações e que elas precisam de ajuda para superá-lo? Que tal isso: o livro *Execução*, de Ram Charan e Larry Bossidy, ficou 150 semanas na lista de best-sellers do *New York Times* no início da década de 2010. A execução sempre foi um grande desafio para as organizações. Se Bossidy e Charan estivessem vivos por volta de 1450 e conseguissem convencer Gutenberg a fazer com que as ideias deles fossem a primeira coisa a ser produzida na sua prensa, eles provavelmente teriam sucesso mesmo naquela época.

O problema de colocar uma estratégia em execução continua até hoje. Em uma pesquisa recente, mais de quatrocentos executivos globais escolheram a execução como um dos maiores desafios que os líderes enfrentam ao redor do mundo — e eles podiam escolher entre mais de oitenta possíveis desafios!

Antes de explicar por que a execução é tão difícil, gostaria de dar um passo para trás e abordar uma pergunta mais básica: o que dizem os números? Em outras palavras, qual é a porcentagem das organizações que realmente executam suas estratégias? O que você acha? O que quer que diga, provavelmente chutou alto demais. As estimativas da execução variam, mas na faixa mais alta, apenas de 25% a 35% das empresas parecem transformar suas estratégias em realidade. Nas estimativas mais baixas, esse número cai para míseros 10%. Dado o número praticamente incalculável de horas que as organizações gastam elaborando uma estratégia, muito valor acaba sendo desperdiçado.

As duas causas principais da falha de execução

A falha de execução é um daqueles problemas difíceis de entender por completo porque, na verdade, várias coisas podem causá-la, desde uma estratégia mal elaborada em si à inércia organizacional, à política executiva e aos jogos de poder, os quais podem resultar na falta de alinhamento entre pessoas e projetos. Entretanto, existem duas questões fundamentais que parecem comprometer consistentemente os esforços de execução: 1) a falta de compreensão estratégica e 2) a incapacidade ou a relutância em medir a execução da estratégia. Felizmente, os OKRs podem ajudar em ambos os casos.

Uma causa frequente de falhas de execução é o simples fato de muitas pessoas na organização não entenderem a estratégia da empresa, e acho que você concordará que é muito difícil executar algo que não entendemos. Veja algumas estatísticas para confirmar essas afirmações:

» Apenas 55% dos gestores intermediários conseguem citar pelo menos uma das cinco principais prioridades da empresa (veja "Why Strategy Execution

Unravels — and What to Do About it" de Donald Sull *et alii*, Harvard Business Review, março de 2015).

- Sessenta e sete por cento dos colaboradores não entendem seu papel quando novas iniciativas são lançadas (veja "The 5 Pillars of Strategy Execution" no site `https://www.gartner.com/smarterwithgartner/the-five-pillars-of-strategy-execution`).
- Oitenta por cento dos executivos seniores dizem que sua estratégia não é bem compreendida (veja *Strategy That Works* de Paul Leinwand e Cesare R. Mainardi, 2016).
- Setenta e quatro por cento dos gestores dizem que o sanduíche de atum largado na geladeira é o maior problema estratégico que enfrentam.

Tudo bem, eu inventei o último. Mas se realmente fizéssemos essa pesquisa, quem sabe?

OKRs eficazes devem estar alinhados com a estratégia da sua empresa; assim, um pré-requisito do processo é explicar sua estratégia de forma clara e consistente em toda a empresa, dos níveis mais baixos aos mais altos. Só então será possível esperar que as equipes criem OKRs alinhados, que sinalizem sua forma única de contribuição. Para muitas empresas, a criação de uma estratégia é uma "caixa-preta", envolta em mistérios, conduzida apenas por privilegiados e raramente comunicada além da alta gerência.

Os OKRs exigem que a estratégia seja explicada da forma mais explícita possível para que as empresas possam usá-la como matéria-prima para criar OKRs. Esse esforço vai além de mostrar slides de PowerPoint chamativos em um telão por dez segundos na próxima reunião. Envolve ter conversas reais, ajudar as pessoas a entenderem a estratégia geral da empresa e permitir-lhes determinar seu papel em sua execução.

Sua organização será recompensada com OKRs focados, que ajudarão a superar os números fracos de execução apresentados anteriormente, desde que faça o seguinte:

- Dedicar tempo e esforço para compartilhar sua estratégia
- Permanecer aberta a perguntas difíceis resultantes
- Apresentar motivos racionais para sua existência.

DICA

Não se limite a fazer com que os executivos leiam listas em um slide de PowerPoint para compartilhar sua estratégia com os colaboradores. Presencial ou virtualmente, divida suas equipes em grupos menores e incentive-os a mostrar as falhas da estratégia que você criou, analisar a resposta da concorrência e explicar como podem contribuir.

A medição é fundamental

O segundo culpado na batalha da execução é a inabilidade ou a relutância da maioria das organizações em medir corretamente os vários elementos de sua estratégia. Um plano estratégico robusto costuma descrever os produtos e os serviços que você deseja vender, a proposta de valor apresentada aos mercados-alvo, as competências únicas que o pessoal possui etc. Tudo isso forma uma hipótese — uma suposição baseada nas informações disponíveis do que será necessário para ser bem-sucedido em sua arena competitiva.

Então você precisa testar essas suposições pela medição, mas muitas empresas não fazem isso. Em vez de acompanhar o engajamento dos clientes, a inovação, a eficácia dos novos canais de venda e muitos outros atributos de sua estratégia, elas recorrem às mesmas métricas ineficazes, que quase sempre são do tipo financeiro.

"Não podemos administrar o que não podemos medir" é um provérbio que ouvi no início da minha carreira. Se não medirmos os elementos da nossa estratégia, não conseguiremos corrigir o curso, fazer ajustes na hora nem mudar de direção com base no que está acontecendo no mundo. Em vez disso, continuaremos lendo os mesmos relatórios financeiros entediantes todo mês, trimestre ou ano. Como vimos antes, os OKRs eficazes, que são basicamente medidas do sucesso, sempre se originam da estratégia da organização. Assim, iniciando um programa de OKRs, você passará instantaneamente a lutar contra uma das formas mais letais de falha de execução.

LEMBRE-SE

Comprometer-se a medir os elementos da sua estratégia abrirá as portas para que a sua organização possa

- Corrigir o curso
- Fazer ajustes na hora
- Mudar a direção com base no que está acontecendo no mundo

Reconhecendo o desafio do crescimento sustentável

Na seção "A dificuldade de executar estratégias", vista antes neste capítulo, falamos sobre alguns elementos que compõem a maioria dos planos estratégicos: os produtos e os serviços que você tentará vender; a proposta de valor apresentada aos mercados-alvo; as competências únicas de seu pessoal; entre outros. Permita-me apresentar outro elemento que costuma aparecer nas estratégias: o crescimento. No que provavelmente será a estatística menos surpreendente e mais óbvia mencionada neste livro, calcula-se que 90% dos planos estratégicos têm alguma referência ao crescimento. Novamente, essas referências não surpreendem, pois toda organização do mundo, desde a Tesla ao Google e à lojinha de sucos do bairro, deseja crescer. É um imperativo básico da vida organizacional: cresça ou morra.

Mas o ponto é o seguinte: é difícil fazer com que a receita e o lucro cresçam ano após ano, e isso vem se tornando cada vez mais difícil. Obviamente, existem pessoas que estudam esses fatos emocionantes da vida organizacional, e em um desses estudos de 4.793 empresas (adoro a especificidade desse número de empresas!), os pesquisadores relataram que apenas 8% delas tiveram um aumento de receita de pelo menos 5% ano após ano, e menos ainda tiveram um crescimento consistente de lucro (veja "How the Growth Outliers Do It" de Rita Gunther McGrath, *Harvard Business Review*, 2012). Espero que a lojinha de sucos do bairro tenha um plano B.

Isso quer dizer que é a falta de oportunidades que inibe o crescimento? De acordo com a maioria dos executivos seniores, que enxergam oportunidades nos mercados nacional e internacional, não. Afinal, o mundo está encolhendo, e o comércio é um jogo realmente global.

O que costuma impedir o crescimento se resume a duas grandes categorias:

» Fatores internos
» Um fluxo constante de oportunidades atraentes

O vazamento nas questões internas

Ao mencionar os fatores internos que impedem o crescimento, refiro-me às questões que surgem dentro das quatro paredes da organização, algumas das quais podem crescer devagar e, de repente, se tornam problemas enormes, como o vazamento na torneira que ignoramos. Pode acreditar, como alguém que fala com base em uma experiência molhada e que acabou saindo caro: você precisa pegar uma chave-inglesa e corrigir o problema agora.

O equivalente organizacional a um vazamento pode às vezes assumir a forma de uma mudança de cultura. No caso de uma startup ou de um pequeno negócio audacioso, seus membros estão dispostos a jogar a precaução pela janela e assumir riscos que podem ou não compensar; mas à medida que a empresa cresce e os riscos aumentam, fica mais difícil jogar os dados e apostar em experimentos duvidosos. Antes que se apercebam, sua cultura criativa e inovadora se transforma em uma burocracia sufocante, exigindo três assinaturas para comprar papel-toalha no atacado.

Mas as empresas voltadas para o crescimento fazem experiências e inovam; é assim que permanecem um passo à frente da concorrência.

Oportunidades, quantas oportunidades!

A outra grande categoria de desafios que muitas organizações enfrentam ao crescer é o fluxo inesgotável de oportunidades emocionantes que se apresentam com uma regularidade consistente. Vejo isso no meu próprio negócio. Como os OKRs ganharam destaque como uma estrutura comprovada de definição de metas e de execução, cada vez mais ofertas me são apresentadas: podcasts, parcerias, promoções e muitas outras oportunidades atraentes, sendo que algumas delas nem começam com a letra *p*.

É ótimo ter oportunidades; o desafio é diferenciar entre sinal e ruído e determinar quais oportunidades se alinham com nosso objetivo e estratégia principais, ou seja, o desafio é manter o foco no que mais importa. É aí que entram os OKRs, um sistema especificamente elaborado para ajudá-lo a fazer o seguinte:

- Permanecer na rota certa
- Evitar distrações
- Enfatizar o que mais importa no momento

O objetivo dos OKRs não é ajudar a acompanhar nossas atividades comuns e corriqueiras; em vez disso, eles ajudam a estruturar o futuro que desejamos, estabilizando nosso foco no que dará o maior retorno para o investimento.

LEMBRE-SE

Mesmo que você tenha a sorte de estar em um setor de alto crescimento e esteja surfando uma onda de crescimento na empresa, as coisas podem mudar de forma rápida e radical. Monitore os indicadores técnicos (financeiros) e sociais (como as transformações culturais) para continuar avançando em direção ao crescimento.

Trabalhando com a ameaça da disrupção

Disrupção é uma quebra ou uma interrupção do curso normal de alguma atividade, e embora soe como algo negativo, ela pode ser uma bênção na nossa vida pessoal. Você já tentou realizar uma grande mudança, talvez acabar com um relacionamento tóxico, fazer uma grande mudança de carreira ou trocar de dieta, na esperança de melhorar sua saúde e longevidade? São empreendimentos difíceis, com certeza, e precisamos de toda ajuda possível para realizá-los. Surpreendentemente, porém, a disrupção pode ser essa ajuda. Em um estudo com pessoas que mudaram de casa — uma grande disrupção para muitos de nós—, psicólogos relataram que elas tinham três vezes mais chances de serem bem-sucedidas ao fazer grandes mudanças (veja *Como mudar* de Katy Milkman). É algo para ter em mente ao navegar em sites de imóveis: a mudança pode fazer bem.

Contudo, no mundo corporativo, a disrupção é uma daquelas palavras que lançam medo no coração dos executivos, que tendem a favorecer o status quo sempre que possível. A versão corporativa da disrupção é representada pelo processo em que uma empresa menor, geralmente com menos recursos, sobe de nível no mercado para desafiar empresas maiores, dominantes e que costumam empregar tecnologias melhores a um custo estrutural mais baixo. Hesitantes em prejudicar suas margens de lucro mais altas, as empresas maiores costumam ser lentas em reagir e acabam aumentando as chances de sofrer alguma disrupção.

A disrupção é um conceito que está na moda hoje (pense: a Uber está virando o setor dos táxis de cabeça para baixo, embora ele já exista há tempos). O rádio transistorizado, criado na década de 1950, abalou o mercado dos rádios, que antes era dominado por sistemas grandes e caros, considerados móveis na casa daqueles que tinham tempo e dinheiro para se sentar e ouvi-los. No futuro, a impressão 3D provavelmente causará uma disrupção no mercado logístico, pois as fabricantes já conseguem imprimir peças personalizadas localmente.

Usar OKRs não protegerá por completo seu setor contra a disrupção, mas o uso bem pensado de um programa de OKRs poderá ajudá-lo a ficar atento às pistas que talvez indiquem que uma disrupção está se aproximando. "Programa" é a palavra-chave da frase anterior. Nesse caso, ela se refere aos OKRs em um sentido mais amplo, além da função crucial da medição estratégica.

DICA

As organizações que usam bem os OKRs transformam essa estrutura no núcleo de um modelo operacional, um que trata cada ciclo de OKRs como um miniexercício de planejamento estratégico no qual o ambiente é analisado em busca de tendências e sinais de mudança. Você pode usar esses sinais para criar OKRs que o protegerão dos possíveis efeitos de agentes disruptivos no seu espaço.

Como Seu Pessoal se Beneficiará com os OKRs

Evitar os perigos da disrupção estimulando o crescimento e conduzindo a execução são alguns dos excelentes benefícios que você pode obter com os OKRs. Mas o que dizer do seu pessoal, as pessoas que farão as chamadas de vendas, construirão o próximo produto inovador, responderão as perguntas dos clientes e todo o resto? O que elas ganham?

Bastante, na verdade! Os OKRs ajudam as pessoas da sua organização a

- » Focarem o que é mais importante
- » Se manterem alinhadas com os objetivos da organização, independentemente do seu cargo
- » Se sentirem mais engajadas
- » Aumentarem seu senso de responsabilidade
- » Cultivarem o pensamento visionário
- » Evitarem confusão quando entendem e usam o sistema com facilidade

A cereja do bolo é que seus benefícios são duplos: os OKRs não ajudam só os colaboradores a obterem sucesso, engajamento e motivação, mas também oferecem benefícios para a empresa. Temos muito o que falar aqui, então continue lendo para se familiarizar com essa lista de benefícios para as pessoas que compõem sua organização.

Focando o que é mais importante

Nos EUA, nenhum autor de livros de negócios de respeito deixaria de incluir pelo menos uma história de Abraham Lincoln no manuscrito para ilustrar um ponto-chave. Assim, contarei uma que lança uma luz bem brilhante sobre o tema do foco.

Como relatado por Ryan Holiday em seu livro *A quietude é a chave*, no início da Guerra Civil Norte-americana, Lincoln foi abordado por seus generais com planos conflitantes de como garantir a vitória nessa batalha sangrenta dos EUA. A confusão imperava e a esperança era escassa. Muitos achavam que a guerra só poderia ser vencida em grandes batalhas nas maiores cidades da nação, como Richmond, Nova Orleans e talvez na própria Washington, D.C. Lincoln analisou o conselho desses veteranos de guerra, abriu um mapa em uma grande mesa e apontou decisivamente para Vicksburg, Mississípi, uma cidade fortificada que ficava no alto das colinas do Rio Mississípi.

Embora a cidade estivesse sob o controle de tropas rebeldes, Lincoln percebeu que Vicksburg não controlava apenas o grande Mississípi, mas também ligava outros corpos de água, bem como as ferrovias que entregavam recursos aos exércitos dos Confederados, no Sul. "Vicksburg é a chave", disse ele na sala com os generais reunidos, e estava certo. Demorou alguns anos, mas o foco de Lincoln em Vicksburg acabou dividindo o Sul em dois e lhe deu o controle da parte norte do Rio Mississípi. Cada uma das vitórias importantes daquele ponto em diante só foi possível graças a Vicksburg. Esse é o poder do foco.

Por sorte, para a maioria de nós, os riscos no trabalho não são questões de vida ou morte, mas isso não significa que o foco não seja vital na nossa vida diária também. Uma coisa que todos temos em comum com o dilema enfrentado pelo presidente Lincoln é uma avalanche de opções: como passar o dia; em que projetos trabalhar; a que dedicar nossa atenção. Talvez você pense: "Bem, se eu simplesmente trabalhar bastante e rápido, conseguirei terminar tudo." Infelizmente, isso não é possível; o dia não tem horas suficientes. Li recentemente que o profissional mediano nos Estados Unidos tem um excesso de quarenta horas de trabalho não concluído na mesa em dado momento.

Os OKRs podem ajudá-lo a dissipar a neblina, o vórtex ou o redemoinho — fique à vontade para escolher sua metáfora preferida — obrigando-o a identificar o que é mais importante no momento para mostrar sua contribuição para o sucesso da organização. Como veremos mais à frente neste livro, com os OKRs, menos é mais, o que quer dizer que é preciso isolar as áreas fundamentais nas quais você precisa se concentrar para ser bem-sucedido.

LEMBRE-SE

Os OKRs não são um outdoor premium para você exibir tudo o que foi contratado para fazer. Pelo contrário, esse sistema é projetado para ajudá-lo a pensar de forma estratégica, como o presidente Lincoln, sobre as poucas coisas que entregarão o melhor resultado.

Alinhamento do topo à base, e além

Nos meus workshops de treinamento com os clientes, costumo mostrar a foto de um barco conduzido por uma equipe remando em perfeito alinhamento, deslizando aparentemente sem esforço em um lago brilhante. É uma metáfora forçada e óbvia para introduzir o tema sobre o qual falarei, mas é sempre eficaz. Pergunto ao grupo: "A sua organização é assim? Todos os seus 'remos' entram na água ao mesmo tempo?" Em mais de 25 anos de consultoria, apenas um grupo conseguiu me responder: "Sim, somos assim. Temos um alinhamento perfeito." Nesse ponto, eles se levantaram, deram as mãos, cantaram *Kumbaya* e foram para fora para assar marshmallows em uma fogueira improvisada no estacionamento.

Não, infelizmente esse conto de fadas corporativo não é real. Durante toda a minha experiência, nenhum grupo afirmou que aquela foto era uma representação justa da situação dele.

O alinhamento talvez seja a condição mais valiosa — porém ilusória — e desejada tanto pelos executivos corporativos como pelos colaboradores. Ninguém quer trabalhar em uma empresa com múltiplos objetivos, tendo seus esforços minados de forma intencional ou maliciosa por outro grupo, tendo uma falha de execução como resultado. A falta de alinhamento é um atrito que toda organização ficaria feliz de eliminar e os OKRs podem ajudar bastante na eliminação dessa toxina de suas veias corporativas. O sistema consegue realizar esse pequeno milagre de duas formas: promovendo os alinhamentos vertical e horizontal.

O *alinhamento vertical* representa o processo pelo qual todos os OKRs são avaliados no contexto da estratégia geral da empresa. Basicamente, ele nos obriga a fazer a seguinte pergunta: se posto em prática, o OKR ajudará a empresa a avançar mais um passo na execução de sua estratégia?

O *alinhamento horizontal* se refere ao processo de identificar e administrar as dependências mútuas entre os diversos departamentos ou equipes, com uma equipe dependendo do suporte ou da colaboração de outra para realizar seus próprios OKRs. Esse tipo de alinhamento enfatiza a coordenação e a cooperação exigidas entre os departamentos para promover o sucesso coletivo.

Pensando verticalmente

Como destaquei antes neste capítulo, os OKRs não servem para ficar catalogando todas as atividades que uma equipe realiza. Em vez disso, o desafio é determinar qual é a coisa mais importante — ou o pequeno número de coisas importantes — em que você poderia estar trabalhando agora para indicar sua contribuição para o sucesso. Quando as equipes elaboram OKRs e os compartilham com a liderança por meio de um processo padrão de revisão, a conversa naturalmente passa para a relevância estratégica do que criaram. Essas conversas são oportunidades poderosas para medir o entendimento da estratégia (lembre-se de que há pouco entendimento) e garantir que todas a equipes escrevam OKRs que, quando agregados coletivamente em toda a empresa, resultem na execução da estratégia.

DICA

Ao criar OKRs, seja usando um sistema de softwares, o Google Planilhas, o Excel ou o verso de um guardanapo, inclua campos para as equipes identificarem o alinhamento, vertical e horizontal. No caso do alinhamento vertical, você deve indicar claramente como o OKR escolhido se alinha com os objetivos gerais da organização. No caso do alinhamento horizontal, é importante identificar quaisquer dependências de outros departamentos necessários para atingir seu OKR.

O flagelo do silo

Qual é a palavra mais medonha e incômoda que você poderia usar na sua próxima reunião da empresa, uma que chamaria a atenção de imediato até do membro mais distraído da equipe? Para descobrir que palavra é essa, será necessário avançar muito mais no alfabeto do que seria de se esperar, mas quando chegar no *s*, pode parar. A palavra é *silo*. As empresas odeiam silos e vêm travando uma guerra contra eles desde que as entidades organizacionais passaram a existir, mas geralmente tendo pouco para mostrar com seus esforços.

Tenho certeza de que você não precisa que alguém o lembre do que é um silo, mas caso sua empresa realmente não cante *Kumbaya* e asse marshmallows no estacionamento em uma alegre celebração de seu alinhamento, seguirei em frente e definirei o termo. Os silos representam grupos ou equipes com uma expertise específica que são separados por departamento, local ou especialidade. Inconscientemente, eles costumam correr atrás dos objetivos do departamento em vez de contribuir para as aspirações gerais da empresa.

Os silos sempre foram um problema, mas a grande sombra lançada por seu impacto negativo cresceu nas últimas décadas, quando o trabalho multidisciplinar passou a se tornar cada vez mais vital para alcançar os objetivos gerais. O fato é simples: o trabalho das organizações modernas depende da coordenação das equipes. Pense, por exemplo, nos departamentos de Vendas e Marketing, ou de Produção e Engenharia. Os OKRs não conseguem eliminar os silos em um passe de mágica, mas quando determinada prática é seguida com rigor e disciplina, a estrutura pode diminuir esse problema de forma considerável.

Eliminando as dependências

A prática simples à qual me referi na frase anterior é a de identificar e administrar as dependências. À medida que as equipes criam OKRs, além de identificar o alinhamento vertical discutido anteriormente, elas precisam determinar quem na organização pode ajudar a alcançar o OKR e de que forma específica essa ajuda deve ser fornecida.

Essa é a parte da identificação. A seguir, a equipe que está criando os OKRs fará uma reunião com a equipe dependente e descreverá com clareza a ajuda de que precisará, sendo o mais específica possível no seu pedido: o número de horas exigidas, as tarefas necessárias para completar o OKR e assim por diante. Esclarecer essas questões estimula o diálogo entre as equipes, e uma dentre duas coisas poderá acontecer:

- » A equipe dependente poderá concordar em fornecer a ajuda requisitada, sendo que, nesse caso, as duas equipes compartilharão o OKR.
- » A equipe dependente poderá sugerir que, dadas as suas responsabilidades atuais, ela não terá condições de fornecer a ajuda necessária.

Nesse último caso, a questão é levada à liderança, cujo trabalho envolverá analisar a questão e decidir o que acontecerá. Talvez a equipe dependente seja obrigada a fornecer a ajuda requisitada ou seu próprio OKR seja considerado importante o suficiente para não precisar cooperar com a outra equipe. De qualquer forma, a transparência será maior, a prioridade e a alocação de recursos terão sido feitas e haverá um aumento do alinhamento em geral.

Aumentando o engajamento

Pare de sonhar acordado agora, se concentre e se prepare para uma dose de revigoramento. Consegui chamar a sua atenção? Aparentemente *agora*, *concentre* e *revigoramento* são palavras que chamam a atenção, e espero ser o alvo de sua total capacidade cognitiva porque sei que você ficaria tentado a correr os olhos por esta seção ou pulá-la por completo. O engajamento dos colaboradores parece ser no máximo um conceito vago, bem distante do verdadeiro sucesso comercial, e o que ele teria a ver com os OKRs, não é?

Primeiro, quero acabar com essa noção de que o engajamento não tem nada a ver com o sucesso geral. Um estudo com mais de 750 empresas relatou que uma das ferramentas mais eficazes a usar para aumentar o retorno total dos acionistas é investir no engajamento dos colaboradores. Consegui chamar a sua atenção agora?

Então, para combater a questão do "vago", o que seria engajamento, afinal? Bem, não é simplesmente a satisfação ou a felicidade dos colaboradores. Muitas pessoas afirmam estar satisfeitas e relativamente felizes no trabalho, mas isso é muito diferente de estar engajado. Quando trabalho com clientes e lhes peço para descrever o conceito de engajamento dos colaboradores, eles costumam responder com as seguintes palavras e expressões:

Comprometido	Apaixonado
Proativo	Conectado
Disposto a correr riscos	Cuidadoso

O interessante é que as sugestões dessa lista são consistentes nos setores, nos locais geográficos e nas culturas, aproximando-se corretamente do espírito do engajamento, que é mais bem representado como um comprometimento emocional com a empresa e seus clientes. Os colaboradores engajados realmente se esforçam mais para fazer o trabalho em benefício dos colegas e, por fim, dos clientes da empresa.

A organização Gallup faz pesquisas com colaboradores do mundo todo por décadas, coletando milhões de pontos de dados para juntar tudo e criar um agregado de dados de engajamento, que infelizmente não é muito positivo. Embora os números mudem um pouco a cada ano, eles geralmente são bem persistentes:

- » Cerca de 20% da força de trabalho mundial são bastante engajados
- » Entre 50% e 60% são medianos
- » Cerca de 20% estão ativamente desengajados

Esse último grupo é perigoso para a produtividade e a moral. Os pesquisadores calculam que os colaboradores desengajados custam cerca de US$500 bilhões para a economia norte-americana (por exemplo) em perda de produtividade todo ano. Aparentemente, esses colaboradores estão mais interessados em ver postagens no X e o feed do Instagram na hora do serviço do que em cuidar dos clientes.

Eu acredito muito na noção da Teoria Y da motivação humana, que sugere que a maioria das pessoas tem motivação interna e, lá no fundo, quer se engajar por meio de uma contribuição significativa — não só receber salário. As pesquisas reforçam esse ponto de forma consistente, com a maioria dos colaboradores, em especial os grupos mais jovens, declarando seu desejo de fazer a diferença no trabalho.

Ah, os melhores planos já elaborados! Todos nós temos um brilho nos olhos e entusiasmo quando começamos nossa carreira ou entramos em uma nova empresa, mas, com o passar do tempo, como um carro antigo exposto ao tempo por muitos invernos, deterioramos. Contudo, na maioria dos casos, não são os nossos valores principais que nos deixam na mão.

Os colaboradores que não entendem a estratégia da empresa e não veem como se encaixam logo ficam desiludidos, confusos em relação às prioridades e céticos quanto às suas oportunidades de contribuir. Essas questões podem resultar em falta de foco no trabalho e podem ser combinadas com problemas de alinhamento na empresa. Não muito tempo depois, aquele colaborador que era brilhante, ambicioso e estava pronto para mudar o mundo decide que é melhor trabalhar de forma robótica. Que desperdício!

Quando as equipes criam OKRs e os compartilham com a liderança, segue-se uma conversa sobre a estratégia e a relevância estratégica dos OKRs selecionados. Essas conversas têm um grande potencial de gerar engajamento nos colaboradores por meio, sim, do engajamento dos associados no processo. Escrever um OKR eficaz depende bastante do entendimento da estratégia da empresa, de modo que cada sessão de escrita de OKRs oferece uma oportunidade de analisar o quanto as pessoas sabem sobre a estratégia, o quanto estão comprometidas com ela e a crença de que podem contribuir. Os melhores líderes tomam as rédeas dessa oportunidade, estimulando um diálogo de mão dupla, respondendo perguntas, preenchendo lacunas de conhecimento e incentivando as equipes e os indivíduos a mostrarem sua peça do quebra-cabeças, ou seja, a execução da estratégia.

LEMBRE-SE

O engajamento dos colaboradores não beneficia apenas os funcionários individuais. Por aumentar o engajamento, você provavelmente conseguirá melhorar a rentabilidade, diminuir a rotatividade e aumentar o retorno total dos acionistas.

Senso de responsabilidade com conhecimento estratégico

Uma resposta comum que possíveis clientes dão à pergunta "Por que você está criando OKRs?" é aumentar o que eles consideram como senso de responsabilidade na organização. Os líderes querem pessoas que aceitam responsabilidades e adotam a noção de "se der errado, a culpa é minha". Entretanto, para os colaboradores, a prestação de contas pode ser um conceito assustador, associado, como de fato é, à noção de responsabilidade final por um processo, projeto ou métrica atribuída, e sobre os quais não se tem controle total. Ninguém quer se responsabilizar por algo que, no fim das contas, não consegue influenciar. Isso resulta no vai e vem interminável de atribuir responsabilidades na maioria das empresas.

O sistema dos OKRs adota a prestação de contas designando responsáveis por cada resultado-chave criado. Ocasionalmente, haverá mais de um responsável, mas na maioria dos casos, apenas uma pessoa será responsável e prestará contas por alcançá-lo.

Ser responsável definitivamente não quer dizer que a pessoa ficará perdida em uma ilha, isolada, só ela contra o mundo, lutando para atingir o resultado-chave. Ela terá aliados nessa luta, sendo que o mais destacado deles será a dádiva do conhecimento estratégico adquirido por meio do processo de desenvolver o OKR. Como já mencionado, a melhor forma de criar OKRs é com diálogos interativos e abertos sobre a estratégia da empresa e o papel da equipe ou do indivíduo para atingi-lo.

A responsabilidade também é estimulada no mundos do OKRs utilizando um procedimento robusto de verificação durante o período. À medida que os dias passam, é vital fazer reuniões frequentes para discutir o progresso do OKR. Nelas, discussões sinceras sobre os esforços realizados para contribuir com o OKR costumam trazer à superfície questões de recursos, eliminando uma boa parte do problema do "eu não posso controlar o resultado".

LEMBRE-SE

Verificações regulares garantem que as equipes considerem cada elemento do que será necessário para atingir o OKR, e se for preciso obter ajuda externa para preencher a lacuna de controle, ela será fornecida, se possível, aprimorando a prestação de contas.

Elevando o nível com o pensamento visionário

No início deste capítulo, eu incluí minha história obrigatória de Abraham Lincoln, e agora cumprirei com o meu segundo item obrigatório do dia de menções históricas com uma citação de Steve Jobs, e olha que ainda estamos no Capítulo 2! Uma das frases do cofundador da Apple mais repetidas é a seguinte: "Estamos aqui para deixar nossa marca no Universo. Senão, por que nos dar ao trabalho de estar aqui?" Sabia que a citação original é um pouco maior e que a fonte original é de um artigo de 1985 da revista *Playboy*? Mas estou fugindo do assunto. Independentemente das palavras exatas e de onde Jobs as pronunciou, a ideia de deixar uma marca no Universo foi impactante, e podemos ouvi-la reverberando nos corredores de empresas do Vale do Silício à Wall Street até hoje.

Jobs não estava defendendo melhorias pequenas e incrementais nem atualizações diminutas dos procedimentos operacionais padrão de negócios. Ele implorava que suas equipes pensassem de forma audaciosa e grandiloquente para criar produtos e serviços inovadores que seus clientes talvez nem soubessem que precisavam ou queriam.

Seguir essa ordem exige criatividade, inovação, experimentação e uma dose saudável de ousadia. Mas quando as estrelas se alinham, as recompensas são verdadeiramente astronômicas. Os OKRs podem servir de combustível para esse nível inspirador de pensamento por tirar o foco das atividades comuns, diárias e rotineiras que costumam tomar muito do nosso tempo e colocá-lo nos objetivos que lançam nosso míssil no espaço, deixando nossa marca no Universo.

Tenho certeza de que a última frase pareceu exagerada, mas ela não veio da minha imaginação hiperativa ou de um gênio criativo da Hallmark. Não, é ciência, lembra? Meus heróis de definição de metas, Locke e Latham (apresentados no Capítulo 1), provaram, com centenas de experimentos de campo em um amplo espectro de setores, que os objetivos visionários melhoram os resultados. Em geral, pessoas com metas "difíceis" tiveram um desempenho melhor do que aquelas com metas fáceis de atingir em um fator de 250%. Assim, vá em frente e sonhe grande. Os OKRs podem levá-lo aonde você deseja ir.

Trabalhando em um sistema fácil de entender e usar

Talvez o maior benefício dos OKRs seja a facilidade de entendê-los e usá-los quando implementados com rigor e disciplina. E como precisamos de simplicidade no mundo organizacional atualmente! Às vezes, eu me pergunto se uma sociedade secreta de sábios e gurus dos negócios não se reúne em algum lugar suspeito — talvez dentro de um vulcão, como um vilão dos filmes do 007 — para criar novos sistemas. Quanto mais complexos, complicados e incompreensíveis eles forem, melhor, aumentando a probabilidade de um CEO desesperado pagar uma nota para tentar implementá-los, sem fazer perguntas. Você sabe do que estou falando: estruturas e sistemas com diagramas que desafiam a lógica geométrica e gramatical, do tipo que exigem um mago dos negócios para interpretar.

No entanto, as soluções de negócios não precisam ser assim. Uma estrutura simples e bem implementada — sim, os OKRs — compensarão bastante a compreensão e a adesão dos colaboradores, inevitavelmente gerando uma execução mais rápida e resultados grandiosos no nível organizacional. Duvido que a sociedade secreta dos gurus me deixará entrar tão cedo em seu esconderijo, mas talvez se eu começar a criar siglas sem sentido, ela me sugira como membro. Com isso em mente, esta é uma que descreve como e por que os OKRs são fáceis de entender e usar. Aqui vai — DECK:

» ***D* de destilamento.** Os OKRs separam o significado da definição de metas em seus elementos essenciais: o *objetivo* descreve o que queremos fazer, e o conjunto complementar de *resultados-chave* indica a realização desse objetivo. Nada mais, nada menos.

» ***E* de empatia.** Nós, os humildes fornecedores de OKRs, dentre os quais me incluo, sinto a sua dor. Eu também tenho um negócio, e a última coisa que quero são sistemas complexos de sete passos para isto, oito passos para aquilo, que me fazem coçar a cabeça e me perguntar o que estou fazendo, e se a minha empresa está mais perto de atingir seus objetivos. Assim, em nome de todos aqueles que instruem, facilitam e treinam nesse campo, serei sincero com você.

» ***C* de clareza.** Um OKR eficaz possui apenas algumas características essenciais, as quais abordarei em detalhes nos Capítulos 8 e 9. Apegue-se a elas, e logo estará escrevendo OKRs excelentes!

» ***K* de *Kabum!*** É assim que você se sentirá, ou talvez dê um grito eufórico, ao ter seu primeiro "momento eureca" ao usar os OKRs. Não posso dizer ao certo quando acontecerá, porque cada organização é diferente, mas posso dizer com toda certeza que, se seguir as dicas deste livro, acontecerá. Talvez, quando estiver elaborando OKRs, você sinta uma

> emoção ao reconhecer que criou algo que realmente se alinha e contribui para a estratégia da empresa. Ou talvez durante uma retrospectiva dos OKRs, ao analisar os resultados da equipe, você descubra uma suposição oculta que lhe mostre a chave para o sucesso no futuro. *Kabum!*

Sua história está esperando para ser escrita.

2 Preparando OKRs

NESTA PARTE...

Investir tempo na criação dos OKRs o ajudará a garantir que você estabeleceu uma base sólida para o sucesso da sua implementação. Também aumentará bastante suas chances de obter os resultados desejados para o programa.

Nesta parte, você aprenderá quais são os elementos essenciais envolvidos na escrita dos OKRs, descobrirá por que estabelecer seu raciocínio particular para implementá-los é vital para o sucesso e discernirá os papéis-chave que as pessoas devem exercer para maximizar esse sucesso. Também aprenderá a determinar onde e quando criar OKRs e se aprofundará na matéria-prima deles: missão, visão e estratégia.

NESTE CAPÍTULO

» Aprendendo como *não* começar sua implementação de OKRs

» Determinando o "motivo" dos OKRs

Capítulo 3

Primeiro o Mais Importante: Por que Criar OKRs

Eu tenho muitos heróis da gestão, incluindo o falecido Stephen Covey, autor do megalivro best-seller *Os 7 hábitos das pessoas altamente eficazes*. Covey escreveu vários livros ao longo de sua carreira, incluindo um chamado *Primeiro o mais importante*, onde ele conta a história das pedras grandes. Em resumo é assim: imagine que você tem um jarro de vidro que está tentando encher de pedras, cascalho e areia. Como colocar tudo no jarro? Se começar com a areia fina, ela encherá a parte de baixo do jarro e não deixará espaço para as pedras e o cascalho, então está fora de cogitação. Se colocar o cascalho primeiro, talvez sobre espaço para a areia, mas nem tente colocar as pedras. No fim das contas, a única maneira de colocar tudo no jarro é começar colocando as pedras grandes, seguidas pelo cascalho e, por fim, derramando a areia para preencher o espaço entre eles.

Covey usou essa parábola simples para ilustrar um princípio fundamental que todo mundo deveria seguir: começar com as coisas mais importantes — as pedras grandes — no dia, na semana e na vida. No que se refere aos OKRs, a pedra grande, a bem grandona (imagine um rochedo do tamanho de um caminhão), é a resposta para a seguinte pergunta: por que você está criando OKRs, e por que agora? No Capítulo 2, mencionei que a maioria dos líderes, ao me pintar uma visão geral da empresa, rapidamente me dizia o quão "diferente" ela era. Mas todos esses executivos, gerentes, líderes de equipe e colaboradores individuais têm muito em comum: o quanto são ocupados e a rapidez com que as coisas acontecem.

Eu gostaria de dizer que os OKRs são um sistema fácil, tranquilo e sereno de implementar, mas eles envolvem mudança, e o caminho da mudança nunca é fácil ou direto. Durante sua implementação, às vezes você sentirá que o progresso não é bem o que esperava e o ímpeto pode desaparecer mais rápido do que a maré de sorte de um apostador. É aí que você precisará de um grito de guerra, e esse grito motivacional assume a forma do seu mantra "Motivo OKRs". Este capítulo lhe mostrará por que você deve identificar com clareza os motivos de querer iniciar o processo de adotar o sistema dos OKRs em sua organização. Primeiro, porém, seria útil saber como *não* iniciar sua jornada de OKRs. Depois, o capítulo o ajudará a responder a pergunta "Por que OKRs" para garantir que chegue a uma resposta que motive a sua equipe, do topo à base.

LEMBRE-SE

A única constante é a mudança, e ficar para trás não é uma opção. Quando as coisas avançam na velocidade da luz e todos estão tão atarefados que parecem Erich Brenn no Ed Sullivan Show (se tiver menos de 60 anos, provavelmente precisará fazer uma pesquisa para saber quem é ele, então lá vai: `https://www.youtube.com/watch?v=Zhoos1oY404`), então o recurso mais valioso para você e seus colegas será a atenção — um bem protegido. Se deseja, ou ouso dizer espera, que seus colaboradores contribuam com o que provavelmente é seu ativo mais valioso, você precisará compartilhar aquela grande pedra com eles do motivo desse investimento ser benéfico para eles e para a empresa.

Descobrindo Como *Não* Iniciar Sua Jornada de OKRs

Quando comecei minha carreira como consultor, meus clientes costumavam me cumprimentar com um olhar levemente suspeito, estendendo a mão e dizendo "Você é mais jovem do que eu esperava", que é um código para "Esse cara sabe mesmo o que está fazendo?" Hoje, quando um cliente executivo me apresenta para a equipe, o tom é outro. "Contratamos Paul porque ele escreveu sete livros sobre esse assunto e trabalhou com centenas de empresas nos últimos vinte anos. Esperamos que os nossos workshops não atrapalhem as sonecas dele." Não, essa última parte sobre as sonecas não é verdade... ainda. O ponto é que já faço esse trabalho há um bom tempo, e a minha antena para captar sinais — positivos ou negativos — está bem ajustada. Ao conhecer um novo cliente, já posso dizer com antecedência se

- » Ele tem boas chances de prosperar com os OKRs.
- » O empreendimento será arrastado e doloroso, resultando em um fracasso inevitável.
- » O esforço nem sequer sairá da teoria.

Algumas bandeiras vermelhas já foram agitadas na minha frente ao longo dos anos, do tipo que o deixam em uma situação incômoda desde o início. Nesta seção, descreverei duas escolhas especialmente ruins para dar início à sua jornada dos OKRs, as quais presenciei diversas vezes ao longo dos anos. Não é impossível se recuperar desses inícios abaixo do ideal, mas como verá mais adiante neste capítulo, você pode dar passos iniciais muito mais benéficos do que esses para começar sua implementação dos OKRs.

E não sou só eu que acha importante começar bem. Mais de 2 mil anos atrás, Platão observou que "o começo é a parte mais importante do trabalho". Não importa se você é um filósofo da Grécia Antiga ou um líder do século XXI; você tem apenas uma chance de causar uma ótima primeira impressão.

Evite pedir que seu assistente administrativo contate consultores

Toda vez que um novo cliente em potencial entra em contato com minha empresa, sinto uma dose de dopamina. É sempre interessante e emocionante abrir um e-mail requisitando um orçamento. As perguntas são muitas: De onde ele é? Em que setor ele trabalha? O que o motivou a entrar em contato para saber mais sobre os nossos serviços? Não obstante, essa emoção desaparece em um instante quando o e-mail diz algo assim:

"Olá, eu me chamo Ashley, a assistente administrativa do CEO. Ele me pediu para entrar em contato com empresas como a sua porque estamos interessados em implementar OKRs. Poderia me enviar uma lista com seus serviços e preços?"

Não tenho nada contra Ashley. Ela (e com a mesma frequência é Jim ou Justin) está só fazendo seu trabalho, atendendo o pedido do chefe. Estou apenas sugerindo que essa não é a forma ideal para iniciar o processo de

OKRs. Cada organização exigirá um conjunto personalizado de serviços para atingir seus objetivos particulares. Vocês não estão comprando uma camiseta aqui, gente. Se sua única referência de escolha for uma lista insípida de preços e serviços ao escolher um parceiro, você se privará do valor que vem de uma verdadeira parceria entre o fornecedor e sua empresa. E, francamente, o fato de o possível cliente não mostrar interesse suficiente para conversar com os possíveis fornecedores de serviço demonstra falta de compromisso.

O que fazer?

Se quiser ajudar na implementação dos OKRs, estas são três coisas que qualquer CEO ou líder deveria fazer ao selecionar um possível parceiro de consultoria:

- **Faça uma pesquisa sobre o tema.** Saiba o que está comprando! E com base nisso, aqui vai algo ainda mais básico: saiba *por que* está comprando. Qual é a razão comercial específica para buscar um parceiro consultor agora? Qual é o problema que está tentando resolver com os OKRs? Falarei mais sobre isso adiante no capítulo, em "O 'Motivo' para Criar OKRs", mas é apenas respondendo a essas perguntas que você poderá tomar uma decisão informada com base no que o mercado tem a oferecer.
- **Vá além do rótulo.** Nunca escolha um parceiro só porque ele cobra menos. É muito raro que alguém consiga ter a sorte de encontrar uma empresa cujos preços baixos não representam falta de habilidade ou experiência. Entretanto, no caso da maioria, a velha máxima se aplica: você recebe por aquilo que paga. Um conhecimento profundo sobre o tema, uma experiência relevante e a adequação cultural são os verdadeiros critérios para uma relação saudável entre o cliente e o fornecedor de serviços. Às vezes você acaba pagando mais por esses aspectos, mas os resultados compensam bastante o peso adicional em seu relatório financeiro.
- **Designe um tomador de decisões para o trabalho.** Nunca peça que um assistente administrativo ou qualquer outra pessoa que não tem o poder de tomar decisões entre em contato com o parceiro em potencial. A primeira página do primeiro capítulo de qualquer livro de gestão de mudanças lhe dirá que o suporte do executivo sênior é o ingrediente essencial de qualquer iniciativa. Esse compromisso começa desde o dia em que você decide procurar por ajuda externa. Sempre que possível, faça isso você mesmo para mostrar a todos sua dedicação pessoal em escolher o parceiro certo para suas necessidades específicas.

O Capítulo 13 aborda o tema de usar consultores com muito mais detalhes.

DICA

Se você é CEO, talvez não tenha a disponibilidade de liderar o programa de OKRs diariamente, incluindo a triagem inicial de possíveis parceiros. Tudo bem delegar, mas escolha alguém relativamente sênior e que tenha poderes para tomar decisões.

Não inicie um processo de mudança levianamente

Se ao perguntar a um líder "Por que o senhor está implementando OKRs, e por que agora?", ele responde "Bem, eu li um best-seller sobre OKRs, e tudo parece fazer sentido", sei que provavelmente teremos um problema. É porque os leitores podem ficar com a impressão de que a estrutura de OKRs é fácil de implementar. Embora a estrutura seja fácil de entender, como abordamos no capítulo anterior, a implementação em si pode ser desafiadora.

Mas nenhum livro, incluindo este em suas mãos, pode realizar o trabalho de canalizar o poder os OKRs por você. O fato de gostar da mensagem de um livro não deve ser o primeiro motivo para iniciar um esforço de mudança.

Então, o que fazer?

Nem preciso lhe dizer o quanto é difícil fazer mudanças. Sem uma justificativa convincente, como o motivo de a mudança ser necessária, os colaboradores já sobrecarregados não prestarão atenção ou esperarão até que passe. Toda mudança, incluindo os OKRs, deve começar com respostas bem formuladas e concisas para as perguntas "por quê?" e "por que agora?". Os CEOs que já viram o lado negativo da mudança estão bem familiarizados com essa verdade e é por isso que, em um estudo recente com 2.724 líderes de mudança realizado pela empresa de consultoria McKinsey (veja *Beyond Performance 2.0* de Scott Keller e Bill Schaninger), 62% deles disseram que "comunicar uma visão convincente para motivar e inspirar" era o comportamento mais importante durante um programa de mudança.

O "Motivo" para Criar OKRs

A primeira seção deste capítulo sugeriu o que *não* fazer ao iniciar o processo de OKRs. Agora é hora de ver o que fazer ao iniciá-lo. Primeiro, conte uma história de mudança poderosa e significativa para suas equipes. Para tanto, você deve ir muito além de expressões cansativas e repetitivas, como "Precisamos trabalhar juntos de forma mais eficaz" (todo mundo já sabe disso) ou "Precisamos trazer mais valor para o mercado" (não é necessariamente algo que dá arrepios).

Uma abordagem melhor seria uma narrativa mais ampla descrevendo um ou todos os pontos a seguir:

- Como alcançar a excelência em OKRs os aproximará dos clientes, oferecendo soluções aos problemas deles
- Como os OKRs, com seu foco na transparência, ajudará a aproximar as equipes, melhorando seu ambiente de trabalho
- Como os OKRs darão a todos a chance de mostrar como contribuem para o sucesso geral

Assim como existem diversas maneiras de escrever um livro ou um filme, suas escolhas serão muitas ao elaborar a história de mudança de sua organização.

Seu motivo único para implementar OKRs

Para contar uma história de mudança convincente para suas equipes, você precisará identificar os motivos convincentes e legítimos para lançar uma iniciativa de OKRs. Nesta seção, descreverei diversos motivos para entrar nesse mundo, mas você não deve considerá-los como um bufê e escolher qualquer um aleatoriamente. Em vez disso, analise cada um no contexto da sua empresa, fale sobre eles com sua equipe e determine o que faz sentido para você e por quê. No fim do dia, ou mais precisamente, no início dos OKRs, o sistema deverá resolver um problema específico do negócio ou uma combinação de problemas específicos para você.

Necessidade de conscientização e execução da estratégia

De acordo com os pesquisadores, se você pedir a cem pessoas de sua empresa para mencionar um dos três maiores objetivos dela, cerca de 85 mencionarão algo tirado do nada, que não chega nem perto do que os líderes apresentaram anteriormente. Os OKRs podem corrigir esse problema porque um dos pré-requisitos para o desenvolvimento deles é entender a estratégia que faz uma conversa culminar na descrição de como suas equipes contribuem. Os OKRs geram comunicação e reconhecimento da estratégia em uma organização.

Uma forma de administrar o crescimento rápido

Esse é um problema bom, mas não deixa de ser um problema. As empresas que andam no foguete do crescimento enfrentam diversos desafios, sendo que o principal deles é manter todos focados no que realmente importa e por quê. O crescimento quase sempre vem acompanhado de diversas oportunidades, e determinar o que serve ou não é fundamental para continuar subindo. Os OKRs vão muito além das atividades diárias, obrigando-o a escolher as que realmente contribuem para a estratégia, acrescentam valor e outros benefícios que o manterão focado no crescimento.

Necessidade de corrigir a desarmonia

Se você desse um passo para trás para observar sua empresa de forma crítica e objetiva, a imagem de um bando de crianças de 6 anos jogando futebol lhe viria à mente? É o caos organizado de um grupo de meninos correndo para cá e para lá, com a grama sendo arrancada do chão e a bola avançando centímetros em uma performance que não necessariamente se compara com a precisão do *Lago dos cisnes*? Embora as coisas não costumem ser assim tão extremas (graças a Deus!) na maioria das organizações, existem problemas de alinhamento para todo lado, com equipes em silos trabalhando em um estado de feliz ignorância, sem nem sequer saber o que está acontecendo no fim do corredor. O processo de identificar e administrar as dependências ao criar OKRs pode impedir o surgimento de silos ao identificar rapidamente oportunidades para as equipes trabalharem juntas, usando OKRs compartilhados para gerar resultados.

Um método para manter o foco apropriado

Ter o foco como um dos motivos para os OKRs apoia tudo o que foi discutido nas seções anteriores, e provavelmente estará entre uma das primeiras coisas em que você pensará ao refletir nos desafios que enfrenta. Não é uma grande surpresa que permanecer focado tem seus desafios. Veja um exemplo da explosão de informações à qual as pessoas vêm sendo expostas nos últimos quarenta anos: em 1986, o bombardeio de informações que veio a todos por meio da televisão, do rádio e da leitura foi o suficiente para encher cerca de quarenta jornais — por dia! Em 2007, essa quantidade de informações aumentou para 174 jornais por dia. Dados a velocidade e o ritmo da mudança, a capacidade de atenção das pessoas do mundo todo vem diminuindo drasticamente. Em resultado dessa redução, vem se tornando mais difícil a cada dia que se passa decidir o que realmente importa. Mas é aí que os OKRs se destacam. Esse processo, quando realizado com uma abordagem disciplinada, obriga o reconhecimento do que realmente faz a diferença para a empresa avançar.

DICA

Todo mundo tem pontos cegos, e às vezes os verdadeiros desafios que a sua organização enfrenta não ficam aparentes logo de cara para os executivos bem protegidos, só acostumados a ouvir boas notícias. Ao considerar os desafios que o levam a implementar os OKRs, consulte toda a organização (ou uma amostra dela, caso a sua empresa seja extremamente grande) para ter opiniões variadas.

É essencial saber o seu motivo

Um dos meus livros favoritos na faculdade foi *Teoria da dissonância cognitiva*, de Leon Festinger. A dissonância cognitiva sugere que as pessoas têm a necessidade psicológica de harmonizar suas ações com suas crenças, eliminando quaisquer inconsistências ou dissonância entre elas. Festinger disse que é difícil nos comportarmos de determinada maneira se esse comportamento é inconsistente com nossa visão de mundo. É óbvio que ele não tinha os OKRs em mente ao formular sua teoria, mas ela definitivamente se aplica. Ao implementarmos os OKRs, pedimos às pessoas para agirem de uma forma diferente da qual estão acostumadas usando um novo tipo de sistema de definição de metas. Se elas não acreditam no sistema, a teoria de Festinger prevê que não irão muito longe, o que significa que nosso esforço já estará morto ou respirando por aparelhos antes mesmo de começarmos.

Não obstante, se as pessoas acreditarem na mudança, elas se sentirão mais inclinadas a alterar o próprio comportamento para apoiá-la. Assim, no início do seu trabalho com OKRs, é fundamental descrever seu motivo com clareza — sua história de mudança. Aproveite toda oportunidade e use toda mídia disponível para compartilhar essa história com a organização. Reuniões, canais do Slack, pombos-correios — use qualquer ferramenta à sua disposição para transmitir a mensagem a cada membro da equipe. Dê aos colaboradores a oportunidade de entenderem plenamente e aceitarem a jornada que iniciarão juntos.

LEMBRE-SE

As pesquisas mostram de forma consistente que o comportamento de liderança mais importante durante uma iniciativa de mudança como os OKRs é transmitir uma visão encorajadora, que motive e inspire as pessoas a realizarem a mudança.

Veja o quadro "Memorando de um CEO: Por que estamos adotando OKRs" para ler um exemplo de comunicação que o CEO de um cliente com quem trabalhei transmitiu à empresa inteira. Para manter a confidencialidade, alterei o texto um pouco e usei outro nome para a empresa. Lembre-se de que essa é apenas parte da comunicação geral e do plano de treinamento deles em relação aos OKRs.

Espero que este capítulo o tenha convencido de que tirar um tempo para considerar com cuidado seus motivos para implementar os OKRs é uma dádiva que continuará dando muitos frutos por um bom tempo. Elaborar uma narrativa vibrante e inspiradora garantirá que toda a equipe, desde os executivos até a linha de frente, esteja unida em propósito ao iniciar junto este caminho emocionante.

MEMORANDO DE UM CEO: POR QUE ESTAMOS ADOTANDO OKRS

Este foi um ano de mudança na economia mundial, os mercados que atendemos e, consequentemente, a *NossaEmpresa* e suas afiliadas e subsidiárias. Ao passarmos por tantas mudanças, fica fácil nos apegarmos às coisas que conhecemos e às quais nos sentimos confortáveis, fazendo com que seja um desafio adotar novas iniciativas, como os OKRs (Objetivos e Resultados-chave). Por isso, acho importante entender por que a *NossaEmpresa* está adotando uma cultura de OKRs e por que acho ser mais importante do que nunca garantir o alinhamento da *NossaEmpresa* como uma organização mais ampla.

A *NossaEmpresa* é um conjunto de negócios que reunimos ao longo de anos. Temos sorte de ter ótimos segmentos comerciais e a liderança neles; entretanto, também enfrentamos o desafio de fazer a transição de diversas linhas de negócios para uma empresa unificada, em que a Execução da Estratégia, a Liderança e o Desempenho Contínuo trabalham em conjunto. Embora seja um objetivo valioso, a transição não é fácil.

Gerar transparência, alinhamento e prestação de contas entre a nossa estratégia comercial geral, cada linha de negócio e as equipes que fazem o trabalho vem se mostrando difícil de administrar. Embora todos desejemos transparência, é difícil determinar o quanto é demais em termos de quantidade e frequência.

Enquanto pesquisava como as empresas contemporâneas faziam conexões entre a estratégia e a execução, descobri que muitas admiram bastante os Objetivos e Resultados-chave ou OKRs (até empresas como o Google os utilizaram para se transformar de uma startup em uma líder do setor). Ao passo que aprendia mais sobre essa poderosa estrutura, comecei a ficar animado com as possibilidades que ela poderia representar para a *NossaEmpresa*.

Como já disse a muitos de vocês, acho que é fundamental para nós trabalharmos em união na *NossaEmpresa* para obter resultados e garantir que poderemos atender as partes interessadas da melhor forma possível. Às vezes lutamos para fazer isso sem uma metodologia clara de como conectar objetivos compartilhados a produtos e resultados. Os OKRs nos fornecem métodos testados e comprovados para estabelecer Objetivos multidisciplinares, nos comprometer com produtos e resultados (via Resultados-chave) e compartilhá-los com as equipes que são essenciais para fazer tudo isso funcionar em conjunto.

(continua)

(continuação)

Reconheço que a *NossaEmpresa* está passando por grandes transições, e que essa nova estrutura representa uma mudança que exigirá o comprometimento e o apoio de todos, em especial da nossa Equipe Sênior de Liderança. Preciso que vocês mantenham a mente aberta ao longo dessa jornada, compartilhem seus pensamentos com a equipe de liderança e apliquem essa estrutura no seu negócio.

Juntos, transformaremos o setor mudando os paradigmas operacionais e criando mercados mais eficientes, líquidos, transparentes e resilientes.

NESTE CAPÍTULO

» **Descobrindo por que o patrocínio executivo é vital para os OKRs**

» **Identificando um defensor dos OKRs para liderar a jornada**

» **Encontrando Embaixadores dos OKRs para treinar, dar mentoria e suporte para os OKRs**

Capítulo **4**

Papéis Vitais de OKRs na Organização

Você tem um filme de Natal favorito? Um favorito eterno nos Estados Unidos é o *Férias frustradas de Natal*, que celebra as desventuras de Clark W. Griswold. Uma cena icônica do filme mostra a transformação do ganancioso chefe de Clark, o Sr. Shirley, quando ele reintegra o bônus do qual Clark dependia desesperadamente. Arrependido, o Sr. Shirley, que havia prometido suspender os bônus, percebe o erro dos seus hábitos avarentos e diz com sinceridade: "O que importa são as pessoas." Que bom para o senhor, Frank Shirley.

Embora seja possível escolher entre muitos programas sofisticados de OKRs que podem atuar como aliados poderosos, além de um exército de consultores habilidosos e talentosos, a diferença entre o sucesso, a mediocridade e o fracasso na implementação dos OKRs dependerá das pessoas envolvidas na liderança dessa implementação. Apesar da preocupação de que a inteligência artificial um dia tomará nossos empregos, nunca haverá um substituto tecnológico para os talentos, o conhecimento e a paixão com os quais as pessoas contribuem para trazer os OKRs à vida.

Por fim, dependendo de até que ponto na organização os OKRs serão implementados, cada colaborador estará envolvido no processo e terá a oportunidade de mostrar sua contribuição, mas para garantir que sua implementação se baseie em fundamentos sólidos desde o primeiro dia, sua organização deve atribuir três papéis: o patrocinador executivo, o defensor dos OKRs e os embaixadores dos OKRs. Neste capítulo, descreverei o funcionamento interno de cada papel, darei dicas de como escolher as pessoas certas e explicarei por que cada um é essencial para tirar o máximo proveito dos OKRs.

Conseguindo um Patrocinador Executivo: Um Elemento Vital

Ao ser entrevistado por possíveis clientes para liderá-los em um processo de OKRs, todos eles têm a tendência de me fazer várias perguntas, como "Quanto tempo demora?", "Quanto custa?" e, em harmonia com o tema deste capítulo, "Quem deve estar envolvido?". Elas estão entre as principais perguntas sobre OKRs que surgem toda vez, mas talvez um quarto das organizações acaba fazendo esta pergunta provocativa: "Alguma de suas implementações já falhou?"

A resposta curta é sim, algumas, e aqui vai um caso que ilustra a importância do patrocínio executivo. Quando fui contratado por um chefe de equipe para fazer uma implementação completa para o serviço financeiro de uma empresa, eu só consegui, apesar dos meus muitos esforços, conversar com o CEO depois que a tinta no contrato já estava seca. Ainda assim, ele pareceu ouvir com atenção quando conseguimos conversar.

Mas seu discurso para reunir as tropas durante nossa primeira sessão perante o time de executivos foi uma tremenda bagunça, com pouca conexão com os OKRs (aos quais ele sempre se referia como "orks" ao mencioná-los). Por fim, ele me passou a palavra da sessão, mas quinze minutos depois de começarmos o primeiro exercício, ele explodiu de frustração, desprezando-o. Ele obviamente não havia lido minha proposta ou só havia passado os olhos por uma página dos materiais sobre OKRs e não havia se comunicado de fato com seu chefe de equipe sobre as expectativas do compromisso. Nem preciso dizer que a implementação dessa empresa terminou antes de o café das 10 horas ser trazido à sala.

Felizmente, esse foi meu único desastre real de consultoria, mas nunca me esquecerei dele. Confirmar se existe o patrocínio executivo em relação ao compromisso dos OKRs ficou gravado na minha mente como uma necessidade absoluta. Sim, eu poderia ampliar esta última frase e acrescentar uma observação de que o patrocínio executivo é fundamental para qualquer tipo de esforço de mudança realizado.

LEMBRE-SE

Sem o patrocínio executivo, nossas chances de gerar e manter o esforço necessário para instituir a mudança e incorporá-la em nossa cultura são praticamente zero.

Nas seções a seguir, exploraremos esse tema vital, examinando o que exatamente é o patrocínio, as responsabilidades que o acompanham e como ele é na prática.

Entendendo o Patrocínio Executivo e Por que Ele É Importante

No Capítulo 3, comentei a perturbadora tendência da redução da capacidade de atenção das pessoas e o impacto que isso causa na nossa vida profissional conforme nossos pensamentos pulam de um objeto brilhante e chamativo para outro, nunca dedicando de fato nossa plena capacidade cognitiva a algo que não resulte em uma "curtida" ou um "compartilhamento". Sem dúvidas, a atenção é um recurso escasso, e como qualquer commodity, ela deve ser protegida com diligência e direcionada para onde causará mais impacto. Com tanto nos sendo apresentado a cada momento todo dia, essa decisão — no que concentrar nossa atenção — vem se tornando cada vez mais difícil, mas uma regra se destaca acima de todas as outras ao nos orientar nesse desafio:

> Todo mundo presta atenção no que seu chefe presta atenção.

É simples assim. Se algo é importante para o CEO, isso logo ganha a minha atenção e fico comprometido em concentrá-la nisso. Assim, se você, como executivo, espera que suas equipes se alinhem e usem os OKRs de forma a tirar o máximo proveito deles, deve primeiro mostrar seu comprometimento pessoal com o esforço.

Se você for líder de alguma organização e estiver pensando em adotar OKRs, pense bem na sua capacidade e desejo de atender aos seguintes pontos obrigatórios antes de se comprometer com uma iniciativa dessas:

- » Ter entendimento dos OKRs
- » Conseguir definir o sucesso e comunicar a necessidade dos OKRs
- » Defender o uso de OKRs no nível da liderança sênior

» Aprovar o financiamento da iniciativa de OKRs
» Trabalhar com outras lideranças para desenvolver um manual
» Ser o tomador de decisões final

Continue lendo para obter mais detalhes sobre cada uma dessas responsabilidades básicas do patrocinador executivo.

Ter entendimento dos OKRs

LEMBRE-SE

Não podemos patrocinar algo que não entendemos com eficácia.

Essa verdade faz com que a pesquisa sobre os OKRs seja a sua primeira parada na jornada de patrocínio. Já tive clientes ao longo dos anos que me disseram que seus executivos estavam ocupados demais para participar do treinamento básico de OKRs. Essa é uma bandeira vermelha e tanto. Os patrocinadores executivos devem adquirir mais do que um mero conhecimento casual dos OKRs ao

» Entender a história da metodologia
» Tirar um tempo para aprender como escrever OKRs tecnicamente bons
» Determinar exatamente como os OKRs se encaixam no sistema geral de definição de objetivos da empresa
» Traçar com cuidado um plano de implementação

Definindo o sucesso e por que acreditar nos OKRs

Eu dediquei um capítulo inteiro (Capítulo 3) a esse tema. Assim, se você o pulou, talvez seja uma boa ideia voltar e lê-lo. Como dizem que os livros de negócios e seus autores são repetitivos, não escreverei nenhum parágrafo sobre a decisão do "motivo dos OKRs" aqui; basta dizer que você precisa de seu próprio motivo para adotá-los, e não pode ser "Porque vi no Google".

Defendendo o uso de OKRs no nível da liderança sênior

Este item da lista de pontos obrigatórios poderia concorrer para o prêmio de Elemento Óbvio do patrocínio. Você não pode só falar; precisa agir, o que significa usar os OKRs para medir a execução e o cumprimento dos tópicos da reunião de liderança. Se incentivar seus colaboradores a usarem OKRs, mas se reunir com a equipe e não falar nada além do relatório financeiro mais recente, passará a ideia de que os OKRs não são realmente importantes. Esse elemento é mais difícil do que parece porque ele nos obriga a mudar o que já podem ser tópicos de reuniões estabelecidos há tempos e ritmos que se arraigaram e são resistentes a tentativas de mudanças.

Aprovando o financiamento da iniciativa

Sim, os OKRs têm um custo financeiro, mas usando termos de vendas, permita-me colocar isso de outra forma: requer *investimento*. Se você escolher contratar um parceiro consultor, isso obviamente envolverá o pagamento de seus serviços. O uso de um software de OKRs, que é uma opção lógica e benéfica no caso de diversas organizações, também terá seu preço. E, por fim, você precisará de um defensor (ou campeão) dos OKRs e de um corpo de embaixadores para garantir a operação suave de sua iniciativa de OKRs, sendo que tudo isso fará as pessoas, pelo menos por um tempo, deixarem seus papéis atuais — outro possível custo do sistema.

LEMBRE-SE

Taxas e custos são algo muito relativo. Comprar macarrão instantâneo para o pessoal exausto pode ser considerado uma compra extravagante no caso de uma startup com cinco pessoas, ao passo que empresas da Fortune 50 talvez já estejam acostumadas com compromissos de milhões com as empresas de consultoria do mundo. Independentemente de onde esteja nesse espectro, você deve estar disposto a fazer os investimentos aplicáveis em OKRs se espera receber os plenos benefícios oferecidos pelo sistema.

Criando seu "manual" de OKRs com o defensor e a equipe de executivos

Pense no seu "manual" de OKRs como seu manual de usuário personalizado para os OKRs da organização. Esse documento estabelece as regras para o uso de OKRs e fornece as seguintes informações:

- Quem criará os OKRs
- Com que frequência os OKRs devem ser revisados
- Qual esquema de pontuação usar
- Como cuidar do alinhamento

DICA

Você talvez também precise incluir diversos outros elementos relacionados com a implementação no seu manual. Alguns desses elementos podem mudar com o tempo, mas é importante dar o primeiro passo para que suas equipes saibam o que esperar delas ao serem convidadas a usar OKRs.

Atuando como ponto final de escalada dos problemas com OKRs

Essa responsabilidade se aplica primeiramente à tomada de decisões relacionadas a OKRs multidisciplinares. Digamos que a Equipe A criou um OKR e identificou uma dependência na Equipe B. Em outras palavras, a Equipe A não conseguirá cumprir o OKR sem a ajuda da Equipe B. As duas conversaram e, por mais que a Equipe B entendesse e desejasse ajudar, ela concluiu que não teria a capacidade de fornecer a assistência necessária.

Nesse ponto, houve uma escalada na decisão sobre o envolvimento da Equipe B, e no caso de certos OKRs de destaque e importantes, ela pode chegar até o CEO, que tomará a decisão final de se a Equipe B precisará ajudar a Equipe A. Em qualquer situação desse tipo, nem todo mundo ficará satisfeito com o resultado, mas se a liderança informar sua decisão com honestidade e franqueza, e relacioná-la com a estratégia geral da organização, todos entenderão e o conhecimento da estratégia aumentará.

Assim, se você achou que ler este livro ou pedir dicas a um amigo CEO que usa OKRs era o suficiente para ser um patrocinador eficaz, saiba que essa é uma grande responsabilidade, uma que representa a própria base do sucesso de um programa de OKRs.

Eu não sou o único que vê o patrocínio executivo como um elemento-chave do sucesso. Os participantes de uma pesquisa foram convidados a avaliar as pessoas de uma organização com base no quão importante elas são para o sucesso de um programa de mudança, e estonteantes 70% delas escolheram o líder mais sênior como o número 1 (veja *Beyond Performance 2.0* de Scott Keller e Bill Schaninger).

LEMBRE-SE

Todo mundo presta atenção no que o chefe presta atenção. Se os OKRs não forem importantes para o CEO, eles não serão importantes para mais ninguém.

Vendo o patrocínio em ação

Mais no início deste capítulo, falei sobre um dos piores dias da minha carreira como consultor; assim, seria adequado equilibrar isso com uma das minhas lembranças de trabalho favoritas: a dramática história de um patrocínio executivo em ação. Usar a palavra *dramática* para qualificar um conceito como o patrocínio executivo pode parecer exagerado, mas para mim, ela foi como uma daquelas cenas de filme na vida real que ilustra o comprometimento de um patrocinador executivo eficaz. Assim, vou narrá-la em um tom igualmente cinematográfico.

Para dar o tom: em uma sala de reuniões de um hotel, longos feixes dourados do sol de fim de tarde passavam pelas janelas e marcavam a mesa em formato de *U*. Doze executivos estão reunidos, alguns sentados eretos, outros encurvados e outros observando os muitos papéis colados nas paredes. Os resíduos costumeiros do final de um dia de reunião cobriam a mesa: xícaras de café, embrulhos de muffins, papéis amassados e muitos notebooks, telefones e tablets. Foi um dia longo, e todos estão cansados, e com razão, pelo esforço de criar o primeiro conjunto organizacional de OKRs da empresa. O consultor, Paul, abre uma página em branco no bloco de papel no cavalete.

Enquanto escreve no papel, Paul diz: "Fizemos bastante progresso hoje! Daremos mais uma olhada nesses OKRs para nos certificar de que estamos felizes com eles." Ao ouvir algo atrás dele, Paul se vira e vê Tom, um vice--presidente de tecnologia da empresa que não para de bater a caneta na mesa. Depois de um momento, Tom ergue a mão. "Sim, Tom?", pergunta Paul, acenando para ele com a cabeça. Tom leva a mão à mesa com um baque sonoro e indaga: "Pode me dizer quando vamos acabar aqui? Tenho trabalho de verdade para fazer."

Doze pares de olhos encaram Paul. Como ele reagirá? Esse cenário é um pesadelo — um vice-presidente questionando a própria essência do trabalho que estão fazendo. Paul respira fundo e está prestes a falar quando o CEO, Jason, levanta-se da poltrona, empurra-a para trás, avança na direção de Tom e inclina-se em sua direção.

"Hoje vamos elaborar os OKRs que usaremos no ano seguinte para medir a execução da nossa nova estratégia", explica Jason. "Os OKRs que compartilharemos então com cada membro desta organização para que possam definir seus próprios OKRs para que, por fim, consigamos ter o alinhamento que todos nós dissemos que vem faltando por aqui há anos." Olhando bem nos olhos de Tom, o CEO conclui: "Se você não acha que este é o lugar mais importante para estar agora, então acho que não pertence a esta mesa."

Todo mundo ficou em silêncio enquanto o CEO voltava para a poltrona. Uma mensagem havia sido entregue.

Que conclusão épica. Jason deixou bem claro para todos na sala naquele dia que os OKRs eram fundamentais para o futuro da organização e que qualquer um que não achasse isso não deveria estar ali. Com as fofocas organizacionais, não demorou muito para que essa história chegasse a cada escritório, cubículo e mesa de pebolim da empresa, tornando-se logo parte da cultura corporativa. Bem, surpresa, surpresa, essa implementação foi uma das mais bem-sucedidas em que já tive o privilégio de participar, e estou convencido de que as sementes desse sucesso foram plantadas naquela sala de reuniões.

LEMBRE-SE

Não é preciso esperar uma oportunidade de dar uma bronca em um subordinado cético para mostrar o patrocínio executivo. Existem muitas outras ações menos dramáticas a se tomar. Por exemplo, seguir as responsabilidades que descrevi na seção anterior, "Entendendo o Patrocínio Executivo", é uma ótima maneira de mostrar seu comprometimento com os OKRs.

DICA

Não guarde seu patrocínio em segredo. Use cada oportunidade que tiver para transmitir o valor dos OKRs e sua crença no sistema, em reuniões presenciais, por meio de e-mails internos ou pelo blog da empresa.

Obtendo o patrocínio executivo

Até agora, este capítulo apresentou várias dicas de patrocínio voltadas diretamente ao CEO ou aos executivos seniores. Mas e se você não for o CEO? Talvez seja um diretor ou um gerente animado com a perspectiva do que os OKRs têm a oferecer à organização, mas que não tem o poder de tomada de decisão para fazer acontecer. O que deveria fazer?

Felizmente, há várias coisas que você pode fazer para apresentar a noção dos OKRs aos executivos. Estas são algumas dicas a considerar:

- **Ensine os executivos:** Já mencionei o quão importante é que os executivos entendam os OKRs — como escrevê-los, integrá-los ao tecido da empresa etc. —, então a primeira flecha da sua aljava deveria ser a transferência de conhecimento. Ela pode assumir diversas formas, incluindo livros como o que está lendo agora, vídeos do YouTube sobre o assunto, estudos de casos de outras organizações ou algum dos inúmeros artigos sobre OKRs na internet. O inegável poder da pressão dos colegas pode ser um verdadeiro aliado aqui, então se conseguir encontrar evidências de sucesso dos OKRs em organizações que seu executivo sênior admira, compartilhe essa informação com entusiasmo.
- **Relacione os OKRs com um problema que enfrentam:** Se a sua organização opera aqui no planeta Terra no início do século XXI, creio que é seguro dizer que você enfrenta um ou dois dos seguintes desafios:
  - A concorrência é mais acirrada do que nunca.
  - As economias mundiais nunca parecem se estabilizar por muito tempo.
  - O ritmo da mudança acelera o tempo todo.

  Esses macroelementos se aplicam a praticamente todas as organizações existentes. Enquanto isso, dentro de quatro paredes, você sem dúvidas precisa lidar com o conjunto único de problemas da sua empresa, estando eles relacionados ao alinhamento, ao foco ou ao apego ao status quo.

  DICA

  Você sabe que os OKRs são especialmente apropriados para ajudá-lo a lidar com os desafios que enfrenta; assim, assuma a responsabilidade de preparar uma apresentação para os líderes mostrando como os OKRs podem lhes dar os meios de superar esses desafios. Quando virem que os OKRs são a melhor defesa para proteger o futuro da empresa, eles provavelmente se juntarão a você.

» **Faça um teste-piloto na sua própria unidade:** Talvez você não tenha o poder de autorizar a execução de OKRs em toda a empresa, mas talvez possa usar OKRs em sua equipe, seu departamento ou sua unidade. Se esse for o caso, vá em frente! Quando conseguir mostrar os resultados dos OKRs, em termos de pensamento visionário, alinhamento e foco, a notícia se espalhará rapidamente, e não demorará para que os executivos descubram o que você tem feito e fiquem animados para replicar esse sucesso na empresa.

Sempre penso naquele CEO que mencionei na abertura do capítulo, o que obviamente não entendeu o valor dos OKRs. Que oportunidade perdida para a organização! Ele teve uma ótima oportunidade de dominar o mercado, mas foi bloqueado por alguns problemas urgentes que sei que poderiam ser resolvidos com uma implementação robusta de OKRs. Em vez disso, a jornada de OKRs daquela organização terminou mais rápido do que o tempo que leva para cortar o cabelo, tudo porque o CEO deixou de cumprir com a única tarefa que um CEO não pode encarar de modo leviano: o patrocínio.

CUIDADO

A forma mais rápida de mostrar aos colaboradores que os OKRs não são levados a sério é ter um CEO que não apoia ativamente a iniciativa com palavras e ações.

O Defensor dos OKRs: Um Papel Vital para o Sucesso dos OKRs

Assim como muitas outras pessoas, eu adoro ter plantas em casa — orquídeas, palmeiras ornamentais, bambus-da-sorte — para dar um toque refrescante de cor e literalmente trazer vida a qualquer cômodo em que forem colocadas. Mas tem um problema: não sou o regador mais confiável de tais plantas, e se não fosse pelo cuidador superconfiável — contratado por minha esposa — das nossas amigas folhosas, elas já estariam na composteira há tempos. As plantas precisam de cuidado e atenção para prosperarem e trazerem vitalidade à nossa vida, e o mesmo vale para os OKRs.

Infelizmente, não podemos simplesmente anunciar o lançamento dos OKRs, enviar um modelo feito de qualquer jeito para as pessoas preencherem e esperar que apareça na capa da *Fortune* no próximo mês. Assim como aquele lírio-da-paz na estante, os OKRs precisam de cuidados para crescerem e prosperarem.

Na seção "Conseguindo um Patrocinador Executivo", apresentada antes neste capítulo, descrevi a importância de um patrocínio executivo para iniciar o programa e mantê-lo ao longo de seu desenvolvimento. Contudo, esse patrocinador não é suficiente. Dados os seus inúmeros deveres — você sabe, aquela aporrinhação de dirigir a empresa —, ele não tem a capacidade de gerenciar o processo de OKRs em si. Para isso, é necessário que alguém atue como o coração e a alma filosóficos e logísticos da implementação dos OKRs, e essa pessoa é o defensor.

"O que é necessário para sermos bem-sucedidos com os OKRs?" é uma pergunta que já ouvi centenas de vezes ao longo dos anos, e como um bom consultor que fica em cima do muro, costumo responder com o verídico e comprovado "Depende". E é verdade: depende de diversos fatores, mas na minha opinião, talvez o grande diferencial do sucesso dos OKRs seja ter um defensor dos OKRs dinâmico e comprometido na organização. Nesta seção, examinaremos o papel dele e veremos por que é essencial para o sucesso.

O papel de um defensor dos OKRs

A palavra *defensor* significa alguém que luta ou argumenta por uma causa. *Lutar* e *argumentar* podem soar um pouco agressivo, mas é basicamente isso o que o defensor dos OKRs fará: promover e defender a causa dos OKRs na organização. O defensor é o líder prático dos OKRs na organização, aquele que, se fosse um time esportivo, usaria o grande *D* na camisa.

O patrocinador executivo dará cobertura aérea para os OKRs, inspirará e, quando necessário, organizará as tropas por trás do seu raciocínio orientador, mas é o defensor que fará o trabalho e garantirá que a execução esteja no rumo certo. Os defensores [também denominados "campeões"] assumem muitos papéis para manter a chama dos OKRs acesa durante a implementação. Levante os pés, coloque-os sobre a mesa e acomode-se para absorver a longa lista dos muitos deveres que recaem sobre os ombros do defensor:

- **Trabalha com o patrocinador executivo e a equipe de liderança para elaborar o manual dos OKRs:** Como já descrito no capítulo, o manual é o seu guia personalizado de como usar os OKRs. O defensor trabalha lado a lado com a equipe executiva na elaboração desse documento, e as observações do defensor são de vital importância porque representam toda a organização.
- **Atua como especialista interno dos OKRs:** Em termos simples, o defensor deve saber mais sobre a teoria e a prática dos OKRs do que qualquer outra pessoa na empresa. Ele deve ler livros e artigos, participar de webinars e se conectar com outros usuários de OKRs para aumentar

seu conhecimento sobre o assunto, garantindo que não haja praticamente nenhuma pergunta que não possa responder.

- **Lidera os programas internos de treinamento em OKRs:** Não existe uma forma melhor de aprender algo do que ensinar. Com base no que foi dito no item anterior, o defensor liderará as sessões de treinamento em OKRs na empresa. Talvez não faça isso desde o primeiro dia; se você usar um consultor para ajudá-lo, provavelmente será o consultor que dará o treinamento inicial, com seu defensor participando e aos poucos presidindo mais da sessão sozinho. (O Capítulo 13 abordará os benefícios de usar um consultor de OKRs.)
- **Atua como administrador-chefe do software de OKRs (se aplicável):** Os softwares podem ser grandes facilitadores do sucesso dos OKRs, mas devem ser empregados com cuidado para maximizar seus benefícios. Se decidir usar softwares para os OKRs (veja o Capítulo 12 para saber mais sobre os softwares de OKRs), o defensor atuará como administrador-chefe e deverá conhecer bem o sistema.
- **Lidera o desenvolvimento de comunicações dos OKRs:** Muitas organizações têm especialistas em comunicação, designers gráficos e outros recursos criativos que podem usar para elaborar mensagens relacionadas com os OKRs. Se você tem tais recursos, isso é um bônus, mas essas equipes não podem trabalhar em isolamento. O defensor deve estar com elas para garantir que as mensagens de OKRs estejam em harmonia com a marca (como o seu motivo de implementar OKRs), gerem perguntas e sejam sempre informativas.

  Nem é preciso dizer que a pessoa responsável por liderar as comunicações sobre os OKRs precisa ser uma comunicadora habilidosa. Mas mesmo assim é necessário atentar *ao que* é comunicado. Veja o quadro "Alguém quer torrada?" para ler um relato de alerta, embora não esteja relacionado aos OKRs, sobre o preço que pagamos por sermos maus comunicadores, mesmo quando achamos que arrasamos.

ALGUÉM QUER TORRADA?

Sou um grande defensor do hábito de preencher aqueles cartões que são deixados nos quartos de hotel e que nos permitem pedir o que quereremos no café da manhã com antecedência marcando esses itens e deixando o cartão pendurado na maçaneta do lado de fora. É eficiente, mas em certa ocasião, posso ter exagerado no meu desejo de me comunicar com eficácia.

Em geral, eu pulo as opções comuns e preencho a seção de "Pedidos Especiais", na parte de baixo. Dessa vez, para chamar a atenção dos funcionários do hotel para essa opção, desenhei um quadrado de linhas grossas ao redor das linhas em branco dessa seção e, para realmente destacar meu pedido, decidi numerar minhas escolhas. Meu objetivo era não dar margens para interpretação.

Escrevi em maiúsculo com letras claras e legíveis: "1. Suco de Laranja. 2. Café. 3. Meia Toranja" (este último porque em pelo menos metade das vezes, eles trouxeram suco de toranja, assim esperava separá-la das bebidas). E, por fim, escrevi: "4. Torradas de farinha integral." Marquei a caixinha de "6h45 às 7h", circulei-a para chamar mais atenção e pendurei o cartão na porta. "Não vou deixar nada ao acaso", pensei ao me deitar na cama para dormir.

Na manhã seguinte, eu acordei às 6h e verifiquei que o cartão do café da manhã havia sido retirado. Às 6h52, uma batida firme na porta anunciou o serviço de quarto. Bem na hora!

A animada funcionária me cumprimentou com entusiasmo, entrou no quarto com a bandeja em mãos e a colocou na mesa de café, como requisitado. Então, esperando a conta, fiquei surpreso quando ela disse que precisava pegar minhas outras bandejas. (Bandejas? No plural?) Ela logo voltou com outras duas bandejas transbordantes e, no fim, eu recebi um copo de suco de laranja, duas xícaras de café, três meias toranjas e quatro porções de torradas. Uma porção tinha duas fatias, cada uma cortada ao meio, de modo que recebi dezesseis fatias. As torradas estavam empilhadas tão alto que a tampa balançava sobre elas.

Talvez os funcionários daquele hotel contem até hoje a história sobre o lendário homem do quarto 324 que come 16 fatias de torrada no café da manhã. Moral da história: a comunicação é essencial, mas deve ser feita com cuidado.

» **Facilita as reuniões do embaixador dos OKRs:** Como veremos na seção final deste capítulo, os embaixadores eficazes podem semear a cooperação e o suporte aos OKRs na empresa, e para cumprir com esse papel, eles precisam se reunir regularmente para compartilhar melhores práticas, desafios, preocupações e assim por diante. O defensor elabora a pauta e facilita as reuniões.

- **Administra o orçamento dos OKRs:** O patrocinador executivo determina e aprova o orçamento, mas uma vez que o processo é iniciado, é o defensor que assume a responsabilidade e monitora o dinheiro gasto no programa.
- **Monitora o progresso em comparação com o plano geral:** Com o manual em mãos, o defensor assume a responsabilidade básica de garantir que o plano seja executado corretamente — registrando tudo, desde quem está criando OKRs (e quando), se o sistema de softwares está operando segundo as expectativas e até monitorar a execução rápida das retrospectivas dos OKRs.
- **Garante o alinhamento inicial dos OKRs:** Gerar a colaboração multidisciplinar é essencial, mas como observado em outra parte, ela não surge do nada. O alinhamento horizontal deve ser orquestrado, e o maestro inicial é o defensor. Ele se certificará de que as equipes que deveriam trabalhar juntas estejam de fato unidas pelo matrimônio dos OKRs e que os OKRs resultantes gerem o alinhamento desejado.
- **Atua como ponto inicial de escalada em casos de problemas com OKRs:** Antes que os problemas cheguem à mesa do CEO, o defensor age para dar assistência a quaisquer equipes que não conseguiram chegar a um acordo amigável de trabalharem juntas em um OKR compartilhado. Esse papel é o resultado natural do item anterior sobre garantir alinhamento.
- **Pesquisa e fornece informações aos executivos sobre possíveis relações entre OKRs, como avaliações de desempenho e remuneração por incentivo:** Em determinado ponto, você precisará decidir se os OKRs afetarão a avaliação de desempenho e o processo de pontuação, ou se você será um pioneiro/rebelde e relacionará a remuneração variável aos OKRs. Essas decisões terão consequências significativas, de modo que é essencial ajustá-las às suas circunstâncias específicas. O defensor precisará conhecer bem seus processos atuais e realizará uma pesquisa abrangente de possíveis conexões, examinando estudos de casos e contatando outras organizações que já passaram por isso para dar conselhos apropriados à liderança.

Falei bastante nesta seção porque reconhecer as responsabilidades do defensor e se comprometer a escolher a pessoa certa são passos fundamentais para receber os benefícios dos OKRs. Sei que demorou um pouco para ler, mas pode confiar, escrevê-las também foi trabalhoso, e agora estou sentindo um pouco de fome. Por algum motivo, estou com vontade de comer torradas.

Escolhendo o defensor de OKRs perfeito

Isso provavelmente não será uma surpresa para você, mas eu amo livros e amo ler, consumindo de tudo, desde ficção noir a biografias, história e, claro, o favorito de todos, livros de negócios. Para ficar de olho em novas obras que poderiam ser do meu interesse, assinei o *New York Review of Books*, que oferece críticas abrangentes e detalhadas sobre livros de todo tema possível. Um dos meus prazeres secretos, depois de ler artigos acadêmicos, evidentemente, é abrir na última página, que contém, entre outras propagandas, anúncios pessoais. Como você já deve ter deduzido, eles não são muito sugestivos ou lascivos (afinal, estamos falando sobre assinantes do NYRB), mas se apegam a muitos clichês que costumamos encontrar neles, com muitas referências a praias com areia, coquetéis tarde da noite e, como sempre, a Itália.

Imagine que sua organização esteja procurando o defensor de OKRs perfeito para dirigir o processo. Como seria o anúncio pessoal de alguém que procura alguém assim? Que tal:

> Você é um gerente de nível médio ou acima (de preferência na diretoria) da sua organização? É um grande comunicador, alguém que consegue influenciar outros com habilidades encantadoras de oratória e escrita fluente? Tem aquele talento especial de sempre conquistar o coração e a mente das pessoas, independentemente do que esteja defendendo?
>
> É organizado e consegue acompanhar várias coisas ao mesmo tempo, nunca deixando a turbulência do trabalho diário distraí-lo de manter os olhos focados no prêmio? Esses mesmos olhos nunca perdem de vista os detalhes da questão? É animado e gosta de compartilhar suas paixões com os outros?
>
> Quer crescer na organização e ser visto como coach e mentor dos outros? Consegue pensar fora da caixa e desenvolver soluções inovadoras para problemas complexos? Está disposto a gastar 50% do seu tempo cuidado dessa implementação? Se a resposta for sim a todas essas perguntas, adoraríamos conhecê-lo.

Sim, não há nada nesse anúncio sobre praias à luz do luar, visitar lojas de antiguidades em tardes chuvosas de sábado ou fazer queijo artesanal, mas se estiver jogando sua rede para apanhar um ótimo defensor de OKRs e conhece alguém que atende a todos os requisitos mencionados, vá em frente e contrate-o agora. *Agora mesmo*, porque uma pessoa assim é difícil de encontrar.

Se essa pessoa concordar com tudo isso, mas estiver um pouco relutante com o compromisso de 50% do tempo no anúncio, diga-lhe que é uma estimativa máxima; isso será um requisito apenas no início da implementação, quando tudo estiver acontecendo ao mesmo tempo. Quando o processo estiver mais estável (depois de dois ou três ciclos), seu compromisso de tempo se limitará no máximo a 25%.

DICA

Um colaborador classificado como alguém de "alto potencial" ou um "astro em ascensão" pode ser um excelente defensor dos OKRs. A natureza variada do papel, que envolve estratégia, comunicação e definição de metas, dará mais oportunidades para esse grande realizador aprender mais sobre as múltiplas facetas do negócio e expandir sua curva de crescimento.

Por que o defensor é vital para o sucesso dos OKRs

A estrutura dos OKRs atrai muitos fãs por causa de sua simplicidade aparente, e a natureza leve do sistema é realmente uma grande vantagem. Contudo, ele possui várias peças móveis para coordenar e, assim, entregar o resultado prometido. O estabelecimento de objetivos é, claro, um elemento básico dos OKRs, mas também é preciso considerar a gestão da mudança, além da estratégia, do alinhamento multidisciplinar, das relações com outros processos, como as revisões de desempenho e a compensação, e o contexto cultural em que tudo isso acontece. Portanto... não é tão simples como pode parecer à primeira vista.

Alguém precisa administrar tudo isso, garantindo que a implementação continue como planejada, com a execução, o alinhamento e o foco aumentando a cada período sucessivo de uso dos OKRs. O defensor administra tudo isso, como se fosse um malabarista no circo dos OKRs — planejar, comunicar, ponderar e, em geral, garantir que o impulso necessário seja mantido para integrar os OKRs na cultura da empresa.

Em muitos sentidos, o defensor é o "rosto" do programa, e esse é um ingrediente que não deve ser ignorado se você deseja ser bem-sucedido em qualquer implementação de mudança: o reconhecimento por parte de todos na empresa de que alguém comandando essa jornada e que tem seus melhores interesses em mente.

Já trabalhei com centenas de implementações de OKRs enquanto era consultor e, ao analisar o cenário, o que sempre me vem à mente primeiro são os grandes defensores com os quais tive o prazer de colaborar. Todo defensor de destaque sempre esteve um movimento à frente nesse jogo de xadrez que são os OKRs. Enquanto a implementação ainda está no início, ele olha à frente, antecipando as perguntas que os colaboradores terão, a melhor maneira de pontuar e revisar os OKRs ou quais obstáculos encontrará ao tentar obter alinhamento. Os defensores talentosos que conheci sempre estiveram no controle do processo, guiando-o a cada etapa do caminho e transformando a promessa dos OKRs em realidade.

LEMBRE-SE

O defensor é o coração logístico e filosófico do processo dos OKRs, sem o qual o sucesso de guiá-los será muito mais difícil.

Incluindo os Embaixadores dos OKRs

Um mito comum sobre a Capela Sistina, no Vaticano, é que Michelangelo pintou essa obra-prima sozinho, quando, na verdade, ele tinha uma equipe com vários assistentes que fizeram de tudo, desde comprar tinta a montar os andaimes nos quais Michelangelo subiu para criá-la. E claro, esse grande mestre não está sozinho nesse sentido; praticamente nada neste mundo foi criado com esforços solitários de uma única pessoa. Embora o meu nome apareça na capa, muitas outras pessoas ajudaram a criar este livro: minha esposa, que sempre é a primeira leitora de tudo que escrevo e faz sugestões inestimáveis; a equipe editorial da *Para Leigos*, que me guiou em cada passo do processo; e os inúmeros colegas com quem discuti partes do livro antes e durante a sua criação.

"Ninguém é uma ilha" talvez seja uma das expressões mais certeiras que existe, pois a maioria dos empreendimentos se beneficia da contribuição de muitas mãos.

Certamente, os OKRs não são uma exceção. Por mais importantes que sejam o patrocinador executivo e o defensor em sua implementação, eles não são suficientes para firmar o processo na empresa. Para garantir que os OKRs criarão raízes profundas na empresa e sejam adotados em todos os níveis, é necessário incluir um último grupo: os embaixadores.

Não estou falando daquelas pessoas com empregos agradáveis em países estrangeiros — que gastam milhões dos impostos dos contribuintes para redecorar mansões antigas e desgastadas para tomar chá com outros dignitários engomados. Eles definitivamente não são o tipo de embaixadores aos quais estou me referindo neste contexto. Nossos embaixadores dos OKRs são representantes vitais do movimento dos OKRs na empresa, um grupo de apoiadores animados que são fundamentais para ajudar os OKRs a se tornarem algo além da moda do mês e se transformarem em uma estrutura profundamente enraizada na cultura. Na próxima seção, veremos quais são as responsabilidades dos embaixadores, como escolhê-los e como maximizar seu potencial para ter um grande impacto.

O Papel de um Embaixador dos OKRs

Poucas coisas são mais estressantes do que o primeiro dia em um novo emprego. Conhecer os colegas pode causar bastante ansiedade, e o mesmo vale para tentar entender as plataformas tecnológicas e procurar não violar nenhuma das normas culturais sem querer antes de as pessoas sequer saberem nosso nome. Assim como eu, você provavelmente já teve seus primeiros dias bons e não tão bons assim, e consegue se lembrar bem de ambos. Minha melhor experiência de primeiro dia aconteceu no início da minha carreira. Naquela manhã, fui recebido calorosamente na porta por um membro da equipe em que trabalharia e que me guiou durante aquelas primeiras horas, apresentando-me às pessoas dentro e fora do grupo, oferecendo-me um tutorial útil de como usar as tecnologias favoritas, mostrando onde guardar as coisas e até me contando algumas fofocas para me deixar entusiasmado com a parte social da empresa.

Em resumo, a pessoa que me ajudou naquele dia facilitou as coisas para mim, e é isso o que um embaixador dos OKRs pode fazer pelas equipes usando os OKRs na organização. Os embaixadores abrem caminho para a sua implementação providenciando os serviços essenciais dos quais as equipes precisarão para internalizar e prosperar com os OKRs. Eu uso o plural "embaixadores" porque, diferentemente do papel do defensor, exercido por apenas uma pessoa, a organização terá diversos deles.

O número específico de embaixadores dependerá da inicialização. Se começarmos com uma abordagem dividida em fases composta por, digamos, dez equipes, precisaremos de um embaixador por equipe. Contudo, no caso de organizações maiores, que envolverão a empresa inteira desde o primeiro dia, o número de vinte a trinta embaixadores deve bastar, novamente dependendo da quantidade de colaboradores da empresa. Independentemente do número, suas responsabilidades principais são as mesmas. Estas são as cinco tarefas principais de um embaixador dos OKRs:

- Atuar como especialista e divulgador dos OKRs
- Treinar as equipes na criação de OKRs
- Ajudar as equipes a diferenciar os OKRs das tarefas normais
- Atuar como ponto de contato
- Servir de agente de ligação entre os grupos

Analisaremos esses papéis mais a fundo nas próximas seções.

Atuando como especialista interno dos OKRs e divulgador do sistema

Os embaixadores não precisam saber tanto quanto o defensor sobre OKRs, mas não basta saber o que os OKRs significam. Eles devem ter habilidades para escrever e identificar os OKRs tecnicamente bons, entender como o alinhamento será facilitado com o uso de OKRs e reconhecer os possíveis obstáculos à adoção generalizada do sistema. Usam seu treinamento avançado não só para treinar os outros (como explicarei a seguir), mas também para comunicar os benefícios dos OKRs e obter o apoio das equipes que lhes foram designadas.

Treinando equipes para criar e revisar OKRs

Treinar é um dos papéis ideais para os embaixadores porque eles devem conhecer as operações, os desafios e as oportunidades de suas equipes melhor do que qualquer consultor ou facilitador externo. Eles podem usar esse conhecimento para garantir que suas equipes escrevam OKRs que demonstrem claramente como contribuem para a execução da estratégia geral. Durante o trimestre (supondo que você use OKRs trimestrais), os embaixadores farão verificações regulares para medir o progresso. Então, no fim do trimestre, eles ajudarão a facilitar as retrospectivas dos OKRs que focam não apenas os resultados numéricos, mas também o que os colaboradores aprenderam que pode gerar resultados ainda melhores no futuro.

Ajudando as equipes a diferenciar os OKRs das tarefas normais

O papel de diferenciar os OKRs das tarefas normais da empresa tem a ver com o item anterior de treinar, mas merece uma atenção especial. Muitas equipes, ao serem apresentadas pela primeira vez ao conceito dos OKRs, conseguem captar o valor em potencial do sistema e sabem intelectualmente que os OKRs são feitos para incentivar o pensamento audacioso, mas, por reflexo, acabam escrevendo OKRs que simplesmente descrevem suas tarefas rotineiras.

Por exemplo — e o objetivo não é implicar com o RH —, uma das responsabilidades costumeiras de muitas equipes de RH é administrar benefícios. Entretanto, isso não deveria ser um OKR do RH porque nunca muda. O embaixador entrará em cena quando uma equipe criar um OKR de tarefas costumeiras, desafiando a equipe a ir além do dia a dia e pensar em termos maiores, de forma mais experimental e inusitada.

Atuando como contato para assuntos relacionados a OKRs na sua área

Como especialista em OKRs designado, o embaixador será a fonte padrão de informações sobre eles, e isso envolve responder perguntas sobre aspectos técnicos, ajudar com o plano geral de implementação ou (e isso acontecerá) explicar por que alguém deveria prestar atenção nos OKRs para início de conversa. Se o embaixador não puder responder à pergunta, ela será encaminhada para o defensor.

Atuando como agente de ligação com outros embaixadores e o defensor

O papel de agente de ligação pode ser o superpoder revolucionário que um grupo forte de embaixadores pode oferecer à organização, pois eles têm o conhecimento interno de como a implementação está sendo executada na prática. O grupo de embaixadores deve se reunir pelo menos uma vez a cada trimestre para fornecer atualizações sobre o que funciona bem em sua região de OKRs, quais desafios surgem e informar o que as pessoas falam sobre o sistema de forma geral.

Por exemplo, se um grupo obtém fortes resultados de OKRs aspiracionais e tecnicamente bons, esse será o pó mágico de melhores práticas que deverá ser espalhado nas outras equipes usando a estrutura. Por outro lado, se recebemos relatórios consistentes de desafios, como dificuldades de inserir os OKRs em qualquer sistema no qual decidimos usá-los, essa será uma informação valiosa na qual precisaremos agir imediatamente.

No início desta seção, mencionei que uma das possibilidades geradoras de estresse de um primeiro dia de trabalho é violar as normas do escritório antes de sequer nos familiarizarmos com elas. O primeiro dia bom que descrevi, com toda a ajuda e conselhos fornecidos, não me impediu de cair nessa armadilha. Minha antiga empresa fornecia lanches grátis para todos os colaboradores, e nossas geladeiras comunitárias estavam sempre cheias de uma ampla variedade de bombas calóricas. Então, na minha nova empresa, supus que existia uma política similar, de modo que no meu segundo dia no trabalho, peguei um donut de chocolate na geladeira da cozinha. Grande erro. Um grito de arrepiar de "Quem pegou o meu donut?" logo ecoou pelos corredores e, percebendo meu erro, juntei as migalhas e me desfiz delas mais rápido do que um piloto de F1 correndo nas retas de Monte Carlo. (É a primeira vez que admito isso, então se o donut que roubei era seu, minhas mais sinceras desculpas.)

Descrevendo o Perfil de um Embaixador dos OKRs

Toda organização tem indivíduos de grande influência e status além do seu cargo no organograma. São chamados de influenciadores, agentes culturais ou conectores. São as pessoas a quem recorremos quando precisamos de informações, temos um problema ou pedimos conselhos ao trabalhar com outra pessoa ou equipe. Você provavelmente já está pensando em alguém assim agora; se esse for o caso, ele pode ser o candidato ideal para o papel de um embaixador dos OKRs.

Além de alguns atributos técnicos que abordarei daqui a pouco, os embaixadores precisam ter boas habilidades interpessoais para comunicar o "porquê" e o "como" dos OKRs sob sua responsabilidade, bem como para compartilhar informações sobre seu processo com o grupo maior de embaixadores. Se, por algum motivo, nomes específicos de candidatos em potencial não surgirem na sua mente, pergunte às equipes que criarão os OKRs: a quem as pessoas recorrem para pedir ajuda e informações? Quando começar a ouvir os mesmos nomes repetidas vezes, estará mais perto de montar sua equipe de embaixadores.

Ter experiência com sistemas de medição, mais especificamente com os OKRs, não é um pré-requisito para ser bem-sucedido como embaixador, mas é um diferencial. Qualquer experiência passada servirá para reduzir o futuro fardo de treinamento e aumentará a credibilidade do embaixador, pois os membros da equipe reconhecerão que não será a primeira rodada de definição de objetivos do embaixador. Muitas pessoas apreciarão o fato de estarem sendo orientadas por mãos competentes.

Um ponto para ter em mente, porém, é que "experiência com OKRs" é um termo relativo, o que significa que a forma como um indivíduo usou a estrutura em outra empresa pode estar a anos-luz de distância de como *você* imagina o uso do sistema. Ele pode ter cadências ou mecanismos de pontuação diferentes, por exemplo, que não são consistentes com seus planos.

LEMBRE-SE

É importante assegurar-se de que seus embaixadores estão atualizados sobre como empregarão os OKRs na empresa, pois a última coisa de que precisa — e isso é um matador de mudanças organizacionais documentado — é de inconsistência na abordagem da implementação.

Já ouvi centenas de exemplos de ótimos jargões corporativos ao longo dos anos, mas um dos meus favoritos de todos os tempos é *voluntário forçado*, ou seja, a pessoa é convidada a se voluntariar para uma atividade ou responsabilidade. Se seu grupo inteiro de embaixadores foi "forçado" a assumir o papel, começará em uma situação complicada.

Uma situação dessas significa que você não terá a oportunidade de usar a energia e a paixão de pessoas que realmente se importam com os OKRs e entendem o valor que eles podem trazer para a empresa. Ao escolher os embaixadores, procure pessoas que realmente mostram entusiasmo pelo assunto e estão ansiosas para compartilhar essa paixão com os outros.

DICA

Você pode se sentir tentado a recrutar colaboradores de níveis mais juniores para se tornarem embaixadores como uma forma de aumentar a experiência deles na empresa, mas não se esqueça de que os embaixadores atuarão como coaches e terão a responsabilidade de revisar os OKRs dos outros, o que possivelmente inclui até os do chefe deles. As pessoas em quem você pensa se sentiriam confortáveis em criticar o trabalho de um superior?

Maximizando o Sucesso dos OKRs com Embaixadores

Um dos melhores aspectos do meu trabalho — e existem muitos — é ver as pessoas florescerem diante dos meus olhos. Já vi isso acontecendo dezenas de vezes: um defensor dos OKRs que talvez tenha aceitado com relutância o papel, mas cuja perseverança e insights não só mantiveram os OKRs nos trilhos, mas quase que sozinhos o levaram à terra prometida do foco e da execução.

O mesmo vale para os embaixadores. Uma reunião inicial deles pode incluir um silêncio constrangedor enquanto todos se perguntam exatamente do que deveriam estar falando e como tornar esse processo um sucesso. Então, com o passar do tempo (em geral, não muito), os embaixadores crescem, oferecendo amostras do que funciona em seu grupo ou compartilhando um desafio que os atrapalha. Outros tomam esses pensamentos como base, e logo surge uma revelação que pode mudar a direção da implementação inteira. Testemunhar essas transformações é bem divertido.

Eu acabei de descrever outro benefício oculto dos OKRs: o desenvolvimento dos seus colaboradores de alto potencial e que são como joias ocultas. Todos saem ganhando quando os embaixadores ganham confiança como uma parte integral do processo, e essa confiança se transforma em conhecimento e insights que geram resultados melhores a partir da estrutura. É possível alcançar o sucesso sem embaixadores? Talvez, mas por que se privar de uma fonte de energia sem limites: a capacidade intelectual?

NESTE CAPÍTULO

» **Descobrindo as opções mais comuns de onde implementar os OKRs**

» **Considerando outras áreas na organização para criar OKRs**

» **Determinando com que frequência criar OKRs**

Capítulo **5**

Onde e Quando Criar OKRs

A música "Where or When", cantada por Frank Sinatra — apelidado de "Velhos Olhos Azuis" — e outros artistas atuais, veio à minha mente ao escrever este capítulo. Ela foi escrita para uma produção da Broadway de 1937 intitulada *Babes in Arms*, e em homenagem a isso, escrevi este capítulo em formato de música, então prepare essas mãos de jazz. Não, sinto muito, mas não escreverei nenhuma letra emocionante nem rimas inesquecíveis aqui. Contudo, cantarei os louvores de saber onde criar OKRs e com que frequência atualizá-los, decisões essas que são críticas para uma implementação bem-sucedida dos OKRs.

Neste capítulo, compartilho as opções mais comuns sobre onde criar OKRs, incluindo apenas no nível da empresa, para a empresa e a unidade de negócios, ou a organização inteira. No entanto, não é só porque são opções comuns que elas são as certas para você. Este capítulo também considera outras possíveis áreas para o uso de OKRs, incluindo grupos-piloto, projetos e grupos de apoio. Por fim, exploraremos a melhor cadência para estabelecer os OKRs — anual, trimestral ou quadrimestral.

Sente-se porque o show vai começar.

Determinando Onde Usar os OKRs

Independentemente da situação, as pessoas têm muitas opções e escolhas no mundo moderno. Não muito tempo atrás, decidi que era hora de comprar uma nova calça jeans; assim, fui até a loja, pensando que entraria e sairia dela mais rápido do que o tempo que leva para preparar um sanduíche. Ah, ledo engano. Depois de alguns minutos, fiquei atordoado pela quantidade de opções que me aguardava: *reta*, *skinny*, *slim*, *bootcut, lavagem escura, lavagem clássica*, blá-blá-blá... a estonteante lista só aumentava. Mais tarde naquele mesmo dia, fui ao dentista para fazer uma limpeza e acabei com uma lista de opções para o polimento: menta, morango, laranja... mais opções! Depois, fui almoçar com um amigo, e nem preciso falar sobre o cardápio da grossura de uma lista telefônica para escolher no restaurante.

Felizmente, quando o assunto é decidir sobre onde começar a criar OKRs, o número de opções é bem menos intimidador, mas diferentemente de escolher um macacão (um alô para o meu pai, que gosta de chamá-los de "jardineiras"), os riscos são consideravelmente maiores. Você não pode escrever cada departamento do seu organograma em um pedaço de papel, jogá-lo em um chapéu e pedir que o assistente administrativo escolha o felizardo vencedor que cuidará dos OKRs da empresa.

Pelo contrário, é preciso pensar bem no(s) melhor(es) grupo(s) para liderar a implementação. Essa decisão dependerá do seguinte:

- Quanto patrocínio vem de cima
- A disponibilidade de materiais de contexto estratégico
- Seu desejo de estimular a colaboração
- Sua filosofia sobre o envolvimento individual no estabelecimento de OKRs

Falaremos sobre suas opções básicas, aquelas usadas pela maioria das organizações, nas seções a seguir.

OKRs Apenas no Nível da Empresa

Primeiro, definirei alguns termos. No "nível da empresa" se refere aos OKRs que existiriam no nível mais alto dela. Não importa se você trabalha na General Motors, na Netflix ou no Empório da Cera do Tio Morty, os OKRs no nível da empresa são os criados e usados para medir a execução no ponto mais alto da organização. Quando possível (nem sempre é o caso, como explicarei), escrever OKRs no nível da empresa é a melhor forma de iniciar seus esforços.

Benefícios de começar no nível mais alto

Há vários benefícios ao começar do topo. O maior é o fato de que os OKRs criados nesse nível deixarão bem claro para todos os colaboradores quais itens você considera os mais importantes para a organização se concentrar nos dias à frente.

Além disso, nunca é demais enfatizar o valor da comunicação oferecida por esses OKRs. Lembrando-se de que poucas pessoas conseguem mencionar os maiores objetivos da empresa, ao criar um pequeno número de OKRs nesse nível, você envia um sinal poderoso indicando em que os colaboradores devem prestar atenção. Também fornece o contexto de que todas as equipes nos níveis inferiores devem criar seus próprios OKRs conectados.

Eu estava quase passando para o próximo ponto, mas não sei se você conseguiria me acompanhar. Seus olhos podem estar vendo as palavras, mas seu cérebro pode ter parado em algo que deixei passar no último parágrafo: "pequeno número de OKRs". Talvez esteja se perguntando: "O que ele quer dizer com 'pequeno número'? Dois? Oito? Quinze?"

Permita-me fazer uma pergunta: O que você considera ser um número pequeno, porém apropriado, de OKRs no nível da empresa? Se for como muitos dos CEOs com quem trabalhei, sua estimativa de número apropriado de OKRs na empresa será bem baixo, talvez dois ou três. Se esse for o caso, isso provavelmente acontece porque você deseja instilar a disciplina do foco em sua organização, e estaria certo em querer isso. Não obstante, ao escrever OKRs na prática, se tentar contar sua história de sucesso com um número tão sucinto de OKRs, você provavelmente acabará amontoando vários conceitos ou criará OKRs tão genéricos que eles poderiam se adequar a qualquer empresa do mundo, incluindo o Empório da Cera do Tio Morty.

Esse número também é afetado por sua situação atual. Se estiver no modo crise, e a mera sobrevivência for o seu objetivo, talvez um ou dois OKRs bem escolhidos seja exatamente do que você precisa. Contudo, se estiver no modo estável e de crescimento moderado, talvez consiga equilibrar de quatro a sete OKRs.

LEMBRE-SE

O velho provérbio "menos é mais" se aplica aos OKRs no nível da empresa. Uma abundância de OKRs nesse nível acabará resultando em falta de foco e priorização, gerando confusão e ceticismo em seus colaboradores quanto ao que realmente importa.

Mais benefícios de começar no nível mais alto

Depois de resolver o dilema do número de OKRs, você pode considerar mais algumas vantagens de começar no nível mais alto. Um benefício óbvio é que seus executivos precisarão prestar contas. Eles terão a responsabilidade de cuidar dos OKRs, obtendo o sucesso que ajudará a empresa a crescer.

Além disso, as vitórias nesse nível contribuirão bastante para gerar entusiasmo pelos OKRs em toda a empresa. Depois de as pessoas verem o impacto deles no nível mais alto, elas ficarão ansiosas para criar os seus, deixando bem claro para todos como sua peça única se encaixa no quebra-cabeças.

Agora as desvantagens dos OKRs no nível mais alto

Embora começar com os OKRs no nível mais alto tenha benefícios óbvios, você também deve considerar algumas das possíveis desvantagens antes de transformá-la automaticamente em sua opção padrão:

» **A possibilidade de criar OKRs genéricos que poderiam se aplicar a qualquer organização:** A falta de especificidade reduzirá bastante o poder desses OKRs de inspirar as equipes de níveis mais baixos, e poderá até sinalizar a todos que não há nada de errado com o status quo, e que o maior desejo da empresa é ser como todas as outras.

» **A possibilidade de seus OKRs serem irrelevantes:** Essa possibilidade passa a existir se a organização for bem grande, com dezenas (ou mais) de unidades de negócios ao redor do mundo, cada uma delas de um tamanho significativo. Pense nos conglomerados, com ativos cobrindo o globo. No caso dessas empresas, o principal trabalho do grupo corporativo é alocar recursos com eficácia e a maioria das métricas, se não todas, tem uma natureza financeira, fornecendo pouco em termos de orientação e inspiração para os grupos nos níveis inferiores.

Pré-requisitos dos OKRs no nível da empresa

Se chegou à conclusão de que os OKRs no nível da empresa são os mais apropriados para você, atenda a alguns pontos obrigatórios antes de se reunir com seus colegas executivos para rascunhar os OKRs. O primeiro é o acesso ao CEO e a participação dele. (Veja o Capítulo 4 para obter mais detalhes sobre a obrigatoriedade do patrocínio executivo.) Se não conseguir despertar o apoio sincero do CEO, talvez deva reconsiderar não apenas começar no nível mais alto, mas até mesmo se deve iniciar os OKRs.

Um segundo pré-requisito dos OKRs no nível da empresa é a existência de algum plano estratégico para a organização que poderia usar como base para criá-los. Eles não devem ser criados isoladamente. Se estiver sentado com a diretoria fazendo brainstorming e se perguntando "Hummm, o que deveríamos fazer?", então você tem um problema.

Os OKRs ajudarão a responder a pergunta "Para executarmos nossa estratégia com sucesso, o que precisa acontecer?", mas só se tiver uma estratégia para início de conversa. Porém a palavra *estratégia* pode ser complexa. Você não precisa de um relatório com capa de couro e bordas douradas de trezentas páginas do escritório de uma empresa de consultoria mundial. Algumas respostas para perguntas básicas como "O que vendemos?" serão de ajuda. Veja o Capítulo 6 para saber mais sobre estratégia e OKRs.

CUIDADO

Os OKRs são um sistema de execução de estratégias, não um sistema de criação de estratégias. Se quiser usar o processo para ajudá-lo a criar uma estratégia, estará colocando a carroça na frente dos bois.

Criando OKRs nos Níveis da Empresa e das Equipes

Uma segunda opção de onde criar OKRs é no nível da empresa e no nível da unidade de negócios ou da equipe, que lhe oferecerá a vantagem óbvia de envolver grupos de níveis inferiores, aumentando as chances de execução, visto que mais pessoas da empresa estarão criando OKRs alinhados. Embora o subtítulo desta seção sugira que os OKRs devam ser criados ao mesmo tempo nos níveis da empresa e das equipes, deve haver um espaço de tempo entre esses esforços. Os OKRs da empresa devem ser escritos primeiro, depois devem ser amplamente comunicados para garantir a compreensão e, só então, após a criação do contexto, é que se deve considerar a criação dos OKRs no nível das equipes. A maioria dos clientes da minha firma escolhe essa opção (OKRs da empresa e das equipes) ao embarcar no processo dos OKRs.

Incluindo equipes e unidades

Caso decida seguir com os OKRs nos níveis da empresa e das equipes, seu próximo passo será definir a palavra *equipe*. Uso essa palavra com um sentido bem genérico porque, até onde sei, não existe nenhum termo universal para a criação de um organograma empresarial. Por exemplo, engenharia e TI podem ser unidades de negócios em sua empresa ou ser chamadas de departamentos, esquadrões ou equipes.

Em vez de se concentrar nos títulos que aparecem no organograma, uma abordagem mais simples seria determinar até que ponto você deseja ir com sua investida inicial com os OKRs. Talvez seja até o primeiro nível, aqueles que prestam contas diretamente ao CEO; ou talvez queira ir até dois níveis abaixo no organograma. A ressalva óbvia é que quanto mais baixo for, mais complexa será a implementação, necessitando considerar com cuidado com quanta complexidade conseguirá lidar ao entrar nesse mundo.

Uma abordagem em fases, um nível de cada vez, é o método mais conservador e provavelmente mais seguro; minha experiência mostra que a maioria das organizações fica animada em expor o máximo de pessoas possível ao poder dos OKRs. Assim, ir mais fundo o mais rápido possível é mais chamativo.

Seguir o organograma ou ligar equipes dependentes

Se estivesse escrevendo este livro há mais tempo, digamos, em 2016, esta seção provavelmente já teria terminado aqui. Escolha suas equipes e pimba!, passe para a próxima seção. Mas depois de trabalhar com centenas de empreendimentos com organizações do mundo todo, sei que isso não é fácil.

Você precisa responder a outra pergunta fundamental depois de escolher quem criará os OKRs no nível das equipes: eles serão escritos simplesmente com base nos títulos do organograma? Por exemplo, as Vendas criariam os OKRs de Vendas, o Marketing criaria os OKRs de Marketing etc. Dada a sua simplicidade, essa abordagem foi a resposta padrão para muitas organizações quando os OKRs começaram a se destacar, mas logo surgiu uma desvantagem: criar OKRs assim tende a reforçar silos e desincentivar a colaboração multidisciplinar, que é o anátema do espírito dos OKRs. (Que bom que consegui usar a palavra *anátema* no livro!)

Simplesmente seguir o organograma pode não ser sua melhor alternativa para elaborar OKRs baseados em equipes. Outra opção seria encontrar equipes altamente dependentes umas das outras e criar OKRs para essa fusão de entidades. Por exemplo, na maioria das organizações, as equipes de Vendas e Marketing devem trabalhar lado a lado para gerar demanda e receita. O Marketing encontra os leads e providencia as mídias e os materiais de divulgação, que apoiam os esforços das Vendas de converter visitantes interessados em clientes pagantes. Nesse caso, faria sentido criar OKRs para as Vendas e o Marketing como uma unidade multidisciplinar, que evidentemente melhoraria a colaboração e diminuiria a mentalidade de silo.

Um possível desafio na abordagem das equipes dependentes é o fato de que, nas organizações modernas, os pares provavelmente não se encaixarão tão bem devido à vasta rede de interconexões na maioria das equipes que operam hoje. Quando pergunto às equipes de quem elas dependem para serem bem-sucedidas, elas raramente isolam sua resposta a apenas outra equipe. Em geral, há um parceiro dominante, mas também existem outras dependências.

DICA

Ao decidir se deve ou não usar o método de equipes dependentes, considere se o âmago da relação ou da parceria entre duas equipes é forte o suficiente para garantir que elas trabalharão juntas ao criar OKRs combinados. Em outras palavras, se não puderem ser bem-sucedidas isoladamente, esse seria um caso legítimo para OKRs combinados.

Criando OKRs com base nos clientes

E agora, no espírito de um infomercial que passa às 3h da madrugada apresentando aquele massageador de mão sem o qual você não pode viver: mas espere, tem mais! Talvez você também queira criar OKRs com base em equipes em referência a segmentos específicos de clientes ou que apontem para determinado ponto da jornada do cliente na empresa. Uma varejista online, por exemplo, poderia criar OKRs para equipes alinhados com o processo de compra, de assinatura ou qualquer outra coisa. Fazer isso tem a vantagem de gerar colaboração entre as equipes que cuidam de um resultado específico, porém a desvantagem é que não são imunes à dificuldade de se certificar de que a relação entre os grupos será forte o suficiente para garantir OKRs compartilhados. (Caso esteja se perguntando, eu não inventei isso de massageador de mão; a QVC vende um por US$40.)

Criando OKRs Individuais para a Organização Inteira

Incentivar o uso de OKRs no nível da organização evidentemente inclui a prática controversa de ter OKRs individuais. Você talvez esteja pensando: "O Google usa OKRs individuais, não é? Então todo mundo não deveria fazer o mesmo?" Ademais, a questão de usar OKRs individuais deveria sequer ser debatida? E o que faz dela uma "prática controversa"?

O Google usa, mas você não precisa usar

O Google, o garoto-propaganda de tudo relacionado aos OKRs, tem um histórico de usar a estrutura no nível do colaborador individual, mas é preciso ter em mente que os OKRs literalmente fizeram parte da cultura dele praticamente desde o dia 1, graças à influência de John Doerr sobre os fundadores. O sistema cresceu com a empresa e ficou entremeado na cultura dela, que não é algo que todas as organizações podem dizer. Mas mesmo no Googleplex há sussurros de descontentamento com essa prática, com alguns questionando seu valor. A maioria das organizações deveria considerar os OKRs no nível individual como opcionais, se chegar a considerar usá-los.

Se acha que os OKRs individuais são o certo para sua empresa, é provavelmente porque você imagina que o sistema gerará alinhamento na companhia inteira. Também acredita na noção de que dar aos colaboradores a oportunidade de escrever OKRs aumentará seu apoio ao sistema porque eles deixarão de ver os OKRs como uma "coisa corporativa", encarando-os como algo com o qual interagiram e do qual poderão se beneficiar. Ambos os pontos são válidos, mas é só isso no lado dos "prós". O lado dos "contras" revela vários problemas em potencial com os OKRs no nível individual.

Usarei um exemplo de OKR individual para apresentar alguns dos desafios dessa prática. Aqui vai um de um engenheiro de softwares — e não estou implicando com os engenheiros; já vi algo parecido (em tom, estilo e direção) de profissionais das finanças, publicitários, do pessoal de RH e outros:

Objetivo: Melhorar minhas habilidades de programação para ajudar a empresa a lançar produtos mais rápido.

Resultados-chave:

1. Ler os cinco livros mais populares sobre programação no Amazon.com.
2. Fazer três cursos de linguagens de programação.
3. Conseguir meu certificado de Oracle MySQL.

Quando são encarregados de criar OKRs, a maioria dos indivíduos automaticamente recorre a essas metas de desenvolvimento pessoal. Não há absolutamente nada de errado com o desenvolvimento pessoal, e é claro que todos deveriam ser incentivados a estabelecer metas de melhoria. Entretanto, se nos apegarmos à verdadeira intenção dos OKRs, seu objetivo deve ser apresentar impacto nos negócios. Os resultados-chave no exemplo anterior são binários, deixando de mostrar como o programador contribui para o objetivo da empresa de lançar produtos mais rápido de forma quantitativa.

DICA

Determinar e comunicar sua filosofia de OKRs, independentemente de permitir metas de desenvolvimento pessoal como parte dos OKRs, ajudará a garantir a consistência nos OKRs criados na organização.

Mais problemas com OKRs individuais

Se você escolher criar OKRs individuais na empresa, esteja preparado para uma avalanche de OKRs parecidos com o que apresentei na seção anterior. Se aceitá-los como válidos, enviará um sinal claro sobre a filosofia de OKRs que decidiu adotar e poderá esperar que a maioria dos OKRs seguintes se harmonizarão com essa filosofia.

Outro problema é a redundância. É muito provável que as metas de desenvolvimento pessoal já estejam sendo monitoradas em um sistema do RH para a revisão de desempenho, de modo que ter a mesma meta em dois lugares não serve a nenhum objetivo e provavelmente resultará em confusão e ceticismo em relação ao valor dos OKRs.

Veja outros desafios que você pode esperar ao utilizar OKRs individuais:

» **Alvos artificialmente baixos:** Independentemente de relacionar os OKRs à compensação ou a revisões de desempenho, depois de apresentar a prestação de contas aos indivíduos, você poderá esperar que a natureza humana entre em ação e que a autopreservação tome conta. A grande maioria das pessoas escolherá metas conservadoras que provavelmente atingirá em vez de colocar a si mesma, sua reputação e seu futuro na empresa em risco por apostar alto.

» **O problema de Michelangelo:** No Capítulo 4, a história de como Michelangelo precisou de vários assistentes para terminar seu trabalho na Capela Sistina ilustra o fato de que o mundo corporativo não tem "cavaleiros solitários". Para obterem resultados, as pessoas precisam se unir para resolver problemas complexos de formas inovadoras. É muito difícil que o OKR de uma pessoa exerça um impacto significativo nas perspectivas do negócio.

» **Foco individual:** Ainda não trabalhei com uma empresa que criou apenas OKRs individuais, sem nenhum OKR no nível da empresa ou das equipes. Se sua organização tem os três níveis, você abre as portas para a distinta possibilidade de que as pessoas passem a dar ênfase aos seus próprios OKRs, ignorando os objetivos no nível das equipes e destruindo quaisquer chances de conquistar as sinergias da colaboração. Mais uma vez, é a natureza humana trabalhando contra você.

Antes de você me dispensar como um total negativista quando o assunto é o envolvimento individual com OKRs, permita que eu me redima acrescentando que existem maneiras de as pessoas se envolverem no processo sem terem que criar sozinhas os OKRs. Por exemplo, se você tem OKRs no nível das equipes, indivíduos diferentes da equipe podem se responsabilizar por cada resultado-chave, dando-lhes uma visão direta do objetivo e uma chance de contribuírem de forma significativa por meio do sucesso de seu resultado-chave. É totalmente possível que nem todo funcionário receberá a responsabilidade de cuidar de um resultado-chave, mas lembre-se de que atingir a maioria deles também envolverá realizar determinadas tarefas ou atividades. Você poderá recrutar outras pessoas para participar da realização dessas tarefas.

Outras Opções de Onde Criar OKRs

A maioria das organizações escolherá uma das áreas descritas nas seções anteriores para iniciar sua expedição, mas, por algum motivo, elas podem não ser a melhor escolha para você. Felizmente, existem opções adicionais a escolher:

- Grupos-piloto
- OKRs de projetos
- OKRs de grupos de apoio

Nas seções a seguir, abordaremos esses três candidatos adicionais para a criação de OKRs.

Realizando pilotos em uma unidade de negócios ou equipes

Quando digo "pilotos", não estou me referindo ao herói do Hudson, Sully Sullenberger nem ao primeiro episódio da última série de sucesso da Netflix para maratonar. No contexto dos OKRs, um piloto se refere à prática de implementá-los em apenas uma ou duas unidades de negócios ou equipes para testar o sistema e determinar se sua implementação na organização inteira é justificada. Se as coisas derem certo com o piloto, você provavelmente incluirá outros grupos para criar OKRs e transformá-los em uma obrigatoriedade organizacional, ao passo que se os grupos-piloto não conseguirem gerar os benefícios esperados, talvez se despeça dos OKRs. Em outras palavras, os pilotos têm um risco relativamente pequeno e são um método de baixo custo para determinar se os OKRs servem para a empresa.

Vantagens de um programa-piloto

Adotar a abordagem do piloto tem diversas vantagens, incluindo a natureza já mencionada de baixo risco e custo de implementação. Em geral, as implementações-piloto não são lançadas com muita fanfarra, tal como as integrais, por toda a empresa. Não é como se fosse uma transação realizada em segredo em um beco obscuro, mas como o trabalho se limitará a um ou dois grupos, não é preciso comunicar esse esforço por toda a empresa. Assim, os custos financeiros em si de planejamento e comunicação são reduzidos, bem como os possíveis riscos e custos à reputação se as coisas não derem certo. Veja mais algumas das possíveis vantagens da abordagem-piloto:

» **Você pode apresentar uma prova de conceito:** Um teste-piloto de pequena escala lhe permitirá testar em tempo real se os OKRs se adequam à sua organização, dado o que está acontecendo no seu ambiente, seu histórico de definição de metas e outras considerações. Você talvez inicie o teste-piloto com grandes esperanças de maior foco só para descobrir que seu robusto sistema de KPIs (por exemplo) já fornece muitas informações para a análise estratégica e a tomada de decisões, e os OKRs são em grande parte redundantes. Por outro lado, os grupos-piloto podem mostrar bem rápido que os OKRs aumentam o foco determinando e enfatizando o que é mais importante, além da colaboração nas equipes.

» **Você pode apresentar vitórias rápidas:** Um teste-piloto bem-sucedido destacará os benefícios dos OKRs, e essas vitórias iniciais ajudarão bastante a estimular o interesse e o entusiasmo de outros grupos que querem vivenciar esses benefícios por si mesmos.

» **Você pode gerar entusiasmo:** Em relação ao item anterior, se os grupos-piloto obtiverem sucesso com os OKRs, pode ter certeza de que esse sucesso rapidamente chamará a atenção de outros grupos na empresa que também desejarão colocar um pouco desse molho secreto em suas operações. O curioso, porém, é que essa aparente vantagem tem o seu gêmeo do mal escondido nas sombras, algo que um dos meus clientes descreveu certa vez como "OKRs falsificados". O quadro "Cuidado com os OKRs falsificados" explicará esse problema.

CUIDADO COM OS OKRS FALSIFICADOS

Minhas desculpas a todos aqueles que não o acompanham, mas aqui vai uma analogia do futebol americano: A National Football League (NFL) ficou famosa como uma liga de "imitadores": assim que um time descobre uma nova maneira de atacar ou cria um esquema inteligente para quebrar a defesa do oponente, essas novas técnicas começam a aparecer na estratégia de todos os times da liga em uma questão de semanas. As unidades de negócios e os departamentos das empresas não são muito diferentes disso — com exceção, é claro, dos salários de US$20 milhões e das líderes de torcida incentivando fora do campo. Quando um grupo descobre que algo funciona bem, os outros logo querem fazer o mesmo.

Quando um dos meus clientes começou um OKR-piloto, a equipe escolhida logo se mostrou promissora com a estrutura, atraindo a atenção de praticamente todos da empresa. E lá vêm os imitadores. Pouco tempo depois, sem provocação e sem serem convidados para a festa, outros grupos começaram a criar OKRs. Criticar o fato de haver grupos que mal podiam esperar para adotar OKRs é reclamar de barriga cheia, mas mesmo assim era um problema, pois os que não faziam parte do teste-piloto estavam implementando OKRs de forma inconsistente. Logo surgiram métodos aleatórios de escrever OKRs, avaliá-los e

(continua)

(continuação)

de revisar os resultados, gerando confusão e, por fim, frustração, potencialmente arruinando uma implementação maior.

Embora nunca desejemos abafar o entusiasmo para qualquer esforço de mudança, também não queremos que essa animação descontrolada prejudique os esforços subsequentes de implementar os OKRs. Se você executar um teste-piloto e descobrir que isso está gerando interesse na empresa, aproveite a oportunidade para dar muitas informações sobre uma possível implementação em larga escala no futuro, mas desincentive o uso ativo de OKRs até que orientações formais de estabelecimento sejam fornecidas.

LEMBRE-SE

Os testes-piloto, em especial aqueles que exibem sucesso logo de início, gerarão bastante interesse em outras áreas da empresa. Esteja preparado para comunicar o plano mais amplo para os OKRs e garantir que a implementação futura seja realizada de modo consistente.

Desvantagens de um programa-piloto

Sobre as desvantagens do programa-piloto, sua(s) equipe(s) pode(m) escrever OKRs que são totalmente inatingíveis, falhar miseravelmente na tentativa de atingi-los e acabar com qualquer chance de uma implementação maior porque sua situação deixa bem claro que "os OKRs não funcionam". É possível mitigar essa possibilidade com treinamento, com um especialista interno ou um consultor externo, que poderá guiar a(s) equipe(s)-piloto para criar(em) OKRs estendidos, porém realistas.

Um problema final nos programas-piloto é a possibilidade de errar na hora de escolher as equipes para participarem do processo. Por exemplo, recomendo fortemente que não seja criado um programa-piloto na equipe jurídica. Nada contra advogados ou a área jurídica em geral, mas no contexto corporativo, grande parte do seu trabalho tende a ser bem rotineiro e previsível, tornando-o menos receptivo ao mantra de "testar, inovar e estender" dos OKRs.

O mesmo vale para o departamento financeiro. Novamente, nada contra esses grupos; embora eu já tenha aposentado minha calculadora há tempos, tenho um histórico em Finanças e amo uma boa planilha tanto quanto qualquer outra pessoa. Ao escolher uma equipe-piloto (ou mais), certifique-se de que ela tenha uma linha de visão direta dos clientes (o que significa que as ações dela impactarão suas vendas), participe de várias atividades e esteja aberta à experimentação.

Se uma abordagem-piloto parecer se adequar, será necessário ter os três itens a seguir à disposição:

- **Patrocínio executivo:** Parece que nunca conseguiremos nos livrar disso, não é? Mesmo que sua equipe-piloto esteja localizada em um bloco de gelo na Antártica, a milhares de quilômetros da sua sede corporativa (em outras palavras, algo que você não pode ver e com o qual praticamente não se preocupa), pode confiar, a notícia de que ela está experimentando esse negócio novo dos OKRs ainda se espalhará. O motivo para esse empreendimento deverá ser comunicado por um executivo sênior que, como detalhado no Capítulo 4, explicará por que o projeto-piloto está sendo executado agora, bem como quais são as possibilidades futuras relacionadas aos OKRs para sua empresa.
- **Um defensor:** Também não conseguimos nos livrar dele! Alguém precisará liderar a produção, garantindo que sejam criados OKRs de qualidade, que um processo de verificação seja instituído e que sejam feitas retrospectivas que se concentrem no aprendizado no fim de cada período. O Capítulo 4 detalha o papel do defensor.
- **Tempo:** Os seres humanos são uma espécie impaciente; simples assim. Lembrei-me de uma piada sobre alguém que lia uma receita que o instruía a colocar uma fôrma no forno e assar a 150°C por 10 minutos. A maioria das pessoas pensaria: "Eu não quero esperar dez minutos! Humm... e se eu assar a 1.500°C por 1 minuto? Deixe-me trazer a fornalha." Tenho certeza de que ficará bom.

  Seus OKRs também precisam de tempo para "assar", com uma dose saudável de paciência necessária para "passar" os inevitáveis amassados da sua abordagem conforme aprende mais sobre os OKRs e qual seria a melhor forma de aplicá-los na empresa. Dê espaço à(s) equipe(s)-piloto para experimentar(em) e aprender(em) com a experiência dos OKRs antes de decidir se o sistema funcionará ou não para a organização inteira.

Usando OKRs para projetos

"Projeto" é um daqueles termos abertos à interpretação; assim, permita-me defini-lo no contexto dos OKRs: *projeto* é um empreendimento discricionário de longo prazo (estendendo-se de, no mínimo, seis meses a vários anos, às vezes); ele é executado à parte das atividades diárias da organização e é elaborado para aprimorar o desempenho em uma área de importância estratégica. (Diga isso dez vezes rápido.)

Trocar as cadeiras da área de recepção porque o couro dos braços está rachado não se qualifica como um projeto digno dos OKRs. Estou me referindo a coisas bem grandes, como instalar um sistema de Planejamento de Recursos Empresariais (ERP), que leva bastante tempo e necessita de recursos humanos e financeiros consideráveis para ser concluído.

Usar OKRs para projetos é como os testes-piloto: outra forma de entrar aos poucos nos OKRs. Em vez de criar OKRs no nível da empresa ou executar o sistema no nível das unidades de negócios ou de equipes, você começa criando OKRs para os projetos de grande visibilidade da firma. Em geral, tudo começa se desafiando a descrever o impacto comercial final que espera atingir com o investimento significativo sendo feito no projeto. Sua resposta a essa pergunta o ajudará a estruturar o objetivo.

A seguir, cria-se um conjunto de resultados-chave para medir esse impacto comercial. Contudo, muitos projetos de escala significativa demorarão mais de um ano para serem concluídos, de modo que é importante não "criar e esquecer" os resultados-chave; em vez disso, o objetivo é criar OKRs para cada trimestre ou quadrimestre do tempo de vida do projeto para medir o progresso ao longo do caminho.

Na minha experiência, esse método de usar os OKRs vem sendo reservado basicamente para organizações muito grandes, com operações complexas e que se sentem relutantes ou não dispostas a criar OKRs no nível de empresa. Praticamente todas as empresas grandes o suficiente para terem uma presença mundial terão um portfólio de projetos de estratégias, com indivíduos do alto escalão designados como patrocinadores, que poderia ser usado como ponto de partida para os OKRs.

A menos que a sua empresa seja um gigante mundial, não recomendo dar início ao processo de OKRs alinhando-os com seus projetos estratégicos. Minha principal preocupação é que os projetos desse nível tendem a ser bem obscuros, concentrando-se em um elemento específico do sucesso da organização, portanto, dando pouca orientação às equipes de nível inferior para criarem OKRs que contribuirão com ela.

Usando OKRs para grupos de apoio

Pela última vez neste capítulo, começarei eliminando qualquer confusão sobre o termo que veremos nesta seção, neste caso, "grupos de apoio". Primeiro, não estou me referindo aos grupos que ajudam as pessoas a superarem algum tipo de trauma (contudo, se alguém o encarregou de ler este livro, mas essa não é muito a sua praia, talvez seja uma boa ideia iniciar um grupo de apoio com outros leitores... mas espero que não seja o caso). No contexto corporativo, *grupos de apoio* são departamentos que realizam serviços que, embora não atendam diretamente aos clientes, garantem o funcionamento tranquilo e eficaz da organização. Os departamentos financeiros, jurídico e de RH são ótimos exemplos.

Na seção "Realizando pilotos em uma unidade de negócios ou equipes", que vimos antes neste capítulo, sugeri não começar a implementação dos OKRs pelo departamento financeiro ou jurídico. Agora farei um acréscimo a esse conselho e sugiro que você não inicie a implementação com nenhum grupo de apoio. Dada a natureza do trabalho, pode se difícil para os grupos de apoio refletirem o impacto direto sobre o negócio por meio da administração de seus serviços, e como sabemos, o objetivo dos OKRs é mostrar esse impacto comercial. Se você trabalha em um grupo de apoio, talvez esteja pensando: "Espere aí, senhor. O que fazemos é vital para a empresa", e está certo. O ponto não é que os grupos de apoio não conseguem refletir o impacto no negócio por meio dos OKRs, mas isso pode ser mais difícil do que no caso de um grupo que atende diretamente os clientes, como o departamento de vendas.

CUIDADO

Se os grupos de apoio criarem OKRs que simplesmente espelham suas atividades rotineiras, eles (os OKRs) poderão continuar sendo os mesmos para sempre, o que viola o espírito da estrutura. A ideia é se certificar de que os grupos de apoio usem desafios e oportunidades para criar OKRs eficazes.

Tudo isso levanta a pergunta: Os grupos de apoio deveriam ter OKRs? Vou tirar minha resposta do kit padrão de truques do consultor: "Sim... mas." Falaremos sobre esses pontos, um de cada vez.

A parte "sim" dos OKRs com os grupos de apoio

Sim, os grupos de apoio devem ter a oportunidade de mostrar seu trabalho e sua contribuição para os esforços estratégicos da empresa. Consideremos o caso de um grupo de RH, por exemplo. Embora grande parte de seu trabalho seja repetitivo — contratar pessoas, administrar benefícios, realizar pesquisas com os colaboradores —, ele não é imune a desafios, e os desafios são um campo fértil para criar OKRs.

Recentemente, uma companhia, que é uma de minhas clientes, começou a crescer rapidamente e precisou contratar pessoas com urgência para atender à demanda que estava vendo no mercado. Infelizmente, seu processo relativamente antiquado de contratação era mais adequado para os seus antigos dias de crescimento lento, fazendo com que recrutar novas pessoas se tornasse um processo moroso e frustrante. Esse era o cenário perfeito para um OKR devido ao claro desafio existente, um que afetaria o sucesso geral do negócio. A equipe de RH criou este OKR:

Objetivo: Aprimorar o processo de contratação para diminuir o número de dias para contratar um novo colaborador.

Resultados-chave:

1. Estabelecer um programa de bônus dos colaboradores para recomendações até 1° de fevereiro.
2. Aumentar os anúncios de emprego nas redes sociais de duas para quatro plataformas.
3. Diminuir o número de entrevistas necessárias de cinco para três.
4. Diminuir os dias de contratação de 50 para 25.

Esse OKR foi eficaz porque tentou resolver um desafio estratégico enfrentado pela empresa (a necessidade de contratar mais pessoas para lidar com o crescimento) com o qual o RH estava em uma posição única para lidar (aprimorando o processo de contratação).

A parte "mas" dos OKRs com os grupos de apoio

Agora para a parte "mas" da resposta "Sim... mas" à pergunta para se os grupos de apoio deveriam ter OKRs. Os grupos de apoio dificilmente enfrentarão um desafio estratégico singular da magnitude descrita anteriormente (o exemplo do RH) todo período, e quando um problema desses não surge, os OKRs dos grupos de apoio tendem a se tornar descrições de atividades rotineiras. Embora medir a eficácia dessas tarefas seja importante, esse não é objetivo de um OKR, de modo que você precisa determinar se simplesmente criar um OKR na ausência de uma oportunidade ou um desafio significativo vale o esforço da equipe.

A Cadência Certa para os OKRs

Quando eu era jovem, minha família tinha uma fábrica de refrigerante. Como pode imaginar, além de isso me tornar um menino muito popular, também fez com que me tornasse hiperativo, graças à infusão constante de cafeína e açúcar. Como gostava de refrigerante gelado, eu colocava um vasilhame quente (naquela época ainda não havia muitos refrigerantes em garrafas PET) no congelador, planejando apanhá-lo mais tarde. Mas acabava esquecendo e no dia seguinte o congelador parecia uma cena de crime caramelo de vidro quebrado e blocos de refrigerante congelado.

As consequências bem caóticas de um problema que chamo de "criar e esquecer" não se aplicam apenas a meninos esquecidos e movidos a refrigerante. É tão ruim quanto para as organizações que esperam desbloquear os benefícios dos OKRs.

Ao criar OKRs, a linha do tempo para os resultados não pode ser "quando chegar perto" ou "quando acontecer". Os OKRs são um sistema ágil de estabelecimento de objetivos, feito para responder às mudanças do ambiente operacional; assim, é necessário limitar o tempo atribuído para concluir os OKRs estabelecidos. Nesta seção, examinaremos as cadências mais comuns para os OKRs, que se enquadram nas seguintes categorias:

- **Para OKRs no nível da empresa:** Anual
- **Para todos OKRs nos níveis inferiores:** Trimestral ou quadrimestral

Sinta-se à vontade para pegar uma bebida antes de começar, e dê uma olhada no congelador.

Cronometrando OKRs no nível da empresa (Dica: Anual é melhor)

Para preparar o terreno e descobrir qual seria a melhor cadência para os OKRs no nível da empresa, façamos uma breve recapitulação dos benefícios de começar a implementá-los nesse nível: fazer isso lhe permitirá

- **Deixar bem claras as suas prioridades** e as áreas de foco, eliminando qualquer confusão no que se refere a onde as pessoas deveriam concentrar seu tempo e atenção.
- **Demonstrar o comprometimento dos seus líderes seniores** com o processo por meio da prestação de contas necessária para concluir os OKRs.
- **Aumentar o entusiasmo** e a adesão aos OKRs que acelerará seus esforços de alinhar os OKRs na empresa.

Por que os OKRs anuais são melhores para o nível mais alto

Por alguns motivos significativos, a cadência padrão dos objetivos no nível da empresa (falaremos sobre os resultados-chave mais à frente nesta seção) é anual. O primeiro motivo tem a ver com o tamanho. Os objetivos no nível da empresa refletem a estratégia da organização e costumam ser substanciais em escopo, exigindo quantidades generosas de tempo e esforço para serem concluídos.

Por exemplo, considere uma cliente recente minha que passava por uma grande mudança em suas operações. Por anos essa empresa teve uma participação de mercado elevada graças à concorrência relativamente baixa do setor. Sem surpresas, e sem a ameaça de concorrentes logo atrás dela, ela se tornou complacente, deixando de investir no atendimento ao cliente e na inovação. Basicamente, ao longo dos anos, ela se transformou em uma recebedora de pedidos, feliz em ganhar o dinheiro dos clientes com pouco esforço para progredir.

Essa atitude relaxada da empresa não é uma receita para o sucesso em nossos tempos turbulentos, com a disrupção à espreita a cada esquina. Como era de se esperar, surgiram novas empresas no mercado, fazendo com que a participação de mercado da minha cliente caísse mais rápido do que uma bola de neve rolando o monte Everest. A empresa adotou a ideia dos OKRs para ajudá-la a mudar as coisas, trazendo novo foco e determinação para a força de trabalho inteira. Seus OKRs no nível da empresa tinham a ver com o seguinte:

- Aprofundar o relacionamento com os clientes
- Avaliar as unidades-chave do negócio para determinar sua relevância constante
- Investir em pesquisa e desenvolvimento

Esses são empreendimentos consideráveis, que não podem ser realizados da noite para o dia ou em apenas um trimestre. Eles exigem tempo e esforço, sendo esse o motivo da cadência anual.

Tempo suficiente para grandes mudanças

Existe um segundo motivo para manter os objetivos no nível da empresa anuais, o qual será apresentado com uma analogia e uma admissão de um dos meus (muitos) prazeres secretos: assistir a programas de reformas de casas no canal HGTV, aquele vício das redes de TV. Como assistir a empreiteiros destruir e reformar uma casa não oferece nenhum suspense de roer as unhas, os produtores acrescentam um pouco de drama, em geral com decisões de design de último minuto que mudam tudo. Logo antes do comercial, os donos da casa chamam o empreiteiro estressado e dizem: "Decidimos que queremos uma cozinha aberta", obrigando uma cascata de grandes mudanças de design. A tensão repentina resulta em um programa interessante, mas também em muitas modificações, confusão e trabalho extra para todos os envolvidos.

Considere o equivalente corporativo dessa mudança drástica de direção. Por exemplo, e se a empresa que eu acabei de descrever decidisse, dois meses depois de criar seus OKRs no nível da empresa, que não queria mais aprofundar seu relacionamento com os clientes, preferindo apostar tudo em uma tecnologia melhor para processar os pedidos mais rápido? Agora o foco seria obter excelência operacional. Os colaboradores estariam certos em dizer: "É o quêêê? Precisamos fazer o quê? Ah, deixe para lá... qual era o número daquele headhunter?"

Tal mudança confundiria todos no que se refere às verdadeiras prioridades da empresa. Além disso, quaisquer OKRs de níveis inferiores, talvez criados em harmonia com o objetivo de aprimorar o relacionamento com os clientes, também precisariam ser reescritos, alienando a todos ainda mais.

Para ser justo com as organizações que trabalham em circunstâncias voláteis, às vezes se faz necessário realizar grandes mudanças na direção estratégica para lidar com pressões competitivas repentinas, evitar a falência ou, pelo lado mais positivo, aproveitar uma mudança repentina (talvez do ambiente regulatório) que oferece uma nova oportunidade dinâmica. Contudo, a menos que você se encontre em uma dessas situações altamente drásticas, sugiro que não faça nenhuma alteração nos objetivos anuais da empresa dentro do mesmo ano.

Determinando a cadência dos resultados-chave

Até agora, falamos sobre os objetivos no nível da empresa, e eu defendi fortemente a cadência anual. Mas, e os resultados-chave? No nível da empresa, uma melhor prática seria adotar uma cadência dupla para garantir a captura de impactos comerciais de longo prazo e os passos ao longo do processo que nos levam a esse resultado. Por exemplo, voltando à empresa mencionada antes, um dos objetivos anuais era o aprofundamento da relação com os clientes. O primeiro passo era saber se ela estava sendo bem-sucedida em fazer isso, ou seja, qual é o resultado-chave de impacto do negócio? Ela acabou decidindo que um dos principais resultados-chave seria aumentar a porcentagem de clientes que compravam vários produtos e visou um aumento de 20% para 40% ao longo do ano.

Além desse resultado-chave anual (monitorado trimestralmente), ela escreveu resultados-chave adicionais a cada trimestre para gerar esse resultado. Por exemplo, um dos resultados-chave do primeiro trimestre se concentrava na análise dos clientes atuais para determinar seus três problemas principais. A cada trimestre, a empresa criava resultados-chave que achava que geraria o resultado de aumentar a porcentagem de clientes que compram vários produtos. Essa abordagem de cadência dupla garantiu que ela pensasse em curto e longo prazos ao mesmo tempo.

Determinando se os trimestres ou os quadrimestres são certos para você

Tenho orgulho de dizer que meu pai serviu na Marinha canadense, e apesar do fato de eu me considerar um filho patriótico do Canadá e do meu país adotivo, os Estados Unidos, a vida militar nunca me atraiu. Isso provavelmente foi bom para a segurança e a liberdade de qualquer país que eu poderia ter servido, pois eu não daria um bom soldado. Marchar? Esqueça; eu não conseguiria acompanhar o ritmo e acabaria fazendo a fila inteira tropeçar por causa das minhas atrapalhadas. No que se refere a desmontar e montar uma arma — nem pensar; eu não conseguia nem montar um LEGO.

O objetivo disso tudo é dizer que me sinto relutante em usar uma metáfora militar, mas se me permitir, até eu sei que são os generais e os almirantes que elaboram as grandes estratégias que acabam chegando nos soldados e nos marinheiros nas linhas de frente e nos navios que executam essas ordens. Obviamente, aqueles que estão mais perto da ação seguem os planos gerais elaborados pelos superiores, mas quando a situação muda bem diante dos seus olhos, eles muitas vezes precisam mudar sua abordagem de acordo com o que acontece no momento.

No mundo corporativo, os executivos, liderados pelo CEO, elaboram os OKRs no nível mais alto da empresa. Como já vimos, esses OKRs usam objetivos anuais e resultados-chave anuais e trimestrais. Os níveis mais baixos da organização são como os marinheiros e os soldados que lutam na batalha; eles devem ser ágeis em sua abordagem; obedecendo as orientações gerais dadas, mas reagindo em tempo real às mudanças no ambiente. Por esse motivo, todos os OKRs no nível inferior da empresa quase que exclusivamente adotam uma cadência mais curta, por trimestre ou quadrimestre.

Até hoje, muitas práticas de OKRs adotadas pelas organizações ao redor do mundo podem ser rastreadas até as escolhas iniciais feitas pelo Google ao dar início ao seu sistema, sendo a cadência uma delas. O Google trabalha com uma cadência trimestral, e à medida que os OKRs ganham popularidade, a maioria das empresas aceitou um período de noventa dias como o padrão para introduzir a estrutura. O período trimestral garantiu que as unidades de negócios, os departamentos e as equipes fossem ágeis em sua abordagem, adotando cada período como uma oportunidade de realizar um miniexercício de planejamento estratégico para fazer uma varredura de seu ambiente e atualizar os OKRs de acordo com o que ocorria em seu mundo, ao mesmo tempo tentando manter o alinhamento com a direção estratégica geral.

A cadência trimestral não é obrigatória

Claro, nada disso significa que você é obrigado a trabalhar com um ciclo trimestral. Uma das muitas coisas que adoro nos OKRs é que eles são uma estrutura de "código aberto", o que significa que não existe um conjunto de regras ou regulamentos que devem ser seguidos em sua implementação. Não é como trabalhar no departamento financeiro, que precisa seguir princípios de contabilidade geralmente aceitos ao compilar relatórios financeiros para garantir consistência e transparência — a menos que você tenha inventado alguma criptomoeda que não deu muito certo ou seja um aluno da escola Madoff de contabilidade, mas essa é outra história. Com os OKRs, você decide qual cadência é melhor no seu caso e para muitas empresas, noventa dias é a resposta certa.

O desafio que muitas organizações enfrentam ao usar uma cadência trimestral para os OKRs é fácil de entender: o tempo voa. Noventa dias parecem passar em um piscar de olhos, o que às vezes dificulta atingir o impacto comercial descrito nos objetivos. E, pragmaticamente, o calendário muitas vezes trabalha contra nós no nosso desejo de obter resultados inovadores com os OKRs. O quarto trimestre é especialmente desafiador nos Estados Unidos, por exemplo, porque muitas pessoas tiram folga na semana do feriado de Ação de Graças, de modo que as empresas perdem vários dias em novembro. O mesmo acontece em dezembro. O tempo para apresentar resultados no quarto trimestre diminui de doze semanas para nove ou dez. De modo similar, as férias de verão diminuem as janelas de execução.

DICA

Embora uma cadência trimestral de OKRs sempre tenha sido o padrão, você deve considerar com cuidado o ritmo das mudanças no seu negócio e setor, e o impacto dos feriados oficiais e das férias em sua habilidade de executar em tempo hábil antes de determinar a cadência da sua organização.

O quadrimestre como uma alternativa

Muitas organizações estão recorrendo agora a períodos de 4 meses, ou 120 dias, chamados de quadrimestres ao criar OKRs abaixo do nível da empresa. Essas semanas adicionais são um grande respiro para estabelecer, executar, verificar e revisar os OKRs. Na prática, a maioria das equipes trabalha com uma combinação de resultados-chave do tipo marco e métrica. Com frequência, os marcos, que são geradores vitais dos resultados-chave métricos e que causam impactos comerciais, levam muito tempo para serem atingidos. A cadência mais longa dos quadrimestres dão a oportunidade de garantir que os marcos sejam executados corretamente, oferecendo assim tempo para que os resultados-chave do tipo métrica sejam realizados. O tempo adicional também permite fazer intervenções durante o período caso os resultados-chave não estejam tendendo na direção certa.

Uma cadência de dezesseis semanas também pode reduzir um fenômeno que não é muito comentado, mas que existe em muitas companhias: a fadiga de metas. Estabelecer OKRs audaciosos para noventa dias com a pesada expectativa de atingi-los, só para criar outro conjunto de OKRs estendidos noventa dias depois e mais noventa dias depois é uma tarefa assustadora e exaustiva para a maioria das equipes que não consegue superá-la se mantendo firmes e fazendo sessões de brainstorming movidas a cafeína a noite toda. Simplesmente criar OKRs novos e inovadores pode ser um desafio em um período de tempo tão reduzido.

LEMBRE-SE

Estender o processo para quatro meses em vez de três talvez não pareça algo tão diferente, mas em termos táticos, pragmáticos e psicológicos, isso nos dá espaço extra para ter a criatividade necessária para elaborar e executar bons OKRs.

A linha do tempo dos OKRs

Você talvez tenha rituais regulares que não ousaria ignorar em sua rotina diária. Um dos meus é um tempo em silêncio na minha poltrona favorita com um café expresso depois do almoço. Não consigo imaginar um dia sem esse ritual renovador e energizante.

Para ter sucesso com os OKRs, você precisará estabelecer rituais também — práticas padrão que dão vida ao sistema. Eles incluem o seguinte:

» Com que frequência fazer verificações
» Como pontuar
» Como gerar alinhamento
» Quando estabelecer os OKRs

Nesta seção, vamos nos concentrar nos OKRs no nível da equipe, pois os OKRs da empresa provavelmente já estarão baseados em ritmos preexistentes do seu processo de planejamento estratégico anual. (Abordaremos o alinhamento e outros rituais necessários nos próximos capítulos.)

Como as organizações individuais darão início aos seus esforços de OKRs em diferentes dias e meses do ano, não existe um protocolo universal para o estabelecimento dos OKRs. Portanto, com a seguinte linha do tempo, suporei que a sua organização tem um estado estável de OKRs, o que significa que sua implementação está em andamento. Com essa ressalva, veja a linha do tempo padrão que você talvez queira seguir a cada período:

» **Duas semanas antes do fim do período atual:** Iniciar deliberações sobre os OKRs para o próximo período:
  - Analisar seu ambiente operacional
  - Compartilhar informações relevantes sobre quaisquer mudanças em andamento
  - Reunir-se com a equipe para esboçar os OKRs
  - Descrever quaisquer dependências com outras equipes

» **Uma semana para o fim do período atual:** Reunir-se com quaisquer equipes dependentes para convergirem nos OKRs compartilhados. Se não conseguirem chegar a um acordo, levar quaisquer diferenças de opinião aos seus respectivos líderes.

» **Primeira semana do novo período:** Resolver todas as dependências e fazer com que seus OKRs sejam aprovados pela liderança. Com seus OKRs finalizados, é hora de começar a execução!

Como observado anteriormente, essa linha do tempo se concentra exclusivamente no estabelecimento dos OKRs. Você também deve considerar a época de verificação dos OKRs e a retrospectiva de fim do período. Ambas afetarão sua seleção dos OKRs, e detalharemos mais isso no Capítulo 11.

NESTE CAPÍTULO

» Definindo *missão, visão* e *estratégia*

» Elaborando uma declaração de missão que reflita o objetivo da empresa

» Criando uma declaração de visão que represente o futuro desejado

» Compreendendo os elementos essenciais da estratégia

Capítulo **6**

Matérias-primas dos OKRs: Missão, Visão e Estratégia

Os termos *missão, visão* e *estratégia* são os mais incompreendidos, usados e universalmente zombados do vocabulário empresarial. Mas é necessário entender esses três elementos do negócio para criar OKRs motivadores. Afinal, a missão, a visão e a estratégia deveriam servir de guia para tudo o que o negócio faz. Sem eles, não será possível criar OKRs significativos que o levarão ao sucesso.

Neste capítulo, lançarei uma luz positiva sobre esses termos malvistos e nos aprofundaremos no poder de cada um, mostrando como criá-los e descrevendo especificamente por que são vitais para a criação de OKRs eficazes.

Acordo nas Definições de "Missão", "Visão" e "Estratégia"

As organizações adoram usar os termos "missão", "visão" e "estratégia", geralmente na ausência de qualquer pensamento mais aprofundado sobre clientes, mercados ou concorrência. É como se uma missão liricamente composta, uma visão técnica ou uma declaração rebuscada de estratégia pudesse compensar a falta de pensamento aprofundado e do rigor analítico. Aqui vai uma novidade: isso não acontece. As organizações de pensamento superficial deixam de aproveitar os grandes benefícios de

- Uma missão verdadeiramente inspiradora que esclarece o objetivo
- Uma visão convincente do futuro
- Uma estratégia bem pensada que nos leva ao topo do setor

O maior obstáculo a superar com esses termos é o de simplesmente defini-los com clareza. Se existem três termos com mais potencial de definições por aí, eu desconheço. Peça a dez pessoas diferentes para definirem estratégia e provavelmente obterá dez respostas diferentes. E o triste é que essas dez pessoas podem trabalhar na mesma empresa! Não é possível tirar valor de uma missão, visão ou estratégia se não existe um acordo universal sobre o que cada um desses termos representa e como usá-los da melhor maneira na organização. Assim, começaremos do início — é um bom lugar para começar — e definiremos esses termos.

CUIDADO

Neste capítulo, apresentarei as definições dos termos "missão", "visão" e "estratégia" com base nos meus mais de 25 anos de experiência como profissional, autor e consultor de mais de 500 organizações. São as definições que já vi serem utilizadas com sucesso em inúmeras organizações. Contudo, se você usar outra para algum dos termos, tudo bem, mas com uma condição gigantesca: ela deve ser usada de forma consistente na empresa e ao longo do tempo. As definições inconsistentes acabarão resultando em confusão e ceticismo.

- A *missão* representa o principal objetivo de uma organização, ou seja, por que ela existe. Vai além da meta de ganhar dinheiro, caso a empresa tenha fins lucrativos. Algo mais profundo a impulsiona, e esse algo é a missão.
- Uma *visão* é mais bem definida como uma descrição detalhada do que a organização quer se tornar, talvez dentro de cinco ou até dez anos no futuro. Ao passo que a missão pode ser um tanto abstrata, a

visão é concreta, usando o puro poder dos números para descrever o futuro desejado.

» *A estratégia* representa as amplas prioridades adotadas por uma organização em reconhecimento de seu ambiente operacional e na busca de sua missão e visão.

Ótimo, os termos foram definidos, mas essas definições apenas tocam na superfície de seu potencial. O restante do capítulo se concentrará em por que precisamos de cada uma dessas peças, como criá-las e como elas se relacionam com os OKRs que serão escritos.

Missão: Por Que o Negócio Existe

Veja um fato interessante: se você estivesse criando uma empresa no século XIX, receber o alvará de funcionamento não dependia de preencher alguns formulários, pagar taxas e bum — pode começar seu negócio. Não, naquela época, os alvarás eram considerados um privilégio — e com esse privilégio vinha a obrigação de servir aos interesses públicos. Em outras palavras, a empresa precisava demonstrar que tinha um objetivo maior. Esse objetivo pode ser mais bem descrito como missão: como a existência da empresa contribui para tornar o mundo um lugar melhor de alguma maneira.

Mesmo no mundo de hoje, que acompanha o ritmo de Wall Street de "atinja as metas do trimestre senão...", ainda há lugar para a declaração da missão, que descreve como uma organização contribui para os interesses públicos e por que ela importa. A missão devia ser escrita para resistir ao tempo — talvez cem anos. Veja um exemplo da Marriott:

Fazer com que as pessoas longe de casa sintam que estão entre amigos e são apreciadas.

O setor hoteleiro pode mudar drasticamente nas décadas futuras. Talvez estejamos fazendo check-in na Estação Espacial para a nossa suíte em Marte dentro de cinquenta anos. Quem sabe? Mas a missão da Marriott resistirá ao tempo; os viajantes sempre desejarão se sentir entre amigos e que são apreciados, e esse guia motivará a todos da Marriott — de cima a baixo — a prover o serviço necessário para atender a esse padrão elevado.

Sim, é preciso tempo para criar uma declaração de missão

O motivo de as pessoas trabalharem é uma questão filosófica demais para este livro; então, sem nos aprofundar demais nessa reflexão existencial, acho que todos nós podemos concordar que o objetivo e a satisfação não vêm exclusivamente do nosso salário ou bônus. A maioria de nós quer fazer a diferença, melhorando um pouco a vida dos nossos clientes de alguma forma ou protegendo o planeta para as futuras gerações. A missão que a sua organização cria representará a personificação coletiva desse desejo; e essa é uma força poderosa!

Os líderes bem informados sempre reconheceram e tiraram vantagem dessa grande ferramenta motivacional. David Packard, cofundador da Hewlett-Packard, é um bom exemplo. Em 1960, ele tinha o seguinte a dizer sobre propósito:

Um grupo de pessoas se reúne e passa a existir uma instituição que chamamos de empresa, que lhes permite realizar algo coletivamente que não conseguiriam isoladamente — elas contribuem para a sociedade... fazem algo de valor.

UM EXEMPLO CLÁSSICO DE CUMPRIR UMA MISSÃO

Um líder inspirador que reconheceu o poder de um propósito maior foi George Bailey. Você talvez esteja se perguntando: "*George Bailey... humm... onde foi que já ouvi esse nome? Microsoft? Apple?*"

Você não leu sobre ele no *Wall Street* ou na *Forbes.* George Bailey, interpretado com perfeição por Jimmy Stewart, é o protagonista do meu filme de Natal preferido, *A felicidade não se compra*, de 1946. Se ainda não viu, bem... sua TV provavelmente não estava ligada na época de Natal nos últimos cinquenta anos. Mas tudo bem; continue lendo para se familiarizar com os detalhes pertinentes.

George administra um negócio familiar de poupança e empréstimo. Ele está louco para fugir dos limites de sua cidadezinha e do que chama de serviço medíocre, mas as circunstâncias conspiram para mantê-lo preso à sua mesa, em sua cidade natal de Bedford Falls. Em certo ponto do filme, o Sr. Potter, o vilão malvado e avarento que deseja comprar o negócio de George, lhe faz uma proposta que aparentemente ele seria louco se recusasse: um bom salário e vantagens que instantaneamente fariam dele mais rico e bem-sucedido do que em seus sonhos mais loucos. Mas a pegadinha é que ele precisará fechar o banco.

Será que George aceitou a oferta e virou as costas para os benfeitores da sua humilde operação de poupança e empréstimos? Nem pensar; ele percebe quase que de imediato que há mais na vida do que dinheiro e prestígio. Ele recusa a oferta de Potter, identificando o nobre objetivo de sua empresa: dar a pessoas decentes e trabalhadoras a oportunidade de terem uma casa própria. Essa missão é maior do que apenas uma pessoa, levando George a recusar a oferta que lhe garantiria conforto e tranquilidade. Esse é o poder de uma missão, que vai além da imaginação dos roteiristas de Hollywood.

Um exemplo mais recente vem do ex-vice-presidente sênior de Pessoal do Google, Laszlo Bock, que descreveu a missão da empresa "Organizar a informação do mundo e torná-la universalmente acessível e útil" como a base de sua cultura.

Talvez você ache que identificar a missão do seu negócio seja "interpessoal" demais. Afinal, os negócios são um campo de batalha, não é? A ideia é entrar nas trincheiras para conquistar a participação de mercado, gerar valor para os acionistas e fim de papo.

Mas não é bem assim. Hoje, mais do que nunca, os colaboradores podem escolher onde trabalharão e a quem entregarão seu capital humano. As organizações batalham por talentos e o equilíbrio de poder mudou radicalmente dos compradores para os fornecedores — seus funcionários. No fim das contas, os membros da equipe realmente se importam com aquilo que a empresa defende e por que ela existe. Em uma pesquisa, por exemplo, cerca de 80% das pessoas disseram que esperavam que os CEOs fossem pessoalmente visíveis ao compartilharem o propósito da empresa e cerca de 75% queriam que os CEOs falassem sobre como a empresa beneficia a sociedade. Em outra pesquisa, os funcionários consideraram o propósito (a missão) duas vezes mais importante, em média, do que os motivadores tradicionais, como o salário e o desenvolvimento de carreira. Em resumo: a missão é importante.

Os OKRs são mais bem usados para gerar pensamento visionário e ideias inovadoras. Os verdadeiramente bem-dotados dentre nós podem ter a capacidade cognitiva de produzir flashes de brilhantismo quando bem desejarem, mas a maioria de nós não possui essa capacidade. Em vez disso, precisamos de treinamento, de incentivo e de alguma orientação no caminho para a inspiração. A missão pode servir de farol, descrevendo claramente para todos por que o trabalho sendo feito é importante e inspirando-os a mostrar como contribuem todos os dias.

O que torna uma declaração de missão eficaz

Existe um ditado no automobilismo que diz: "Para terminar em primeiro, primeiro é preciso terminar", o que significa que se um piloto espera subir no pódio para celebrar a vitória de uma corrida, primeiro é preciso não bater e terminar a corrida.

Aplicando essa lógica às declarações de missão, para fazer uma que seja realmente eficaz, primeiro é preciso *ter* uma. Assim, se você não tiver uma no momento ou se sua missão atual foi criada e revisada em algum momento do século passado, quando seu negócio tinha circunstâncias totalmente diferentes, veja dois métodos para estabelecer sua missão singular:

- **Método 1 — O Modelo de Missão:** Muitas declarações de missão consistem em três segmentos diferentes. Completá-los com respostas adequadas à empresa é uma ótima forma de iniciar a discussão de sua missão:
  - **Nós existimos para** (objetivo básico, necessidade atendida ou problema resolvido)
  - **Para** (clientes ou partes interessadas primárias)
  - **De modo que** (resultados de longo prazo que determinam o sucesso)
- **Método 2 — Os Cinco Motivos:** Para usar essa abordagem para o desenvolvimento da missão, comece com uma declaração descritiva, como "Fabricamos os produtos *X*" ou "Realizamos os serviços *Y*". Então pergunte "Por que é importante?" cinco vezes. Depois de fazer isso algumas vezes, sua verdadeira missão começará a surgir. Esse processo funciona para quase toda organização de produtos ou serviços. Uma empresa de gestão de resíduos poderia facilmente ir de "Coletamos lixo" para "Contribuímos para um meio ambiente mais forte resolvendo problemas de gestão de resíduos" depois de algumas rodadas.

CUIDADO

Não tente escrever sua missão em um comitê. Pode confiar, é impossível fazer um grupo chegar a um acordo sobre a temperatura da sala de reuniões, muito menos sobre seu propósito principal. Cinco ou seis pessoas tentando criar uma declaração concisa e poderosa é uma receita certa para situações difíceis, confusão e um palavreado sem fim. Tudo bem reunir um grupo para pensar em conceitos iniciais, mas apenas uma ou duas pessoas deve(m) criar a declaração, a qual será avaliada por um grupo maior.

Se precisar de um pouco de inspiração, veja as declarações de missão de algumas organizações famosas:

» **Merck:** Preservar e melhorar a vida humana.
» **3M:** Resolver problemas não resolvidos com inovação.
» **Microsoft:** Nossa missão é empoderar cada pessoa e cada organização do planeta para obterem mais conquistas.
» **Sony:** Sentir a alegria de fazer a tecnologia progredir e aplicá-la em benefício do público.
» **Amazon:** Ser a empresa mais centrada no cliente do mundo.
» **ING (Serviços Financeiros):** Empoderar as pessoas para ficarem um passo à frente na vida e nos negócios.

DICA

A ideia não é escrever o próximo grande romance e o foco não é a quantidade. Mantenha sua declaração de missão relativamente curta; uma boa meta são vinte palavras ou menos. Qualquer coisa além disso aumenta o temível risco de as pessoas darem só uma passada de olhos ao lerem a declaração. A missão deve ser curta o suficiente para ser decorada com facilidade.

Pronto, agora você tem uma missão. Bom trabalho! Mas para garantir que ela cumprirá com seu propósito de agir como sua bússola de longo prazo, tenha as seguintes características em mente:

» **É focada:** O falecido guru dos negócios Peter Drucker, que escreveu dezenas de livros influentes ao longo de sua longa carreira singular, disse certa vez que um dos maiores erros que as organizações cometem é transformar sua missão em "sanduíches heroicos de boas intenções". Adoro isso, e já vi acontecer ao longo da minha longa carreira menos singular. Ao escrevermos as declarações de missão, a tendência é amontoar cada ato nobre imaginável que pode ser sonhado. Mas esse não é o ponto. Sua declaração de missão deve ser *sua* declaração de missão — uma declaração focada do seu objetivo único, não uma tentativa de ser tudo para todos.
» **Inspira mudanças:** Já mencionei que sua missão deve ser escrita para resistir ao tempo, mas isso não significa que ela não deva inspirar mudanças ao longo da jornada. Considere o Walmart Canada, por exemplo. Sua missão é "Economizar o dinheiro dos canadenses para ajudá-los a ter uma vida melhor". O mundo do varejo passa por constantes mudanças, e o Walmart precisa se ajustar a elas. Entretanto, podemos apostar que daqui a vinte, cinquenta ou cem anos a partir de hoje, as pessoas ainda desejarão economizar dinheiro para ter uma vida melhor.
» **É fácil de entender e comunicar:** Uma declaração de missão pode facilmente se transformar em uma lista de termos clichês. Se sua declaração estiver repleta de palavras como "sinérgico", "sustentável", "comprometimento", "polinização cruzada" (são só as abelhas que fazem isso?) etc., cuidado! Para esse exercício, deixe o dicionário de lado e use a

linguagem comum, que todos conseguem entender e, o mais importante, que reflita a cultura da sua organização.

DICA

Sua declaração de missão deve refletir sua organização. Não é possível copiar a declaração de outra empresa e simplesmente esperar que repetir suas palavras transforme sua empresa. Depois de escrever um rascunho, procure fazer este teste rápido para saber se sua missão está pronta para entrar em ação: compartilhe sua declaração junto com a de um concorrente para ver se os colaboradores conseguem ver a diferença. Se ficarem coçando a cabeça, tentando adivinhar qual é qual, é hora de voltar a escrever!

Se você já tem a declaração de missão

Se não conseguir se lembrar de imediato da sua declaração de missão, não significa necessariamente que ela não existe. Já perdi as contas de quantas vezes visitei um cliente, pedi para ver a declaração de missão e ouvi: "Não temos uma." Então, alguns momentos depois, alguém corajosamente diz: "Na verdade...", e a história da declaração de missão perdida há tempos ressurge. Em geral, nesses casos, a tarefa de escrever a missão foi delegada a uma equipe secundária, muitas vezes do RH; a declaração foi criada, inserida no PowerPoint, compartilhada uma vez e nunca mais foi vista. Assim, você talvez precise procurar um pouco antes de dizer que não tem uma declaração de missão.

Se tem uma missão — tenha ela sido criada ontem ou há vinte anos, e agora a poeira virtual se acumula naquele notebook há muito aposentado —, sempre é bom reavaliá-la à luz da sua decisão de embarcar na criação de OKRs. O primeiro passo é simplesmente examinar o que você tem em relação a seguir as características descritas na seção anterior. Ademais, ela representa com clareza a empresa e a cultura?

Veja alguns itens adicionais a considerar ao colocar sua missão atual no microscópio:

- **Certifique-se de que seja atual.** Já mencionei que as declarações de missão devem resistir ao tempo, mas se a sua foi escrita quando a empresa vendia patins de gelo e, desde então, vocês deixaram a lâmina de lado e passaram a vender botas, seria uma boa ideia reescrevê-la para refletir o que de fato fazem.
- **Use a sabedoria popular.** Antes de escrever uma nova missão, dê aos funcionários a oportunidade de dizerem como escreveriam a declaração. Faça uma pesquisa simples pedindo a todos para descreverem o principal propósito da empresa, ou seja, por que ela existe. As respostas poderão surpreendê-lo e iluminá-lo.

» **Determine como a missão se encaixa.** Você já notou que praticamente tudo ao nosso redor está crescendo? Por exemplo, se fosse ao seu restaurante local, você provavelmente seria recebido com um cardápio do tamanho de uma lista telefônica. Provavelmente pagaria pela refeição com cartão de crédito. Você sabe, aquele cujo contrato você mal leu e que cresceu de 400 palavras em 1980 para mais de 20 mil hoje. Infelizmente, isso também acontece no mundo corporativo. Muitas organizações terão missão, visão, valores, estratégia, normas, pilares de excelência, KPIs, OKRs e Balanced Scorecards. E a lista continua, sendo que, muitas vezes, haverá redundâncias significativas nesses documentos. Nem é preciso dizer que isso sobrecarrega e confunde os colaboradores que desejam, acima de tudo, clareza e transparência. Certifique-se de que sua missão esteja bem posicionada e não rivalize com sentimentos similares na consciência da marca pelos funcionários.

LEMBRE-SE

Embora a missão possa ser vista como algo do campo interpessoal, que o distrai do verdadeiro trabalho de ter sucesso nos negócios, ela é importante — para seus colaboradores, seus clientes e sua comunidade. Jim Collins, o autor best-seller de *Empresas feitas para durar*, resume bem isso:

"A questão da missão vem se tornando, no mínimo, até mais importante conforme nosso mundo fica cada vez mais disruptivo e turbulento. Independentemente do quanto ele muda, as pessoas ainda continuarão tendo uma necessidade básica de pertencer a algo de que poderão sentir orgulho. Mais do que em qualquer momento no passado, as pessoas exigirão que as organizações das quais fazem parte defendam algo."

A citação começou bem, mas a conclusão foi excelente. Obrigado, Jim!

Visão: Criando Sua Imagem de Futuro Ideal

Em 25 de maio de 1961, o piloto da NASA Joseph A. Walker levou seu Air Force X-15 hipersônico a surpreendentes 32.600 metros acima do nível do mar. Foi uma realização e tanto. Mas, ao voltar para Washington, D.C., alguém estava pensando em ir um pouquinho mais longe, até chegar no espaço; meros 384 milhões de metros além, para ser exato. Esse homem era o presidente John F. Kennedy, e no mesmo dia em que Walker voava acima da Terra, Kennedy se dirigiu a uma reunião no Congresso para apresentar sua visão audaciosa de enviar o homem à Lua. Mais especificamente, ele disse: "Acredito que esta nação deva se empenhar em atingir o objetivo, antes do fim da década, de colocar o homem na Lua e trazê-lo de volta em segurança à Terra." Ele prosseguiu reconhecendo que não seria fácil nem barato, mas para atingir esse objetivo, todo o país deveria compartilhar um sentimento de orgulho nacional, sim, todos deveriam se esforçar para colocar o homem na Lua.

A nação aceitou o desafio de Kennedy, com engenheiros resolvendo problemas aparentemente sem solução, cientistas e mecânicos fabricando peças para naves espaciais que antes só existiam na mente de autores de ficção científica e um pequeno grupo de pessoas corajosas treinando diligentemente para essa missão histórica. E contra todas as probabilidades, deu tudo certo. Em 20 de julho de 1969, Neil Armstrong baixou a escada da cápsula da Apollo 11 e se tornou o primeiro ser humano a caminhar na superfície da Lua.

Não consigo pensar em um exemplo melhor do poder da visão do que a expedição à Lua. A linguagem inspiradora do presidente, a especificidade e a audácia do objetivo, e o fato de que ele estava limitado a um espaço de tempo específico, são todas características de uma declaração de visão animadora e eficaz. A boa notícia é que as vantagens de uma visão não pertencem apenas àqueles que sonham em conquistar galáxias distantes. Todas as organizações podem aproveitar o poder da visão para estimular seu pessoal a correr atrás de um objetivo elevado. Pronto para a partida? Vamos em frente!

Peculiaridades das declarações de visão

Você escreveu sua declaração de missão, e todos gostam dela; estão animados e entusiasmados com o motivo de fazerem o que fazem todo dia exercendo seu objetivo principal. Essa missão é um ingrediente necessário, mas não suficiente, para fazer a organização atingir o próximo nível de sucesso. Agora é hora de usar a energia da sua missão e concentrá-la para criar um raio de inspiração chamado declaração de visão.

Embora seja atraente e inspiradora, muitas vezes a declaração de missão pode parecer um tanto abstrata. Considere, por exemplo, a missão da Merck: "Preservar e melhorar a vida humana." É uma excelente representação do objetivo principal da empresa, ou seja, o motivo de ela existir, mas ela não guiará os colaboradores a um destino específico.

É aí que entra a declaração de visão. Pense na visão como uma descrição detalhada do que a organização deseja se tornar. Mas não amanhã, porque é preciso tempo para chegar ao seu destino. Mas talvez dentro de cinco, dez ou até quinze anos no futuro. A visão pode incluir metas financeiras, mercados atendidos e produtos ou serviços novos e inovadores, só para citar alguns elementos.

Com uma visão compartilhada cativante, todos da organização, do chão de fábrica à mesa dos executivos, terão uma estrutura mental coletiva que os ajudarão a moldar seu futuro desejado. A visão sempre deve acompanhar a missão, sua *raison d'être*, porque uma visão sem missão não passa de pensamento positivo que não está conectado nem contribui para nada duradouro ou significativo.

O que torna uma declaração de visão eficaz

Antes de abordarmos os atributos de uma declaração de visão eficaz, considere estes dois exemplos. O primeiro se baseia em uma empresa de bicicletas de alto desempenho. Ela oferece aquele tipo de bicicleta que os ciclistas competitivos, aqueles de eventos mundiais, como o Tour de France, buscam para terem velocidade e confiabilidade. Mas a principal fonte de renda da empresa vem da venda de bicicletas para os corajosos HMIUL de fim de semana. Você provavelmente não entenderá se eu não explicar o que significa HMIUL, então lá vai: Homens de Meia-Idade que Usam Lycra. Tenho certeza de que essa visão surgiu na sua cabeça. Alguns são do tipo bem atlético, mas tem uma boa parcela de homens com corpo de paizão ali no meio. Obviamente, há muitas mulheres ciclistas também, mas acho que MMIUL não é uma sigla muito boa. Voltando à visão da empresa: "Até 2025, conquistaremos o triplo duplo: dobraremos nossa receita, o número de ciclistas e as corridas vencidas."

Veja um segundo exemplo. Este se baseia em uma empresa do setor de suprimento industrial, e felizmente não precisamos de nenhuma sigla para descrever seus clientes. Sua visão é a seguinte:

> *"Por quatro gerações, os proprietários e o nosso pessoal dedicado construíram um negócio que nos enche de orgulho. Oferecemos os melhores serviços do ramo e, como consequência, promovemos profissões gratificantes e vantagens financeiras para acionistas e colaboradores. Os proprietários têm uma visão para o futuro, buscando expandir com base em seu estimado legado de triunfo cultivando e implementando os padrões mais elevados de honestidade, confiabilidade e admiração recíproca; uma mentalidade empreendedora combinada com uma administração cuidadosa; um pessoal empoderado e a aceitação de reveses quando empreendimentos ambiciosos não dão certo; educação e reinvenção constantes na organização; alianças cooperativas — tendo vitórias coletivas com fornecedores, clientes e pessoal estratégicos; e excelência em nossos campos de escolha, interna e externamente."*

Esses dois exemplos foram mencionados para ilustrar os principais atributos de uma declaração de visão eficaz, os quais serão descritos na próxima seção.

Quantificada e com prazo

Uma declaração de visão deve ir além de banalidades e ser concreta ao descrever o futuro ideal imaginado pela organização. Isso significa usar números específicos, no formato de um período de tempo, dinheiro, porcentagens e outros. A declaração de visão da empresa de bicicletas, apresentada na seção anterior, atende a esses requisitos declarando 2025 como sua data-alvo e descrevendo o que esperam realizar em termos de receita, ciclistas e corridas vencidas. Ela não indica números específicos para os últimos três itens, mas essa decisão reflete mais um estilo de escolha do que uma violação das regras da escrita de visão.

Essa diferença também aponta para uma escolha que você precisará fazer. Ou seja, ela poderia ter indicado o valor da receita e o número de ciclistas e de corridas que esperava atingir, mas escolheu se concentrar na palavra *duplo*, usando até a ideia de um "triplo duplo". Uma visão deve ser memorável, e em vez de obrigar as pessoas a se lembrarem de três números diferentes, a empresa de bicicletas escolheu manter a declaração simples e confiar no poder do dobro.

Não existe uma abordagem certa ou errada nessa escolha. Sua adequação dependerá da sua cultura e, obviamente, da visão em si. Se, por exemplo, você incluísse apenas um elemento na visão — um número para a receita, talvez —, então faria sentido incluir um número específico. Se a visão tem vários elementos, como no exemplo das bicicletas, usar uma frase de efeito pode ser a melhor alternativa.

Uma declaração de visão deve ser

» **Concisa:** Se leu meu exemplo da declaração de visão da empresa de suprimento industrial da última seção, de quanto você consegue se lembrar? (Não vale espiar!) Talvez consiga se lembrar de uma palavra aqui ou ali, mas qual foi a ideia? Esqueça, a menos que tenha memória fotográfica. (Na maioria das vezes, só os jovens têm e duvido que você, que está lendo este livro, seja um jovenzinho; assim, acho que não conseguirá se lembrar de muita coisa daquela visão.) É longa demais. Demais!

As melhores declarações de visão chamam nossa atenção e nos convidam a adotá-las de imediato. Quando Muhtar Kent assumiu a posição de CEO na Coca-Cola em 2008, sua resposta à pergunta sobre suas principais prioridades ao seguir em frente foi: "Estabelecer uma visão... uma imagem compartilhada de sucesso. Nós a chamamos de visão 2020, e ela nos convida a dobrar o negócio em dez anos. Isso não é para os fracos, mas é possível" (veja Muhtar Kent, "Shaking Things Up at Coca-Cola", *Harvard Business Review,* outubro de 2011). A visão de Kent é concisa e poderosa. Note também que ela é quantificada e tem um prazo.

» **Verificável:** Se for incluir números na visão, esse ponto será de grande ajuda para você, porque os números são naturalmente verificáveis. Ou atingimos a meta ou não. Se sua declaração estiver cheia de expressões do tipo "de ponta", "da melhor qualidade" ou "o melhor do ramo", você terá problemas, porque esses termos não são verificados com objetividade. "De ponta" pode significar centenas de coisas diferentes dependendo do setor, da combinação de produtos e serviços, da maturidade do mercado etc.

Nos dois exemplos de visões apresentados na seção anterior, a empresa de bicicletas tinha vários elementos verificáveis, já a visão da empresa de suprimento industrial estava repleta de expressões subjetivas, como "mentalidade empreendedora", "pessoal empoderado" e "alianças cooperativas". Todas essas frases estão abertas à interpretação, portanto, não são verificáveis.

Tente escrever sua declaração de visão com vinte palavras ou menos.

» **Inspiradora, porém possível:** Juntei esses dois elementos porque eles representam uma corda bamba desafiadora sobre a qual você precisará andar se espera criar uma declaração de visão eficaz. Obviamente, sua visão deve despertar a paixão coletiva da organização inteira, elevando todos à possibilidade de um grande futuro. Contudo, se a declaração não for evidentemente realista, resultará em ceticismo e dúvida, a criptonita da realização da visão.

Já vi isso acontecer com alguns clientes ao longo dos anos. Um exemplo é de uma organização da área fintech (tecnologia financeira), recém-criada com o apoio de vários investidores de renome e um serviço que parecia destinado a esmagar a concorrência. Mas nada sobre sua oferta tinha sido comprovado no mercado. O CEO reuniu a equipe e, depois de poucos segundos, proclamou a visão de atingir US$1 bilhão de receita nos próximos dezoito meses. Se esse momento fosse interpretado em um filme, com certeza haveria a cena de alguém cuspindo uma bebida em reação à noção absurda do CEO.

Naquele momento, a empresa tinha uns três clientes pagantes e estava no estado embrionário de seu desenvolvimento total. Oras, levou cinco anos para o Facebook atingir uma receita de US$1 bilhão. Apesar de protestos altos e razoáveis por parte da equipe, o CEO insistiu e a visão foi estabelecida.

Mas ela não serviu para inspirar. Pelo contrário, a empresa jamais decolou, e os investidores acabaram perdendo uma montanha de dinheiro. Claro, não podemos dizer que a declaração de visão malfeita foi a única culpada, mas a falta de compreensão do CEO sobre a realidade e suas metas irreais definitivamente não ajudaram a equipe enquanto lutava para entrar no mercado. Sua visão deve estar fundamentada na realidade e para que isso aconteça, você precisa fazer a lição de casa. Comece se fazendo estas perguntas:

- Qual é a quota de mercado acessível no seu setor?
- Quais são suas habilidades principais e pontos fortes?
- O mercado geral está crescendo ou diminuindo?

Essas e outras perguntas o ajudarão a criar uma visão que inspirará sua equipe com um grande desafio, mas que deixará claro que ela pode ser realizada.

Brainstorming para criar sua declaração de visão

Um dos meus passatempos é escrever roteiros, mais especificamente longa-metragens, e como qualquer um que abriu um novo documento e começou a escrever sua obra-prima, às vezes paro para praticar meu discurso de recebimento do Oscar. E pode confiar, ele é bom! Agradeço à minha família, claro, e a todos que me apoiaram ao longo do caminho, mas também agradeço a Steven Spielberg por reconhecer meu talento e me dar a oportunidade de trabalhar com ele. Sim, tem muitos detalhes, e mais, muito mais. Pode parecer meio maluco, mas toda vez que volto ao notebook depois desse agradável devaneio, tenho um senso renovado de propósito. Essa visão de um futuro magnífico de trabalhar com Spielberg e polir meu Oscar nunca deixa de me animar e me dar muitas novas ideias. Basicamente, estou criando uma visão para o futuro.

O equivalente organizacional do meu processo pode ser tão legal, divertido e produtivo quanto. Pense em uma revista de negócios que você considera interessante e influente. Pode ser a *Forbes*, a *Fast Company*, a *Harvard Business Review* — qualquer uma serve. Imagine que se passaram cinco anos e sua empresa está na capa. Qual é a manchete? O que fez para ter o seu logotipo e nome impressos na frente da revista? Atingiu um nível jamais imaginado? Criou um produto ou um serviço inovador sem o qual o mundo não pode mais viver? Criou um novo mercado onde não havia nada antes?

Fazer um brainstorming do texto que aparecerá na capa é uma ótima ideia para dar início ao seu exercício visionário. Isso provavelmente o levará a considerar suas aspirações de receita ou lucro, de inovação, de design e muitos outros possíveis elementos do seu sucesso que podem ser incluídos em sua declaração de visão.

DICA

De início, a escrita da visão não deve se limitar aos executivos. Comece convidando seus colaboradores e peça a opinião deles. Incluir toda a organização é uma ótima oportunidade de gerar animação quanto ao futuro e dá a todos a oportunidade de expressar sua opinião de como seguir em frente. Depois de reunir várias sugestões, a equipe sênior poderá escrever a visão final.

Um dos meus CEOs favoritos dos últimos vinte anos é Alan Mulally, que liderou a Ford Motor Company de 2006 a 2014. Sua liderança incluiu a histórica crise financeira de 2008, que acabou fazendo suas rivais, a General Motors e a Chrysler, pedirem falência. Com a mão firme de Mulally no leme, a Ford foi a única das três grandes fabricantes de automóveis que não pediu empréstimo ao governo e a única que conseguiu passar pela crise sozinha. Mulally recebeu muitos prêmios por sua liderança, incluindo o de diretor executivo do ano em 2011. Como ele conseguiu fazer isso? Tudo começou com a visão. Foi isso o que ele disse: "Eu descobri o poder de uma visão motivadora… O trabalho de um líder é lembrar as pessoas dessa visão, certificar-se de que elas se apeguem ao processo e fazer com que todos continuem trabalhando juntos." Isso deu certo para a Ford, e pode dar certo para você também — o poder da visão!

Estratégia: Definindo as Prioridades

Dando uma rápida olhada na minha prateleira, vejo que um quarto ou mais da minha coleção de livros tem a ver com estratégia. E são só os meus livros físicos. Meu Kindle tem vários outros sobre esse tema.

Mas mesmo se fizesse nada além de ler 24 horas por dia, ainda assim você não daria conta de acompanhar os rios de tinta dedicados à estratégia. As pessoas escrevem sobre o que ela é, como criá-la, por que é importante e qualquer outra noção concebível relacionada com o que provavelmente é a palavra mais usada do léxico empresarial, porém sobre a qual menos se chega a um acordo. Como é um tema enorme, com literalmente centenas de livros, milhares de artigos e inúmeros gurus pagos que se dedicam ao seu estudo, entender a estratégia pode ser confuso e assustador, até para os líderes empresariais mais experientes. Dada a vastidão do tema, não poderei apresentar uma visão geral abrangente dele nestas páginas. Mas o que poderei fazer é desmistificá-lo para você.

Primeiro, uma definição simples de *estratégia*: as amplas prioridades adotadas por uma organização em reconhecimento de seu ambiente operacional e em busca de sua missão e visão. Veja uma explicação mais detalhada:

- **Amplas prioridades:** Elas representam suas decisões em relação a questões cruciais, como quais clientes atender, em quais mercados entrar, por que seus clientes escolhem comprar de você e assim por diante.
- **Em reconhecimento de seu ambiente operacional:** A estratégia não é criada isoladamente. É preciso ter uma boa compreensão do que está acontecendo ao redor para determinar as amplas prioridades já mencionadas. Por exemplo, considere as seguintes perguntas:

- O seu mercado geral está crescendo ou diminuindo?
- Qual é o estado de inovação do seu setor?
- Existem questões regulatórias à espreita que poderiam impactar sua posição no mercado?

» **Em busca de sua missão e visão:** Sua estratégia deve ser consistente com sua missão e visão. Considere a empresa de alimentos veganos, a Impossible Foods. Sua declaração de missão é: "Tornar nosso sistema global de alimentação verdadeiramente sustentável." Ela acredita que usar animais para "ter carne" é uma tecnologia destrutiva e extremamente prejudicial ao meio ambiente. Assim, sua estratégia provavelmente (assim se espera) não envolverá economizar na fabricação e acabar aumentando as emissões de carbono.

Com uma definição de estratégia em mãos, as seções a seguir examinarão melhor como a estratégia e os OKRs se relacionam, e abordarão várias perguntas que você precisa responder para criar sua própria estratégia.

Por que a estratégia é vital para os OKRs

Quando comecei minha carreira, na época em que o San Francisco 49ers dominava a NFL (você precisará pesquisar sobre 49ers no Google para descobrir em que era de domínio comecei minha carreira para saber quantos anos eu tenho), as empresas costumavam criar planos estratégicos que se estendiam por uma década ou mais. O ritmo de quase tudo era mais lento na época, e escolher automaticamente o conforto do status quo quando o assunto era o futuro era uma abordagem perfeitamente aceitável e razoável para muitas organizações.

Mas como sempre, os ventos da mudança sopraram, primeiro com a chegada da internet e a era da velocidade que ela trouxe em praticamente todos os campos. Os planos estratégicos ficaram mais curtos. E mais curtos, e mais curtos — até o ponto em que quase todas as empresas agora revisam suas estratégias pelo menos uma vez ao ano para se certificarem de que estão acompanhando nosso mundo VICA (volátil, incerto, complexo e ambíguo).

A pergunta que você pode estar se fazendo, com base no ritmo cada vez mais acelerado das mudanças no mundo e provavelmente no seu setor, é: a estratégia ainda faz alguma diferença? Quando qualquer vantagem competitiva que elaboramos hoje pode ser anulada por um concorrente ágil amanhã e é impossível prever qual será o próximo produto ou serviço revolucionário que pegará o mundo de surpresa, por que se dar ao trabalho de descrever nossa visão do futuro?

Contudo, o fato é (e lá vem o clichê) que pensar estrategicamente pode ser mais importante hoje do que nunca. O ritmo das mudanças que estão acontecendo hoje não resultam exclusivamente em desafios confusos; no caso daqueles que estão preparados, ele também oferece grandes oportunidades. O problema é diferenciar entre sinal e ruído e isolar seu foco nas oportunidades em que você estará mais preparado para tirar vantagem, tanto agora como no futuro. O que não pode fazer é correr atrás de qualquer oportunidade possível apresentada (o que muitos dos meus clientes chamam de "síndrome do objeto brilhante").

A estratégia impõe limites, ajudando-o a determinar não só o que deve fazer, mas, algo tão importante quanto, o que não deve fazer. A organização inteira deve ter a mesma visão de aonde está indo e como se planejar para chegar lá. Só então será possível para a equipe inteira, e talvez até cada indivíduo, determinar sua contribuição única para o sucesso com OKRs alinhados. Sem o benefício de uma estratégia, sua organização será como um barco sem leme, balançando de onda em onda, mas nunca chegando a lugar nenhum.

CUIDADO

Se leu a seção anterior e pensou: "Bem, eu não sei qual é a estratégia, mas tenho certeza que Davi ou Carla (informe o nome do seu CEO) sabe", então você tem um problema. Falando em dinheiro, o grande arremessador de beisebol Bill Lee disse certa vez: "É como esterco, só serve se estiver espalhado." O mesmo vale para a estratégia.

Começando com a estratégia

A boa notícia é que basta responder a algumas perguntas-chave para criar um plano estratégico para a empresa. Pronto?

1. O que você vende?
2. Quem são seus clientes?
3. Por que os clientes compram de você? Qual é sua "proposta de valor"?

Bem, se você for do tipo de pessoa que enxerga o copo meio vazio, tenho uma má notícia; mas se for do copo meio cheio, outra boa notícia: mais perguntas! Responder a outras perguntas lhe dará informações para responder às perguntas anteriores. Mas antes de abordarmos essas perguntas adicionais, falaremos um pouco mais sobre as três principais já mencionadas.

O que você vende?

A pergunta "O que você vende?" é tão básica quanto parece. Todas as empresas, independentemente do setor em que atuam ou de onde se encontram no mundo, precisam determinar quais produtos e serviços oferecerão no mercado. O truque é decidir a quais você dará mais ou menos destaque no futuro.

Quem são seus clientes?

Ao responder à pergunta "Quem são seus clientes?", você precisará olhar além do grupo de compradores atual e decidir mais uma vez a quais grupos de clientes (e locais geográficos) dará mais destaque no futuro e quais merecerão menos de sua atenção.

Por que os clientes compram de você? Qual é sua "proposta de valor"?

Por que os clientes compram de você — sua "proposta de valor" — talvez seja a pergunta-chave mais importante, porque ela formará sua base de distinção no mercado. Felizmente, você terá apenas algumas opções disponíveis para responder à pergunta. Competirá com o menor custo de aquisição dos seus clientes ou tentará lhes oferecer um produto ou um serviço realmente diferenciado. As empresas que se concentram no custo mais baixo são implacáveis em sua busca por capacidades e processos que lhes permitem padronizar as operações. Dois grandes exemplos disso são o Walmart e o McDonald's. Ambas as empresas levaram sua excelência operacional ao extremo em seu alvo constante de manter os preços relativamente baixos para os clientes.

Se escolher competir com base na diferenciação, você terá dois possíveis caminhos para escolher. O primeiro é conhecido como "intimidade com o cliente". De início, a palavra "intimidade" pode parecer um pouco estranha (e medonha) no ambiente profissional, mas ela simplesmente significa construir um relacionamento duradouro e profundo com os clientes, basicamente como resultado de um serviço fabuloso. A loja de departamentos Nordstrom é um grande exemplo; seu serviço de atendimento ao cliente é lendário, algo que posso confirmar; veja o quadro "Paul visita a Nordstrom" para obter mais detalhes.

A segunda opção dos diferenciais é competir com base na funcionalidade superior de seus produtos e serviços. Design de ponta, tecnologias recentes e funcionalidade superior são características que identificam essas empresas de "produtos de liderança". Certa companhia representada por uma fruta vem à sua mente? A Apple, claro, é a garota-propaganda desse tipo de proposta de valor. Paga-se mais por seus produtos, mas esse preço vem com a expectativa de um design excepcional, fácil de usar e funcionalidade surpreendente.

PAUL VISITA A NORDSTROM

Certo dia, em uma tentativa de, sem dúvidas, procrastinar alguns projetos importantes, decidi acompanhar minha esposa ao shopping para fazer compras. Nossa primeira parada foi a Nordstrom, e como não tinha nenhuma lista de compras, meu plano era esperar por ela em um dos muitos confortáveis lounges para clientes — pequenas alcovas mobilhadas com poltronas superacolchoadas, muitas perto de alguém tocando algo no piano.

De fato, era um ambiente bem relaxante, no qual tinha a intenção de mergulhar, ouvindo a música suave e envolvendo-me no passatempo dos idosos de observar as pessoas. Os primeiros vinte minutos passaram bem, mas então o tédio começou a me envolver, e decidi esticar as pernas e dar uma olhada na loja. Cheguei na seção de roupas masculinas e logo fui recebido pelo cumprimento casual e caloroso de um vendedor. Falamos sobre banalidades, mas lhe informei que não tinha a intenção de comprar nada; estava simplesmente matando o tempo enquanto esperava minha esposa. Em certo ponto, eu disse meu nome ao vendedor ou ele obteve essa informação de mim com sutileza e habilidade. Deixando-me por alguns instantes, ele mencionou, ao voltar, que já fazia tempo que eu não comprava nada (sem dúvidas ele verificou no sistema), sugerindo que simplesmente caminhássemos pelo departamento enquanto ele me mostrava as roupas da moda. Novamente, sem pressão.

Você provavelmente já adivinhou aonde quero chegar. Avançando quarenta minutos no tempo: minha esposa me esperava com impaciência, e lá vinha eu, carregando duas sacolas enormes cheias de roupas no valor de US$1.500. Ótimo serviço, baseando-se no relacionamento já existente com a marca... a intimidade com o cliente em ação!

O Jogo das 21 Perguntas

Um dos primeiros conselhos que recebi logo no início da equipe editorial da *Para Leigos* foi o de sempre dar respostas, e não fazer perguntas. "Os leitores da *Para Leigos* esperam respostas", disseram-me. E aqui estou eu, escrevendo um seção inteira falando sobre perguntas e para piorar, estou sugerindo o jogo das 21 perguntas em vez de 20 — quem já ouviu falar de uma coisas dessas? Mas às vezes a resposta para um desafio (nesse caso, criar uma estratégia) só pode ser obtida se lidamos com uma série de perguntas difíceis. Já mencionei as três principais e, nesta seção, apresentarei as "secundárias", que podemos usar para obter dados e desvendar o código de cada uma dessas questões estratégicas básicas.

Perceba que não incluí nenhuma pergunta sobre concorrência. Isso foi intencional. Sou como Jeff Bezos nesse sentido, que disse: "Se nos concentrarmos no concorrente, precisaremos esperar até ele fazer alguma coisa. Concentrar-nos no cliente nos ajuda a tomar mais a iniciativa." Se parar um pouco para pensar, se aprofundar e responder às perguntas a seguir, você conseguirá criar seu caminho único e singular, tornando a concorrência irrelevante.

Perguntas secundárias: "O que você vende?"

Nesta seção, apresento várias perguntas especificamente relacionadas com o produto e serviços, desafios e tendências. Respondê-las o ajudará a chegar à melhor resposta para a questão geral: "O que você vende?"

1. Seu negócio possui produtos ou serviços de sucesso excepcional? Se sim, quais são suas características? Sua tarefa com a pergunta "O que você vende?" é determinar a quais produtos e serviços dar mais atenção. Assim, é importante determinar quais foram mais bem-sucedidos e por quê.
2. Você teve produtos ou serviços excepcionalmente malsucedidos? Se sim, quais são suas características? É o contrário da pergunta anterior.
3. Seus clientes alteram significativamente seus produtos e serviços para uso próprio? Essa pergunta ajuda a identificar possíveis modificações de produtos e serviços, e inovações de produtos.
4. Quais produtos e serviços geram as margens de lucro mais altas? Autoexplicativo.
5. Quais produtos e serviços geram as margens de lucro mais baixas? Autoexplicativo.
6. Quais são os principais desafios que você enfrenta em relação à sua combinação de produtos e/ou serviços? Respostas ilustrativas: linha de produtos/serviços obsoleta, oferta comoditizada, aumento das margens baixas da concorrência e assim por diante.
7. Quais são as principais tendências dentro e fora do seu mercado que poderiam afetar suas ofertas? Essa pergunta o levará a olhar para fora e determinar como as tendências atuais afetarão aquilo que vende.

Perguntas secundárias: "Quem são seus clientes?"

Chegar ao âmago de quem você atende é essencial para qualquer negócio. Nesta seção, apresentarei várias perguntas que o ajudarão a determinar quem representa o melhor mercado para seus produtos e serviços.

1. Quem compra de você hoje? Essa e a próxima pergunta o desafiarão a examinar seus clientes atuais e o que determina seu sucesso.
2. Onde (mercados geográficos) você vende mais e por quê?
3. Você tem algum segmento de clientes muito malsucedido? Se sim, por que isso aconteceu ao atender esses clientes? O contrário das duas perguntas anteriores.
4. Seu setor prefere não atender algum cliente? Se sim, por quê? A ideia dessa pergunta é identificar possíveis novos grupos de clientes.
5. Algum grupo de clientes precisa de uma quantidade significativamente maior ou menor de suporte do que outro? Responder a essa pergunta poderá lançar luz sobre a rentabilidade de um cliente.
6. Quais necessidades dos clientes mudam mais rápido e por quê? Essa pergunta pode ser usada para combinar a mudança de comportamento do cliente e seus pontos fortes únicos.
7. Quem seus clientes serão no futuro? Isso pode incluir mudanças demográficas, novas tendências e outros.

Perguntas secundárias: "Por que os clientes compram de você? Qual é sua proposta de valor?"

Muitos especialistas em estratégia dizem que a escolha da proposta de valor está no âmago do desenvolvimento da estratégia. As perguntas que se seguem o ajudarão a determiná-la para sua organização.

1. Como seus clientes costumam se referir à sua organização? Isso pode se dar por redes sociais, interações do atendimento ao cliente etc. Eles falam sobre seu ótimo serviço? Seus produtos fantásticos ou preços imbatíveis?
2. Se fosse começar sua organização do zero hoje, qual seria a diferença e o que você faria de diferente? Essas mudanças podem refletir uma modificação em sua proposta de valor.
3. O que você faz melhor do que os outros? Aquilo que você faz melhor provavelmente representa sua principal proposta de valor.
4. Quais tecnologias disruptivas poderiam abrir as portas para novas oportunidades? As mudanças ao redor do mundo podem afetar sua forma de vender.
5. Quais habilidades ou competências específicas você possui que seriam difíceis para a concorrência copiar? Cada proposta de valor é representada por competências-chave (como empresas com produtos líderes são excelentes em inovação).

6. O que a sua organização deve fazer no futuro (talvez daqui a dois ou três anos) que ela não consegue fazer hoje? Se forem necessárias grandes mudanças, isso poderá afetar sua forma de vender.

7. Se você acha que é (ou precisa ser) um pouco das três propostas de valor — criar relacionamentos duradouros, manter os preços baixos e sempre inovar —, eu entendo; infelizmente não é possível ser excelente em cada campo. Simplesmente não é possível ser tudo para todos. Só as exigências de recursos seriam como esticar uma bala de caramelo daqui até a Lua. Ela ficará tão fina que acabará quebrando em algum momento. A pergunta é: quanto por cento de cada você acha que é agora? E uma pergunta bônus: quais porcentagens gostaria de ver no futuro?

3 Criando OKRs

NESTA PARTE...

Chegou a hora de embarcar em sua emocionante jornada de escrever OKRs que gerarão foco, engajamento e alinhamento (só para citar alguns benefícios) em sua organização.

Nesta parte, você descobrirá por que treinar e estabelecer sua filosofia de OKRs são ótimas formas de iniciar seus esforços de criar OKRs. Depois de dar a base, mostrarei um passo a passo da arte de elaborar e desenvolver objetivos eficazes. Então, revelarei os segredos de como escrever resultados-chave significativos e mensuráveis, incluindo quais tipos usar e quais características seguir. Você também encontrará ótimas dicas de como aprimorar seus OKRs e respostas para perguntas comuns relacionadas a eles que certamente ouvirá de suas equipes.

NESTE CAPÍTULO

» Revelando os segredos do treinamento eficaz em OKRs

» Descobrindo os benefícios e as desvantagens do treinamento virtual

» Identificando sua filosofia de OKRs

Capítulo 7

Preparando-se para Criar OKRs

Você alguma vez já decidiu "deixar rolar"? Talvez tenha ido a uma entrevista de emprego sem estudar a empresa primeiro (infelizmente, assistir a um de seus comerciais de TV não se qualifica como pesquisa) ou decidiu ir à final de futebol todo equipado com as cores do seu time e agitando aquela bandeira, mas sem o ingresso. Eu sou um planejador nato, mas sou conhecido por "deixar rolar" às vezes, quase sempre com resultados previsivelmente ruins. (Veja o quadro "Aventuras do despreparo" para conhecer os mais detalhes dolorosos.)

A preparação cuidadosa é um pré-requisito para o sucesso no campo dos OKRs, onde, apesar da inerente simplicidade de sua estrutura, as recompensas nunca são garantidas. Sem dúvida, a melhor maneira de preparar suas equipes para a glória dos OKRs é dando treinamento sobre os fundamentos do modelo e estabelecendo a "filosofia" dos OKRs que usará para orientar sua implementação. Neste capítulo, veremos esses tópicos em detalhes para que, quando estiver pronto para usar os OKRs, você não precise deixar nada rolar.

Treinando a Organização para OKRs de Sucesso

O iconoclasta guru dos negócios Tom Peters disse certa vez: "As empresas que não incentivam seus colaboradores a receber todo tipo de instrução são burras!" Preciso dizer mais alguma coisa? Talvez só acrescente mais palavras ao conselho direto, porém sábio, de Tom.

No mundo dos OKRs existe uma armadilha gigantesca. Ela está escondida a plena vista e acaba com qualquer possibilidade de sucesso. Qualquer organização bem-intencionada pode facilmente ser vítima dela. O nome dessa armadilha é "simplicidade". Sim, os OKRs não são uma metodologia complexa que exige uma linguagem obscura e gráficos indecifráveis para entender. A verdade é justamente o contrário. Sua terminologia fácil de entender nos conquista desde o início. Mas não permita que essa facilidade sedutora o engane; os OKRs estão cheios de recursos capciosos que podem nos desviar do curso e acabar com nossos esforços em um piscar de olhos. Para tirar o máximo de proveito do nosso investimento, é vital que todos aqueles que usarão os OKRs, ou que serão expostos a eles, entendam o básico do sistema e saibam como eles serão aplicados na organização.

Nesta seção, explicarei por que o treinamento é tão essencial, descreverei um plano abrangente e detalharei os méritos e as possíveis armadilhas do treinamento virtual. Parece divertido? Para mim é, porque adoro dar treinamentos de OKRs e sinto muita alegria quando os participantes me procuram depois de um workshop e dizem: "Foi uma ótima sessão, Paul; gostei muito e aprendi bastante." E quando começo a ficar vermelho de orgulho, eles acabam acrescentando: "Pois é, eu estava achando que seria chato pra caramba!" Se seguir o conselho deste capítulo, você também conseguirá superar as expectativas dos seus alunos e ser receptivo a esse "elogio".

LEMBRE-SE

Suas sessões de treinamento podem ser informativas e divertidas. Inclua muitas oportunidades para que os presentes possam participar delas.

O treinamento é fundamental

Aqui vai uma brincadeira divertida para experimentar na sua próxima festa de jantar. Uma pessoa será a "percussionista", que deverá usar os dedos para tocar uma música bem conhecida, e a outra será a "ouvinte", que precisará adivinhar qual é a música com base nas batidas. Digamos que ela decida tocar "Parabéns para você". Acha que a ouvinte conseguiria identificá-la? "Parabéns para você" é uma música conhecida no mundo inteiro e todos conseguem identificar com apenas algumas notas. Não seria muito difícil, não é?

AVENTURAS DO DESPREPARO

Bem no início da minha carreira, fui convidado por uma empresa que organiza conferências para fazer um discurso em uma sessão em Nova Orleans. Parecia uma ótima oportunidade, então aceitei de imediato. O desafio era a minha carga de trabalho: eu estava atolado no escritório e tive muito pouco tempo para preparar a minha apresentação. "Sem problemas", pensei. "Vou prepará-la no avião." Contudo, o destino tinha outros planos para mim. Dois de meus amigos achegados decidiram me acompanhar na viagem e um deles, que trabalhava para a companhia aérea, conseguiu fazer um upgrade para irmos na classe executiva. As viagens aéreas mudaram bastante, mas houve uma época em que viajar nessa classe era como ter um bilhete dourado que nos permitia passar pelo cordão vermelho de um clube noturno badalado onde a diversão e a bebida nunca paravam. Depois de três drinks, foi sayonara para a apresentação. Mas na minha mentalidade de "pensamento embriagado", concluí novamente que tudo estava bem; eu montaria a apresentação no dia seguinte, antes de começar a conferência. Já mencionei que esse era o dia antes do Super Bowl e a cidade era basicamente uma grande festa? Acho que você já sabe aonde essa triste história chegará. Depois de fazer mil novos amigos na Bourbon Street na noite seguinte, acabei montando uma apresentação no último minuto e, surpresa, o feedback da assistência em relação aos meus esforços não foi dos melhores.

Essa experiência me ensinou uma lição que jamais esqueci: não confie em amigos com contatos. Não, não é isso. A verdadeira lição é que sempre devemos estar preparados. Falando em futebol americano, quando perguntaram a Russell Wilson, o quarterback vencedor do Super Bowl, qual era sua fórmula para o sucesso, ele aconselhou que "a diferença está na preparação". Em outras palavras, para se diferenciar do bando, melhorar o desempenho e ganhar um anel do Super Bowl do tamanho de um medidor de pressão do *Titanic*, precisamos nos preparar bem.

Acontece que os pesquisadores tentaram fazer isso em campo (como consigo um emprego desses?), dividindo um grupo de pessoas em percussionistas e ouvintes (veja *Beyond Performance 2.0* de Bill Schaninger e Scott Keller). Os pesquisadores instruíram os percussionistas a escolher uma música conhecida, como "Parabéns para você", e lhes pediram para adivinhar quantos ouvintes conseguiriam identificá-la. O que você diria? No experimento, os percussionistas disseram que 50% dos ouvintes adivinhariam qual era a música. Mas quantos realmente acertaram? Cerca de 2,5%! Aparentemente, à medida que a experiência avançava, os percussionistas ficaram visivelmente irritados com os ouvintes, frustrados com o fato de que não conseguiam adivinhar uma música tão fácil. Ao mesmo tempo, os ouvintes também ficaram frustrados, tentando decifrar uma música a partir do que parecia ser uma triste tentativa de comunicação por código Morse.

A diferença entre a expectativa e a realidade desse experimento é chamada de "maldição do conhecimento". Parece um bom título para um filme de Harrison Ford (*Indiana Jones e a Maldição do Conhecimento*), mas é bem real. Quando se sabe algo, fica bem difícil imaginar o contrário. Enquanto os percussionistas do experimento tocavam "Parabéns para você", eles cantavam mentalmente com alegria, mas os ouvintes só ouviam batidas aleatórias.

E o que isso tem a ver com o treinamento de OKRs? Bastante! A maldição do conhecimento pode se manifestar de uma forma bem perigosa nas organizações que adotam os OKRs e são orientadas na implementação por um executivo ou outro líder sênior que já implementou o sistema em outro lugar. Como os percussionistas que tocavam "Parabéns para você", esse líder supõe, talvez com base em comunicações apressadas e recomendações de ler um livro sobre o assunto, que todo mundo na organização entenderá o conceito bastante simples dos OKRs. Na mente deles, os OKRs são o equivalente empresarial do "Parabéns para você" — quem não entenderia?

CUIDADO

Nunca suponha que seus colaboradores conseguirão escrever OKRs tecnicamente bons só porque o sistema não é complexo. É vital realizar um treinamento básico para garantir OKRs de qualidade em toda a organização.

Dominando o básico

Na verdade — e quem já dedicou tempo e esforço para criar OKRs do jeito certo sabe disso —, o sistema não é tão simples quanto parece; medidas iguais de arte e ciência são necessárias para realizar uma implementação eficaz. Um comprometimento prévio com o treinamento é vital para garantir que sua organização entenderá os detalhes da estrutura, as sutilezas de adaptá-la à sua cultura e os aspectos técnicos necessários para tirar o máximo proveito do seu investimento.

Na seção "Trabalhando com o Plano de Treinamento", mais adiante, darei mais detalhes de um plano sobre o básico dos OKRs que você poderá seguir. Quando digo "básico", refiro-me sobretudo à habilidade de escrever um OKR tecnicamente correto e eficaz, cujo objetivo descreve com clareza o que se espera fazer e por que é importante. Ele também inclui um conjunto de resultados-chave que reflete com precisão sua história de sucesso ao tentar atingir esse objetivo.

Escrever um bom OKR é essencial para obter sucesso com o modelo. Se sua organização executar a metodologia, mas não fornecer nenhum treinamento sobre como criar um bom OKR na prática, o resultado poderá ser objetivos genéricos e rotineiros do negócio, além de resultados-chave vagos, que pouco oferecem no sentido de orientar a execução, sem muitas oportunidades de aprender sobre o negócio.

Aumentando a confiança

Outro benefício do treinamento é que ele aumenta a confiança dos responsáveis pela criação de OKRs na organização, o que se manifestará em OKRs de maior qualidade. Muitas pessoas já sentiram o poder do treinamento que aumenta a confiança em suas próprias vidas. Eu fui uma delas.

Vários anos atrás, comprei um carrinho esportivo divertido e, me deixando levar pelos limites em potencial do que a máquina tinha a oferecer, me interessei bastante na condução de alto desempenho. Sim, sim — um clássico clichê de meia-idade; mas escute, estamos falando de OKRs, não da minha crise existencial causada pela idade. Decidi me inscrever em um programa de condução de fim de semana, dirigindo no estacionamento gigantesco de um estádio local, cheio de cones laranjas que marcavam o trajeto a seguir nos diversos exercícios. No fim de semana, eu já tinha o carro certo e estava cheio de entusiasmo, o que não podia ser dito sobre minhas habilidades. Quando comecei a dirigir, tornei-me um caso chocante de "conecida", passando por cima de todas as pirâmides laranjas em minhas tentativas atrapalhadas de dominar o trajeto de condução. Mas conforme meu instrutor continuou me orientando com paciência ao longo do dia, minhas habilidades aumentaram e o mesmo aconteceu com a minha confiança, e embora nunca estarei no grid de largada da Indy 500, terminei aquele final de semana como um motorista muito melhor e mais confiante.

Realizando o treinamento de OKRs, seus criadores sentirão um satisfatório aumento de confiança de que o resultado não será só OKRs melhores, mas também incluirá o benefício de motivá-los a pensar mais profundamente em sua implementação. Depois de dominarem o básico do sistema, eles refletirão em como ele poderá ser empregado especificamente para gerar alinhamento, aumentar o foco e aprimorar a prestação de contas em sua parte da empresa. Em geral, seus "aprendizes" farão perguntas nas quais o patrocinador executivo e o defensor dos OKRs não pensaram de início, mas que poderão ter consequências importantes para o sucesso do programa.

DICA

Separe bastante tempo para responder as perguntas durante os workshops de treinamento de OKRs. Quando os participantes começarem a entender as nuanças do modelo, provavelmente terão perguntas sobre como implementá-lo efetivamente na organização.

Acelerando o aprendizado

Por fim, o treinamento acelerará a curva de aprendizado para o defensor dos OKRs e o grupo de embaixadores. Quando trabalho com um cliente, costumamos fazer várias sessões de treinamento para atender o máximo de participantes, e recomendo que os defensores e, sempre que possível, os embaixadores estejam presentes em cada sessão. Também os incentivo a ouvir com atenção e não se distraírem com e-mails, Slack ou qualquer outra tentação chamativa dos escritórios modernos.

Aqueles que seguem meu conselho são recompensados, pois aprendem cada vez mais nuanças toda vez que participam dos treinamentos, ligando os pontos dos OKRs e construindo sua própria base pessoal de conhecimento. Já perdi a conta de quantas vezes um defensor ou embaixador falou comigo depois da terceira ou quarta sessão para dizer que aprendia algo novo sempre que ajudava a juntar as peças do quebra-cabeças. E sei que estão "pegando o jeito", porque o defensor ou o embaixador selecionado costuma se dirigir ao grupo antes de me conceder a palavra e fica claro, pelo que ele diz ao grupo reunido, que seu conhecimento sobre OKRs aumentou desde a primeira vez.

Preparando-se para o treinamento

Antes de contar o que deve ser abrangido nas várias sessões de treinamento, algumas decisões devem ser tomadas antes de reunir a equipe, servir um cafezinho e ligar o projetor. As páginas a seguir descreverão diversos itens que devem ser considerados antes de iniciar o treinamento, além de minhas recomendações sobre a rota que acho que deveria seguir.

Considerando quem deve conduzir o treinamento

Você mesmo realizará o treinamento ou ele será feito por alguém de fora? Colocar um rosto familiar na frente dos participantes pode aumentar o nível de conforto deles, e se o treinador for o CEO ou outro executivo, isso provavelmente chamará a atenção imediata de todos desde o "Bom dia" até o "Obrigado por terem vindo". Uma possível desvantagem de usar alguém da empresa é a "maldição do conhecimento" descrita na seção "O treinamento é fundamental", mais no início do capítulo. Se o executivo usou OKRs em outra empresa e planeja treinar exclusivamente com base nessa experiência, não haverá garantias de que seu roteiro para o sucesso será adequado para a cultura da sua organização ou para as metas gerais dos OKRs, fazendo o treinamento causar confusão desde o primeiro dia.

Por outro lado, um profissional de fora habilidoso com boa experiência no ramo trará algo que até um executivo não conseguirá entregar: a credibilidade do especialista. Se eu ganhasse um dólar, um peso ou um rublo por cada vez que ouvi "Nós mesmos poderíamos ter feito o treinamento, mas ele terá mais impacto se for feito por alguém de fora", seria rico. E é verdade que os que vêm de fora possuem aquele brilho da especialização que não é possível encontrar em ninguém dentro da organização. Eles também trazem sua experiência real das trincheiras, e um consultor ou um treinador credenciado de fora pode usar esse conhecimento do campo de batalha para responder a qualquer pergunta que possa surgir durante o treinamento.

Minha recomendação? Escolha um especialista em OKRs de fora da empresa. Já posso ouvir você dizendo, sem disfarçar seu desprezo: "É claro que está dizendo isso; você é um consultor!" Sim, mas isso não elimina o fato de que você tem apenas uma chance de causar uma primeira boa impressão com o treinamento e é melhor acertar. É essencial ter alguém que transmita a teoria, as melhores práticas, os estudos de caso e as idiossincrasias dos OKRs.

DICA

A menos que tenha executivos ou membros seniores da equipe com bastante experiência em OKRs e que sejam consistentes com seus objetivos para a implementação, use um especialista de fora da empresa para liderar seus esforços de treinamento.

Decidindo quem deve receber treinamento

Uma pergunta muito prática a responder antes de treinar é decidir exatamente quem receberá o dito treinamento. Obviamente, a resposta dependerá de como você pretende executar os OKRs — se só acontecerá no nível da empresa, na empresa e nas equipes, em um programa-piloto etc.

A resposta simples é que todos aqueles que criarão OKRs devem ser treinados na metodologia. Se decidir que criará OKRs no nível da empresa e do diretor, e que isso inclui 150 pessoas, então todos devem participar, mas não em um único grande grupo. Divida as sessões com no máximo trinta pessoas cada. Qualquer coisa maior tende a se tornar uma palestra, com pouquíssima participação do público.

Fornecendo leituras antes do treinamento

Depois de identificar os aprendizes e escolher o treinador, outro ponto a pensar é se seria apropriado distribuir materiais de leitura antes do evento aos participantes. Devo acrescentar que é uma ideia um tanto subjetiva, considerando que ela pode se referir a um artigo de 350 palavras ou um livro de 350 páginas. Existem prós e contras para os materiais curtos e longos.

Um artigo do tipo *BuzzFeed* — curto, direto e que pode ser lido em cinco minutos — possui a óbvia vantagem da brevidade, aumentando as chances de os participantes realmente lerem. A desvantagem é que ele pode ter sido escrito por alguém que não sabe nada sobre OKRs, mas que recebeu US$100 para fazer isso porque o site em que ele foi encontrado considerou os OKRs como um tema em alta. Assim, seu pessoal receberá uma informação que não será muito útil para prepará-lo para o futuro evento de treinamento.

Por outro lado, e já mencionei isso antes, tenho vários clientes que esperam que os participantes do treinamento leiam um livro inteiro, em geral o *Avalie o que importa* de John Doerr. Primeiro, as más notícias: cada vez mais evidências indicam que as pessoas leem menos livros; na verdade, em *Foco roubado*, o autor Johann Hari observa que uns 57% dos norte-americanos não leem um livro sequer ao longo do ano. O norte-americano médio (desculpem por implicar com os bons e velhos E.U. da A., mas, ei, eu também sou um cidadão desse país) passa 17 minutos por dia lendo livros, mas surpreendentes 5,4 horas no celular. Assim, a menos que seu CEO conduza um rigoroso processo de avaliação para determinar se os participantes leram o livro de capa a capa, a maioria provavelmente não o fará. Pelo lado positivo, se fizerem isso, chegarão mais bem equipados para aprender mais e estarão animados para participar. (E aqueles de nós que escrevem livros definitivamente apreciarão o esforço.)

Felizmente, existe uma terceira alternativa para os artigos curtos e os livros grandes. Os OKRs se tornaram bastante populares. Em resultado disso, muitas vozes confiáveis apresentam o seu ponto de vista sobre o assunto. Até mesmo uma rápida pesquisa levará a materiais que preparam as pessoas para os OKRs e que foram escritos por autores com uma experiência legítima na implementação do sistema, e esses materiais oferecem insights e observações para ajudar a preparar suas equipes para uma sessão de treinamento mais aprofundada. Inclusive, meu site (`www.okrstraining.com`) tem o download gratuito de um e-book chamado *The ABCs of OKRs*, que muitos clientes leem antes para se prepararem para as sessões de treinamento.

Começando bem o treinamento

Se você decidir usar um consultor para liderar sua sessão de treinamento, veja como *não* começar bem. Permita-me iniciar esta história dizendo que sou muito pontual. Meus pais não me deram muitas lições de vida (eu era o mais jovem de sete filhos; então, quando nasci, era praticamente como *O senhor das moscas* em casa), mas minha mãe insistia que eu chegasse na hora. Certo ano, entrei no Quadro de Honra do colégio e fui convidado para um banquete com outros alunos excelentes para celebrar nossas conquistas escolares. (Imagine uma sala cheia de adolescentes estranhos com aparelho, calças curtas e um tubo de creme para acne no bolso de trás, e você lá no meio.) Minha mãe estava tão preocupada em chegar cedo no local que chegamos antes dos outros alunos e até dos professores. Até o vigia do prédio ficou confuso quando nos encontrou acampados na porta da frente bem antes da hora marcada.

Conservei esse senso patológico de pontualidade até a idade adulta; pelo lado positivo, ela me é útil com os clientes. Assim, você pode imaginar minha surpresa e desânimo certa manhã quando, ainda no meu quarto de hotel, tomando minha segunda xícara de café, um dos meus clientes me ligou, em pânico, dizendo que a sessão devia ter começado há trinta minutos, e que todos estavam se perguntando onde eu estava. Eu havia confirmado o horário em diversas ocasiões, mas aparentemente houve uma mudança de última hora, e todos foram informados — menos eu. Que problemão! Fiz o máximo para chegar lá na metade do tempo, mas perdera a confiança do grupo e, apesar de me esforçar muito para reconquistá-la, não consegui estabilizar novamente a sessão. Moral da história: por favor, diga ao consultor a que horas as sessões de treinamento de fato começarão! Outra moral da história, sem relação, mas igualmente importante: comece na hora. Nunca estivemos tão ocupados; assim, dê valor a esse recurso tão valioso se comprometendo a começar — e terminar — a sessão na hora marcada.

Começando com uma dinâmica ou apresentações

Supondo que todos, incluindo o instrutor, tenham chegado na hora, o próximo passo deve ser começar ou não com algo para quebrar o gelo. Já vi isso ser feito diversas vezes ao longo dos anos, indo desde simples apresentações a situações lúdicas, como o jogo "Duas Verdades e Uma Mentira". Sou curioso por natureza, então gosto desse, que envolve adivinhar qual declaração da pessoa é mentira depois de conhecê-la por dois minutos. Sempre é uma maneira confiável de conseguir algumas risadas, que é uma ótima forma de aumentar o nível de conforto de todos na sessão.

O desafio de incluir uma dinâmica é, obviamente, o tempo. A maioria das sessões de treinamento, dependendo do tema escolhido, terá duas horas, o que pode parecer bastante, mas se você tiver a sorte de ter um grupo engajado, enchendo-o de perguntas, o relógio andará bem rápido. Assim, mesmo que deseje fazer um aquecimento para envolver todos na sessão, não permita que isso consuma muito do tempo. Minha recomendação é fazer apresentações simples em vez de usar algo para quebrar o gelo. Peça que cada participante diga seu nome, cargo, há quanto tempo está na empresa e se já teve alguma experiência com OKRs. Com sorte, alguns já terão usado OKRs em serviços anteriores e poderão comprovar a eficácia do sistema, o que fará com que a confiança dos demais, que estão ouvindo falar sobre OKRs pela primeira vez, aumente rapidamente.

CUIDADO

Até as apresentações curtas podem se estender com pessoas tagarelas, acabando com sua programação. Essas pessoas podem ser encontradas em qualquer parte do planeta, por exemplo, na Cidade do México, onde trabalhei certa vez com uma organização cliente repleta de pessoas calorosas e amigáveis. No início do workshop de treinamento, pedi a todos que se apresentassem rapidamente, mas desde o primeiro participante, eles estavam propensos a fornecer uma autobiografia aprofundada que durava vários minutos. Depois de umas três pessoas, o CEO se levantou e gritou: *"Rápido, rápido!"* A mensagem foi recebida e, felizmente, todas as apresentações seguintes foram mais diretas.

Incluindo seu patrocinador executivo

Deixando de lado o tempo, as dinâmicas e as apresentações, o mais importante que você pode fazer para se certificar de que sua sessão comece bem é deixar o patrocinador executivo iniciar a reunião. Esse ato simples pode resultar em uma enorme vitória, chamando a atenção de todos desde o início e preparando-os para um evento de aprendizado divertido e envolvente que dará início à implementação dos OKRs. Parece bem simples, e até lógico, não é? Mas você ficaria surpreso com que frequência as organizações desperdiçam essa oportunidade para ter uma vitória inicial vital em sua campanha de OKRs. Em vez disso, o que costuma acontecer é o que chamo de síndrome do "É com você, Paul". Isso é tão debilitante que merece seu próprio parágrafo.

"É com você, Paul" descreve uma situação com a qual qualquer consultor que estiver lendo isto com certeza conseguirá se identificar e que provavelmente detesta tanto quanto eu. O cenário é o seguinte: agendamos a realização de um workshop de treinamento em OKRs, o qual, em geral, será a minha primeira interação com um público maior no local de trabalho do cliente, digamos, às, 9h. Chego bem cedo, me preparo e espero enquanto os membros da equipe chegam. Por volta das 9h05, todos os que deveriam comparecer já chegaram e, justamente quando estou esperando o CEO contar uma história de mudança motivadora e me apresentar para compartilhar os detalhes de como os OKRs podem dar vida a essa narrativa, o CEO me encara e diz: "Muito bem." O que significa: "Você pode começar agora." Sem uma apresentação do conceito, sem nenhuma explicação para todos estarem sacrificando seu tempo valioso, sem nem sequer apresentar esse estranho que está na frente de todos na sala. Nada. Que tipo de mensagem os executivos passam quando não conseguem tirar cinco minutos para dar início ao que supostamente deveria ser uma iniciativa crítica para a organização?

LEMBRE-SE

Por favor, por favor, evite a síndrome do "É com você" a todo custo. Em vez disso, tome as rédeas e controle a sessão desde o início fazendo com que seu patrocinador executivo tenha a palavra. Supondo que essa pessoa é o CEO, ele poderá dar boas-vindas a todos e, algo de vital importância, aproveitar a oportunidade para dizer por que a organização está adotando os OKRs e qual é a importância desse esforço inicial de treinamento para uma implementação de sucesso.

DICA

Nunca é demais enfatizar sua história "do motivo dos OKRs". Inicie sua sessão de treinamento explicando novamente por que você decidiu usar OKRs.

Trabalhando com o Plano de Treinamento

Pelo menos 50% das organizações que entram em contato com a minha empresa de consultoria para pedir ajuda são adeptas do "DIY" que falhou, o que significa que tentaram implementar OKRs por conta própria, mas logo descobriram que fazer isso não é tão fácil quanto parece, com os problemas se acumulando mais rápido do que os corpos em um episódio de *Walking Dead.* Quando perguntamos com que desafios se depararam, uma das primeiras respostas quase sempre é: "Os OKRs não foram tão bons quanto esperávamos." Os OKRs são uma metodologia sedutora e simples, e uso a palavra *sedutora* de propósito: se pesquisar, verá que ela significa "atraente", "chamativa" e "cativante". Essas palavras refletem com perfeição o magnetismo dos OKRs no caso de muitos iniciantes ansiosos para colher as recompensas do foco e do alinhamento, mas que não sabem (ou não estão dispostos a reconhecer) que será necessário algum esforço para atingir esses objetivos.

Esse esforço começa com a habilidade de escrever um OKR eficaz, tecnicamente bom, que apresente um objetivo motivador e um conjunto de resultados-chave que reflita de forma clara sua conquista. Como mencionei anteriormente na seção "O treinamento é fundamental", se sua organização executar a metodologia, mas não fornecer nenhum treinamento de como criar um bom OKR na prática, o resultado poderá ser objetivos genéricos e rotineiros do negócio, além de resultados-chave vagos, que pouco oferecem no sentido de orientar a execução e que não abrem muitas oportunidades de aprender sobre o negócio. Assim, garanta que isso não aconteça criando um plano de treinamento focado no domínio da habilidade básica de escrever um bom OKR.

Seja seu treinamento presencial ou à distância, recomendo duas horas de duração para o curso básico, que deverá lhe dar tempo suficiente para abordar todos os tópicos. Falando neles, as opções para ordenar os itens que serão apresentados são muitas, incluindo, para os extremamente preguiçosos dentre nós, a ordem alfabética. Minha abordagem, como logo verá, é chamar a atenção de todos com uma abertura cativante e, então, descrever o básico, dar exemplos e deixar as pessoas lidarem com o conceito usando um formato de estudo de caso. As seções a seguir darão mais informações sobre cada item do plano recomendado — mas não em ordem alfabética.

Comece com uma história

Algumas pessoas leem o título desta seção e pensam: "Oh, preciso começar com uma piada." Tal como acontece com a maioria das coisas na vida, as opiniões diferem quanto a se é uma boa ideia abrir a sessão com uma piada. Alguns especialistas dizem que fazer isso é brega e fora de moda, já outros sugerem que uma piada relacionada com o conteúdo pode ser uma forma divertida de conquistar o público desde o início.

Do arquivo "brega e fora de moda": certa vez, participei de um seminário cujo primeiro palestrante estava claramente desconfortável em se dirigir a uma grande plateia. (Ele era bastante respeitado no campo, e todos queriam ouvi-lo falar.) Depois de ser apresentado, o palestrante se dirigiu lentamente ao púlpito e, com a cabeça baixa, murmurou: "Ouvi dizer que precisamos começar essas coisas com uma piada." Então, ele gaguejou uma velha piada, aquela sobre dois caras que são atacados por um urso na floresta. Um cara começa a correr e o outro diz: "Você não conseguirá correr mais rápido do que o urso!" E o outro homem diz: "Eu não preciso correr mais rápido do que o urso; só preciso correr mais rápido que você!" Quando contada com um toque de humor, ela pelo menos consegue algumas risadas de consideração, mas o pobre palestrante a contou tão mal e de forma tão picotada que tudo o que conseguiu foi alguns risinhos abafados e um constrangimento que mal podíamos esperar para terminar. Infelizmente, devo dizer que acho que esse início ruim prejudicou o que teria sido uma credibilidade imaculada.

A menos que esteja certo de que você é uma pessoa engraçada, que consegue canalizar seu Jerry Seinfeld interno, uma estratégia melhor seria começar com uma história que inclua seus pontos-chave. As melhores histórias são aquelas às quais você pode retornar ao longo da apresentação para destacar pontos importantes. Já ouvi as pessoas falando sobre ex-presidentes, grandes atletas ou até a história da própria empresa para tornar a sessão um sucesso desde o início. Se nenhuma história assim lhe vier à mente, faça uma pesquisa sobre a definição de metas ou grandes conquistas do passado, e tenho certeza de que encontrará uma história com a qual se identificará e que conquistará o coração do público.

Dando uma aula de história

Em um dos quadros do Capítulo 1, apresentei uma breve história dos OKRs com o nome de cinco pessoas. Um deles rima com *super*. Se pensou em "Mark Zuckerberg", consulte o Capítulo 1 novamente, onde sua aula de história o aguarda. (Pode ir; eu espero.) Sim, reconheço que nem todos acharão a história dos OKRs tão encantadora quanto eu, mas apresentar uma visão geral da origem do sistema ao público ensina uma lição muito importante que você deseja transmitir assim que possível em sua implementação: os OKRs não são uma moda passageira.

A quantidade astronômica de livros de negócios publicados todo ano é uma prova de que as empresas estão ansiosas — não, famintas — por novas abordagens, e inúmeros gurus por aí se contentam em criar uma fórmula mágica complicada para resolver todos os problemas organizacionais que sua empresa tem. Alguns desses sistemas podem fazer sucesso por algum tempo, mas a maioria acabará sendo abandonada antes de o autor ter sequer a oportunidade de descontar seu primeiro pagamento de royalties.

Como descrito no Capítulo 1, a metodologia dos OKRs tem uma base sólida de bom senso e princípios que resistiram ao tempo. A ideia é que as pessoas saibam de imediato que eles não são um equivalente empresarial transitório de um esquema para ficar rico rápido; suas raízes profundas se originam de práticas empresariais comprovadas. Seu público não precisa ler livros inteiros de Drucker (rima com *super* — entendeu?), Grove ou Doerr para transmitir a mensagem. Uma linha do tempo simples dos anos 1950 até hoje com a menção dos cinco nomes do Capítulo 1 bastará para contar a história do impressionante passado do sistema e de seu futuro muito relevante.

CUIDADO

Muitas pessoas da organização verão a introdução de qualquer novo sistema com uma moda passageira e o dispensarão. Tire tempo e se esforce para se familiarizar com a profunda história por trás dos OKRs, e compartilhe-a com seus colaboradores.

Definindo seus termos

Espero que você comece sua sessão de treinamento abrindo com um belo agradecimento pela história inspiradora (e relevante) que usou para dar início à sessão e contradizer os negativistas provando que os OKRs não são uma moda passageira. Quando todos estiverem do seu lado, será a hora de passar para a base real, e nada é mais básico do que definir seus termos.

Comece com o objetivo, o qual, como observado no Capítulo 1, "é a declaração de uma meta ampla e qualitativa elaborada para fazer a organização avançar na direção desejada". Nas minhas sessões de treinamento, costumo apresentar essa definição com uma fonte grande no meu slide de PowerPoint para destacar sua importância.

A seguir, você pode dividir a definição em partes, destacando a natureza crucial da palavra *qualitativa* e mencionando que os objetivos são declarações motivadoras que não incluem números. A seguir, pode explicar a palavra *organização*, observando que os OKRs não podem ser criados em muitos níveis de uma organização. Se, nesse ponto, você já souber onde os OKRs serão criados, compartilhe essa informação com o grupo. Por fim, faça uma boa conclusão e reserve tempo de qualidade para a última parte da definição: "... fazem a organização avançar na direção desejada". Deixe bem claro que os objetivos servem para fazer o negócio avançar de uma forma que garanta a execução da estratégia e não para catalogar suas atividades diárias e rotineiras.

Em seguida, passe para os resultados-chave. Como deve se lembrar, *resultado-chave* é uma declaração quantitativa que mede a realização de determinado objetivo. Os resultados-chave respondem à pergunta: "Como saberemos que atingimos o objetivo?" Ao explicar essa definição, concentre-se na palavra *quantitativa*, deixando bem claro que os resultados-chave devem ser compostos por números, porcentagens, valores monetários ou datas.

Exemplos de OKRs eficazes

Este passo do plano de treinamento envolve compartilhar um exemplo real e usá-lo para ilustrar as características de um OKR eficaz. Você pode criar um OKR que pode ser aplicado à sua própria empresa, mas aconselho que escolha uma versão mais genérica, porque, a essa altura, a ideia é que seu público se concentre nos aspectos básicos da escrita de um OKR, não se deixando levar pelos pontos específicos de um exemplo que pode ou não refletir com precisão suas próprias operações.

Costumo usar OKRs de setores que não fazem parte da área do cliente, mas com os quais a maioria das pessoas consegue se identificar, como linhas aéreas, times esportivos ou hotéis. Seria seguro dizer que todos no público já estiveram em um avião, estão familiarizados com o funcionamento geral desse setor e que, portanto, conseguirão reconhecer e aprender algo com base nesse OKR ilustrativo. É importante envolver o grupo ao trabalhar no exemplo, perguntando por que determinado resultado-chave é eficaz ou ineficaz, pedindo sua opinião sobre o que seria melhor para medir o objetivo etc. A melhor forma de aprender será interagindo com seu conteúdo.

Diferenciando os resultados-chave

O exemplo apresentado na seção anterior provavelmente possuía resultados-chave do tipo métrica e marco. Nessa parte do treinamento, aprofunde-se nesses resultados-chave, apresentando suas definições e ajudando a equipe a entender quando é melhor usar cada tipo. Os resultados-chave do tipo métrica contêm números, valores monetários ou porcentagens, e você sempre terá pelo menos um deles por OKR que medirá a parte do impacto comercial do objetivo. Os marcos são resultados-chave perfeitamente aceitáveis em duas condições: 1) Incluem uma data de conclusão e 2) são acompanhados por pelo menos um resultado-chave do tipo métrica. Eles sempre devem gerar ou resultar em métricas. Por exemplo, uma equipe do RH poderia ter um resultado-chave do tipo marco para "Lançar um novo processo de contratação até 31 de janeiro", acreditando que resultará no resultado-chave do tipo métrica para "Diminuir o tempo de contratação de 60 para 45 dias".

As características dos OKRs

Muitos atributos são necessários para garantir que seu OKR atue segundo todo o seu potencial. Os Capítulos 8 e 9 explicam suas características de forma mais abrangente, mas estes são os pontos principais. Um objetivo (veja o Capítulo 8) deve ser

- Significativo para a equipe ou pessoa que o escreve
- Estendido, mas possível
- Realizável dentro do período atribuído
- Controlado em grande parte pela equipe
- Gerador de valor comercial

As características de um resultado-chave eficaz (veja o Capítulo 9) incluem:

- » Quantitativo
- » Motivador, mas possível
- » Específico
- » Descrição da história de sucesso
- » Indicativo do impacto comercial

Aprendendo na prática

No início do capítulo, falei sobre quando comprei um carro esportivo e decidi entrar no mundo da condução de alto desempenho. O que não contei foi que não só queria canalizar meu Mario Andretti interior, mas também estava determinado a fazer meus próprios consertos no carro. Para mim, essa era a própria essência de um "GAAS" (grande alvo audacioso e sinistro), porque (e o maior eufemismo que você encontrará neste livro vem agora) não tenho muito jeito para mecânica. Nossa família tem uma história famosa de quando meu irmão (que também não é nenhum mecânico) e eu tentamos consertar a luz traseira do velho Oldsmobile Cutlass dele. Duas horas depois de entrarmos na garagem para o que supúnhamos ser um serviço de dez minutos, estávamos encharcados de suor e sangue, cercados de cacos de vidro. O projeto logo foi abandonado e fomos para o quintal curar nossas feridas com uma bebida gelada.

Mas dessa vez, com meu novo carrinho esportivo, jurei que as coisas seriam diferentes. O que fiz? Li livros, assisti a vídeos no YouTube e vi um amigo meu trabalhar no carro dele. Percebeu a tendência aí? Ao me preparar, não *fiz* nenhum conserto na prática e, assim, minhas habilidades não melhoraram.

A habilidade das pessoas só melhora arregaçando as mangas e *fazendo* alguma coisa, incluindo instalar um sistema de exaustão de desempenho no carro (que tenho orgulho de dizer que foi o que acabei fazendo) ou dominando os OKRs. Nessa fase do treinamento, é hora de desafiar a todos a aplicar o que aprenderam até então por criar um OKR de verdade.

Sugiro a abordagem do estudo de caso, mais uma vez usando um setor diferente do seu. A ideia é fazer o pessoal se concentrar na parte mecânica de escrever um OKR de qualidade, e não se aprofundar em dez camadas sobre possíveis problemas em seu departamento. Assim como a parte do exemplo do treinamento já abrangida, recomendo se basear em um setor familiar para a maioria dos participantes. Linhas aéreas, hotéis e times esportivos são alternativas confiáveis.

Digamos que você decidiu usar uma companhia hoteleira. Para montar o exercício, crie um documento com a transcrição de uma entrevista entre um consultor e o CEO da empresa. Então, o consultor poderá fazer perguntas sobre a estratégia da empresa e os aprendizes poderão usar as respostas do

CEO para criar pelo menos um OKR. O documento deve conter pelo menos cinco perguntas.

Sou totalmente contra livros que fazem o que fiz no último parágrafo: dar um conselho (criar um estudo de caso) sem nenhuma orientação prática de como implementá-lo. Mas este é um livro *Para Leigos* e, nesse universo, estamos contigo, unidos em objetivo e comprometimento. Não deixarei você na mão. (Se fosse um desenho animado, agora seria a hora de o mascote mascarado da *Para Leigos* entrar em cena.)

Agora apresentarei o estudo de caso hoteleiro que você poderá usar em seu próprio treinamento. Ele foi escrito como uma entrevista entre um consultor e a CEO fictícia de uma também fictícia cadeia hoteleira. Nele, a CEO dá várias ideias de possíveis objetivos e resultados-chave. Mas é importante destacar que os participantes devem se sentir à vontade para criar resultados-chave que não estejam no documento, mas que serão necessários para atingir o objetivo criado.

Recomendo dar ao grupo vinte minutos para ler o caso e criar pelo menos um OKR. Depois desse tempo, peça para compartilharem o OKR criado com o grupo. É importante enfatizar o fato de que não existem respostas certas ou erradas absolutas no caso; trata-se simplesmente de uma forma de lidar com o conteúdo, aplicando o que aprenderam no treinamento. Na revisão, seria bom avaliar o quão bem eles foram em criar o objetivo (existe uma declaração de impacto comercial, por exemplo?) e se os resultados-chave realmente medem o objetivo. Um benefício adicional desse exercício é que ele acabará gerando perguntas que, de outra forma, não seriam feitas durante o treinamento.

Estudo de caso dos Hotéis "Tire Seus Sapatos"

- **Missão da Empresa:** Conquistar a lealdade dos hóspedes por entregar experiências inigualáveis de hotéis butiques
- **Visão:** Dentro de cinco anos, teremos vinte locais e US$1 bilhão de receita
- **Estratégia:** Oferecer os melhores produtos do mundo e experiências premium baseadas na localização de cada hotel

Entrevista com Melissa Jacobs, Diretora-executiva

Consultor: Sabemos que os Hotéis "Tire Seus Sapatos" recentemente criaram uma missão, uma visão e uma estratégia, e que escolheram os OKRs para ajudá-los a executar essa estratégia com sucesso e concretizar sua visão. Nesta entrevista, gostaria que a senhora me dissesse o que acha que gerará esse sucesso. Assim, deixe-me começar simplesmente perguntando o que acha que precisam fazer bem para executar sua estratégia?

Jacobs: Precisamos ser excelentes em várias coisas se quisermos que nossa estratégia seja bem-sucedida, incluindo a necessidade básica de termos quartos disponíveis para os hóspedes. A nossa cadeia é uma combinação de hotéis recém-construídos e propriedades reformadas, e ambas as condições têm seus desafios.

Consultor: Poderia falar mais sobre esses desafios?

Jacobs: No caso das construções novas, os problemas são sempre os mesmos — poderia incluir qualquer coisa, desde janelas pouco vedadas a torneiras pingando e azulejos rachados. Precisamos nos certificar de que, uma vez que um problema seja identificado em um quarto, ele seja resolvido o mais rápido possível para que possamos usá-lo para acomodar nossos hóspedes.

Consultor: E quanto às propriedades reformadas? Quais são seus desafios particulares?

Jacobs: Já ouviu falar da falácia do planejamento? Ela representa nossa tendência de subestimar os custos e o tempo necessários para completar as tarefas. Por melhores que sejamos no planejamento, não é incomum que uma propriedade reformada não esteja pronta em sua data de inauguração porque a construção ainda não terminou. Nem sempre antecipamos e nos planejamos para defeitos inesperados encontrados nas propriedades mais antigas. Daqui para frente, precisamos fazer previsões exatas e concluir as reformas dentro do prazo e do orçamento.

Consultor: Sua missão e estratégia têm a ver com os melhores produtos do mundo e experiências inigualáveis. Como tornam isso uma realidade para os hóspedes?

Jacobs: A nossa estratégia considera experiências premium com base no local de cada hotel. Esse é um ponto importante. Os produtos e as experiências que oferecemos na nossa propriedade de Palm Springs serão bem diferentes do que um hóspede poderá encontrar em Park City, Utah, por exemplo. Em Palm Springs, oferecemos golfe ou tênis, ao passo que em Park City, o foco será o esqui. Não temos planos para construir nossos próprios campos de golfe ou colinas de esqui, de modo que fazemos parcerias com fornecedores qualificados em cada um dos nossos mercados. Esperamos que elas ofereçam experiências inigualáveis aos nossos hóspedes e que isso resulte em fidelidade, participação de mercado e receita.

Consultor: Falando em hóspedes, como vocês os atraem?

Jacobs: Pela lista telefônica.

Consultor: (Pausa desconfortável.) Muito bem, ótima ideia.

Jacobs: Estou brincando. Investimos pesado em SEO (otimização de motor de busca) para aumentar os acessos ao nosso site, e o mais importante agora é melhorar nossa taxa de conversão, a porcentagem de visitantes do site que são convertidos em reservas. A média do setor é bem baixa, cerca de 2% a 3%. Gostaríamos de ver nossa porcentagem chegar mais perto de 10%.

Consultor: Isso é bem ambicioso. Como fará para chegar lá?

Jacobs: Temos vários métodos para chegar nesse número. Primeiro, nos concentraremos em melhorar nossas habilidades analíticas para entender bem como as pessoas navegam nosso site atualmente. Também temos planos para melhorar nosso processo de pagamento para que os hóspedes possam visualizar de uma só vez um resumo completo de sua reserva que seja fácil de ler, sem letrinhas miúdas com as quais se preocupar. Por fim, precisamos melhorar nosso tempo de carregamento das páginas. Os clientes não têm paciência atualmente; se não veem as informações que desejam quase que instantaneamente, eles correm para outro site. As pesquisas mostram que quatro segundos é um bom tempo, mas queremos páginas que carreguem em três segundos.

Consultor: É óbvio que a senhora se preocupa bastante com a experiência do hóspede. Mas o que tudo isso significa financeiramente? Tem metas de receita ou lucro?

Jacobs: Claro! Queremos aumentar a receita total por quarto disponível maximizando a ocupação, as vendas de comida e bebida, e as comissões dos parceiros.

Consultor: Como o seu pessoal se encaixa nessa equação?

Jacobs: É clichê, eu sei, mas a verdade é que as pessoas são a parte mais importante de qualquer negócio, e isso é especialmente verdade no ramo da hotelaria, onde muitas interações individuais podem acrescentar ou acabar com a experiência dos hóspedes. Por causa disso, a cultura que estamos criando, e vivendo, é extremamente importante para nós. Queremos nutrir uma cultura de inclusão, responsabilidade e comprometimento que possibilite a todos trazerem o melhor de si para o trabalho a cada dia.

Consultor: Parece um ótimo lugar para trabalhar. Como vocês colocam essa cultura em prática?

Jacobs: Bem, como deve se lembrar da minha participação em *O chefe espião*...

Consultor: Hein? A senhora esteve em *O chefe espião*? Eu adoro esse programa.

Jacobs: Não, eu não estive em *O chefe espião*. É brincadeira. Como conseguiu esse trabalho afinal? Enfim, nutrimos nossa cultura sempre ouvindo o que os membros da equipe têm a dizer. Sempre fazemos pesquisas e temos diversos conselhos de funcionários que fazem recomendações à liderança sênior. Não importa se eles permanecem conosco durante toda a sua carreira ou partem em busca de novas aventuras; queremos equipar nossos colaboradores com habilidades que os prepararão para o sucesso.

Consultor: Muito obrigado por seu tempo hoje, Sra. Jacobs. Sou muito grato por seus insights. Pronta para criar OKRs para os Hotéis "Tire Seus Sapatos"?

Jacobs: Vamos lá!

Como mencionei, dê vinte minutos aos participantes para lerem o caso e criarem pelo menos um OKR. Você ficará impressionado com a criatividade das pessoas ao mergulharem de cabeça no caso. Algumas até — sem brincadeira — escreveram músicas-tema para a empresa!

Terminando bem

Depois de concluir o exercício do estudo de caso, a melhor maneira de terminar a sessão de treinamento é descrever como usar os OKRs para superar um problema específico enfrentado pela organização. Por exemplo, se estiver recorrendo aos OKRs para estimular o alinhamento, conclua com uma discussão de como empregará os OKRs para garantir que as equipes trabalharão juntas de forma mais colaborativa. Se o foco for o objetivo, termine a sessão descrevendo como o uso de OKRs garantirá que vocês priorizarão as coisas mais importantes para fazer a empresa avançar. A Tabela 7-1 resume o plano de treinamento com durações recomendadas para cada seção.

TABELA 7-1 O Plano de Treinamento dos OKRs

Item do Plano	Resumo	Duração Recomendada*
Comece com uma história	Conte uma história ou um evento que inclua seus pontos-chave	10 minutos
Dê uma aula de história aos aprendizes	Conte a história dos OKRs, mostrando que o sistema não é uma moda passageira	10 minutos
Defina seus termos	Forneça as definições de objetivos e resultados-chave	10 minutos
Ilustre com um exemplo	Mostre um OKR real de uma empresa genérica para ilustrar os conceitos principais	10 minutos
Explique a diferença entre os resultados-chave	Apresente a definição de resultados-chave do tipo métrica e marco, destacando quando cada um é apropriado	10 minutos
Compartilhe as características	Informe os atributos de um OKR eficaz	10 minutos

(continua)

(continuação)

Item do Plano	Resumo	Duração Recomendada*
Aprenda na prática (estudo de caso)	Dê aos participantes tempo para criarem um OKR para uma organização fictícia	40 minutos
Termine bem	Diga como os OKRs os ajudarão a superar um desafio crítico	20 minutos

** Observe que a duração recomendada inclui um tempo para perguntas do grupo.*

A eficácia do treinamento virtual

Uns vinte anos atrás, fui convidado para almoçar com um consultor que também morava na região de San Diego. Quase cuspi minha bebida quando ele revelou — não, se vangloriou — que seu negócio era 100% virtual e nunca tinha se encontrado com nenhum cliente presencialmente. Sempre supus que a consultoria fosse um setor de contato humano, ou seja, que fosse necessário estar no mesmo ambiente do cliente para obter os resultados desejados. Nunca ousei questionar essa "teoria sagrada" e apesar das promessas dele de maior eficiência sem perda de eficácia, eu viajava dois dias por semana para me encontrar com clientes no país e ao redor do mundo.

Essa conversa ficou na minha cabeça, mas no fim das contas, eu acreditava, e continuo acreditando, que o treinamento presencial é preferível a qualquer tipo de interação virtual. Quando estamos no mesmo ambiente do público, podemos ler dicas sutis que são impossíveis de detectar pelo Zoom. Podemos ver alguém de braços cruzados e firmes no peito, o que em geral quer dizer que não concorda muito com o que estamos apresentando; ou alguém se remexendo nervosamente na cadeira, doido para dizer algo no momento certo. Ou podemos ver um sinal de que precisamos fazer uma pausa ao ver mais bocejos do que cabeças acenando ao compartilharmos nossos pontos.

Foi necessária uma pandemia mundial para mudar a forma como eu, e praticamente todos os consultores, interagíamos com os clientes. Quando a Covid-19 se tornou uma realidade, uma verdade associada foi que as reuniões presenciais com as organizações clientes seriam impossíveis em um futuro próximo. Da noite para o dia, nosso modelo de negócios precisou mudar, e fomos obrigados a oferecer treinamentos e facilitações virtuais aos clientes.

Avançando para o fim da pandemia (graças a Deus!), milhares de organizações adotaram um modelo de trabalho híbrido, com funcionários indo ao escritório apenas uma ou duas vezes por semana, e trabalhando o resto do tempo em home office, casas de veraneio, iurtes e sabe-se lá mais de onde. Essa nova realidade significa que, independentemente de sermos consultores, freelancers ou executivos corporativos, a facilitação e o treinamento virtuais muito provavelmente vieram para ficar. Assim, a pergunta é: são eficazes? Apesar de minhas dúvidas e descrença passadas, minha resposta é um animado e entusiástico "sim". Dito isso, as páginas seguintes descreverão vários fatores que precisamos ter em mente para garantirmos que nossa sessão virtual será produtiva, eficaz e o mais divertida possível.

Preparando-se

Já fiz apresentações em mais de 25 países e testemunhei inúmeras normas culturais, desde públicos que raramente interagem com a "autoridade" à sua frente a multidões que mal me deixavam dizer uma palavra. Contudo, uma verdade universal que descobri é que a maioria dos públicos lhe dará pelo menos de cinco a dez minutos para conquistá-los e chamar a atenção deles. Se você começar com uma boa história, o grupo provavelmente continuará contigo — talvez não comendo na sua mão, mas pelo menos seguindo as migalhas com atenção. Para começar bem, prepare-se de quatro maneiras:

- Conheça bem seu material
- Ofereça atividades interativas
- Faça com que todos saibam o que esperar
- Mantenha a sessão de treinamento relativamente curta (duas horas)

Analisaremos cada uma dessas dicas nas páginas seguintes.

Conhecendo seu material

O ponto mais importante da preparação para o treinamento é conhecer muito bem seu material. Se ficar claro em dois minutos que você está basicamente apenas um capítulo à frente do grupo no livro de OKRs que ele foi orientado a ler, sua credibilidade irá para o espaço, e todo mundo começará a consultar os e-mails e a fazer sanduíches antes de as apresentações começarem.

Uma segunda forma de preparação é a técnica. Não importa a plataforma utilizada (Zoom, Microsoft Teams, Webex, Google Meet), você deve operá-la de forma competente. Saber como admitir pessoas, silenciar o grupo, permitir o compartilhamento de tela e muitas outras tarefas deve ser dominado antes do início da sessão. Um dos momentos mais vergonhosos que testemunhei foi em uma conferência presencial em Singapura, quando um executivo sênior de uma empresa de tecnologia estava no palco, na frente de centenas de pessoas, para mostrar o último produto inovador de sua empresa. Mas ele não sabia como dar início à apresentação! Minutos se passaram, os quais devem ter parecido anos para ele. Foi terrível e constrangedor, mas sabe quando precisamos dar aquela cheiradinha no leite vencido na geladeira antes de jogá-lo fora? O mesmo aconteceu aqui: o público não conseguia tirar os olhos do pobre senhor, enquanto ele tinha dificuldades para controlar os próprios bits e bytes que ajudou a criar. Você provavelmente não ficará surpreso de saber que não saí correndo para pedir ao meu corretor para comprar ações dessa empresa.

DICA

Sempre teste ou ensaie a sessão de treinamento para se certificar de que a tecnologia usada funcionará como planejado. Não precisa ensaiar toda a apresentação; apenas o básico que será apresentado no workshop.

Oferecendo atividades interativas

Dica: tornar o treinamento interativo não significa perguntar "Alguma dúvida?" no fim de uma palestra de duas horas. Como mencionado, uma das desvantagens das interações virtuais é a dificuldade de ler a linguagem corporal; nunca dá para saber se alguém (ou pior, o grupo todo) está viajando mentalmente. Assim, é vital incluir atividades interativas ao longo da sessão. Envolvo os participantes revisando um exemplo de OKR e realizando a parte do estudo de caso do treinamento (veja a seção anterior "Estudo de caso dos Hotéis 'Tire Seus Sapatos'").

Fazendo com que todos saibam o que esperar

Se estiver liderando a sessão, você deverá decidir várias coisas, incluindo se exigirá que todos liguem a câmera, silenciem o microfone durante a apresentação e se permitirá o compartilhamento de tela. Uma atitude despreocupada, do tipo "façam o que quiserem", resultará em algum desastre potencialmente vergonhoso, evitável e que acabará desperdiçando tempo.

Por exemplo: eu realizava uma sessão de treinamento com uma empresa cliente e o pessoal dela, não eu, controlava a tecnologia. Sugeri que as pessoas mantivessem o microfone mudo o tempo todo, ativando-o apenas para fazer ou responder perguntas. O anfitrião não achou que isso fosse necessário e, como era de se esperar, cinco minutos depois de eu iniciar a sessão, tivemos um "intruso". A primeira palavra que nos fez tremer foi "Quê?!", seguida de "Você é o pirralho mais mimado que já conheci!" O que se seguiu foi uma disputa épica de gritos entre o pai e o adolescente, com o acréscimo de alguns palavrões para tornar a situação perturbadora e irritante em algo extremamente constrangedor. Parei de falar, esperando que o silêncio fizesse a pessoa que estava com o microfone aberto perceber que algo havia acontecido e que ela não estava com o microfone silenciado; entretanto, quando se está em uma batalha doméstica com o filho, a situação do microfone em uma sessão de treinamento em OKRs provavelmente não é a coisa mais importante no momento. Essa briga vergonhosa poderia ter sido evitada se todos tivessem sido silenciados antes do início da sessão.

Uma sessão de treinamento relativamente curta

Usei a palavra *relativamente* em "relativamente curta" porque cada organização tem normas e costumes diferentes sobre a duração das reuniões. Mais especificamente, recomendo duas horas sem intervalo para a sessão de treinamento descrita neste capítulo. Se você planejou com cuidado o fluxo da apresentação, incluiu oportunidades de interação com o grupo e se a tecnologia estiver do seu lado, então essas duas horas passarão voando.

Determinando a Filosofia dos OKRs

Fiz um curso introdutório de filosofia na faculdade. Nunca me esquecerei de quando o professor entrou na sala pela primeira vez e da recepção da turma. Ele foi até a frente da sala com confiança e um cachecol colorido pendendo atrás dele e, após uma pausa dramática obviamente bem ensaiada, ele disse: "Filosofia. Phila Sophia, amor pelo conhecimento." Achei que esse cavalheiro instruído me lançaria uma bomba de conhecimento, mas quem me dera! Isso é praticamente tudo de que me lembro do semestre inteiro. Mas foi importante, porque essa introdução inicial lembrou à turma que filosofia significa aprender e questionar; não aceitar algo só porque alguém falou, mas usar o raciocínio e a lógica para chegar às próprias conclusões.

O mesmo vale para os OKRs. Certas "regras" parecem inquestionáveis, mas não são. Construiu-se uma muralha de dogma ao redor da metodologia basicamente com a influência de livros best-seller e do uso inovador pelo Google desse sistema. Você tem o poder e a disposição de avaliar a própria cultura, aplicar a lógica e a razão, e determinar a filosofia que guiará o que acredita ser mais apropriado na implementação dos OKRs em sua organização.

Nos capítulos anteriores, mencionei algumas das decisões filosóficas que você precisará tomar ao trilhar o caminho dos OKRs. Uma delas é estabelecer qual cadência usará para eles: trimestral, quadrimestral ou outro período. Esta seção focará o que costuma ser o elefante na sala da implementação de OKRs: permitir ou não que atividades rotineiras sirvam como OKRs.

Decidindo se as atividades rotineiras devem ser usadas como OKRs

Começarei definindo o que quero dizer com "atividades rotineiras". Esse termo se refere a qualquer coisa que represente a função, o papel e as responsabilidades principais de uma pessoa. Por exemplo, o papel principal de um executivo de RH são funções como contratar novos colaboradores, administrar benefícios e medir o engajamento dos funcionários. As atividades rotineiras de um executivo de vendas incluem ligar para prospectivos clientes, escrever propostas ou orçamentos e contatar clientes para manter ou melhorar o relacionamento existente. Assim, os OKRs deveriam se originar dessas atividades? O que você acha? O que seu instinto lhe diz?

Desvantagens das atividades rotineiras como OKRs

Por definição, os OKRs servem para fazer a organização progredir medindo suas verdadeiras prioridades — as ações que resultarão em aprendizado e mudança. Pode escolher o seu clichê: focar os poucos pontos vitais em vez dos muitos comuns, diferenciar entre sinal e ruído etc. O objetivo dos OKRs é ir além da rotina diária e isolar os cursos de ação novos, maiores e diferentes que você acha que ajudarão na realização da sua estratégia.

Os problemas de listar as atividades rotineiras como seus OKRs são muitos:

» **Elas nunca mudam.** Um dos principais benefícios da metodologia dos OKRs é a cadência curta. Atualizar a cada trimestre ou quadrimestre nos permite ser ágeis e reagir rapidamente às mudanças no ambiente, o que é vital em uma era de rápida disrupção. Contudo, em grande parte, as funções e as expectativas são fixas. Apesar de algumas variações de tempos em tempos, as métricas usadas para medir o sucesso em atividades padrão provavelmente não mudarão com o passar do tempo. Assim, ao escolher atividades rotineiras como OKRs, você se priva de dois dos maiores atributos do sistema: flexibilidade e priorização.

» **Elas não promovem a inovação.** Com base no ponto anterior, se você escolher medir atividades rotineiras como OKRs, as possibilidades de gerar uma inovação profunda e significativa no trabalho serão poucas, pois continuará monitorando as mesmas atividades. Os objetivos *podem* mudar, mas sem a experimentação inerente em OKRs estendidos, você provavelmente permanecerá em um relacionamento estático e fixo com seu trabalho.

» **Elas o privam da autonomia e da motivação intrínseca.** Uma das características mais importantes de um OKR eficaz é que ele deve ser significativo para você. As pesquisas sempre mostram que as pessoas têm uma probabilidade muito maior de atingir objetivos que elas mesmas escolheram e que são agradáveis e repletos de significado pessoal. Não estou sugerindo que as atividades rotineiras não sejam significativas para aqueles que as realizam, só que as métricas associadas a elas raramente são escolhidas pelo indivíduo que as realiza. Por outro lado, os OKRs devem ser o resultado de um diálogo robusto entre um indivíduo (ou uma equipe) e seu superior. A equipe, aqueles que realizam o trabalho, sabe melhor do que ninguém o que é necessário para a melhoria e é, portanto, a mais indicada para fornecer OKRs significativos.

Quando pode ser apropriado usar atividades rotineiras como OKRs

O caso contra usar atividades rotineiras como OKRs certamente parece estar encerrado, mas... antes de estabelecer um decreto e bani-las como OKRs em seu grande império organizacional, permita-me apresentar um possível contra-argumento. Embora a definição de metas seja uma prática presente para a maioria, algumas organizações nunca se envolveram em nenhuma prática formal disso. Eu sei porque essas exceções costumam entrar em contato com minha empresa, querendo implementar OKRs. Se a sua empresa nunca instituiu um processo para a definição de metas, fazer a transição de uma condição sem métricas para OKRs totalmente estendidos, do tipo que miram para a Lua, seria como se tornar o primeiro violoncelista de uma orquestra sinfônica depois de fazer uma aula com sua tia que tocou na escola há quarenta anos. É muita coisa, rápido demais — um precipício muito grande para transpor.

Em casos assim, pode ser aconselhável, até preferível, permitir OKRs de atividades rotineiras no primeiro ano da implementação começando aos poucos com a definição de metas e se familiarizando com o que é necessário para criar OKRs e administrá-los. O benefício é que toda equipe e cada indivíduo estarão cientes do que devem entregar e podem transformar essa consciência em OKRs tecnicamente bem escritos.

Pense na madureza dos OKRs como uma escada, e esse é o primeiro degrau no qual você pode confortavelmente colocar o pé ao subir com o passar do tempo. No primeiro ano, todos podem se acostumar com o ritmo e o processo de medição; então, no segundo ano de implementação, vocês podem passar das atividades rotineiras para OKRs mais robustos, dando ênfase à inovação, à experimentação e à extensão.

LEMBRE-SE

A decisão de permitir a criação de OKRs a partir de atividades rotineiras não é tão simples quanto a maioria dos especialistas gostaria de fazê-lo acreditar. Você deve determinar seu nível atual de maturidade de medição antes de decidir se permitirá OKRs de atividades rotineiras.

Criando um painel de métricas da "saúde do negócio"

A menos que você esteja na pequena minoria de organizações que nunca usou um processo formal de definição de metas, recomendo não usar atividades rotineiras como OKRs pelos motivos citados na seção anterior. Infelizmente, minha orientação por si só não significa que você conseguirá impedir as pessoas de criarem OKRs com atividades diárias. Em muitos casos, mesmo depois de bastante instrução sobre o poder dos OKRs estendidos, a resposta automática será medir suas responsabilidades atuais de trabalho.

Deixe-me propor uma abordagem fácil e prática para equilibrar o trabalho rotineiro e diário com os OKRs. É a seguinte: antes de rascunhar os OKRs pela primeira vez, crie um painel de métricas que você possa usar para avaliar o desempenho das atividades rotineiras. Esse painel tem dois objetivos:

» **Ele fornece um mecanismo para monitorar o sucesso das atividades básicas do seu trabalho diário.** E é importante ter um mecanismo assim; você e seu chefe precisam saber que "os trens estão chegando na hora" e que você está cuidado das responsabilidades que lhe foram confiadas.

» **Você pode usar as atividades rotineiras como ponto de partida para criar OKRs.** Examine o que você faz e pergunte-se "Como posso obter uma melhoria de 10x nesse processo?" ou "Qual obstáculo me impede de ter um desempenho excepcional?" Seus OKRs não precisam necessariamente vir de atividades rotineiras, mas começar por elas poderá lhe dar bastante no que pensar.

Veja um exemplo pessoal. Como proprietário do OKRsTraining.com, tenho várias atividades rotineiras que são vitais para o funcionamento da empresa: escrever blogs; promover nosso trabalho nas redes sociais; criar apresentações a clientes; pesquisar novas tendências na gestão de desempenho; desenvolver novos negócios para aumentar a receita; e muito mais. Tenho um painel de métricas que monitora essas atividades e que verifico regularmente. Ele inclui medidas sobre receita, acessos ao site, impressões das redes sociais, o número de clientes novos, blogs escritos etc. Mas será que alguma delas é um dos meus OKRs? Não.

Em vez disso, a cada trimestre, eu me desafio a isolar uma ou duas das coisas mais importantes que posso fazer para ajudar a empresa a ser bem-sucedida. Essas coisas não vêm necessariamente das minhas atividades rotineiras, mas isso ocorre com frequência. Por exemplo, em um esforço para desenvolver um novo negócio (um item rotineiro clássico), esperamos expandir nossas operações para o exterior, atendendo clientes no mundo todo. Desenvolvi um OKR específico para me ajudar nisso. O objetivo é

> Encontrar possíveis afiliados internacionais para expandir nosso negócio no mundo todo.

Obviamente, diversos resultados-chave também acompanham esse objetivo. Esse OKR é novo, diferente, trimestral por natureza e importante o suficiente para gerar mudanças estratégicas na empresa — justamente o que um OKR deveria fazer.

NESTE CAPÍTULO

» Explorando os vários tipos de objetivos

» Descobrindo o processo de criação de objetivos

» Aprendendo as características de objetivos eficazes

Capítulo 8

Arregaçando as Mangas, Parte 1: Criando Objetivos

Os Capítulos de 1 a 7 explicaram, entre outras coisas, o que são OKRs, por que são diferentes de outros sistemas e como sua organização pode se beneficiar com eles. Você também descobriu nesses capítulos por que é importante determinar o seu "motivo" dos OKRs e quais papéis as pessoas na organização precisam exercer para tornar os OKRs uma realidade.

Neste capítulo, abordaremos o desenvolvimento em si e o uso dos OKRs, e você começará a ver como criar objetivos poderosos. Vou me aprofundar bastante em diversos tipos de objetivos, guiá-lo passo a passo no processo de escrevê-los, dar dicas e descrever as características que você precisa ter em mente para se certificar de que seus objetivos gerarão a execução que espera. Como diz o título deste capítulo, arregace as mangas, porque é hora de trabalhar!

Trabalhando com Vários Objetivos

Levante a mão se você gosta da IKEA. Quem não gosta dessa empresa sueca gigante de móveis em que, caminhando pela estrada de tijolos amarelos da loja física que ela convenientemente construiu, podemos comprar de tudo, desde almondegas a colchões e *macetas* (que significa "vasos de flores" em espanhol, caso esteja se perguntando). Pouco tempo atrás, fui a uma loja local da IKEA porque tinha certeza que meu home office não tinha luz suficiente (provavelmente uma patética estratégia de procrastinação) e concluí: existe algum lugar melhor para comprar um abajur estiloso e barato?

Um dos bônus adicionais de fazer compras na IKEA é o exercício que se faz se, como eu, você não vê o departamento que está procurando da primeira vez que passa por ele e precisa dar a volta de novo por todo aquele labirinto do tamanho de um terminal de aeroporto. Tive sorte na segunda vez, e depois de refletir na frente das opções brilhantes do que me pareceu uma eternidade de trinta segundos, encontrei o abajur que tinha certeza que espalharia luz e inspiração pelo meu escritório. Cheguei em casa; rasguei a caixa, ansioso; e esperava iluminar o cômodo dentro de dez minutos. Infelizmente, a IKEA se esqueceu (foi o que pensei na hora) de incluir uma chave Allen do tamanho certo que era vital para o processo. Por mais que tentasse (e como tentei!), não conseguia montar o abajur sem a ferramenta certa para o trabalho.

Independentemente da tarefa, seja montar um móvel, seja criar OKRs, você precisa da ferramenta certa para o trabalho. O grande trabalho ambicioso e essencial que está tentando realizar é executar a estratégia da sua empresa, e para fazer isso, são necessários vários tipos de objetivos. A definição em si do objetivo não mudará; sempre será a declaração de uma meta ampla e qualitativa elaborada para fazer a organização avançar na direção desejada.

Contudo, como veremos nas páginas a seguir, para executar os objetivos com eficácia, eles precisarão abranger diversos períodos. Nesta seção, descreverei como empregar da melhor forma possível os objetivos anuais, trimestrais e quadrimestrais, e aqueles que surgem de circunstâncias imprevistas. E por falar nisso, caso trabalhe para a IKEA (ou seja um grande fã dela) e esteja pensando "Não é possível que a chave Allen certa não tenha sido incluída", você está certo; eu acabei encontrando-a nos pedaços de papelão no chão e, aleluia, houve luz!

Olhando para o futuro: Objetivos anuais

Os objetivos anuais são aqueles criados no nível mais alto, representando as coisas mais importantes que devem ser realizadas pela organização para executar sua estratégia. Como mencionado no Capítulo 5, esses OKRs no nível da empresa fazem com que os itens mais importantes focados nos meses à frente fiquem bem claros para todos os funcionários da organização.

A cadência de preferência para os objetivos no nível da empresa é anual, porque é necessário estabilidade nesse nível da organização. Esses objetivos dão contexto para todos os objetivos de níveis mais baixo da empresa; assim, eles colocam todos os outros OKRs em movimento, de cima a baixo, com cada equipe determinando qual seria a melhor forma de contribuir para as metas gerais da organização.

LEMBRE-SE

Seus colaboradores esperam liderança para definir um destino e se apegar a ele com o comprometimento e a paciência necessários. Se os objetivos no nível da empresa fossem mudados a cada trimestre, por exemplo, todos os OKRs abaixo precisariam passar por grandes mudanças, o que certamente resultaria em confusão e ceticismo por parte de todos os funcionários.

Isso não é uma teoria. Já testemunhei os efeitos paralisantes de se dar ao capricho de alterar os OKRs no nível da empresa no meio do caminho e os danos causados à credibilidade da liderança. A equipe de liderança de uma empresa decidiu mudar uma estratégia focada em inovação, esperando ressuscitar um processo de pesquisa e desenvolvimento para criar novos produtos mais rápido. Alguns meses depois, por nenhum motivo aparente, eles mudaram o foco de novo para operações lean, exigindo uma grande mudança nos OKRs acompanhantes. Os funcionários ficaram coçando a cabeça e se perguntando: "E agora?"

Obviamente, haverá ocasiões em que você precisará mudar os planos, mas as circunstâncias que levarão a tais mudanças devem ser drásticas — por exemplo, a perda de um grande cliente de quem dependia para uma parte significativa da sua receita ou um desastre natural que afetou suas operações de forma significativa. De outra forma, sempre que possível, mantenha e continue executando os objetivos escolhidos no nível da empresa.

CUIDADO

A mudança de objetivos no nível da empresa costuma resultar em funcionários céticos e confusos, sem saber o que focar.

Embora cada organização corra atrás de diferentes objetivos no nível da empresa segundo sua estratégia única, a maioria incluirá objetivos em cada uma das quatro perspectivas do desempenho:

- Financeiro
- Cliente
- Processos internos
- Aprendizado e crescimento dos colaboradores

No fim, você talvez decida não incluir um objetivo (ou objetivos) em cada uma das quatro perspectivas. Contudo, é importante pelo menos considerar cada uma delas ao deliberar sobre seu conjunto final de objetivos. O que seria bom evitar é um conjunto de objetivos anuais no nível da empresa que se concentra em só um parâmetro de sucesso; por exemplo, todos sendo apenas objetivos financeiros. O problema dessa abordagem é que não fica claro como você alcançará esses objetivos financeiros. Seu maior alvo deveria ser contar uma história abrangente do seu sucesso, combinando (sempre que possível) os objetivos em cada uma das quatro perspectivas.

A Tabela 8-1 traz uma lista de exemplos temáticos dos objetivos que costumam ser encontrados em cada uma das quatro perspectivas. Antes de soltar um "Entendi" ao perceber que nenhum deles inclui um verbo ou uma declaração "para" (e por falar nisso, parabéns por ter percebido isso), deixei esses elementos de lado porque eles dependem da estratégia específica de cada organização.

TABELA 8-1 Tipos Comuns de Objetivos no Nível da Empresa

Perspectiva	Temas Comuns dos Objetivos
Financeiro	Receita Rentabilidade Utilização de ativos
Cliente	Aquisição do cliente Satisfação do cliente Net Promoter Score Retenção do cliente Participação de mercado
Processos internos	Operações Cadeia logística Pesquisa e desenvolvimento Marketing Branding Fabricação
Aprendizado e crescimento dos colaboradores	Treinamento e desenvolvimento dos colaboradores Engajamento dos colaboradores Cultura Acesso à tecnologia necessária Implementação de OKRs

Aqui e agora: OKRs trimestrais ou quadrimestrais

Abaixo do nível da empresa, todas as equipes e indivíduos encarregados de usar os OKRs provavelmente usarão a cadência trimestral (90 dias) ou quadrimestral (120 dias) para criar e executar a estrutura. Exceto em caso de eventos bem desfavoráveis, os OKRs de nível mais alto da organização deverão permanecer estáveis ao longo do ano, fornecendo o contexto de que todas as equipes e indivíduos precisam para criar seus OKRs contribuintes. Nos níveis mais baixos, porém, é preferível empregar uma abordagem mais ágil para os OKRs, usando a cadência truncada por dois motivos:

- Para aproveitar oportunidades emergentes
- Para superar os desafios que surgirem

Veja um exemplo divertido de como aproveitar uma oportunidade emergente. Um dos meus amigos é um orgulhoso descendente de escoceses que usa kilt uma vez por ano para comparecer à "Noite de Robbie Burns", uma celebração do poeta e letrista escocês do século XVIII, mas especialmente uma oportunidade para qualquer um que tenha um milésimo de DNA escocês tomar seu uísque escocês favorito e cantar músicas incompreensíveis até tarde da noite. Meu amigo me mandou uma foto dele e de um amigo dele sorrindo orgulhosamente em suas roupas chiques de lã penteada.

Imagine que você seja chefe do departamento de Compras de uma empresa de roupas *fast fashion* e use OKRs para gerar foco e alinhamento. Agora imagine que a foto do meu amigo usando kilt se torne viral e dê início a um frenesi de interesse por kilts que logo se espalha pelo mundo. De repente, vemos kilts por toda parte. Essa é a definição de uma oportunidade emergente; assim, não importa o foco do último trimestre ou quadrimestre, você definitivamente deve dedicar seu próximo OKR a essa mudança crítica das preferências do cliente. Veja como esse OKR poderia ser:

Objetivo: Garantir um fornecimento confiável de kilts para atender à demanda das lojas.

Resultados-chave:

1. Fazer uma pesquisa dos fabricantes de kilts e nos reunir com três possíveis revendedores até 15 de abril.
2. Escolher um revendedor com base no preço e na disponibilidade de material até 30 de abril.
3. Expandir o inventário corporativo de kilts de zero para 100 mil.

4. Aumentar o número de lojas com kilts disponíveis para venda de zero para cem.

Esse é o poder dos OKRs ágeis criados a cada trimestre ou quadrimestre; eles nos permitem analisar o ambiente e aproveitar as oportunidade ou, ao contrário, lidar rapidamente com os problemas e as questões que logo poderiam se transformar em situações críticas.

Uma palavra final sobre usar OKRs trimestrais ou quadrimestrais. No Capítulo 5, listei alguns dos desafios dos OKRs de 90 dias e mencionei que muitas organizações agora estão adotando o período quadrimestral ligeiramente maior de 120 dias. Até onde sei, nenhuma pesquisa indicou qual gera melhores resultados; assim, no fim das contas, a escolha de qual cadência adotar se resume à sua cultura atual, à linha do tempo que usou no passado para estabelecer metas e ao ritmo geral da sua empresa e setor.

Objetivos imediatos e necessários

Na seção anterior, apresentei um diretor de Compras de uma loja *fast fashion* (vamos chamá-lo de Beto). Antes de os kilts virarem o mundo da moda de cabeça para baixo, Beto vinha monitorando um OKR para gerar melhores resultados na sua parte da empresa. Mas como as tendências da moda nem sempre surgem convenientemente no fim de cada trimestre, a revolução dos kilts aconteceu no meio do período atual de noventa dias. Será que Beto deveria esperar, focando seu OKR atual, que obviamente não tem nada a ver com kilts, ou deveria abandonar esse OKR mais rápido do que você diria *"Min' cabe'stá giran'o"* (que é como um escocês diria "Estou confuso") e criar um OKR parecido com o exemplo da última seção?

Sem dúvida, nessa situação, Beto deveria deixar seus OKRs atuais de lado e dar sua total atenção à tendência que está se espalhando pelo mundo. As organizações dependem dos OKRs para ajudá-las a lidar com as mudanças, e essa é uma mudança de altíssimo nível, uma que poderia afetar o negócio de Beto de forma significativa. Ele não só deve dar atenção, mas deve investir nela com a ajuda de um OKR bem construído.

LEMBRE-SE

Você deve usar a estrutura dos OKRs como um sistema ágil de definição de metas, tornando-a responsável pelas mudanças em seu ambiente para garantir que você esteja concentrado no que realmente importa.

O exemplo dos kilts representa a magnitude de uma disrupção que exigiria uma alteração no meio do período de um OKR. Embora os OKRs não sejam um contrato vinculado e estejam sujeitos a mudanças em certas situações, na maioria das vezes, eles devem ser desenvolvidos com base em análises profundas e insights relacionados com seu ambiente operacional, e você deve se comprometer a segui-los com rigor ao longo do período, sendo ele trimestral ou quadrimestral. Mudar um OKR no meio do caminho só porque ele parece difícil demais não é aceitável, ao passo que ter seu centro de distribuição destruído por um furacão ou conseguir um novo cliente que representará 50% da sua receita a partir de então é um bom motivo. Novamente, esse é o nível de perturbação que deveria causar mudança em um OKR.

O Passo a Passo do Processo de Criar Objetivos

A verdade é que eu não escrevi todos os títulos das seções deste livro, incluindo o anterior. Gostaria de agradecer a equipe editorial da *Para Leigos* por ajudarem autores como eu a transformar títulos acadêmicos chatos em algo divertido e convidativo. Gosto especialmente desse título pela noção de passo a passo do processo. Gosto de caminhar, seja mais rápido para aumentar minha frequência cardíaca, cumprindo com o meu dever de dar meus 10 mil passos, seja distraído, na praia, aproveitando a companhia da minha esposa. Caminhar pode ser terapêutico e benéfico em muitos sentidos.

O passo a passo do processo de criar objetivos é uma mescla dessas três dimensões. Dou muitos conselhos práticos que é importante você não ignorar se espera criar objetivos poderosos (que deverão aumentar um pouco sua frequência cardíaca), mas também vou devagar para explicar com cuidado os passos para que você possa entendê-los e aplicá-los de imediato (é a parte agradável). Por último, apresento um processo coerente que, quando seguido com atenção, resultará em objetivos fortes sempre (esse é o dever).

Processo é uma série de ações ou passos dados para atingir um fim específico, e o fim específico que você tenta atingir aqui é um conjunto de objetivos práticos que resultarão no desenvolvimento de resultados-chave para auxiliar na execução. A série de ações que você realizará para atingir esse objetivo são os passos (olha aí de novo!) que eu explicarei nas páginas a seguir. Ao criar objetivos, você talvez se sinta tentado a pular um passo do processo — como ir direto da pergunta básica de estabelecer objetivos para usar a fórmula e estruturar sua resposta como um objetivo —, mas peço que seja fiel a essa definição e dê um passo de cada vez para garantir os melhores resultados possíveis para sua empresa, unidade ou equipe.

DICA

Para ter os melhores resultados possíveis, sempre mantenha o processo sequencial para criar os objetivos descritos nas seções a seguir. Depois de tentar várias vezes em períodos sucessivos, esses passos se tornarão naturais, sempre garantindo OKRs da mais alta qualidade.

A pergunta básica para definir objetivos (com base na cadência)

O ChatGPT, o chatbot apresentado pela OpenAI em novembro de 2022, vem aparecendo em muitas manchetes, em tudo, desde publicações locais aos principais jornais. Caso não esteja familiarizado, trata-se de uma ferramenta de IA à qual você pode fazer perguntas sobre qualquer assunto imaginável, e ela responde com base em uma quantidade incalculável de terabytes de informações à sua disposição. Eu fiz um teste, fazendo perguntas nerds do tipo "Qual é o melhor livro de negócios de todos os tempos?" Infelizmente, nenhum dos meus estava na lista. (Essa máquina claramente tem muito o que aprender!) Então, com base no tema desta seção, digitei "Qual é a pergunta básica para definir objetivos?" Eu esperava ver uma frase direta, repleta de abobrinhas geradas aleatoriamente e combinadas com jargão empresarial, mas que não daria em nada relevante ou prático.

Bem, acho que estamos mais perto da singularidade do que imaginava, porque, na verdade, a resposta do ChatGPT foi muito boa. O robô respondeu à minha pergunta dizendo o seguinte: "A pergunta básica para definir objetivos é: 'O que você deseja fazer?' Essa pergunta ajuda a definir o resultado desejado e serve como base para tomar decisões e agir para atingir esse objetivo." Talvez eu devesse ter perguntado "Você poderia escrever um livro intitulado *OKRs Para Leigos* para mim?" e evitado muita dor de cabeça. (Mas a editora não teria permitido e provavelmente teria descoberto isso.) E, felizmente, a criatividade e o *know-how* humanos ainda não se esgotaram; eu ainda preciso acrescentar alguns insights à resposta do ChatGPT dos quais você precisará para criar seus próprios objetivos.

"O que você deseja fazer?" ou "O que você quer realizar?" são perguntas básicas a fazer, mas também é preciso acrescentar um qualificador imperativo, que é a palavra *importante*. Tenho certeza de que você poderia largar este livro agora e pensar rapidamente em umas vinte coisas que gostaria de fazer, pensando em sua empresa ou em sua vida pessoal. Ao acrescentar a palavra *importante*, porém, como em "Qual é a coisa mais importante que você pode fazer?", o desafio da escolha aumenta de forma significativa. Os objetivos, no sentido OKR da palavra, não são simplesmente uma lista de tarefas que você gostaria de fazer; eles também devem representar os desafios críticos que precisam ser superados ou as oportunidades interessantes à sua frente. Em outras palavras, os objetivos são as coisas importantes.

Neste livro, sempre que possível, darei exemplos para ilustrar os pontos-chave mencionados. Nesse caso, porém, isso é difícil de fazer porque apenas você está suficientemente ciente da situação comercial, do ambiente, dos desafios e das oportunidades para elaborar os objetivos que o ajudarão a atingi-los. Mas depois de anos de experiência ajudando as organizações a escrever objetivos, sei como é difícil começar do zero. Ter algo no que se basear sempre parece despertar a criatividade e ajuda as pessoas a se basear nas ideias atuais e criar ainda mais objetivos e resultados-chave apropriados.

Com base nisso, ao criar seus objetivos anuais no nível da empresa, um bom lugar para começar sua análise é pela lista de possíveis áreas descritas na Tabela 8-1, apresentada antes no capítulo. Você talvez se depare com desafios ou oportunidades que poderiam muito bem ser representados na forma de um objetivo por alguns dos itens que incluí na lista das quatro perspectivas (financeiro, cliente, processos internos, aprendizado e crescimento dos colaboradores).

Criar objetivos trimestrais ou quadrimestrais no nível da unidade de negócios, do departamento, da equipe ou individual pode ser ainda mais desafiador por causa das inúmeras opções aparentes de onde concentrar seus esforços. Mais uma vez, seria útil recorrer a essas duas palavras de ouro: *desafios* e *oportunidades*. Quais desafios específicos atrapalham no momento? Quais dificuldades, se superadas, poderiam melhorar consideravelmente seu desempenho e aumentar bastante sua contribuição para o sucesso geral? Ou quais oportunidades surgiram no horizonte que, se aproveitadas, aprimorariam seus resultados? A pergunta para definir objetivos realmente requer comprometimento com o básico da escolha para definir objetivos: desafios e oportunidades.

Fazendo uma lista de possíveis objetivos

Henry Kissinger, que atuou como secretário de Estado na época do presidente Richard Nixon, tinha um escritor de discursos chamado Winston Lord. Segundo Lord (`https://www.youtube.com/watch?v=VekBG4KmUcE`), quando ele escrevia o rascunho de um discurso, Kissinger nem sequer olhava o documento; ele simplesmente perguntava: "É o melhor que pode fazer?" Lord respondia que achava que sim, mas que tentaria de novo. No dia seguinte, ele voltava ao escritório do chefe com um rascunho novo, e Kissinger perguntava: "Tem certeza de que é o melhor que pode fazer?" Mais uma vez, Lord lhe garantia que achava que sim, mas que tentaria mais uma vez. Esse ciclo se repetia seis vezes, até que Lord por fim dizia: "Henry, eu reli cada frase; mexi em cada pontuação; não dá mais para melhorar este discurso — é o melhor que posso fazer." Então Kissinger o encarava e sorria, dizendo: "Se é assim, agora vou lê-lo."

Kissinger deve ter sido um chefe legal, não é? Imagine almoçar com um chefe desses:

> Eu: Acho que vou pedir um hambúrguer com batatas fritas.
>
> Chefe: Tem certeza de que é o melhor para você?
>
> Eu: Talvez o hambúrguer com uma salada à parte.

Chefe: Tem certeza de que é o melhor para você?

Eu: Está bem... um sanduíche de atum com pão integral.

Chefe: Tem certeza de que é o melhor para você?

Vez após vez, até que...

Eu: Vou querer uma porção de couve, seis grãos-de-bico e um copo d'água.

Chefe: Maravilha. Agora podemos comer.

Brincadeiras à parte, embora os constantes pedidos de melhoria de Kissinger talvez fossem irritantes para Winston Lord e outros que se reportavam a ele, eles representam um princípio fundamental a ter em mente ao criar seus objetivos: não aceite a primeira coisa que lhe vier à mente em uma sessão de brainstorming. Ao elaborar seu primeiro conjunto de OKRs, provavelmente haverá pelo menos uma questão, um desafio ou uma oportunidade que vem atiçando seu subconsciente por meses, só esperando pelo momento certo para ser liberado. Assim, naturalmente, ao colocar a caneta no papel ou os dedos no teclado, essa será a primeira coisa que lhe virá à mente, e você talvez se sinta tentado a declarar: "Pronto. Vamos em frente. Essa foi fácil!"

Sim, talvez a primeira coisa que você venha a escrever como um objetivo em potencial seja de fato a mais importante, mas uma das perguntas mais importantes que você pode se fazer durante o processo é: "O que mais?" Tire um tempo para ampliar seu pensamento e ver todo o campo de possibilidades, e tome uma decisão fundamentada quanto ao objetivo (ou objetivos) que realmente importa(m).

Assim sendo, como tomar uma decisão fundamentada? Use categorias para ajudá-lo a pensar em possíveis áreas de objetivos. No caso dos objetivos no nível da empresa, mais uma vez considere as perspectivas mencionadas antes, na Tabela 8-1. Você tem problemas com clientes ou oportunidades que devem ser aproveitadas? Quais problemas de processos estão atrapalhando? As pessoas certas estão munidas com as informações certas?

No caso dos objetivos trimestrais ou quadrimestrais, você pode se basear, de início, nos seus objetivos no nível da empresa recém-criados e se perguntar: "Como posso influenciar um ou mais deles?" Essa pergunta fundamental pode levar a muitos outros objetivos em potencial. Criar uma lista simples de desafios e oportunidades para seu grupo também resultará em diversos objetivos em potencial. Adotar uma estrutura mais ampla de referência o ajudará a escolher os objetivos mais importantes e necessários para executar sua estratégia. Então, e só então, você saberá que estará fazendo o seu melhor e deixando Henry orgulhoso.

LEMBRE-SE

Desafie a si mesmo ou a equipe a pensar em vários objetivos em potencial para considerar ângulos diferentes, então escolha os que geram mais valor.

Filtrando os itens da lista

Há alguns anos, fui contratado pelo grupo de Oftalmologia de uma grande farmacêutica mundial para ajudá-lo a criar OKRs. Esse grupo nunca havia estabelecido metas formalmente, baseando-se antes em um conjunto padrão de KPIs desatualizados passado pela sede. O grupo estava muito ansioso para explorar o poder do foco, do alinhamento e do comprometimento que os OKRs oferecem. Começamos o dia juntos com uma sessão de treinamento similar ao workshop sobre o básico descrito no Capítulo 7, e os participantes ficaram muito felizes de assimilar o máximo de conhecimento que puderam sobre a estrutura. Na hora do almoço, eles estavam impacientes para arregaçar as mangas e criar seu primeiro conjunto de OKRs.

Como o grupo era consideravelmente grande, eu o dividi em equipes menores e dei a cada uma a tarefa de pensar em um possível objetivo trimestral para o grupo inteiro. Dei-lhes vinte minutos para rascunhar um objetivo, escrevê-lo em uma folha grande e voltar para a sala principal para colá-lo na parede, sendo que, nesse ponto, cada equipe deveria informar o que criou.

Quando todas as folhas estavam coladas na parede, e eu tive a oportunidade de revisá-las, comecei a rir ao ler a primeira. Os risos se transformaram em gargalhadas ao revisar as folhas seguintes. Você está se perguntando o que poderia ser tão engraçado em rascunhos de objetivos do grupo de Oftalmologia de uma grande farmacêutica? Sem brincadeira: cada objetivo que eles apresentaram basicamente se resumia à "cura da cegueira". Em noventa dias, devo acrescentar!

Crie objetivos realistas

Aquilo que os oftalmologistas escreveram era grandioso, visionário e, se fosse atingido, seria algo que literalmente mudaria o curso da história. Contudo, dado o prazo, esse objetivo não era realista. Sim, os OKRs servem para encorajar o pensamento estendido, mas a ressalva do realismo nunca deve se afastar demais. Determinar o "tamanho" do objetivo é uma forma de filtrar os objetivos listados no passo anterior. Remova imediatamente quaisquer deles que sejam grandes ou amplos demais, ou que simplesmente estejam além do possível para o prazo estipulado. Não estou desmotivando grandes proclamações. Na verdade, incentivo-o a pensar no objetivo final da sua equipe, da unidade ou da organização. O ponto é identificar onde eles pertencem; eles poderiam ser declarações de missões ou visões, mas não OKRs trimestrais.

Considere o prazo dos objetivos

Uma segunda maneira de filtrá-los que seria útil para diminuir sua lista de possíveis objetivos seria simplesmente considerar o tempo. Alguns objetivos devem ser atingidos antes de outros poderem começar. Assim, seria melhor postergar quaisquer objetivos que você não pode iniciar antes de terminar outros. Isso vale tanto para os objetivos anuais no nível da empresa como para os objetivos trimestrais ou quadrimestrais dos departamentos, das equipes ou dos indivíduos.

Por exemplo, imagine um grupo de Contas a Pagar em uma empresa que, devido à sua tecnologia obsoleta, é obrigado a processar manualmente algumas faturas de fornecedores, sempre resultando em erros onerosos. Assim, a gestão lhe deu autorização para comprar um software de ponta que promete eliminar quaisquer erros de processamento de faturas dos fornecedores. Ao pensar no(s) seu(s) objetivo(s) trimestral(is), não seria uma grande surpresa ver essa equipe considerando os seguintes temas:

1. Eliminar erros de faturamento dos fornecedores.
2. Diminuir as multas por atraso das faturas dos fornecedores.
3. Instalar o novo sistema de software de Contas a Pagar.
4. Treinar a equipe de Contas a Pagar no novo sistema de software.

Assim, quais eles deveriam escolher para o próximo trimestre? Se já passou pelo pesadelo de um upgrade de software em larga escala, você provavelmente reconhece que instalar o sistema, fazê-lo funcionar *e* gerar resultados no período de noventa dias é tão provável quanto eu — que não conseguiria nem construir uma casinha de passarinhos — ser convidado para ser o próximo apresentador de um programa de reforma de casas do HGTV. Assim, os números 1 e 2 dos objetivos apresentados não devem ser considerados no trimestre atual.

Isso nos deixa com os números 3 e 4, e a decisão depende de a empresa achar que conseguiria instalar e treinar a equipe dentro de noventa dias. Talvez seja pedir demais, dados os inevitáveis imprevistos associados a um novo software. Portanto, o objetivo mais lógico seria focar exclusivamente a instalação e o preparo do sistema para uso no trimestre. Fazer esse exercício simples de filtrar os itens de acordo com o prazo o ajudará a escolher objetivos estendidos e que podem ser realizados.

Escolhendo os objetivos mais importantes

Escolher seus objetivos — os de maior importância e que provavelmente terão um grande impacto no sucesso — é uma iniciativa considerável, uma que não deve ser considerada levianamente. Supondo que você tenha reduzido um pouco seu fardo eliminando pelo menos alguns possíveis objetivos pela filtragem, estas são algumas coisas a pensar ao determinar o que estará na lista final:

- **Considere seus desafios.** Você deve concentrar sua estratégia bem como a execução dela em superar desafios críticos que o atrapalham em ser bem-sucedido ao atuar em seu setor de escolha. Consequentemente, uma boa maneira de considerar qual(is) objetivo(s) você escolherá seria determinar qual(is) lhe daria(m) melhores condições de matar os dragões que o atrapalharam no passado ou que o ajudariam a lidar com insuficiências em áreas que exigem uma melhoria considerável. Quaisquer objetivos considerados de alto impacto em termos de lidar com desafios críticos merecem uma séria consideração.
- **Considere suas oportunidades.** Este ponto pode ser o equivalente ao "copo meio cheio" do item anterior. Em qualquer dado momento, todo negócio ou organização tem oportunidades de fazer melhorias, expandir e inovar, as quais, se aproveitadas, poderiam fazê-lo passar para o nível seguinte de crescimento e rentabilidade. Se seu tempo para aproveitar essas oportunidades tentadoras à sua porta for limitado, elas poderão servir como excelentes matérias-primas para criar um novo objetivo.
- **Pense no que você fala na organização.** Se fosse catalogar as principais palavras, expressões e temas que sempre surgem nas reuniões de gestão, nas conferências e nos canais de Slack, quais seriam? Quais são as questões primordiais que surgem o tempo todo, mas que, por algum motivo, acabam sendo varridas para baixo do tapete, enquanto você luta contra os incêndios operacionais atuais ou decide esperar até que chegue o momento certo para lidar com elas? Suas respostas podem muito bem representar possíveis objetivos.
- **Pergunte-se o que tem mais chance de atingir.** Um bom critério para a criação de objetivos costuma ser o diagrama de Venn do que você classifica como fundamental de ser atingido e do que, dadas as suas habilidades e recursos únicos, está em melhor posição de realizar. Ao pensar em possíveis objetivos, você deve dar uma boa olhada no espelho para se certificar de que tem a habilidade de transformar o objetivo em realidade. O estabelecimento de objetivos não é o mesmo que pensamento positivo; ele deve se basear na realidade da situação atual.
- **Pense no que você mais gosta.** No passado, estabeleci metas pessoais de me levantar cedo de manhã e aprimorar minha rotina de exercícios. Aqui vão duas dicas para ajudá-lo a escolher qual você acha que consegui ou não realizar: 1) Durante grande parte da minha vida, fui meio coruja; houve uma vez, nos meus tempos de faculdade, em que eu poderia lhe dizer o que passava em cada canal às 2h da manhã; 2) Eu adoro caminhar. Assim, com essas poucas informações, em qual meta você acha que eu arrasei?

  Se fosse um game show, você teria ganhado um eletrodoméstico se tivesse escolhido a meta dos exercícios. Eu não tenho nenhuma dificuldade em me motivar a andar em zigue-zague ao subir as colinas de San Diego, mas não tem como eu fazer isso de madrugada, porque não sou de acordar cedo. É a natureza humana: as pessoas provavelmente atingirão uma meta se gostarem dela. Contudo, não sugiro fazer disso o principal atributo ao escolher um objetivo, porque, às vezes, precisamos fazer coisas difíceis para progredir. Mas se estiver precisando de algo para desempatar possíveis objetivos que atendem outros critérios desta lista, a paixão poderá ser de ajuda.

No fim das contas, não existe uma fórmula secreta para escolher os objetivos mais importantes. O processo é necessariamente bagunçado e, muitas vezes, subjetivo, e tudo bem, desde que você tenha o cuidado e a disciplina necessários para ele, tirando tempo para pensar com atenção nas opções e tomar uma decisão fundamentada que poderá defender com confiança quando questionado por seu chefe ou outros colegas.

Usando sua fórmula

Você reduziu o que talvez parecia ser uma lista do tamanho do monte Everest a uma quantidade considerável do que acha que poderia ser atingido no próximo período, sendo ele anual, trimestral ou quadrimestral, mas o trabalho da definição de metas ainda não terminou. Com base na minha experiência, eu poderia apostar que os objetivos que você criou tem mais a ver com conceitos ou noções do que com verdadeiros objetivos. Por exemplo, você talvez tenha objetivos parecidos com "Lançar a V2 do software", "Focar mais o cliente" ou "Sempre inovar".

CUIDADO

Os objetivos que não seguem a fórmula padrão (verbo + o que será feito + para/de modo que) provavelmente não conseguirão descrever o impacto sobre o negócio e acabarão gerando resultados aquém do esperado. O Capítulo 1 aborda como trabalhar com essa fórmula em detalhes.

Todo OKR criado na organização é como uma impressão digital, no sentido de que será único para a equipe ou o indivíduo que o criou, indicando o que é considerado ser mais digno de foco nos dias vindouros. E é justamente isso o que se espera: as pessoas determinando sua contribuição exclusiva para o sucesso da empresa. O que deve ser evitado, por outro lado, é que todo OKR da organização seja escrito usando diversos formatos — alguns com números; alguns com declarações de impacto comercial e outros sem tais declarações; alguns começando com verbos e outros não; e assim por diante. Para estimular a transparência na organização, possibilitando que os OKRs sejam comparados com base em elementos similares, eles devem ser construídos com os mesmos "tijolos", e esses são os três componentes da fórmula padrão.

A Tabela 8-2 resume o processo para escolher os objetivos.

TABELA 8-2 **Processo para Escolher Objetivos**

Item	Tenha em Mente
Faça-se a pergunta básica de estabelecimento de objetivos (com base na cadência: "Qual é a coisa mais importante que você poderia fazer no próximo período?")	Equilibre o que você deseja com o que precisa fazer.
Faça uma lista.	Não escolha automaticamente o primeiro objetivo em que pensar. Pergunte-se "O que mais?" para examinar todas as possibilidades.
Faça a filtragem dos itens da lista.	Analise a ordem natural dos objetivos, determinando o que deve ser feito antes de outro começar. Além disso, fique atento a quaisquer objetivos que sejam grandes ou amplos demais para o mesmo período.
Escolha o mais importante.	Analise sua lista em relação a desafios, oportunidades, tópicos de discussão frequentes, realidade atual e aquilo de que mais gosta.
Use sua fórmula: verbo + o que será feito + para/de modo que.	O uso da fórmula na organização garantirá a consistência de abordagem e aumentará a transparência.

Outras Maneiras de Ajudá-lo a Estabelecer Objetivos

Se me perguntassem "Ei, Paul, qual é o lugar mais acolhedor que você conhece?", minha resposta não seria um bar onde todos poderiam ou não me conhecer pelo nome; nem a cafeteria local, onde pediria meu café com 50% de cafeína, triplo, com leite de amêndoas bem quente, uma pitada de avelã e uma espuma no formato de coração; muito menos a feira de fim de semana, onde poderia comprar cogumelos Enoki silvestres. Não, na minha opinião, um dos lugares mais acolhedores que encontrei é a academia.

Desde que comecei a viajar por tempo integral para trabalhar ao longo de duas décadas, já visitei algumas academias em várias cidades ao redor do mundo e ainda estou para encontrar uma onde os membros não estejam dispostos a dar uma mãozinha quando necessário. Se você estivesse em uma academia e visse alguém fazendo algum exercício que achasse interessante e quisesse aprender, posso garantir que a pessoa ficaria feliz em lhe ensinar. Obviamente, o ponto mais elevado dessa atitude amigável é o conceito do "spotting". Ao se esforçar ao máximo para terminar aquela última série de supino, você escuta uma voz amigável, incentivando-o com "Mais um" e, se necessário, apoiando a barra com a mão ao terminar essa série satisfatória.

Às vezes, as pessoas precisam de uma mãozinha, um empurrãozinho final para ir até a linha de chegada, e esse pode ser o seu caso ao realizar o processo de criar seus objetivos. Tenho certeza de que os passos descritos na seção anterior podem fazê-lo chegar até a Terra Prometida, mas dada a dificuldade da tarefa, talvez precise de um impulso adicional para estimular sua criatividade. Nas seções a seguir, darei mais algumas ideias nas quais você poderá se basear para dar forma ao seu conjunto final de objetivos.

Usando rituais

Você já percebeu que, antes de um jogo de basquete, ao fazer alguns lances livres, os jogadores quase sempre quicam a bola um número específico de vezes, passam a mão de leve na testa ou até beijam a bola? Embora essas rotinas pareçam simples superstições, sem valor no mundo real, prefiro enxergá-las de forma mais positiva, como rituais. Elas funcionam? É claro que sim! Um estudo com lances livres relatou que os jogadores que realizam rituais consistentes tinham uma precisão 12,4% maior do que quando não realizavam sua sequência padrão de ações (veja *The Expectation Effect: How Your Mindset Can Change Your World* de David Robson).

Se olhar bem, você encontrará rituais em toda parte, não só nos esportes. Beyoncé supostamente reza e realiza uma série fixa de exercícios de alongamento antes de subir no palco. O Dr. Seuss, o famoso e prolífico escritor de livros infantis, supostamente usava um chapéu da sorte sempre que sentia uma crise debilitante de bloqueio criativo chegando. Dizem que Beethoven, que dependia bastante da cafeína como combustível para sua criatividade, contava exatos sessenta grãos para cada preciosa xícara de inspiração.

Não importa se um ritual parece bobo; o simples ato de continuar praticando-o pode produzir um resultado positivo, como demonstrado pelo maravilhoso e bizarro experimento a seguir. Pesquisadores convidaram participantes para cantarem uma versão para karaokê da canção de Journey "Don't Stop Believin'" (veja "Don't stop believing: Rituals improve performance" de Alison Wood Brooks *et al.*, *Harvard Business Review*). Para garantir que dessem o seu melhor, eles foram informados que seu tom seria julgado por um software de karaokê e que receberiam um bônus de até US$5 se cantassem a música no tom perfeito. Antes de cantar, metade dos participantes recebeu as seguintes instruções:

> Realizem o seguinte ritual: façam um desenho de como estão se sentindo agora. Joguem sal no desenho. Contem até cinco em voz alta. Amassem o papel. Joguem o papel no lixo.

Obviamente, seguir esse ritual não exercia nenhum benefício direto no canto dos participantes, mas aqueles que o realizam receberam uma pontuação que, em média, era 13 pontos mais alta, de um total de 100, do que aqueles que não o fizeram.

Outros experimentos chegaram à mesma conclusão: os rituais funcionam. Como uma breve observação, que é uma grande coincidência, eu também tinha um ritual que envolvia a música "Don't Stop Believin'". Na faculdade, meu amigo tinha um som estéreo de último tipo (para 1983) no carro, o qual descreveríamos como "muito louco". Esse sistema tinha um botão "Loudness" que, quando pressionado, aumentava o baixo e o volume geral a níveis de explodir os tímpanos. Sempre que íamos a um baile ou a uma festa, nosso ritual era tocar "Don't Stop Believin'" como a última música antes de chegarmos, e sempre apertávamos o botão Loudness em determinado ponto da música para aumentar o volume e o baixo. Esse ritual sempre parecia nos estimular e ativar nosso modo festa.

Por que os rituais são tão poderosos? Existem algumas explicações, a primeira sendo a de que passamos a acreditar que temos um controle extra sobre uma situação seguindo uma rotina padrão, diminuindo a ansiedade que talvez sentimos. Os rituais também levam as pessoas a acreditarem mais em suas reservas mentais e na habilidade de manter a concentração e a autodisciplina. Em resultado disso, conseguimos evitar distrações e aguentar as situações por mais tempo. A notícia excelente, como demonstrado pelos exemplos já apresentados, é que os rituais podem funcionar em praticamente qualquer campo, inclusive na criação de objetivos.

No caso de muitas organizações, e das equipes e dos indivíduos que as compõem, estabelecer objetivos é um processo novo, um que poderia se beneficiar com os rituais. Eles não precisam ser loucos nem bizarros, como cantores de karaokê desenhando e jogando sal nele. Pode simplesmente ser algo que indique que é hora de pensar de forma estratégica, ser criativo e gerar objetivos que indiquem sua contribuição para o sucesso. Seu ritual pode ser tão básico quanto revisar a estratégia da empresa para estruturar a discussão ou reiterar a missão da equipe e por que sua função na organização é fundamental para o sucesso.

Ou talvez você queira algo mais divertido: cantar uma música doida; fazer um desenho do que espera acontecer no próximo período; dar uma caminhada para respirar ar fresco e ter inspiração. O que importa não é necessariamente a ação específica, mas o ritual em si, bem como o fato de que ele o preparará para o que vem a seguir: a criação dos objetivos. Assim, vá em frente, adote um ritual para a criação de objetivos, divirta-se e veja seus resultados melhorarem.

Usando a sabedoria das multidões

"Sabedoria das multidões" é um conceito descrito no livro homônimo do autor James Surowiecki. Ele argumenta de forma persuasiva que, ao trabalharem juntas, as pessoas de um grande grupo podem ser mais precisas e mostrar mais sabedoria do que até o especialista mais renomado. Ele também sugere que essa inteligência coletiva pode ser usada para tomar decisões melhores e resolver alguns problemas mais complexos.

Um dos motivos de a sabedoria das multidões ser tão eficaz e convincente é que ela se baseia na diversidade de opiniões, reunindo informações de várias pessoas, todas contribuindo com sua experiência e visão única de mundo para a solução do problema. Essa variedade de informações é algo que podemos usar ao elaborar os objetivos. Por exemplo, considere o desafio de escrever objetivos anuais no nível da empresa. Essa tarefa naturalmente recai sobre a equipe de liderança executiva, mas também é possível jogar a rede mais longe e empregar outras vozes que poderiam contribuir de forma significativa. Algumas opções óbvias poderiam incluir seus funcionários, a diretoria e os clientes de grande valor.

LEMBRE-SE

Muitas fontes de boas ideias estão à sua disposição ao criar objetivos. Às vezes, ir além da sua equipe principal para incluir vozes externas poderá resultar em boas sugestões que levarão a objetivos que farão a diferença.

Ao criar objetivos trimestrais e quadrimestrais para sua equipe ou seu departamento, você pode mais uma vez recorrer ao poço profundo da sabedoria externa para testar suas suposições sobre o que é mais importante e ouvir o ponto de vista de outras pessoas inteligentes. Considere recorrer a todo o seu pessoal, outras equipes ou unidades com as quais trabalha regularmente, departamentos que representam seus clientes internos na organização e clientes externos, se aplicável. Buscar várias opiniões poderá ajudá-lo a obter novas ideias e contra-atacar os efeitos potencialmente prejudiciais do pensamento coletivo, no qual um grupo muito coeso rapidamente recorre a algumas ideias básicas e dispensa qualquer coisa contrária à sua visão isolada.

Pensando no que o atrapalha

Por muitos, muitos motivos, fico feliz de viver hoje e não em 1841, quando as doenças e a pobreza corriam soltas, e alguém podia jogar dejetos na sua cabeça a cada esquina. Mas acredite, esses não eram os maiores problemas que os pintores enfrentavam naquela época. O maior desafio era evitar que as tintas a óleo secassem antes de conseguirem usá-las.

No caso de pintores como o norte-americano John Goffe Rand, a melhor solução era usar uma bexiga de porco fechada com um barbante. Para expor a tinta, o artista furava a bexiga com uma tachinha, mas obviamente não tinha como fechar o orifício por completo depois, o que resultava no frustrante problema de a tinta secar antes da hora. Além disso, as bexigas de porco não eram as melhores companheiras de viagem, estourando com frequência e desperdiçando o que era então um produto caro.

Rand analisou bastante o problema e chegou a uma solução: o tubo de tinta de estanho. Embora tenha demorado para se popularizar, ele acabou sendo justamente o que os artistas impressionistas precisavam para deixar seus ateliês e se inspirar no mundo natural à sua volta. Graças à invenção portátil de Rand, pela primeira vez na história, um pintor podia trabalhar no local, por exemplo, em uma cafeteria, no jardim ou na frente de um corpo d'água. O tubo de tinta também revolucionou o uso da cor, porque passou a ser prático e acessível produzir e levar consigo novos pigmentos deslumbrantes, como o amarelo cromado e o verde-esmeralda, permitindo ao artista capturar a plena majestade de qualquer dado momento. Essa invenção foi tão importante que Renoir declarou: "Sem as cores em tubos, não haveria Cezanne, Monet ou o Impressionismo."

A moral da história é o poder de reconhecer e superar problemas para melhorar sua situação, e isso se aplica aos objetivos tanto quanto se aplicou às pinturas impressionistas. Ao considerar possíveis objetivos, pergunte-se quais problemas o impedem de executar sua estratégia. Encarar os problemas que o afastam da execução bem-sucedida sem filtros é uma ótima forma de visualizar possíveis objetivos.

Incorporando as Características de Objetivos Eficazes

Se quiser se tornar mais paciente e compreensivo, aqui vão algumas dicas. Pense em fazer um treinamento de atenção plena, deixando de lado todo o julgamento e simplesmente prestando atenção no momento presente, independentemente do que ele lhe apresente. Essa é uma ótima técnica para desenvolver mais paciência. Ou tente estimular sua empatia, colocando-se na pele de outra pessoa e tentando entender o ponto de vista dela sobre uma situação. Por fim, se eu puder lhe sugerir um exercício comprovado de gratidão, pare de se concentrar naquilo que não tem e se concentre no que tem. Faça qualquer um desses exercícios e logo passará a ser mais paciente. Sabe o que você não deve fazer se quiser se tornar um ser humano mais paciente? Construir uma casa.

Minha esposa e eu estamos no meio de um grande projeto de reforma que vai até a fundação enquanto estou escrevendo isto, e posso dizer que essa não é uma tarefa que aumenta a paciência. Você já fez uma reforma e viveu para contar a história? Admita: se for casado e realizou uma grande reforma, você pesquisou "advogados de divórcio" no Google pelo menos uma vez. A pior parte para mim é a espera. Eu realmente me pergunto se o planejamento para o primeiro pouso lunar teve tantos passos quanto nossa aventura de reforma doméstica. Ela nunca acaba. E, em relação com o que foi dito no primeiro parágrafo, não sou a pessoa mais paciente do mundo.

Estou dizendo isso porque você também pode ser um pouco impaciente, perguntando-se quando este capítulo acabará e quando poderá arregaçar as mangas e criar os resultados-chave que acompanharão seus recém-criados objetivos. Diferentemente do meu pedreiro, cuja frase favorita parece ser "Não estamos bem onde gostaríamos de estar", nós estamos quase na linha de chegada nesse estudo profundo do estabelecimento de objetivos. Falta apenas um passo: certificar-se de que você esteja seguindo as características necessárias de um objetivo realmente eficaz. Nas seções a seguir, apresentarei sete atributos que você pode usar para avaliar seus rascunhos de objetivos para garantir que eles gerarão o máximo valor.

Tornando-o qualitativo

Para recapitular: *objetivo* é a declaração de uma meta ampla e qualitativa elaborada para fazer a organização avançar na direção desejada. A palavra *qualitativa* deve lhe dar uma dica de se acho que os objetivos devem ter números. Resposta: não.

Aqui vai também uma recapitulação da minha definição de *resultado-chave*, que é uma declaração quantitativa que mede a realização do objetivo. O resultado-chave quase sempre apresenta alguma evidência de que o objetivo foi atingido. Assim, se seu objetivo for, por exemplo, "Aumentar as vendas em 20%", você já incluiu o resultado-chave no objetivo. Para que servem os resultados-chave nesse ponto? Você pode usá-los para documentar como aumentará as vendas em 20%, mas ao fazê-lo, provavelmente acabará transformando o OKR em uma lista de afazeres gourmetizada, que poderá ou não indicar um aumento nas vendas, em vez de uma ferramenta importante no esforço de executar sua estratégia.

Outro ponto importante na inclusão de números em seu objetivo é que os objetivos sofrerão de falta de contexto, o que significa que você não saberá por que o número indicado é importante para o negócio. Considere o exemplo anterior: "Aumentar as vendas em 20%." Por que você quer aumentar as vendas? Eu sei que parece óbvio — toda empresa do planeta quer aumentar as vendas —, mas qual é o seu motivo específico? Está perdendo relevância no mercado? Sente a ameaça de algum concorrente agressivo? Quer aumentar a participação de mercado? Ao determinar seus motivos específicos, você se abrirá à possibilidade de diversos resultados-chave, os quais, no fim das contas, se mostrarão mais significativos na execução da sua estratégia única.

No exemplo anterior (aumentar as vendas em 20%), suponha que seu maior desafio seja a entrada de muitos concorrentes novos no mercado, ameaçando roubar sua participação de mercado. Se esse for caso, um objetivo mais estratégico pode ser:

> Aumentar as vendas para manter nossa posição competitiva.

Esse objetivo tem um conjunto muito mais amplo de possíveis resultados-chave que irão além de uma lista de táticas de vendas. Com a criação desse objetivo mais abrangente, você provavelmente incluirá os seguintes resultados-chave:

1. Aumentar as vendas de *x* para *y*.
2. Aumentar a porcentagem da margem bruta de *x* para *y*. (Isso garantirá que você não aumente as vendas de uma forma não rentável por meio de grandes descontos.)
3. Aumentar a participação de mercado de *x* para *y*. (Isso medirá o impacto comercial do objetivo, que é manter uma posição competitiva.)

Agora o OKR atende ao seu verdadeiro objetivo de ajudá-lo a superar problemas estratégicos em vez de simplesmente substituir uma lista de afazeres.

Tornando-o significativo para você

Significativo pode ser um termo bem subjetivo: talvez você encontre significado em um belo pôr do sol, ao passo que, para mim, ele só indicaria o fim de um dia agitado. Muitas pessoas supõem que a palavra *significativo* indica algo que exerce um impacto profundo na sociedade ou até no mundo — a cura de uma doença rara ou conseguir a paz mundial. Mas algo que pode ser significativo para você, seu departamento ou sua empresa não precisa ser tão grandioso. Qualquer coisa pode ser considerada significativa se você consegue enxergar seu valor de contribuição, o que pode se manifestar de diversas formas, desde resolver problemas para os clientes até tornar sua comunidade um lugar melhor graças aos produtos ou aos serviços que você oferece.

Os objetivos escolhidos sempre devem ser significativos para você de alguma maneira, representando o valor que espera criar para a equipe, a empresa ou até para o mundo. Obviamente, "significativo" não quer dizer "fácil". Na verdade, geralmente é o contrário. Quantas vezes você já ouviu um ator dizer em uma entrevista que ele aceitou determinado papel por ter sido desafiador e significativo para ele de alguma forma? Um dos meus heróis da atuação, Paul Newman, definitivamente já se sentiu assim. Sempre senti alguma ligação com esse icônico ator, em grande parte porque eu já fui chamado de Paul Newman em vez de Paul Niven umas 44 mil vezes ao longo da minha vida. Newman, não Niven, era conhecido por escolher papéis que exigiam uma profundidade de sentimento e uma nuança que o levavam ao limite emocional — e esses eram os papéis que ele considerava significativos.

O desafio e o significado andam de mãos dadas em muitos cenários, incluindo nos OKRs. Se você já passou pelos passos de elaborar objetivos já identificados, mas suas escolhas finais não o deixam um pouco nervoso, talvez elas não sejam realmente as melhores opções. Por outro lado, se um pouco de incerteza, dúvida ou até medo entraram na equação, você provavelmente está no caminho certo. O sucesso, incluindo com objetivos, costuma estar em uma zona de ligeiro desconforto. Você sabe que o trabalho é vital, que é a verdadeira representação do valor que espera entregar, mas que será difícil de conseguir. Quando encontrar essa combinação mágica, provavelmente terá encontrado os objetivos certos para você.

Garantindo que será feito dentro do prazo

Sempre que possível, você deve escolher objetivos que possam ser realizados dentro do prazo associado, o que significa que os objetivos anuais devem ser atingidos dentro de um ano, os trimestrais dentro do trimestre e os quadrimestrais dentro do quadrimestre. Os OKRs foram feitos para serem um sistema ágil de estabelecimento de objetivos, permitindo-lhe agir em resposta às mudanças no ambiente, nas condições do mercado etc. Se escolher objetivos que levarão cinco anos para completar e estiver disposto a ir até o fim, independentemente do que talvez aconteça no mundo à sua volta, então haverá pouco espaço para ter agilidade em sua abordagem e poucas oportunidades valiosas para fazer ajustes inestimáveis com base no que está acontecendo.

Talvez ache que começar o parágrafo anterior com "sempre que possível" foi um chamariz, e tem razão. É um fato da vida organizacional, independentemente de estar pensando em usar objetivos anuais, trimestrais ou quadrimestrais, que alguns desses objetivos serão importantes, significativos e desafiadores o suficiente para abrangerem mais de um período.

Apenas como exemplo, pedi a vários clientes ao longo dos anos para incluírem um objetivo no nível da empresa relacionado à instalação de um novo sistema de Planejamento de Recursos Empresariais (ERP). Nas melhores circunstâncias, dependendo do tamanho da empresa e da instalação, essa tarefa pode levar pelo menos um ano, mas costuma levar ainda mais tempo. Nesse caso, seria aceitável incluir o objetivo, mas os resultados-chave devem ser atualizados com frequência para indicar o progresso do objetivo de longo prazo.

Para os níveis mais baixos da organização, ou seja, qualquer coisa abaixo do nível da empresa, a cadência dos OKRs provavelmente será trimestral ou quadrimestral. Meu conselho é limitar a maioria dos objetivos nesses níveis ao máximo de dois períodos (dois trimestres ou quadrimestres). Os departamentos ou as equipes podem ter pelo menos um objetivo de longo prazo vital para o sucesso futuro e que, portanto, se estenderá por períodos mais longos; contudo, para tirar o máximo proveito do processo dos OKRs em termos de agilidade e resposta, a grande maioria dos objetivos deve ser concluída em um prazo menor.

Alinhando-o vertical e horizontalmente

Dizemos que um objetivo é verticalmente alinhado se ele contribui, ou é consistente, com um OKR de nível mais elevado. "Nível mais elevado", nesse caso, se refere a qualquer coisa acima do nível em que o objetivo foi escrito. Por exemplo, imagine a "Empresa ABC" (ei, pegue leve comigo com esse nome; já estamos quase no fim do capítulo, e a minha imaginação está acabando). Como na maioria das organizações, a ABC é composta de diversas unidades de negócios, departamentos e equipes, incluindo RH. No RH existem quatro departamentos: Recompensas, Contratação, Desenvolvimento de Talentos e RH Geral. Quando o departamento de Recompensas cria objetivos, ele deve escolher algo que seja consistente ou se alinhe com os objetivos do RH ou do nível da empresa. Em outras palavras, seus membros devem escolher algo que indique como eles contribuem para o sucesso geral.

Entretanto, esse processo nunca deve resultar em uma situação de alinhamento forçado, o que envolveria o departamento de Recompensas criar um objetivo que evidentemente tem pouca relevância para seu próprio trabalho, mas que pode, se o raciocínio for estendido o suficiente, se relacionar com um objetivo da empresa. O principal motivo de criar objetivos em qualquer nível é determinar o que seria mais importante para você no momento. Sua responsabilidade nesse ponto é comunicar sua escolha, observando como ela se alinha, se é que o faz. Caso não tenha um alinhamento direto com um nível mais elevado, o grupo que escreveu o objetivo deve defender de forma convincente por que o objetivo escolhido é vital para seu sucesso.

LEMBRE-SE

O alinhamento horizontal se refere ao processo de determinar de quem você precisa de ajuda dentro da organização para atingir seu próprio objetivo. O tema do alinhamento horizontal será abordado em mais detalhes no

Capítulo 10. Sinta-se à vontade para dar uma olhada nesse capítulo e voltar para terminar este.

Fácil de ler e entender

Ao ler esta manchete no jornal amanhã, saberia dizer o que ela significa?

> A OMS & o BM fizeram uma PPP para melhorar o SS na UE

Para citar um dos meus personagens favoritos, Wayne Campbell, no filme *Quanto mais idiota melhor*: "Comé?" Não adivinharia o que isso significa nem com quinhentas chances. A manchete significa "A Organização Mundial da Saúde & o Banco Mundial fizeram uma parceria público-privada para melhorar o sistema de saúde na União Europeia." Por que não dizer isso de uma vez? Porque o mundo adora siglas e está cheio delas. Um dos grandes problemas que enfrento ao trabalhar com um novo cliente é tentar entender rapidamente sua lista infinita de siglas corporativas bizarras. Elas me deixam DOIDO.

Na maioria das organizações existe uma crença velada de que todo mundo sabe, entende e é fluente no léxico inteiro de siglas usadas em cada e-mail e reunião desde que o estatuto corporativo foi carimbado. Mas aqui vai um segredinho: isso não é verdade.

Já estive em várias sessões nas quais as equipes compartilhavam seus OKRs com o restante da organização quando uma alma corajosa ergueu a mão, como se fosse uma bandeira branca de rendição, e perguntou: "Desculpe, mas o que significa AMOTO"? Em meio a uma condescendência levemente camuflada, uma rajada de desculpas costuma ser apresentada conforme o orador esclarece a questão explicando aquela palavra de pronúncia bizarra para a pobre pessoa sem conhecimento que se atreve a fazer a pergunta. Mas então, inevitavelmente, outra pessoa diz: "Obrigado por explicar; eu também não sabia o que significava." Mais alguns vêm em seguida, reconhecendo sua ignorância. Logo fica claro que o que parecia tão óbvio não era tanto assim.

Um dos maiores benefícios em potencial dos OKRs é a transparência, o que inclui compartilhar objetivos e resultados-chave de cima para baixo, permitindo que todos tenham uma visão reveladora e profunda do foco de seus colegas nos dias à frente. Essa transparência aumenta a compreensão geral do papel de todos no universo corporativo e, em alguns casos, também pode resultar em conversas espontâneas que levarão a futuras colaborações e a inovações de produtos ou processos. Ao escrever um objetivo com várias siglas — ou mesmo uma, aliás — você estará violando o espírito da comunicação clara e da transparência que os OKRs deveriam nutrir na organização.

LEMBRE-SE

Nunca suponha que todo mundo entende suas siglas; assim, desenvolva o hábito de separar uns quinze segundos ou mais para realmente escrever as palavras que abrangem seu objetivo.

Controlando os recursos necessários

Como menciono no Capítulo 10, não é incomum, e pode ser bastante benéfico, duas equipes compartilharem OKRs — o que significa que elas juntam suas forças e trabalham de forma colaborativa em um OKR que gera valor para ambas. Cada equipe contribui com seu esforço, *know-how*, habilidades ou recursos para cumprir o OKR.

As coisas ficam complicadas quando a palavra *compartilham* é interpretada por alguns grupos como uma criança de 3 anos enxerga o conceito ao decidir dividir os brinquedos com um coleguinha. A maioria das criancinhas não é adepta da distribuição igual e provavelmente gritará "Meu!" ao agarrar um brinquedo em vez de dizer civilizadamente: "Aqui, você também pode brincar." O equivalente dos OKRs desse comportamento é escrever um objetivo apesar de saber que outra unidade ou equipe precisará fazer a maior parte do trabalho para cumpri-lo.

Ao elaborar um objetivo, você deve fazer isso sabendo que controla a maior parte dos recursos necessários para transformá-lo em uma realidade. O conhecimento ou as habilidades necessários para cumpri-lo estão ao alcance de suas mãos e estão disponíveis para a aplicação imediata, e você controla ou pode acessar quaisquer recursos necessários para garantir que o objetivo será realizado.

Gerando valor comercial

Depois de participar de milhares de reuniões ao longo da minha carreira, posso dizer com confiança que não faltam ideias circulando na maioria das organizações. Obviamente, a única fonte de energia que a humanidade não ficará sem é a energia cerebral; assim, temos a alegria de colher os benefícios dessa fonte. Mas as ideias podem se classificar em um espectro: de geniais de um lado a bizarras e totalmente ridículas do outro.

Os objetivos são basicamente ideias que transformamos em uma metodologia para a definição de metas, e embora a criatividade em sua escolha seja definitivamente bem-vinda, para executarmos nossas estratégias com eficácia, nossos objetivos devem refletir ideias sólidas, baseadas na geração de valor comercial para o negócio. Competições de pôquer nas manhãs de quinta para aumentar as habilidades de avaliação de risco ou aulas gratuitas de ioga para todos aumentarem a resistência no escritório podem parecer boas ideias, e tenho certeza de que beneficiariam algumas pessoas, mas a pergunta é a seguinte: elas gerarão valor comercial de acordo com o objetivo da companhia?

Enfatizo a importância da fórmula dos objetivos (verbo + o que será feito + para/de modo que), porque seguindo ela, você será obrigado a pensar com cuidado no verdadeiro fundamento empresarial de trabalhar no objetivo. Se você produzir os primeiros dois elementos de um objetivo, mas travar ao preencher a parte do impacto comercial, o objetivo elaborado provavelmente não será eficaz. O primeiro teste de um objetivo que gera valor é a demonstração do impacto ou do valor comercial.

NESTE CAPÍTULO

» **Conhecendo os resultados-chave**

» **Desmistificando o processo de desenvolvimento dos resultados-chave**

» **Familiarizando-se com as características dos resultados-chave eficazes**

Capítulo **9**

Arregaçando as Mangas, Parte 2: Criando Resultados-chave

Algumas coisas funcionam melhor juntas: manteiga de amendoim e geleia; acampamentos e histórias de fantasmas; e o favorito financeiro do meu tio: compre um, ganhe outro de graça. Outras duas coisas que são perfeitas juntas são os objetivos e os resultados-chave. Os objetivos são declarações inspiradoras e cativantes do que desejamos fazer, mas que, sozinhas, não passam de pensamento positivo. Só quando incluímos um conjunto de resultados-chave sabemos se fizemos alguma diferença no universo representado pelo objetivo escolhido. Um não funciona sem o outro.

Os resultados-chave atuam primeiramente usando números, e não há nada como o puro poder dos números para acabar com qualquer confusão ou contradição quando o assunto é determinar se atingimos nosso objetivo, se estamos no meio do caminho ou se falhamos por completo. Ou atingimos o número ou não — simples assim. Porcentagens, valores monetários, números brutos ou até datas (como no caso dos resultados-chave do tipo marco) são os juízes máximos nesse jogo, permitindo-nos saber com clareza e precisão se atuamos bem no nosso esforço em atingir o objetivo.

Neste capítulo, vou guiá-lo com entusiasmo pelo maravilhoso mundo dos resultados-chave. Primeiro, examinaremos os tipos de resultados-chave e veremos qual é o momento mais apropriado para usá-los. A seguir, vem o processo de criar resultados-chave que contam a história do seu sucesso em atingir os objetivos. Os resultados-chave eficazes consistem em diversas características a se ter em mente, como veremos neste capítulo. A última parada neste tour será a loja de presentes, onde poderá comprar coisas de todo tipo relacionadas com OKRs na nossa loja online — você não quer ficar sem os canudos de bambu e o protetor solar de OKRs. Ah, desculpe por desapontá-lo, mas não existe uma "saída pela loja de presentes" neste tour. Contudo, como presente de despedida, darei alguns conselhos finais de como criar resultados-chave poderosos.

Analisando os Resultados-chave

Na faculdade, eu tinha uma habilidade cobiçada por todos os meus amigos. Você talvez ache que eram habilidades interpessoais admiráveis, com a capacidade de manter relacionamentos saudáveis e ajudar a resolver conflitos. Esse dom definitivamente teria sido útil naquela fase da vida, mas não, não era isso. A habilidade pela qual eu era conhecido era a arte de escrever títulos de músicas na parte de dentro das caixas de fita cassete com uma letra longa e fluida, embora eu tivesse a tendência de escrever com letras grandes, de modo que muitos títulos acabavam com reticências. Até hoje, meus amigos e eu nos referimos a certa música clássica de Janet Jackson como "What have you done ponto ponto ponto".

Eu ficava feliz em ajudar meus amigos, mas estabelecer a sequência das músicas era de longe uma das minhas atividades favoritas, assim, antes de criar uma fita, eu decidia onde colocar cada uma para otimizar o efeito geral.

Esse princípio de localização para obter o efeito ideal se aplica ao seu uso dos resultados-chave tanto quanto se aplicava à minha coleção de fitas cassete da década de 1980. Assim como havia muitas músicas, existem diversos resultados-chave. Os do tipo métrica e marco são os mais comuns, e os abordaremos mais profundamente neste capítulo. Cada um deles tem um lugar nos seus OKRs. O truque é determinar quando e como usar cada um para garantir o melhor resultado — nesse caso, alcançar seus objetivos. Nas seções a seguir, explicarei cada categoria de resultados-chave e darei conselhos de como capitalizar da melhor forma possível para compor uma "fita" que tocará belas "canções" para você.

Resultados-chave do tipo métrica

Um *resultado-chave do tipo métrica* é tudo que contém números brutos, valores monetários ou porcentagens. Como a ideia dos resultados-chave é indicar a realização do seu objetivo e ser quantitativo por natureza, procure fazer com que a maior parte seja da variedade métrica. Esta seção analisará um exemplo de resultados-chave do tipo métrica em ação, usando um tema bastante relevante: este livro.

Por mais que eu goste de escrever (sigo fiel fazendo uma crônica da minha vida, do meu trabalho e das minhas aventuras desde que tinha uns 10 anos), minha ocupação e fonte primária de renda é ajudar as organizações a executarem com eficácia suas estratégias com OKRs por meio da minha empresa, a OKRsTraining.com. Quando aceitei a oferta de escrever este livro, minhas obrigações para com meus clientes não desapareceram. As organizações que eu ajudava ainda esperavam que eu estivesse presente e totalmente compromissado com elas à medida que aplicavam seus OKRs. E os clientes pagantes têm grandes expectativas. Se ignorasse suas exigências e passasse todo o meu tempo escrevendo, logo elas estariam buscando meus concorrentes no Google e me desejando boa sorte com meus empreendimentos futuros. Assim, foi muito importante para mim equilibrar o prazo deste livro e minhas obrigações para com meus clientes para me certificar de que todos ficassem satisfeitos, incluindo eu. Conforme o prazo para a entrega do manuscrito se aproximava, usei o seguinte objetivo para me ajudar com esse desejo:

> Terminar de escrever o livro *OKRs Para Leigos* dentro do prazo para manter meus relacionamentos com os clientes.

Então, com esse objetivo estabelecido, precisei criar os seguintes resultados-chave para demonstrar sua realização:

- » Aumentar o número de páginas escritas por dia de três para seis.
- » Aumentar a porcentagem de horas de trabalho com os clientes de 50% para 100%.
- » Manter a desistência dos clientes em zero.

Todos os três itens anteriores são resultados-chave do tipo métrica. O primeiro usa números brutos, expresso em números de páginas escritas (e se você acha que seis páginas por dia é pouca coisa, tente escrever um livro). O primeiro resultado-chave abrange a primeira parte do objetivo, relacionada com terminar o livro dentro do prazo. Minha hipótese era que se eu dobrasse meu resultado atual, conseguiria entregar o livro para a equipe da Para Leigos dentro do prazo. Foi um resultado-chave particularmente útil, porque eu pude monitorá-lo todo dia para medir o progresso.

Meus segundo e terceiro resultados-chave tinham a ver com a parte final do objetivo: manter meu relacionamento com os clientes. Se aumentasse o número de páginas escritas por dia, isso me ajudaria a adiantar a data de entrega e me permitiria passar mais tempo com os clientes, tal como representado pela porcentagem de horas de trabalho dedicadas aos compromissos deles. Por fim, para indicar a realização de conservar meu relacionamento com eles, eu também precisava garantir que nenhum abriria mão do nosso relacionamento durante o processo de escrita, e essa meta foi indicada por meu último resultado-chave de manter as desistências dos clientes em zero.

Perceba que o último resultado-chave não foi escrito no formato "de *x* para *y*" ou da base para a meta. Isso porque, durante o período abrangido por esse OKR, nenhum dos clientes deixou de ser meu cliente, de modo que eu não tinha nenhum *x*, ou base, para incluir e foi por isso que usei o verbo *manter*.

Os números são indicativos claros e precisos de se o objetivo foi atingido; portanto, sempre que possível, procure se certificar de que a maior parte dos seus resultados-chave seja do tipo métrica.

CUIDADO

A terminologia faz diferença. É fácil para as pessoas se referirem aos resultados-chave como "medidas" ou "indicadores-chave de desempenho". Eles não são isso — são resultados-chave, e você sempre deve se referir a eles assim. O uso desleixado ou inconsistente dos termos pode resultar em confusão e minar seus esforços gerais de implementação. Certifique-se de que todos se refiram aos resultados-chave como resultados-chave.

Resultados-chave do tipo marco

Há alguns anos, li sobre uma briga que aconteceu entre os membros de uma associação de Papais Noéis na Califórnia. Você leu direito: uma sociedade de Papais Noéis. Era de se esperar que fossem unidos em questões de pagamento, benefícios e condições de trabalho, mas acontece que o desacordo entre eles fez com que esses distribuidores corpulentos de alegria natalina fossem uns contra os outros, com alguns chegando ao ponto de ameaçar não comparecer nos shoppings na hora marcada. Isso pareceu uma bobagem de início, mas percebi que, independentemente do setor ou do campo de trabalho, quando pessoas dedicadas a um conceito ou uma causa se reúnem para abordá-lo, elas terão diferenças de opinião.

Os OKRs não são imunes a esse fenômeno, e os resultados-chave do tipo marco costumam ser o epicentro de um dos debates mais polarizantes do campo. Ficou curioso? E no espírito do jornal da noite, agora que chamei sua atenção, mudarei de assunto na esperança de que você continue comigo para aprender mais sobre esse grande debate — depois da tarefa de definir o que é um resultado-chave do tipo marco.

Os resultados-chave do tipo marco representam atividades ou processos significativos e vitais para a realização do objetivo. Existem literalmente inúmeros exemplos deles, mas aqui vão alguns para ilustrar o conceito:

- » Apresentar o novo processo de contratação até 30 de junho.
- » Criar um programa de fidelização de clientes aprovado pelos executivos até 31 de dezembro.
- » Escrever novas orientações de entrega de orçamentos até 31 de março.

Depois de realizada a tarefa de definir o que são resultados-chave do tipo marco, voltemos ao grande debate — a versão do OKR da OK Corral. Ao longo dos anos, já conheci muitos "puristas" dos OKRs que insistem que o modelo não deveria ter resultados-chave do tipo marco. De acordo com esses especialistas, devemos nos concentrar exclusivamente nos resultados-chave do tipo métrica que indicam o valor ou o impacto comercial. Na opinião deles, se fizermos qualquer coisa aquém disso, correremos o risco de transformar os OKRs em uma lista de afazeres gourmetizada.

Concordo que nunca devemos ter apenas resultados-chave do tipo marco, senão esses céticos estarão certos; nesse caso, estaríamos usando os OKRs como um plano de projeto. Mas os resultados-chave do tipo marco podem ter um papel vital na criação de um OKR forte. Veja os motivos pelos quais você deveria, quando necessário, incluir resultados-chave do tipo marco como parte de um OKR:

- » **O impacto que está buscando é novo.** Muitas pessoas leem o livro *Avalie o que importa* e pensam: "Ah, beleza; do nada, tenho todas essas métricas baseadas em resultados." Mas se esquecem de que, em geral, elas começam do ponto zero, e os marcos devem preceder as métricas. As organizações desanimam com esse fato e acabam abandonando os OKRs, mas essa reação é a pior e a menos racional possível.

  O fato de que você descreveu as lacunas na sua execução é uma coisa boa! São pontos cegos estratégicos que precisam ser consertados e, em geral, não é possível obter os resultados sem os passos (os marcos) para corrigi-los. Praticamente todos os clientes da minha empresa que são novos no uso de OKRs escrevem resultados-chave do tipo marco. Em geral, eles são necessários porque os resultados-chave de impacto comercial que realmente gostariam de monitorar nunca foram medidos antes. Assim, eles precisam começar com um marco. Por exemplo, alguns clientes crescem rapidamente, mas nunca mediram o engajamento dos colaboradores. Para medi-lo (e aprimorá-lo), é necessário identificar uma estrutura de engajamento primeiro e, então, fazer uma pesquisa inicial. Ambos são exemplos de resultados-chave do tipo marco.

» **Os marcos refletem o processo.** Suponhamos que você tenha o seguinte objetivo trimestral: "Melhorar o site para gerar leads de entrada". Seu resultado-chave pode ser "Aumentar os leads de entrada de 125 para 200". É um bom resultado-chave baseado em métricas. Mas o problema é o seguinte: você simplesmente senta e aguarda os 90 dias do trimestre passar, esperando atingir esse número? É claro que não. Você pode agir para gerar esse aumento nos leads de entrada, e essas ações costumam ser refletidas nos resultados-chave do tipo marco. Por exemplo, nesse caso, o objetivo incluía melhorar seu site, de modo que um resultado-chave do tipo marco poderia ser "Reescrever as páginas de Serviços e Sobre Nós do site até 1º de fevereiro". São informações necessárias para aumentar os leads de entrada.

» **Marcos preenchedores de lacunas.** Mais no início do capítulo, falei sobre meu OKR para terminar este livro dentro do prazo e manter meu relacionamento com os clientes, o qual era composto por três resultados-chave do tipo métrica. O conjunto de resultados-chave poderia ter sido fortalecido com a inclusão de um marco, como "Entregar o manuscrito final até 20 de abril". Esse marco seria um evento significativo que deveria ocorrer para eu voltar a usar o tempo dedicado à escrita para a consultoria, sem perder nenhum cliente.

Os resultados-chave do tipo marco podem ter um papel importante na realização dos seus objetivos. Apenas se lembre de algumas coisas ao usá-los. 1) Sempre inclua uma data. É assim que você poderá realizar a extensão — em outras palavras, o quão rápido consegue atingir o marco sem sacrificar a qualidade. 2) Certifique-se que os marcos escolhidos prevejam ou gerem o(s) resultado(s)-chave de impacto comercial que deseja. Deve haver uma conexão causal entre os dois. 3) Monitore os marcos com um resultado-chave do tipo métrica. Os dois tipos de resultados-chave devem trabalhar juntos para contar a história do seu sucesso em relação ao objetivo.

DICA

Para identificar a diferença entre um verdadeiro resultado-chave do tipo marco e uma tarefa ou uma atividade, use o tempo que levaria para completá-lo para determinar sua categorização. Tudo o que puder fazer em menos de uma semana provavelmente não passará de uma tarefa, ao passo que tudo que levará várias semanas para realizar representará um marco.

Esta é a citação de um cliente que, como muitos outros, inclui resultados-chave do tipo marco como uma parte importante do seu processo de OKRs:

> "Uma coisa fica clara com essa atividade: há muitas lacunas em nosso conhecimento; muitos resultados-chave do tipo marco desse trimestre nos ajudarão a obter melhores métricas que poderemos usar para seguir em frente."

Felizmente, esse executivo logo entendeu o poder e o potencial dos marcos, algo que o incentivo a fazer também se quiser tirar o máximo proveito do seu investimento em OKRs.

Processo de Criação dos Resultados-chave

Criar um conjunto de objetivos no nível da empresa, da equipe ou até individual é uma realização significativa, digna de celebração, mas é claro que o trabalho ainda estará na metade. Pergunte a qualquer um que já realizou uma implementação de OKRs e a pessoa dirá que, embora escrever objetivos não seja algo tão fácil, criar um conjunto de resultados-chave que reflita de modo claro a realização desse objetivo é um desafio que o deixará frustrado, confuso e desanimado. Em termos mais simples: é difícil criar resultados-chave.

Acho que o que acontece é que as pessoas fazem com que seja mais difícil do que realmente é deixando de seguir qualquer processo definido ao criar seus resultados-chave. Muitas equipes se reúnem em uma lousa ou no Zoom e começam a apresentar possíveis resultados-chave com muito pouco contexto ou sem um plano geral de ataque. Por que não deveria existir um conjunto de protocolos para aumentar bastante a probabilidade de um resultado bem-sucedido ao criar resultados-chave? Afinal, os cientistas não criam regras e procedimentos para realizar estudos duplos-cegos ao longo do processo, esperando se deparar com alguma inovação. Os médicos seguem diretrizes exatas ao diagnosticar doenças. Seguir um processo documentado é uma prática sensata que melhorará muito a qualidade dos seus resultados-chave.

No Capítulo 8, defini *processo* assim: "Uma série de ações ou passos dados para atingir um fim específico." O fim, nesse caso, é um conjunto de resultados-chave que comprova que você atingiu o objetivo, e as seções a seguir descrevem uma série de ações que devem ser realizadas para criá-los. O procedimento descrito não elimina por completo a dificuldade de criar resultados-chave — mas o objetivo não é esse. Criar resultados-chave robustos deve ser intelectualmente estimulante, obrigando-o a se aprofundar no seu reservatório de conhecimento organizacional, mas fazer isso nunca deve ser mais difícil do que o necessário. Ao seguir o procedimento descrito neste capítulo, você poderá ter a confiança de que os resultados-chave estabelecidos serão verdadeiros indicadores de realização.

Pergunta básica para determinar o resultado-chave de impacto comercial

Esta é a fórmula para escrever um objetivo, incluído em várias partes do livro:

> Verbo + o que você quer/deseja fazer + para/de modo que (impacto comercial)

O elemento final da fórmula, o impacto comercial, deixa bem claro por que é importante buscar atingir o objetivo agora e por que ele é estrategicamente relevante para a organização. Portanto, ao criar seus resultados-chave, determinar o impacto comercial seria um ponto lógico para começar. A pergunta básica é: "No fim do período, como saber se conseguimos o impacto comercial no objetivo?"

Veja um exemplo de como determinar o efeito do impacto comercial. No Capítulo 5, mencionei que a minha família tinha uma fábrica de refrigerante quando eu era criança. Era uma pena eu não ser um menino superprecoce, como Doogie Howser (um médico adolescente de uma sitcom dos anos 1990) dos negócios; de outra forma, eu poderia ter dado alguns conselhos de OKRs ao meu pai. Teríamos nos beneficiado de alguma orientação, porque o negócio definitivamente tinha seus desafios. Para mencionar apenas alguns, a concorrência estava aumentando no mercado, o preço do açúcar estava aumentando no mundo todo e havia grande rotatividade no pessoal. Ah, e o filho dele estava consumindo metade dos lucros, mas deixe isso pra lá.

Não obstante, seu maior problema talvez fosse o equipamento de envasamento antigo e ultrapassado. Eu me lembro de entrar na sala de mistura e ficar hipnotizado pelo aroma açucarado que vinha das máquinas. Era o Paraíso para uma criança, mas eu também sentia alguma relutância ao puxar de levinho a porta que levava a essa sala porque os equipamentos da época da Segunda Guerra Mundial sempre bufavam, arfavam e pareciam estar a ponto de estender seus braços frios de metal para me enfiar dentro de uma garrafa de refrigerante. O velho maquinário estava sempre quebrando, o que significava que a linha tinha que parar, nenhum refrigerante era produzido e a produção diminuía, o que acabava resultando em uma receita menor. Um objetivo lógico para a empresa do meu pai teria sido:

> Investir em equipamentos de envasamento modernos para aumentar a produção de refrigerante.

Voltando à pergunta básica — "No fim do período, como saber se conseguimos o impacto comercial no objetivo?" —, a resposta seria o aumento da produção de refrigerante, como representado por este resultado-chave:

Aumentar o número de caixas produzidas por dia de 200 para 300.

Simples assim. Se o número de caixas produzidas aumentasse de duzentos para trezentos, isso seria uma prova clara do aumento na produção de refrigerante, a parte do impacto comercial do objetivo. É por isso que identificar a parte "Por que agora?" do impacto comercial do objetivo é tão importante. É como ter uma cartela gratuita de bingo. Quanto mais claro seu impacto comercial for declarado, mais fácil será responder a pergunta básica do resultado-chave. Ao escrever a declaração do impacto, você saberá que precisará medi-lo com pelo menos um resultado-chave.

Um ponto adicional: se eu estivesse lendo este livro, questionaria esse suposto autor especialista (posso me questionar?), perguntando: "Se seu pai tinha todos esses problemas — aumento da concorrência no mercado, aumento do preço do açúcar no mundo todo e alta rotatividade de pessoal —, como ele poderia investir na atualização dos equipamentos? Será que seria realmente o melhor objetivo para ele tentar atingir?" Excelente pergunta!

Lembre-se de que os OKRs precisam representar um foco no que mais importa na execução da estratégia e para fazer o negócio progredir. Nessa situação hipotética, meu pai tinha várias opções: melhorar o treinamento do pessoal; fazer novas promoções para combater a concorrência; ou até diminuir a quantidade de açúcar na receita. No Capítulo 8, falo sobre como filtrar os objetivos para conseguir realizá-los (às vezes é preciso realizar um antes de realizar outro). Se meu pai investisse no treinamento do pessoal, isso não teria solucionado o problema com os equipamentos e colocado refrigerantes nas prateleiras. Aumentar as promoções só funcionaria se ele tivesse mais refrigerante para vender, o que não seria o caso se não investisse na atualização dos equipamentos. Por último, diminuir a quantidade de açúcar só teria diminuído a demanda, reduzindo ainda mais a receita.

O problema principal era o equipamento obsoleto; assim, era o ponto certo por onde começar. Outros objetivos relacionados com o treinamento do pessoal, promoções ou mudanças na receita poderiam ser realizados depois.

Contando a história de sucesso com resultados-chave orientadores

O filme *Amnésia*, de 2000, dirigido por Christopher Nolan, é conhecido por sua narrativa única, na qual a história é contada de trás para frente, começando no final e voltando progressivamente para o início. Ele foi elogiado pela crítica e recebeu várias nomeações para o Oscar, o que indica que os roteiristas estavam certos em adotar essa abordagem de "começar pelo fim e terminar no início". Acho que você poderia usar a mesma técnica para ter um ótimo efeito ao criar um conjunto de resultados-chave.

Nesse caso, seu resultado-chave de impacto comercial representa o fim da história estratégica. Agora, você precisa voltar para o início e preencher as lacunas da história, e é aí que entram os resultados-chave orientadores. Um resultado-chave orientador é aquele que prevê, conduz ou leva a outro resultado-chave. Veja um exemplo bem simples:

> **Resultado-chave de impacto comercial:** Aumentar a receita de US$50 milhões para US$70 milhões.
>
> **Resultado-chave orientador:** Aumentar a quantidade de reuniões presenciais com possíveis clientes de alto valor (cujas propostas ultrapassam os US$2 milhões) de 25 para 50.

A hipótese é que fazer mais reuniões com possíveis clientes de alto valor resultará no (ou conduzirá ao) resultado-chave de impacto comercial. Às vezes, seus resultados-chave orientadores serão marcos, e tudo bem. Os resultados-chave orientadores são importantes porque funcionam como "sistemas iniciais de alerta". Nesse exemplo simples, se não conseguisse realizar reuniões presenciais com possíveis clientes de alto valor, você provavelmente (com base em sua hipótese) não veria um aumento na receita e, portanto, precisaria agir imediatamente.

Voltando ao exemplo do OKR da fábrica de refrigerante do meu pai (na seção anterior), à luz dessa narrativa e da inovação do resultado-chave orientador, atingir o número de caixas produzidas serviria de evidência clara de que ele havia atingido a parte do impacto comercial do seu objetivo (aumentar a produção de refrigerante). Mas sem o resto da história (os resultados-chave orientadores), ele precisaria aguardar até o fim do período e esperar atingir a produção — e a esperança não é uma estratégia. Esse OKR está implorando por resultados-chave orientadores para completar a história e dar ao meu pai a munição de que precisa para examinar seu progresso de forma crítica.

Contando a história de trás para frente

Há algumas formas de lançar luz sobre esses resultados-chave orientadores. Meu pai poderia simplesmente ter começado com o resultado-chave de impacto comercial e perguntado: "O que será necessário para aumentar o número de caixas produzidas por dia?" Como seus equipamentos sempre quebravam, obrigando a linha a parar a produção, uma resposta lógica poderia ser "Diminuir as paradas", com o resultado-chave correspondente: "Diminuir as paradas de uma vez por dia para uma vez por semana." Com a linha funcionando a pleno vapor, o resultado certamente aumentaria. Agora ele pode perguntar: "O que será necessário para diminuir as paradas?" E continuaria perguntando "O que será necessário para... (chegar ao resultado-chave subsequente)?" até terminar a história com três a cinco resultados-chave.

Contando a história medindo o objetivo

Uma segunda forma de contar a história é voltar ao objetivo e se certificar de que você o esteja medindo por completo. Nesse caso, o objetivo começa com "Investir em equipamentos de envasamento modernos". Como meu pai saberia se estava fazendo isso? Um resultado-chave bem simples seria: "Instalar equipamentos de envasamento modernos até a data *x*." Então, ele teria uma lacuna entre esse resultado-chave inicial, o primeiro capítulo da sua história, e o fim: seu impacto comercial no aumento da produção.

Para preencher a lacuna, ele precisaria se perguntar: "O que deve acontecer entre a compra dos equipamentos e o aumento da produção?" Muito provavelmente, ele teria que treinar os funcionários para se certificar de que eles pudessem tirar o máximo proveito das atualizações tecnológicas oferecidas pelas máquinas novinhas e brilhantes. Esse treinamento poderia levar a este resultado-chave: "Treinar 100% dos funcionários de envasamento para usarem os equipamentos modernos até a data *x*." Com os novos equipamentos funcionando e o pessoal competente operando-os, as paradas da linha devem diminuir. O OKR final seria algo parecido com:

Objetivo: Investir em equipamentos de envasamento modernos para aumentar a produção de refrigerante.

Resultados-chave:

1. Instalar equipamentos de envasamento modernos até a data *x*.
2. Treinar 100% dos funcionários de envasamento para usarem os equipamentos modernos até a data *x*.
3. Diminuir as paradas de uma vez por dia para uma vez por semana.
4. Aumentar o número de caixas produzidas por dia de 200 para 300.

DICA

Usar uma narrativa também o ajudará a comunicar seus resultados-chave. Será muito mais fácil para as outras equipes e as partes interessadas entenderem a relevância e a importância estratégica dos seus resultados-chave ao estruturá-los como uma história, mostrando como eles se baseiam uns nos outros e acabam levando ao resultado-chave de impacto comercial.

Atente agora à mescla de marcos e métricas que foram combinados em uma narrativa interessante que conta a história de sucesso e mede todo o objetivo. Eu o incentivo a adotar essa abordagem de narrativa ao criar seus resultados-chave para todos os seus objetivos. É uma técnica melhor do que simplesmente fazer um brainstorming dos possíveis resultados-chave, que não passam de uma lista separada de afazeres e podem ou não levar à realização do seu impacto comercial. Ademais, você estará aperfeiçoando seus dons de contador de histórias para uma segunda carreira como roteirista. (Nunca é tarde demais: James Ivory tinha 89 anos quando recebeu o Oscar de Melhor Roteiro Adaptado em 2018.)

Não espere resultados-chave perfeitos

Imagine que você seja o gerente-geral de um aquário, cujos principais astros são dois adoráveis e talentosos golfinhos que nunca deixam de emocionar e cativar o público com suas proezas atléticas e inteligência aparentemente quase humana. Tudo parece ir bem até que, um dia, você é informado de que as duas atrações que lotam o aquário estão muito doentes por terem comido o plástico da borda do tanque. O que você faz?

Isso realmente aconteceu no aquário da província de Liaoning, China, em 2007. A primeira coisa que fizeram foi ligar para os veterinários para que pudessem tirar o plástico da barriga dos golfinhos. Parece bem simples, mas os golfinhos não têm nenhum interesse em serem cutucados e sondados com instrumentos médicos, e sempre que os veterinários tentavam fazer alguma intervenção, eles contraíam o estômago, impossibilitando a remoção.

E agora, o que fazer? Você precisa ser criativo, bem criativo. Os veterinários sabiam que os procedimentos normais não dariam certo, e improvisaram chamando o homem mais alto que existe, Bao Xishun de 2,36m, para dar uma mãozinha — ou, nesse caso, um braço do tamanho de uma asa de avião. Bao conseguiu alcançar o interior do estômago dos golfinhos, retirar o plástico terrível e salvar a vida deles. Mais um dia de trabalho para esse dócil gigante do interior da Mongólia.

A criatividade é um recurso valioso em praticamente qualquer setor, incluindo nos OKRs. Você sem dúvida já se deparou com ocasiões em que encontrar o resultado-chave perfeito para o seu objetivo parecia quase impossível. É nessas horas que você precisa canalizar seu Bao interno e ser criativo ao elaborar um resultado-chave que, embora não seja perfeito, lhe dará insight em sua tentativa de atingir o objetivo e algo para discutir como equipe. Esse empreendimento é particularmente relevante quando existe uma diferença entre o prazo do seu objetivo e a medida do resultado-chave de impacto comercial.

Pense, por exemplo, nas farmacêuticas. Em geral, elas procuram atingir o resultado-chave de impacto comercial de salto nas vendas graças a uma nova droga revolucionária. Contudo, essa droga permanecerá no processo de desenvolvimento por anos, o qual será seguido por mais tempo lidando com o complexo processo de aprovação do governo. Nesse caso, medir o impacto comercial na cadência geralmente associada aos OKRs (90 ou 120 dias) é praticamente impossível.

Outro exemplo: o departamento de Relações Governamentais de um cliente estava criando OKRs. Sua maior prioridade era simples: fazer lobby para que o Congresso dos EUA aprovasse leis que favorecessem seu setor e sua empresa. O cliente tentava influenciar o processo de tomada de decisões desse órgão legislativo para ter sucesso na forma de uma lei aprovada. Mas as leis não são aprovadas da noite para o dia ou dentro do prazo conveniente de um ciclo trimestral. Formulando essa situação como um OKR (usando um objetivo genérico para proteger a identidade do cliente), estes seriam um possível objetivo e alguns resultados-chave:

Objetivo: Fazer lobby para que o Congresso aprove novas leis que sejam favoráveis para nossa empresa.

Resultados-chave:

1. Aumentar as horas em que cada membro é alvo de lobby de 5 para 8.
2. Fazer a lei ser aprovada até a data *x*.

O problema do segundo resultado-chave é a "data *x*", porque ela provavelmente será de vários meses — muito além de um trimestre — no futuro. Se a empresa insistisse em usar OKRs trimestrais, como o departamento de Relações Governamentais poderia criar um resultado-chave apropriado, um que não fosse perfeito, mas fornecesse informações que poderia usar para aprender algo?

É aí que entra novamente o poder dos resultados-chave orientadores. Um resultado-chave orientador possui um poder preditivo e realmente acabará "orientando" até o resultado-chave de impacto comercial desejado. No exemplo anterior, fazer uma lei ser aprovada é o impacto comercial. A pergunta que fica é: o que poderia levar ou causar esse resultado-chave?

Em praticamente todos os casos, os resultados-chave criados têm o objetivo de influenciar o comportamento de um cliente, de uma parte interessada ou dos membros do Congresso que você está fazendo lobby ativamente. Em outras palavras, seu alvo é convencer as pessoas de alguma forma a fazer algo que acabará beneficiando-o. No caso do departamento de Relações Governamentais, esse alvo é fazer o Congresso aprovar uma lei. Como levará bastante tempo, você deve se perguntar o que causará ou levará a esse comportamento — e será necessário ter visão e criatividade para escolher o resultado-chave orientador apropriado.

Existe uma lacuna entre a ação de fazer lobby e fazer uma lei ser aprovada. O resultado-chave orientador fica nessa lacuna. Depois de o lobby ser concluído, o departamento deve se perguntar: "O que indicaria que os membros do Congresso estão pelo menos pendendo para o nosso lado?" Talvez seja "O número de ligações adicionais que fazem para pedir um esclarecimento sobre a nossa posição." Qualquer comportamento observado que possa ser contado e que você acredite estar "causando" ou "levando" ao resultado que deseja pode servir como um resultado-chave orientador eficaz.

As ligações adicionais de legisladores não são um resultado-chave perfeito ou extremamente sofisticado, mas a ideia não é essa. A ideia é ter algo que seja um indicativo de sucesso; algo que possa ser monitorado com facilidade e que possa ser discutido em equipe e agir, caso não veja os comportamentos que deseja ou precisa. Nesse caso, se fez lobby para determinados membros do Congresso, mas não ouviu nada por parte daqueles que sabia que seriam céticos quanto à sua posição, você terá um problema, um que exige intervenção. O resultado-chave orientador serve como uma função obrigatória, ou seja, que o obriga a avaliar (algum membro do Congresso fez uma ligação adicional?) e agir (se não, você deve ligar; se sim, forneça as informações necessárias).

Um clichê aparentemente mais velho do que o próprio tempo se aplica nesse caso: não permita que a perfeição seja a inimiga do bom. Na ausência de um resultado-chave de impacto comercial oportuno, empregue o poder dos resultados-chave orientadores para preencher uma lacuna de execução.

Usando fórmulas

Todos os exemplos de resultados-chave desde capítulo compartilham um padrão. Os resultados-chave do tipo métrica são montados da seguinte forma:

> Verbo + o que você medirá/monitorará + de x para y

Os resultados-chave do tipo marco são escritos com a seguinte fórmula:

> Verbo + o que você fará + data de conclusão

No caso dos resultados-chave do tipo métrica, obviamente é preferível começar com um verbo porque a ideia é exibir movimento em uma área do negócio. A grande maioria dos resultados-chave baseados em métricas é estruturada usando verbos negativos ou positivos. Do lado positivo, costuma-se usar *aumentar, construir, crescer, desenvolver* etc., e do lado negativo, encontramos com frequência verbos do tipo *diminuir, abaixar, reduzir* e *eliminar.* A parte do meio da fórmula dos resultados-chave do tipo métrica é o lugar para incluir o que você deseja medir durante o período. Voltando para o exemplo do OKR da fábrica de refrigerante do meu pai, já mencionado no capítulo, o resultado-chave de impacto comercial era medir o número de caixas produzidas por dia.

A parte final da fórmula, "de x para y", é tão especial que merece o próprio parágrafo (alguns, na verdade). Os OKRs são feitos para promover o pensamento visionário, incentivando um indivíduo, uma equipe ou toda a empresa a ir além dos limites do meramente possível para o reino das inovações singulares. A fronteira externa é refletida no *y* de "x para y". É o audacioso destino ao qual se espera chegar com criatividade, garra e talvez até um pouco de sorte. Para dar significado e contexto ao audacioso *y*, o resultado-chave deve conter um x que representa o patamar atual ou o ponto de partida. Imagine que alguém da equipe apresentou este resultado-chave:

> Diminuir o tempo para criar uma proposta para o cliente para seis dias.

O "seis" nesse contexto representa um desempenho superior que apenas as melhores das melhores equipes de vendas conseguem realizar? Ou seis é um número medíocre que uma empresa meia-boca de um negócio qualquer consegue atingir? Não dá para saber, porque não temos nenhum contexto; assim, não dá para saber quanto esforço deverá ser investido no número seis. Esta é uma maneira diferente de escrever o resultado-chave:

> Diminuir o tempo para criar uma proposta para o cliente de dez para seis dias.

Agora sim! Nessa frase, temos contexto para os seis dias e podemos ver que, se esse resultado-chave for atingido, ele resultará em uma melhoria de quase 40% no desempenho. Essa é uma boa extensão!

Está bem, consigo ouvi-lo daí me perguntando: "E se não tivermos o x, o patamar?" Nesse caso, temos opções. Número 1: você pode criar um resultado-chave de curto prazo para coletar dados para o patamar, os quais, depois de identificados, serão inseridos no resultado-chave, dando-lhe as partes do "x para y". Ou, se coletar os números do patamar levará muito tempo ou será muito caro, basta criar a meta (o y) sem um respectivo patamar. Pode parecer que é uma violação direta ao aviso que dei sobre sempre usar "x para y" para exibir o contexto, mas aqui, no mundo real, você terá ocasiões para descobrir um resultado-chave poderoso, provavelmente um no qual não havia pensado, que é ideal para indicar a realização do objetivo, mas que não possui dados anteriores. Nesse caso, se achar que o resultado-chave realmente indica o sucesso do objetivo, vá em frente e use-o.

CUIDADO

Os resultados-chave do tipo métrica e marco que não seguirem as fórmulas descritas aqui provavelmente serão compostos por uma linguagem vaga e nebulosa, dificultando a pontuação e a análise, fazendo com que seu valor real seja questionável.

Os resultados-chave do tipo marco também seguem uma fórmula:

> Verbo + o que você fará + data de conclusão

A escolha do verbo é especialmente relevante e exige precisão na identificação dos resultados-chave do tipo marco. Fique atento a expressões traiçoeiras do tipo "trabalhar com" ou "fazer parceria com", que são totalmente abertas à interpretação dependendo da pessoa ou da empresa com que você trabalhará. Procure escrever declarações que gerem resultados concretos. Por exemplo:

Não diga: Trabalhar com as Finanças no relatório de gastos.

Diga: Criar um sistema de relatório de gastos aprovado pelos executivos até 30 de junho.

A data escolhida para atingir o marco também é algo que deve ser considerado com cuidado porque, nesse contexto, ela representa o quanto o resultado-chave será estendido. A pergunta básica que você deve se fazer ao formular um resultado-chave do tipo marco é: o quão rápido você consegue atingir o marco sem se precipitar ou sacrificar a qualidade?

A Tabela 9-1 resume os passos necessários para criar resultados-chave.

TABELA 9-1 Processo de Criação dos Resultados-chave

Item	Tenha em Mente
Determine o resultado-chave de impacto comercial fazendo a pergunta básica.	"No fim do período, como saber se conseguimos o impacto comercial no objetivo?" Se não puder responder à pergunta, reexamine seu objetivo e verifique se incluiu o impacto comercial.
Conte a história de sucesso usando resultados-chave orientadores.	Seus resultados-chave devem estar relacionados a um padrão de causa e efeito que acaba gerando impacto comercial.
Não espere resultados-chave perfeitos.	Resultados-chave simples e diretos que geram ou levam ao impacto comercial são uma alternativa perfeitamente aceitável a não fornecer nenhum resultado-chave.
Use suas fórmulas.	Sempre que possível, inclua um "x para y" com os resultados--chave do tipo métrica e certifique-se de que os resultados-chave do tipo marco gerem resultados concretos.

Incorporando as Características de um Resultado-chave Eficaz

Se você combinasse os elementos de "My Generation", da banda The Who, uma música que o Rock and Roll Hall of Fame disse ter dado forma ao gênero, com as batidas ritmadas de "Pump It Up", de Elvis Costello, qual seria a composição musical resultante? De acordo com Berton Averre, o guitarrista líder da The Knack, essas duas obras serviram como inspiração para "My Sharona", o sucesso de 1979 da banda. Ao procurar por uma música animada com a qual pudessem encerrar seus shows, Averre e Doug Fieger, o vocalista principal, buscaram seus próprios heróis musicais, e Fieger se baseou em sua paixão por uma jovem chamada Sharona Alperin para compor a letra. Segundo Averre, com essas matérias-primas simples, eles escreveram uma música em cerca de uma hora. Cerca de uma hora!

Eu adoro "My Sharona" e provavelmente já escutei milhares de vezes desde 1979 (em vinil, cassete, CD, Sirius e Apple Music). Essa música foi tocada nas estações FM de rock clássico por décadas, bem como em filmes, na TV e em comerciais, e pode ser ouvida todos os dias nas rádios por satélite e em plataformas de streaming. Se você aceita uma definição padrão da palavra "eficaz" como sendo atingir sucesso em gerar um resultado desejado ou intencionado, e supondo que Averre e Fieger estivessem tentando obter relevância musical e sucesso comercial, "My Sharona" foi excepcional em sua eficácia, sobretudo levando em consideração o esforço relativamente minúsculo empregado para criá-la.

Às vezes, as estrelas se alinham para nós e as coisas simplesmente dão certo quase sem nenhum esforço, como foi o caso de "My Sharona". Contudo, no caso da maioria das pessoas e na maioria das vezes, obter eficácia em qualquer empreendimento exige não apenas perícia em nossa área de atividade (Averre e Fieger eram músicos especialistas, claro), mas também se apegar a um conjunto de princípios fundamentais que gerarão o resultado desejado.

Esse definitivamente é o caso dos resultados-chave. Seguir os passos descritos nas seções anteriores produzirá muitos resultados-chave possíveis, mas para garantir resultados-chave realmente eficazes, eles precisam ser fiéis a um conjunto de características fundamentais que os permitirão gerar o valor comercial desejado e esperado do processo dos OKRs. Nas seções a seguir, descreverei cinco atributos que devem ser refletidos em cada um dos seus resultados-chave. Quer acredite, quer não, levei cerca de uma hora para escrever estes três últimos parágrafos. Que bom seria se eu conseguisse obter os mesmos royalties que "My Sharona" gerou com esse investimento de sessenta minutos!

Tornando-o quantitativo

Se me pedissem para descrever ou definir o que é um carro, eu diria que é um veículo de quatro rodas, movido por um motor de combustão interna ou elétrico e que transporta uma pequena quantidade de pessoas. Se você fizesse a mesma pergunta para uma amostra aleatória de umas cem pessoas em qualquer rua (tente não ser atropelado), aposto que elas lhe diriam algo parecido. Todo mundo sabe o que é um carro, e apesar de a indústria automobilística ter testemunhado inovações constantes e revolucionárias desde os dias de Henry

Ford, ninguém fará um carro de três rodas tão cedo. (Só para constar aqui, o polímata Buckminster Fuller tentou fazer isso com seu carro Dymaxion, de 1933, que por ser tão difícil de conduzir, só podia ser dirigido em condições perfeitas e acabou batendo na entrada da Feira Mundial de Chicago.)

Os carros, pelo menos dentro dos limites atuais do nosso conhecimento de engenharia e física, têm quatro rodas. Simples assim. Seguindo a mesma ideia, os resultados-chave são sempre quantitativos, o que significa que eles sempre devem incluir um número bruto, um valor monetário, uma porcentagem ou, no caso dos resultados-chave do tipo marco, uma data (que representa um número do calendário). Os números funcionam como indicadores puros do sucesso com os resultados-chave, respondendo com uma objetividade precisa a questão de se o resultado desejado foi atingido. Sem um número, não temos uma forma discernível de determinar a realização do resultado-chave. Veja este exemplo:

Objetivo: Fornecer às nossas equipes as ferramentas de que precisam para atender os clientes mais rápido.

Resultado-chave: As equipes têm as ferramentas de que precisam.

A declaração anterior não é um resultado-chave; está mais para um pronunciamento ou uma declaração que, no fim do período, resultará em pouco insight e aprendizado, porque, como mencionado, ela não define o sucesso. Não dá para saber se ela se refere à equipe inteira da empresa ou só àqueles que trabalham, digamos, no Serviço de Atendimento ao Cliente. Também não é possível dizer se representa todos os sistemas e ferramentas possíveis que um funcionário poderia usar para cuidar melhor dos clientes ou se só alguns poucos escolhidos conseguiram melhorar o atendimento e os relacionamentos. Uma versão melhorada desse resultado-chave seria:

Resultado-chave: Aumentar a porcentagem de equipes que dizem (via pesquisa bimestral) possuir os softwares necessários para atender os clientes mais rápido de 75% para 100%.

Na versão atualizada, podemos ver que o patamar atual das equipes que têm os softwares necessário é de 75% e vemos que a meta é atingir 100%. A extensão da melhora ficou mais clara agora. Em defesa desse resultado-chave infeliz do "antes" que estou atacando sem dó, os resultados-chave mal escritos costumam ser fruto de um objetivo mal elaborado, sendo este o outro motivo pelo qual os objetivos devem ser escritos com precisão e especificidade. O velho provérbio "você colhe o que planta" pode muito bem se aplicar à interação entre objetivos e resultados-chave.

Buscando extensão, mas com realismo

No Capítulo 1, eu falei sobre os meus heróis da definição de metas, a dupla dinâmica Locke e Latham, que realizaram centenas de estudos com diversos grupos, incluindo lenhadores, caminhoneiros e, claro, burocratas. Depois de fazer as contas, suas evidências foram inequívocas: os objetivos difíceis, ou "estendidos", aumentam muito o desempenho em todos os setores.

A diferença de desempenho observada por Locke e Latham também não foi pequena; na verdade, as evidências sugeriam que aqueles com metas estendidas, difíceis de atingir, tinham um desempenho melhor do que aqueles que estabeleciam objetivos fáceis de atingir por um fator de 250%. Eu poderia citar os muitos jargões científicos que eles usaram para fundamentar suas afirmações, mas tudo se resume a um simples fato: as pessoas se colocam à altura do desafio e tendem a relaxar quando as coisas são fáceis.

Você talvez consiga se lembrar de metas inspiradoras e estimulantes que sabia ser difíceis e que o colocaram em uma zona de desconforto, mas que lutou para atingir e conseguiu sair vitorioso. Uma que me vem à mente é fazer supino com 100kg. Caso se encontre pessoalmente comigo, você verá de imediato que não tenho nada a ver com um jogador do Green Bay Packers. Sempre fui alto e magro. Apesar disso, o treino com pesos sempre foi um hábito na idade adulta, mas, em grande parte desse período, sempre realizei uma rotina consideravelmente simples de exercício com um peso consistente, nunca realmente me esforçando para ir além. Então, um dia, percebi que precisava mudar as coisas. Nesse ponto, eu provavelmente conseguia levantar 80kg, de modo que a meta de 100kg em 6 semanas era realmente audaciosa. De início, parecia que cada acréscimo de 2kg era como pendurar um lutador de sumô em cada ponta da barra, e fiquei tentado a voltar ao conforto do status quo. Mas com tempo, esforço e entusiasmo, meus números aumentaram, e na sexta semana, eu berrei, mas acabei levantando os 100kg. Ainda me sinto orgulhoso dessa conquista.

Níveis mais elevados de desempenho sempre serão o resultado de estabelecer metas mais difíceis, mas a pergunta de US$1 milhão é: Como saber o que representa uma extensão de uma meta específica? O objetivo estabelecido deve motivá-lo a ter garra, persistência e esforço prolongado, ainda permanecendo no reino da possibilidade (mais sobre isso em breve). Assim, qual é a fórmula mágica? Bem, não existe nenhuma, mas você pode aplicar certas técnicas para encontrar objetivos motivadores.

Por exemplo, sempre que tentar criar um objetivo para alguma coisa, na vida pessoal ou como parte de um OKR, pense na pessoa que faz isso melhor do que qualquer outra no mundo. O que ela faz? Que número representa o melhor desempenho para ela? Você consegue chegar ao topo dessa montanha?

Outra maneira de descobrir objetivos desafiadores é pensar bem em quão longe acha que consegue ir ao se esforçar bastante, ter todos os recursos necessários para ser bem-sucedido e se os ventos sopram a seu favor. Poderíamos chamar esse objetivo de "X". Nesse caso, ele deve ser "X + 1", um pouquinho além da sua zona de conforto, transformando-o em um objetivo que o faz estremecer só de pensar nele, mas é um número que, se atingido, resultará em um desempenho realmente excepcional e será um orgulho para todos os envolvidos. Para mim, foi o supino de 100kg.

DICA

Ao criar objetivos estendidos, lembre-se de que eles devem ser:

1) Assustadores; 2) Ir além do básico; 3) Estimulantes; e 4) Gerar alto desempenho.

Espero que os parágrafos anteriores o tenham animado e o deixado pronto para se esticar e ganhar a medalha de ouro com esses objetivos estendidos. Contudo, antes de se comprometer publicamente com um que fará sua equipe entrar em um frenesi de louco entusiasmo, dê um passo para trás e veja se, no fim das contas, ele é realista. Se os colaboradores perceberem que não é possível atingir um objetivo, mas você os incentivar a atingi-lo mesmo assim, os resultados não serão bons.

Considere o exemplo do Wells Fargo, o banco que criou um ambiente que parecia uma panela de pressão para os vendedores, exemplificado por metas impossíveis e insanas. Ao tentarem acompanhar esses objetivos revoltantes, os colaboradores da então reverenciada instituição financeira passaram a abrir milhões de contas não autorizadas e a emitir cartões de crédito em nome dos clientes atuais sem seu conhecimento ou consentimento. O longo braço da lei logo os alcançou, punindo-os com uma multa atordoante de US$3 bilhões para cobrir suas responsabilidades penais e civis. Eles poderiam ter evitado tudo isso simplesmente controlando suas metas irreais, o que teria incentivado todos a jogarem de acordo com as regras.

Estabelecer metas estendidas insanas e impossíveis de atingir provavelmente resultará em atos ilícitos, apropriação indevida, infrações e muitas outras palavras feias. Assim como meu conselho para criar um objetivo estendido, não existe uma fórmula para indicar o quanto é demais, mas fazer uma boa análise, conversar com especialistas internos e externos, e ter um pouco de bom senso o ajudará a escolher metas que se encaixam no ponto certo da extensão e da possibilidade.

Limitando o número de resultados-chave

Perto da minha casa existe uma lojinha que vende itens que podem ser definidos como "ataques cardíacos em um prato que pesam a consciência" e que tenho o bom senso de ignorar na maior parte da vezes, mas cujos donuts sempre me pegam. Macios, úmidos, perfeitamente assados; eles são irresistíveis. Eu sempre gostei de donuts, desde pequeno, vendo minha avó polvilhando essas delícias caseiras com açúcar antes de colocar uma em minhas mãozinhas ansiosas só para ser devorada em segundos. O interessante é que essa modesta delícia tem uma história um tanto controversa por causa dos muitos relatos sobre sua verdadeira origem.

Minha história de origem favorita do donut é o de um menino de 1847 do Maine chamado Hanson Gregory, que, tal como relatado por Leidy Klotz em seu livro *Subtract*, perguntou à mãe por que seus bolos fritos ficavam moles no meio. Como ela não sabia por quê, o jovem Hanson, que sempre fazia experiências, pegou um garfo, fez um buraco no meio do bolo e pediu para a mãe tentar assá-lo assim. Não sei quanto tempo demorava para assar algo em um forno de ferro fundido de 1847 nas florestas do Maine, mas algum tempo depois, o que surgiu foi a deliciosa iguaria que todos nós viemos a conhecer e amar. No fim das contas, tirar a massa do centro do bolo fez com que o donut assasse mais por igual, dando a doceiros futuros, como a minha avó e inúmeras lojas de donuts do mundo, mais espaço para açúcar, canela e outras delícias de alta octanagem. A moral dessa história da confeitaria é que, nesse caso, e em praticamente todos os casos, menos é mais.

Hanson Gregory não é a única pessoa que emprega o poder da subtração para obter resultados ideais. Michelangelo descreveu sua abordagem à escultura da seguinte forma: "Eu via o anjo no mármore e esculpia até libertá-lo." Pablo Picasso acreditava que a arte atingia seu ápice quando os artistas adotavam "a eliminação do desnecessário". E, por último, ninguém menos do que Leonardo da Vinci, a quintessência do homem renascentista, disse que a perfeição é obtida quando não há nada mais a tirar. Consegue perceber aonde quero chegar com isso ou devo voltar para o meu livro de citações? Ainda preciso mencionar Saint-Exupéry, Guilherme de Ockham ou Lao Tzu, que também apoiavam a subtração para acrescentar. Sua meta ao criar um conjunto de resultados-chave não é reunir todos os métodos de monitoramento baseados em números possíveis debaixo do Sol, e sim estabelecer um pequeno grupo que reflita de forma inequívoca a realização do objetivo.

Sempre que possível (e é difícil para mim pensar em circunstâncias em que essa orientação não se aplicaria de imediato), conte a história de sucesso com três a cinco resultados-chave. Não deve ter apenas um e não deve ter mais do que cinco.

A seguir, temos um exemplo para trazer em foco essa abordagem disciplinada. Sentindo nostalgia pela minha avó e estando faminto por lembranças dos seus deliciosos donuts, imaginei uma lojinha chamada "Donuts de Mary". Embora Mary tenha bons clientes, eles costumam comprar apenas um item, talvez só um café ou um ou dois donuts. Mary quer ver o valor médio dos pedidos crescer, de modo que ela decide lançar um programa de fidelidade que dá pontos às pessoas por compras adicionais. Segue uma versão de um possível OKR que reflete sua nova estratégia, o qual inclui apenas um resultado-chave:

Objetivo: Criar um programa de fidelidade para aumentar o valor médio dos pedidos.

Resultado-chave: Aumentar o valor médio dos pedidos de US$3 para US$5.

Do lado positivo, o resultado-chave solitário de Mary se relaciona de forma clara à parte do impacto comercial do objetivo e dará evidências claras de aumento do valor médio dos pedidos por cliente. Mas se for um OKR trimestral e se Mary tiver apenas um resultado-chave, ela passará esses noventa dias esperando atingi-lo. Essa não é uma receita para o sucesso. Os resultados-chave geram suas maiores oportunidades de aprendizado e execução quando se combinam para contar a história de sucesso e incluem exemplos orientadores ou condutores e indicadores de lacunas. Esta é uma versão melhorada do OKR de Mary:

Objetivo: Criar um programa de fidelidade para aumentar o valor médio dos pedidos.

Resultados-chave:

1. Criar um programa de fidelidade que inclua benefícios e exija cadastro e materiais de marketing até 30 de abril.
2. Atualizar o site com informações sobre o programa e campos de cadastramento até 15 de maio.
3. Aumentar a quantidade de membros do programa de fidelidade de 0 para 1.000.
4. Aumentar o valor médio dos pedidos de US$3 para US$5.

Essa versão do OKR é muito melhor porque inclui uma combinação de resultados-chave do tipo marco e métrica que Mary poderá ver de forma simultânea como resultados-chave orientadores e de lacunas. É a história que Mary está contando com esse OKR melhorado: primeiro, ela precisa criar o programa. (E observe a especificidade aqui. Bom trabalho, vovó!) Então, ela atualizará seu site para garantir que o novo programa seja exibido em toda parte e que o cadastramento seja fácil e conveniente. Com o programa em execução, sua meta são mil novos membros até o fim do trimestre. Por último, a hipótese de Mary é que se ela conseguir obter mil novos fãs com o programa, eles gastarão mais por pedido, o que fará o valor médio dos pedidos aumentar de US$3 para US$5.

Nesse cenário, como ela tem um conjunto robusto de resultados-chave, Mary poderá tomar providências durante o período se as coisas não estiverem funcionando de acordo com os planos. Por exemplo, se ela executar o programa, atualizar o site, mas atrair apenas cinco novos membros para o programa de fidelidade, esse resultado provavelmente não gerará o resultado-chave de impacto comercial de aumento do valor médio dos pedidos (a menos que as cinco pessoas comprem 5 mil donuts cada uma; cadê o

Homer Simpson quando se precisa dele?). Então, ela precisará decidir o que fazer em resposta. Será que ela deveria melhorar as vantagens do programa para conseguir novos cadastros? Ou ver o que acontece para usar esse trimestre para aprender e reavaliar as coisas? Esse nível de análise e aprendizado estratégicos só será possível com vários resultados-chave.

Por último, considere um cenário adicional com vários resultados-chave:

Objetivo: Criar um programa de fidelidade para aumentar o valor médio dos pedidos.

Resultados-chave:

1. Definir as metas do programa de fidelidade.
2. Escolher o público-alvo.
3. Decidir quais tipos de recompensas oferecer.
4. Determinar como comercializar o programa.
5. Criar um programa de fidelidade que inclua benefícios e exija cadastro e materiais de marketing até 30 de abril.
6. Elaborar formulários de cadastramento para a internet.
7. Contratar um web designer para criar a página do programa de fidelidade do site.
8. Atualizar o site com informações sobre o programa e campos de cadastramento até 15 de maio.
9. Aumentar a quantidade de membros do programa de fidelidade de 0 para 1.000.
10. Aumentar o valor médio dos pedidos de US$3 para US$5.

Dessa vez, o erro de Mary foi incluir várias tarefas ou atividades como resultados-chave, o que será abordado na seção "Que seja um resultado-chave, não uma tarefa". Ela talvez queira monitorar essas tarefas para avaliar o progresso geral, mas elas são "micro" demais para serem incluídas no conjunto final de resultados-chave, que deve se limitar aos essenciais que moverão a agulha em direção ao objetivo.

Tornando-o específico

Quando vamos ao oculista para obter uma receita de óculos, ele nos coloca atrás de um aparelho chamado foróptero, que se parece com algo que veríamos em um filme sobre alienígenas. Focamos a tabela na parede e, ao trocar de lentes, o oftalmologista pergunta: "Um? Ou dois?" Esta é uma versão desse exercício. Sem ver o objetivo associado, qual dos resultados-chave a seguir você escolheria: um ou dois?

1. Aumentar a satisfação dos participantes da nossa conferência anual dos usuários de 75% para 90%.*

   *A satisfação é medida como uma porcentagem dos participantes que dão uma classificação 4 ou 5 de 5 em termos de qualidade dos oradores, oportunidades de networking e produtos oferecidos no local.

2. Aumentar a eficácia dos nossos processos básicos em 30%.

Não é preciso uma lente de aumento para reconhecer que a opção um é um resultado-chave muito mais bem escrito. Mas considere qual palavra lhe vem à mente no que se refere aos atributos do primeiro resultado-chave que fazem dele a opção favorita. Recordo-me de uma piada da comediante Lily Tomlin: "Eu jurei que seria algo quando crescesse. Acho que devia ter sido mais específica." Obrigado, Lily! A palavra é *específico*.

A especificidade, além da dificuldade, está bem no começo da lista de características eficazes da definição de metas dos gurus Locke e Latham. (Sempre se lembre de que os OKRs são um tipo de definição de metas.) Quanto mais específico for sua meta ou, nesse caso, seu resultado-chave, maiores serão as probabilidades de atingi-lo.

Ao criar um resultado-chave bem específico, você entende como seria o sucesso e sabe de imediato para onde direcionar suas ações para atingi-lo. No caso do primeiro resultado-chave do exemplo da conferência anual anterior, a definição de satisfação nesse contexto se destaca bastante. Você sabe exatamente o que será necessário para ir de 75% para 90%, de modo que, no fim do período, não haverá confusão nem sugestões do que seria o sucesso.

Saber o que representa o sucesso não é o caso com o pobrezinho do segundo resultado-chave apresentado anteriormente. Primeiro, a quais processos básicos esse resultado-chave se refere? Minha empresa, que é relativamente pequena, provavelmente tem uma dezena (ou mais) de processos básicos — treinamento, coaching, consultoria, escrita, pesquisa, criação de marcas, promoções etc. Uma empresa grande pode ter centenas de tais processos básicos; assim, sem uma identificação exata de a quais processos a pessoa se refere, o resultado será a generalidade, terminando em confusão e frustração. Com o segundo resultado-chave vago e obscuro, as pessoas coçam a cabeça, perguntando-se onde exatamente se encontra a linha de chegada.

Antes de terminar qualquer resultado-chave, reserve um tempo para analisar cada palavra ou expressão que ele contém, e verifique se alguma dá margem para interpretação. Se centenas de pessoas leem seu resultado-chave, essas centenas devem concordar com o significado de cada palavra que ele contém. Se não tem certeza, é melhor reexaminar o que criou e acrescentar asteriscos com mais informações, deixar um link para um documento adicional ou explicar direitinho o que você quer dizer.

CUIDADO

Especificidade também significa ser claro e evitar siglas, que podem confundir até os colegas próximos. Eu tive um cliente cuja Defensora dos OKRs estava noiva de um jogador do Chicago Cubs. Como fã, ela deu itens dos Cubs para outros membros da equipe. Depois de entregar uma caneta com "CUBS" escrito nela para uma colega do mesmo departamento, a pobre mulher, que não tinha interesse em beisebol, ficou o resto do dia coçando a cabeça. "Centro de União Básica Sensorial?" "Corporação da Unidade Basilar de Serviços?" Embora não seja um exemplo específico de OKRs, isso demonstra os perigos de supor que todos entenderão as siglas.

Que seja um resultado-chave, não uma tarefa

Para fazer que a diferença entre os termos *resultado-chave* e *tarefa* seja a mais clara possível, começarei definindo ambos:

» **Resultado-chave:** Uma declaração quantitativa que mede a realização de determinado objetivo.

» **Tarefa:** A parte de um trabalho que deve ser realizada ou concluída.

A linguagem dessas definições sugere uma relação hierárquica entre as duas. Os resultados-chave, especialmente os do tipo marco, podem ser divididos em tarefas distintas, mas por si só, elas não chegam no nível dos resultados-chave. Revisitando o crescente império da Donuts de Mary, é possível ver essa diferença no reino de um OKR e por que uma tarefa não pode ser um resultado-chave. Uma possível versão do OKR de Mary tinha uma lista com dez resultados-chave (veja "Limitando o número de resultados-chave" antes neste capítulo).

Os números 1, 2, 3, 4, 6 e 7 do exemplo são tarefas, não resultados-chave de verdade. Para ver a diferença entre os dois, seria útil calcular o tempo necessário para completá-los. O número 1, "Definir as metas do programa de fidelidade", é um empreendimento considerável e exige pensamento estratégico, mas no caso de negócios que vendem apenas um tipo de produto, como a Donuts de Mary, não deve levar mais de uma semana para determinar as metas do programa, e qualquer coisa que pode ser realizada em sete dias ou menos deve ser considerada uma tarefa, não um resultado-chave.

Outro método para diferenciar entre as tarefas e os resultados-chave é se perguntar: "Se conseguirmos fazer isso, o que acontecerá?" A resposta provavelmente será o resultado-chave a ser incluído no OKR final. No exemplo da loja de donuts, se perguntássemos isso em relação aos números 1, 2, 3 e 4, a resposta lógica seria representada pelo verdadeiro resultado-chave "Criar um programa de fidelidade que inclua benefícios e exija cadastro e materiais de marketing até 30 de abril". Ele inclui as tarefas que o compõem.

Enumerar cada possível tarefa associada com um resultado-chave transformará seu OKR em um plano de projeto ou em uma lista de tarefas, e as minúcias cheias de detalhes encobrirão os poderes de comunicação de um OKR mais compacto e baseado em narrativa que torna sua relevância estratégica imediatamente aparente a todos aqueles que o leem. Dito tudo isso, identificar as tarefas associadas com os resultados-chave é uma parte importante do processo e gerará muitos benefícios. Criar tarefas associadas para cada resultado-chave o ajudará a

- **Dividir o resultado-chave:** Descrevendo as tarefas necessárias para completar um resultado-chave, você determina exatamente como o realizará.
- **Planejar seu trabalho:** Toda semana, você poderá usar sua lista de tarefas para planejar suas atividades, cuidando dos itens que gerarão sucesso no resultado-chave.
- **Fazer uma verificação da realidade:** As tarefas são uma excelente maneira de verificar seus resultados-chave. Caso tenha desenvolvido um resultado-chave e agora possua uma lista de tarefas que se multiplicou de modo a incluir centenas de itens, você provavelmente não conseguirá atingir o resultado-chave dentro do prazo.
- **Apresentar o progresso:** Concluir tarefas lhe permitirá mostrar como vem progredindo para atingir o resultado-chave e lhe dará material para discutir nas reuniões de verificação.

A Tabela 9-2 resume as características de um resultado-chave eficaz.

TABELA 9-2 **Características de um Resultado-chave Eficaz**

Característica	Tenha em Mente
Quantitativo	Se ele não tiver números brutos, porcentagens, valores monetários ou datas, não é um resultado-chave.
Estendido, mas possível	Sua meta estendida deve deixá-lo desconfortável por causa da dificuldade exigida, mas também deve inspirá-lo a fazer o esforço necessário para atingi-la.
Limitado em número	Conte a história de sucesso com três a cinco resultados-chave, geralmente incluindo uma combinação de resultados-chave baseados em marcos e métricas.
Específico	Quanto mais específico for o resultado-chave, maior será a probabilidade de atingi-lo. Veja se suas palavras não dão margem à interpretação.
Resultados-chave, não tarefas	Tudo que pode ser concluído em menos de sete dias é uma tarefa, não um resultado-chave.

A síndrome "Não dá para medir o que fazemos"

Você provavelmente verá certo fenômeno em sua implementação, independentemente do quão bem preparado esteja ou de quanto patrocínio executivo receba. Sua execução talvez esteja indo bem, com um grande ímpeto estabelecido em todas as frentes, quando, de repente, você se depara com uma parede de tijolos na forma de uma equipe ou uma pessoa que se recusa a colaborar, insistindo que o trabalho não pode ser medido. Para ela, é difícil parar; ela não tem como criar os resultados-chave porque, devido à sua natureza, o trabalho dela, porque tem um longo prazo muito distante, é muito dependente de forças externas ou muito qualquer outra coisa, simplesmente não pode ser medido de forma sistemática. Que balela! Com criatividade, talento e uma dose de humildade, podemos medir tudo; assim, quero acabar com essa objeção logo de cara.

Considere o problema perturbador da violência de gangues em Los Angeles. Se a polícia de L.A. usasse OKRs, ela talvez pudesse estabelecer um objetivo como:

"Diminuir a violência de gangues para tornar nossa cidade mais segura."

Com os homicídios relacionados a gangues chegando na casa das centenas, é vital equipar os policiais com as melhores informações para evitar ataques futuros a uma população que é composta quase que exclusivamente por jovens e pessoas extremamente vulneráveis. Entretanto, a violência das gangues é um problema bastante complexo, com muitas facetas desafiadoras, o que faz com que a tarefa de combatê-la seja monumental.

Um antropólogo da Universidade da Califórnia em Los Angeles (UCLA) usou uma nova abordagem de medição para combater o problema (veja `https://www.smithsonianmag.com/innovation/what-can-bees-teach-us-about-gang-warfare-4910299/`). Seu método é uma coisa chamada equações Lotka-Volterra. Nos anos 1920, Lotka, um estatístico norte-americano, e Volterra, um matemático italiano, descobriram que grupos rivais de uma espécie de tamanho similar reivindicam territórios cujos limites formam uma linha perpendicular posicionada na metade do caminho na base de cada grupo. A equipe da UCLA pegou essas equações e, usando os dados da polícia sobre a localização de treze gangues de tamanho similar da Zona Leste de Los Angeles, mapeou seus "pontos de ancoragem" ou bases. Com esse ponto estabelecido, ela conseguiu traçar os limites correspondentes do território de cada gangue e prever onde os combates violentos tinham mais probabilidade de acontecer. De acordo com o modelo, 58,8% dos casos de violência aconteceriam a menos 300m dos limites; 87,5% ocorreriam dentro de 600m e 99,8% dentro de 1,6km. Suas previsões se mostraram incrivelmente exatas. Dos 563 incidentes relacionados com gangues ao longo de um período de 3 anos, 58,2% aconteceram dentro de 300m, 83,1% dentro de 600m e 97,7% dentro de 1,6km.

A inovação dessa abordagem é a precisão com que os pesquisadores conseguiam determinar os limites das gangues. A polícia já vinha traçando mapas de gangues por anos, mas estava limitada pelas convenções de um mapa padrão, ou seja, ela costumava traçar os limites em rios, ruas e outros. Os cálculos da equipe da UCLA permitiram à polícia identificar pontos de interesse específicos e, assim, alocar recursos com muito mais eficiência e eficácia. Dessa forma, ela conseguiu impedir ataques antes mesmo de acontecerem, diminuindo a violência das gangues e fazendo da cidade um lugar mais seguro. Objetivo cumprido! Essa história deve servir como um lembrete de que nenhum problema, situação ou equipe é imune ao poderoso impacto da medição.

NESTE CAPÍTULO

» **Gerando alinhamento vertical e horizontal com OKRs**

» **Analisando a diferença entre contribuição e método cascata**

» **Respondendo às grandes perguntas dos OKRs que serão feitas**

Capítulo 10

OKRs Ainda Mais Fortes

Antes de a pandemia acabar com as viagens internacionais, viajei o mundo todo trabalhando com as organizações para ajudá-las a empregar o poder dos OKRs. Certo dia, enquanto desfazia minha mala no hotel, ouvi um zumbido no quarto. Depois de uma busca frustrante pela fonte desse intruso invisível, pedi para trocar de quarto. A caminho da recepção para apanhar a nova chave, o zumbido continuou pelo corredor até o elevador. "Como isso não está deixando todo mundo louco?", perguntei-me. Na recepção, o zumbido finalmente parou. Que alívio! Mas quando abri a porta do meu novo quarto e coloquei as coisas no chão... o zumbido! Tenho certeza de que uma tubulação sempre zumbindo é uma técnica de tortura empregada com grande eficácia por malfeitores em toda parte.

Depois de examinar a TV, a geladeira e o ar-condicionado, um funcionário da manutenção enviado para investigar o caso pegou minha mala, colocou-a sobre a cama e disse calmamente: "Está vindo daqui." De alguma forma, o barbeador elétrico na minha mala tinha ligado. Supondo que o ruído vinha de "alguma parte" do quarto, nem sequer considerei minha mala como a fonte — um grande erro que resultou em muito estresse, desperdício de tempo e acabou com a minha credibilidade com o pessoal do hotel.

As pessoas sempre fazem suposições sobre muitas coisas, e se leu os capítulos anteriores, você já deve supor que está pronto para imprimir seu atual conjunto de OKRs. Recomendo aprender com a minha experiência e questionar essa suposição pensando bem sobre os tópicos abordados neste capítulo, os quais farão com que seu conjunto de OKRs se torne ainda mais forte.

Neste capítulo, veremos a importância do alinhamento para garantir que seus OKRs se conectem com a estratégia da empresa, incentivem a colaboração quando necessário e sejam consistentes com a forma como deseja usar os OKRs para tirar o máximo proveito. Ele também tem algumas perguntas que você ouvirá de colegas na organização, incluindo questões como se deveriam ter OKRs baseados em reuniões, quando é possível usar atalhos e muito mais. Este capítulo o ajudará a se equipar com as respostas para essas perguntas importantes e comuns.

Alinhamento dos OKRs

O alinhamento é um conceito importante que surge em diversas áreas da vida. Se você acabou de se mudar para uma casa nova ou quer reformar sua casa atual, talvez mude os móveis de lugar para que eles se alinhem com o tema do seu design interior e maximize o *feng shui*. Arrastar, empurrar e erguer os móveis para colocá-los na posição correta pode ter acabado com suas costas, então é hora de correr para o quiroprático e alinhar a coluna. Depois, caso tenha usado algum tipo de transporte, espera que as rodas estejam alinhadas para chegar em casa em segurança e deitar no sofá que causou tudo isso. O alinhamento está por toda parte, até nos OKRs.

Você precisa considerar dois tipos de alinhamento ao concluir seus OKRs. O primeiro é o alinhamento vertical ou estratégico dos OKRs com a direção estratégica geral da empresa. O outro é o alinhamento horizontal, que gera a colaboração multidisciplinar e, quando aplicável, o uso de OKRs compartilhados.

Alinhamento vertical para executar a estratégia

No caso de quaisquer OKRs criados abaixo do nível da empresa, a equipe ou a pessoa que os cria deve revisar e entender os OKRs de alto nível e se perguntar: "Como podemos contribuir para os OKRs da empresa?" Esta é a essência do alinhamento vertical ou estratégico: examinar seus OKRs para determinar se realizá-los será de ajuda para o sucesso da organização em um nível superior. Naturalmente, o objetivo é que seus OKRs sinalizem uma clara contribuição para os objetivos escolhidos pela empresa. Veja um exemplo de alinhamento vertical usando um departamento de Marketing.

Objetivo da empresa: Aumentar as vendas do produto *X* para aumentar a participação de mercado geral.

Resultados-chave:

1. Lançar uma campanha nacional de promoção até 15 de outubro.
2. Aumentar o reconhecimento da marca do produto *X* de 50% para 80% dos lares entrevistados.
3. Aumentar as vendas do produto *X* de US$100 milhões para US$160 milhões.
4. Aumentar a participação de mercado da empresa na categoria do produto *X* de 20% para 25%.

Agora imagine que eu administre a divisão de Marketing da empresa. Ao criar OKRs, minha equipe e eu devemos analisar os OKRs no nível da empresa e determinar quais podemos influenciar de forma positiva. Depois de revisar os OKRs, determinamos que, embora não possamos controlar ou influenciar a participação de mercado de forma direta, podemos ajudar a empresa a aumentar o reconhecimento do produto *X* com esforços de Marketing. Em resposta a isso, nosso OKR poderia ser assim:

Objetivo de Marketing: Fornecer informações sobre o produto *X* para gerar interesse e reconhecimento.

Resultados-chave:

1. Criar canais de redes sociais dedicados para o produto *X* até 7 de outubro.
2. Aumentar os seguidores do produto *X* de 0 para 100 mil.
3. Publicar uma newsletter quinzenal sobre o produto *X* a partir de 15 de outubro.
4. Aumentar os assinantes da newsletter do produto *X* de 0 para 50 mil.
5. Aumentar o número de downloads da ficha técnica do produto *X* de 10 mil para 20 mil.

Entretanto, analisar os OKRs gerais da empresa e determinar nossa influência fica cada vez mais difícil à medida que descemos na hierarquia corporativa. Considere um departamento de "Eventos da Comunidade" que faz parte do departamento de Marketing. Provavelmente não faz sentido para ele pular os OKRs de Marketing e ir direto para o nível da empresa ao elaborar os próprios OKRs. Apesar do importante papel que exerce, os OKRs de um grupo nesse nível da organização provavelmente não terão uma relação direta com os da empresa. Não é impossível, mas, na maioria dos casos, é improvável. O que faz sentido para o grupo de Eventos da Comunidade é considerar os OKRs do departamento diretamente acima dele (Marketing) e determinar se e como eles podem influenciar os OKRs do outro departamento. Se a equipe de Eventos da Comunidade concluir que pode contribuir para os OKRs de Marketing, ela poderia criar esse OKR como resposta:

Objetivos do grupo de Eventos da Comunidade: Fornecer informações sobre o produto *X* em eventos públicos para aumentar a conscientização dele.

Resultados-chave:

1. Obter as permissões necessárias para organizar eventos em 7 shoppings até 10 de outubro.
2. Criar panfletos informativos sobre o produto *X* até 20 de outubro.
3. Distribuir mil panfletos em cada shopping.
4. Aumentar os pedidos por informações sobre o produto *X* de 2.500 para 5 mil.

Esses exemplos de OKRs são diferentes, mas têm alinhamento vertical, apoiando o objetivo geral da empresa de aumentar as vendas do produto *X* para promover a participação de mercado. Cada nível indica com clareza como contribui de forma única para o OKR de nível mais elevado.

Esse processo de conectividade parece ser um conceito fácil e simples de entender, mas, na prática, certas divisões ou departamentos talvez analisem os OKRs do nível da empresa e cheguem à conclusão de que não podem influenciar diretamente nenhum deles. Nada a temer: isso não impede que esses grupos participem e se beneficiem do processo. Se um grupo não pode contribuir de forma direta para um OKR do nível da empresa ou divisão, ele pode simplesmente documentar (na forma de OKRs) suas áreas de foco mais importantes no próximo período para aumentar drasticamente seus próprios resultados. Podem ser uma grande mudança de processo, algum tipo de experimento ou uma mudança na direção geral.

Pense em conectar, não no método cascata

No início da minha carreira, passei um tempo trabalhando com contabilidade pública. Sem querer ofender os contadores por aí, mas essa não foi uma das minhas épocas favoritas, e já aposentei minha calculadora há tempos. No entanto, um consolo era saber que, independentemente do quão irritante ou complexo era um problema, eu sabia que havia uma resposta no formulário de Princípios Contábeis Geralmente Aceitos (GAAP), o conjunto de regras que orienta todas as ações e decisões de contabilidade.

O mundo dos OKRs não tem princípios orientadores assim, mas surgiram certas "regras" que parecem ser invioláveis. Entre elas está a noção de que quando você (o chefe) cria um resultado-chave, ele se torna o objetivo (do colaborador). Conhecida como *método cascata*, é uma regra que deve ser evitada, porque pode prejudicar seus esforços de OKRs.

Os problemas do método cascata

O método cascata é problemático por dois motivos. Primeiro, ele simplesmente não é prático. A menos que esteja trabalhando com vendas, que talvez seja a única função em que o método cascata pode ser aplicado, seu resultado-chave talvez não se encaixe perfeitamente no meu papel, função ou responsabilidades de uma forma que me permita ser eficaz em sua execução no meu nível. É como o velho desafio de tentar enfiar um "bloco quadrado no buraco redondo". Posso adotar seu resultado-chave como meu objetivo, mas não posso fazer muito para influenciá-lo ou executá-lo. Assim, o OKR que eu crio, embora esteja tecnicamente alinhado, se mostrará irrelevante e provavelmente não motivará um bom desempenho. O segundo (e talvez mais importante) motivo de o método cascata puro não funcionar é que ele rouba algo muito importante das pessoas: a motivação intrínseca.

O poder da motivação intrínseca

Montanhas de pesquisa falam sobre o poder da motivação intrínseca, que significa realizar uma atividade porque nos sentimos motivados internamente a fazê-la, em vez de sermos induzidos por alguma forma de recompensa externa (motivação extrínseca). Algo ainda mais encorajador é que a motivação intrínseca pode aumentar os resultados criativos, e é justamente isso o que buscamos ao elaborar OKRs: formas visionárias e inovadoras de executar nossa estratégia.

LEMBRE-SE

Ao empregar o método cascata, você corre o risco de perder o poder da motivação intrínseca e a criatividade que ela estimula.

De fato, o método cascata diz: "Faça disso seu objetivo porque estou dizendo." Essa é a expressão máxima da motivação extrínseca, eliminando qualquer oportunidade de os colaboradores se engajarem de forma criativa com o OKR de nível mais elevado e identificarem um OKR motivador que reflita sua contribuição para o sucesso.

Foque a conexão, não o método cascata

Em vez de OKRs em cascata, sempre foque a *conexão*. Veja como fazer isso:

- Compartilhe seu OKR com a equipe abaixo de você.
- Explique seu motivo de escolhê-lo.
- Converse com a equipe sobre como ela poderia influenciá-lo no nível dela.

Essa abordagem facilita o alinhamento com a direção estratégica geral, mas permite variações e interpretações locais que levarão à expressão criativa e a OKRs mais significativos em todos os níveis.

Alinhamento horizontal administrando as dependências

Quando minha esposa e eu decidimos construir uma piscina no quintal, escolhemos uma empresa cujas promessas provavelmente eram boas demais para ser verdade, mas a proposta parecia legitima. Ficamos maravilhados com as renderizações que o vendedor havia preparado para nós. (Aquelas duas pessoas atraentes descansando do lado daquele oásis brilhante poderiam ser nós!)

MOTIVAÇÃO INTRÍNSECA VERSUS EXTRÍNSECA

Em um experimento interessante que demonstra o poder da motivação intrínseca, escritores criativos fizeram poemas sobre a neve (veja *O princípio do progresso: Como usar pequenas vitórias para estimular satisfação, empenho e criatividade no trabalho* de Teresa Amabile e Steven Kramer). Então, um terço dos escritores foi designado (sem saber) para um grupo de motivação extrínseca. Eles receberam um pequeno questionário de "Motivos para Escrever" que lhes pedia para considerar motivos para serem escritores; segundo a pesquisa mencionada, todas as possíveis opções dadas eram extrínsecas — por exemplo, a segurança financeira que se obtinha ao escrever um livro de sucesso.

Um segundo grupo também preencheu um questionário que tinha apenas motivos intrínsecos, como "a oportunidade de autoexpressão". O último terço dos escritores, o grupo de controle, passou alguns minutos lendo uma história irrelevante. Então, os escritores fizeram um segundo poema sobre o riso. Nesse ponto, todos os poemas foram julgados segundo sua criatividade. Os resultados foram claros. Embora os poemas (sobre a neve) feitos antes da medição não exibissem diferenças, os poemas sobre o riso escritos pelo grupo que avaliou apenas motivos extrínsecos foram considerados bem inferiores do que os outros no quesito criatividade. Apenas cinco minutos a mais pensando nas recompensas extrínsecas diminuíram sua motivação intrínseca, reduzindo sua criatividade.

Apenas dias depois de assinar o contrato, lá estava uma escavadeira no quintal, arrancando tudo pela frente e cavando um buraco enorme que acabaria se tornando nosso refúgio do calor abrasador. Mas logo vieram os problemas e os grandes atrasos, e apesar de muitos e-mails e ligações frustrantes, o projeto continuou cada vez mais fora de controle. Finalmente, nossa piscina foi estreada com amigos e familiares, mas essa experiência deixou um gosto amargo e resultou em um desprezo considerável pela empresa.

Foi um caso claro de uma organização que não estava alinhada. Os vendedores diziam basicamente tudo o que queríamos ouvir para assinarmos um contrato e, assim, ganhar uma boa comissão. Mas as equipes de agendamento e instalação obviamente não estavam em sincronia, produzindo resultados abaixo do ideal para clientes que, como nós, acabariam registrando queixas e compartilhariam essa história com outros, prejudicando a reputação da empresa.

Se sua empresa tem problemas de alinhamento, com as equipes trabalhando em silos, com multiobjetivos ou deixando de compartilhar recursos quando apropriado, o risco é grande e você acabará pagando o preço, o qual poderá se manifestar na forma de perda de produtividade, clientes frustrados, diminuição de renda ou, o que seria pior, todos os acima.

Seguindo a prática simples que descreverei, você pode contribuir muito para limpar essas terríveis manchas do pensamento baseado em silos e da falta de alinhamento, e poderá sentir os benefícios consideráveis que surgem quando as equipes multidisciplinares trabalham em harmonia em prol de objetivos gerais.

A prática envolve identificar e administrar as dependências. À medida que suas equipes desenvolvem OKRs, além de se certificar de que, sempre que possível, esses OKRs estejam alinhados verticalmente aos OKRs da empresa, elas também devem dar passos adicionais para determinar de quem talvez precisem de ajuda para realizar seus OKRs e documentar com exatidão o que querem dizer com "ajuda" nesse contexto.

Veja um exemplo do processo usando o caso fictício de uma empresa com uma reputação melhor do que a que a minha esposa e eu escolhemos. O departamento de Vendas da empresa possui o seguinte resultado-chave:

Aumentar o número de piscinas vendidas e concluídas de 12 para 20.

Como a empresa foca o crescimento, esse resultado-chave está verticalmente alinhado; assim, "missão cumprida" nesse sentido. Mas antes de entrar no modo hipervendas e sair procurando novos clientes, essa equipe de Vendas deve fazer uma pausa e se fazer a pergunta mais importante: "Precisaremos da ajuda de quem para atingir esse resultado-chave?" No topo da lista está o departamento de Instalações, cujo trabalho é fazer os sonhos das pessoas se transformarem em realidade na forma de novas piscinas cristalinas. Mas não basta identificar isso. Para que o processo seja eficaz, a equipe de Vendas agora precisa determinar exatamente o tipo de ajuda que ela precisa.

O patamar de piscinas vendidas e concluídas no resultado-chave é doze, sendo esse o número que o departamento de Instalações provavelmente também espera. Para atingir o objetivo estendido de vinte piscinas vendidas e concluídas, o departamento de Vendas pedirá à equipe de Instalações para disponibilizar a quantidade de materiais necessária para construir oito piscinas adicionais, bem como a mão de obra necessária para o trabalho.

Com essas informações coletadas, o departamento de Vendas poderá se reunir com o de Instalações para compartilhar seu OKR e pedir a ajuda necessária. Talvez você tenha lido a última frase rápido demais; assim, gostaria de chamar sua atenção para três palavrinhas importantes: "se reunir com". Não basta o departamento de Vendas postar uma mensagem no canal do Slack do departamento de Instalações ou enviar um e-mail para o gerente. Para que esse processo seja o mais eficaz possível, a boa e velha interação cara a cara é o melhor modo de contato.

Incluí apenas um resultado-chave com o exemplo, mas para fins de clareza, o departamento de Vendas compartilharia todo o seu OKR com a equipe de Instalações. Quando as duas equipes entrassem em contato para discuti-lo, uma de duas coisas aconteceria:

- A equipe de Instalações aceitaria o desafio e as duas equipes seguiriam em frente com o resultado-chave compartilhado. (Opção preferida.)
- Por outro lado, o departamento de Instalações poderia traçar uma linha, mencionar suas prioridades e decidir não participar.

No último caso, a questão seria levada à liderança sênior das duas equipes, que marcaria uma reunião (olha a palavra aí de novo) para determinar qual caminho seguir. Isso incluiria obrigar a equipe de Instalações a ajudar e, obviamente, fornecer-lhe os recursos necessários para fazer isso, ou deixar claro para a equipe de Vendas que a de Instalações não tem condições de fazer isso no período atual e que o departamento de Vendas precisará diminuir o alvo ou revisar o OKR. Independentemente da decisão tomada pelos líderes seniores, todos se beneficiariam da melhor transparência das prioridades corporativas. A Tabela 10-1 resume o que fazer antes, durante e depois de uma reunião de alinhamento.

TABELA 10-1 O que Fazer Antes, Durante e Depois de uma Reunião de Alinhamento

Etapa	O que Fazer
Antes da reunião	Entrar em contato com a equipe da qual você depende e marcar uma reunião presencial curta (trinta minutos). Antes da reunião, envie: • Uma explicação curta do objetivo e da importância da reunião. • Seus OKRs dependentes e o pedido específico de ajuda. Explique por que esse OKR é importante para ambas as equipes.
Na reunião	Compartilhe seus OKRs dependentes. Seja específico no pedido de ajuda. Responda às perguntas da outra equipe. Registre suas respostas específicas (o que é concordado ou não, além das linhas do tempo para dar ajuda).
Depois da reunião	Termine seus OKRs: • Reúna-se mais uma vez com seu chefe. • Se a equipe da qual depende se recusou a ajudar (porque está muito ocupada, tem outras prioridades ou por algum outro motivo), compartilhe essa informação com seu chefe. • Ele aceitará isso e lhe pedirá para revisar seu OKR em conformidade ou apresentará o assunto para alguém em um nível acima. Isso não é algo negativo; apenas obriga uma conversa sobre prioridades na organização, que é justamente o que os OKRs devem fazer.

FAQs sobre OKRs que Serão Feitas

Carl Sagan, o renomado astrônomo, astrofísico e autor, certa vez observou: "Existem perguntas inocentes, perguntas tediosas e perguntas mal formuladas. Mas toda pergunta é um pedido para entender o mundo. Não existe isso de pergunta burra." Não tão rápido sobre esse último ponto, Carl.

Quando eu estava no último ano da faculdade de administração, uma das nossas aulas exigia que formássemos grupos e criássemos um plano de marketing para um novo produto. Meu grupo escolheu um novo tipo de retardante de chamas, um produto que achávamos que todo lar e negócio poderia usar. Infelizmente, um membro da nossa equipe era veementemente contra essa prática, sugerindo que deveríamos escolher algo mais "sexy" (ele nunca se aprofundou nesse tema, o que provavelmente era bom). O resto do grupo venceu e, daquele momento em diante, ele ficou totalmente à parte do processo. Por fim, no dia em que precisávamos fazer a apresentação para o resto da turma, ensaiamos na frente do professor. Estávamos totalmente envolvidos com a oferta, e acho que nosso colaborador relutante sentiu que precisava dizer algo diante do professor, e ele fez esta pergunta: "É inflamável?" Um retardante de chamas inflamável — foi uma pergunta burra.

Nas seções a seguir, falaremos mais sobre várias perguntas que definitivamente não se enquadram na categoria de mal formuladas. Já me deparei com essas perguntas na grande maioria das organizações às quais prestei consultoria, e longe de serem erradas, elas representam curiosidade, engajamento e um desejo sincero de aprender mais e maximizar a eficácia do processo dos OKRs. Responder às perguntas a seguir prepara ainda melhor sua equipe com o conhecimento necessário para criar OKRs fortes, estratégicos e tecnicamente bons. Não sei o que meu amigo da faculdade que fez a pergunta burra acharia, mas tenho certeza de que Carl Sagan aprovaria.

E se eu não conseguir medir o impacto comercial durante o trimestre?

Essa pode ser a pergunta feita com mais frequência pelos criadores de OKRs ao redor do mundo, pessoas que adotam com entusiasmo a noção de incluir uma declaração de impacto comercial no objetivo para promover transparência, mas que são tomadas por uma onda de pânico quando notam que será muito difícil medir de fato esse resultado durante o período. Isso acontece com todos, inclusive com este humilde autor. Quando concordei em escrever este livro, fiquei animado para compartilhar com você o que aprendi ao longo de mais de vinte anos nas trincheiras da execução estratégica, mas também acreditei que este livro aumentaria o interesse nos OKRs e traria mais organizações à minha porta, resultando em mais contratos de treinamento, coaching e consultoria para minha empresa. Veja o rascunho do OKR que criei para esse fim.

Objetivo: Escrever o livro *OKRs Para Leigos* para assinar contratos com novos clientes.

Resultados-chave:

1. Escrever um capítulo por semana (total de dezesseis capítulos). Observação: Ele não foi escrito "de x para y" porque é a primeira vez que estou escrevendo o livro; não tem "x".
2. Aumentar as postagens no LinkedIn, aumentando o interesse pelo livro, de 20 para 30.
3. Concluir o manuscrito até 20 de março.
4. Aumentar o número de contratos com novos clientes de 5 para 10.

Supondo que fosse um OKR trimestral e que o manuscrito fosse entregue míseros onze dias antes do fim desses noventa dias, eu teria um pouco mais de uma semana para atingir o resultado-chave de impacto comercial de aumentar o número de contratos com novos clientes de cinco para dez. Considerando o fato de que o livro em si seria lançado meses depois da entrega do manuscrito, seria quase impossível atingir meu resultado-chave de impacto.

Você talvez se pergunte: "Nesse caso, por que se dar ao trabalho de ter uma declaração de impacto comercial no objetivo se ele não poderá ser medido dentro do tempo?" A resposta para mim (e para você quando inevitavelmente se deparar com essa situação) é que mesmo que não seja possível medir o impacto, essa declaração aponta para a relevância estratégica do objetivo, sobrepondo-se ao fato de que ele não pode ser medido de imediato. Ele sempre deve ser incluído para gerar clareza e transparência.

Com isso, surge outra pergunta: "Se o impacto comercial não pode ser medido, o período atual é simplesmente ignorado?" É claro que não, mas no espírito do que foi visto no Capítulo 9, você não deve insistir em encontrar o resultado-chave "perfeito" para substituí-lo. Essa situação exige que você encontre algo com que possa contar durante o período — um indicador que o informe se está no caminho certo, mesmo que não meça o impacto comercial em pleno sentido.

Nessa situação, você deve procurar um resultado-chave que indique o progresso no resultado-chave de impacto comercial, um que seja quantitativo e possa ser usado em discussões com os colegas para determinar sua trajetória. Podemos chamá-lo de "resultado-chave intermediário". No meu caso, um resultado-chave intermediário poderia ser:

> Conseguir 2 mil vendas antecipadas do livro.

Esse resultado-chave não mapeia com perfeição a declaração de impacto comercial do meu objetivo (assinar contratos com novos clientes), mas é algo que eu poderia monitorar durante o ciclo trimestral e que me forneceria informações valiosas que poderiam ser usadas para avaliar o progresso geral. Se muitos pedidos antecipados do livro fossem feitos, isso seria um indício de que o livro venderia bem quando fosse lançado e que pelo menos uma parte desses leitores entraria em contato comigo para falar sobre os serviços da minha empresa, resultando em contratos com novos clientes. Por outro lado, se os pedidos antecipados fossem baixos, eu precisaria agir rapidamente, talvez mobilizando minha equipe de marketing para aumentar nossos esforços para promover o livro.

Agora mais uma pergunta: "O que eu faço com o resultado-chave de impacto comercial original?" Você não pode ignorá-lo, porque ele representa aquilo que determinará o sucesso do objetivo e deverá ser medido em algum ponto.

Meu conselho é transferir para o ciclo seguinte qualquer OKR cujo resultado-chave de impacto comercial não pode ser medido nos noventa dias atuais (ou qualquer que seja sua cadência). O resultado-chave de impacto comercial continuará sendo o mesmo, e você talvez determine que também precisará acrescentar novos resultados-chave do tipo marco ou quantitativos no seu esforço final para conseguir o impacto descrito no objetivo.

LEMBRE-SE

A parte do impacto comercial do seu objetivo garantirá transparência e gerará compreensão de por que você acha que ela é estrategicamente relevante agora. Você sempre deve incluir essa declaração de impacto, mesmo se não conseguir medi-la no período atual.

Qual é a diferença entre OKRs comprometidos e aspiracionais?

Resultado-chave comprometido é aquele com o qual, como o nome já diz, nos comprometemos até a sua plena realização. Qualquer coisa menos de 100% de sucesso será considerada um fracasso. Em alguns círculos, eles também são considerados como resultados-chave de "atividades rotineiras", pois costumam refletir processos comuns do negócio que devem ser bem cuidados para que tudo funcione bem. Atingir metas de receita que aparecem no orçamento aprovado pela liderança sênior poderia ser um exemplo de resultado-chave comprometido. Como esse número apareceu em um orçamento aprovado, qualquer coisa aquém da plena realização não é aceitável. Ou talvez os clientes estejam ansiosos por novos recursos de um dos seus produtos, e perder o prazo representaria um desastre do ponto de vista do cliente e do mercado. Nesse caso, lançar esses recursos no prazo, dentro do período, faria sentido como um OKR comprometido.

Um *OKR aspiracional* é o que o Google chama de "projeto ambicioso", algo que fará uma grande diferença na organização e será bem difícil de conseguir. Esse tipo de OKR é naturalmente audacioso, especificamente elaborado com metas que parecem extremamente difíceis de atingir. Ao passo que qualquer coisa abaixo de 100% de realização não seria aceitável no caso de um resultado-chave comprometido, e, no caso dos aspiracionais, conseguir algo entre 60% e 70% seria considerado uma vitória. Os resultados-chave aspiracionais o obrigam a pensar de forma diferente e a empregar criatividade e talento em um desafio. Ao fazer isso, mesmo que não consiga atingir a meta, seus esforços resultarão em um valioso aprendizado que poderá ser aplicado em períodos futuros. Falando em períodos futuros, dada a natureza audaciosa dos OKRs aspiracionais, eles provavelmente se estenderão por mais de um trimestre (ou quadrimestre, dependendo da cadência), fornecendo-lhe o tempo necessário para atingir metas tão elevadas.

Para ser franco, resisti ao uso dos OKRs comprometidos e aspiracionais por um tempo, e essa luta filosófica continua. Por um lado, reconheço que algumas coisas simplesmente devem ser feitas para podermos dizer com credibilidade que tivemos um bom período, e essas grandes prioridades devem ser refletidas nos OKRs comprometidos. A minha preocupação é que a literatura popular sobre os OKRs diz, vez após vez, que os OKRs têm a ver com ir além do que acreditamos ser capazes de fazer, expandindo os limites da possibilidade ainda mais. Se esse for o verdadeiro objetivo dos OKRs, por que complicaríamos as coisas com esses supostos OKRs comprometidos que, embora difíceis, têm um nível de dificuldade bem mais baixo do que os OKRs aspiracionais? Baseando-nos em um exemplo anterior, se atingir uma meta de receita for um OKR comprometido necessário para o período, por que não mirar um alvo bem mais alto e rotulá-lo como aspiracional?

Também me preocupo com as fraquezas da natureza humana nesse cenário. Imagine que sua equipe tenha recebido a tarefa de atingir um OKR aspiracional estratosférico, e embora a equipe de liderança mencione todas as coisas certas sobre mirar alto e aprender ao longo do caminho, a pressão é imensa. Como se sentiria ao olhar do outro lado do corredor e ver outra equipe focada em um OKR supostamente comprometido e muito mais realista? Repetindo: "comprometido" não quer dizer "fácil", mas também não significa "audacioso". Talvez sinta que as coisas são um tanto mais fáceis para a outra equipe, o que poderia resultar em ressentimento e falta de confiança na legitimidade do modelo.

No fim das contas, se achar que usar os dois tipos de OKRs poderia ser útil, faça isso. Apenas explique suas expectativas de forma clara para ambos os tipos e destaque como eles podem trabalhar juntos de modo sinérgico para melhorar os resultados gerais.

Tudo bem usar resultados-chave baseados em reuniões?

Se for como a maioria das pessoas, você provavelmente não terá dificuldade em se lembrar do último fiasco em uma "reunião" na organização. Eu tenho até uma lista: a vez que um CEO dormiu e começou a roncar como um trem de carga no meio da apresentação de alguém (felizmente não era minha) e a vez em que os participantes fizeram um motim e saíram da sala (outra em que tive a sorte de ser um observador inocente, não o líder). Por último, e tive o desprazer de fazer parte desse caso triste, foi a vez em que um membro da diretoria me fez de refém sob o pretexto de uma "reunião estratégica" para me contar histórias nem tão fascinantes assim da sua vida por horas ("E teve a vez em que recebi minha certificação como contador... deixa eu te contar, foi uma história fascinante..."). Ai!

Não importa o motivo, algumas pessoas realmente gostam de reuniões ou as consideram produtivas. Eu poderia incluir algumas páginas com estatísticas que dizem o contrário. Por exemplo, um artigo de 2018 do *Wall Street Journal* mencionou uma pesquisa com gestores seniores de vários setores que disseram o seguinte:

- » As reuniões são improdutivas e ineficientes: 71%.
- » As reuniões os impedem de concluir o trabalho: 65%.
- » As reuniões são feitas à custa do pensamento profundo: 64%.

Como se as reuniões em si não fossem ruins o suficiente, os pesquisadores identificaram recentemente um fenômeno que soa bastante tóxico: a "síndrome da recuperação das reuniões" (veja "Why Your Meetings Stink - And What to Do about it" de Steven G. Rogelberg, *Harvard Business Review)*. É isso mesmo, no fim das contas, o efeito de uma reunião ruim pode durar horas depois dela, afetando negativamente sua produtividade pelo menos no resto do dia. Esse parece um bom problema para uma intervenção farmacêutica, não acha? ("Fale com o seu médico e veja se você pode tomar Reuniãolix...")

Como consultor de OKRs, acho muito irônica a frequência com que os clientes criam OKRs que resultam não em menos reuniões, mas em mais! Parece que, ao convencer as pessoas a usarem os OKRs, elas acham que as reuniões não só *não* devem ser evitadas, mas servirão como uma panaceia para todos os males organizacionais concebíveis. Está com falta de alinhamento? Faça mais reuniões! Houve uma queda de responsabilidade? Sem problema; vamos nos reunir com mais frequência para falar sobre isso. Precisa de mais foco? Faça alguns slides e reúna as tropas agora!

Veja um exemplo (de novo, de literalmente dezenas com os quais me deparei) de um resultado-chave baseado em reuniões que foi entregue por um cliente:

> Fazer reuniões estruturadas com meus subordinados diretos para dar suporte aos objetivos de crescimento da empresa.

Independentemente do objetivo associado, esse não é um resultado-chave forte. A boa notícia é que podemos modificar resultados-chave como esse para torná-los mais eficazes seguindo algumas orientações simples:

- » **Torne-o quantitativo:** Lembre-se de que o objetivo de um resultado-chave é fornecer evidências quantitativas da realização do objetivo. Em outras palavras, precisamos medir algo. O que está sendo medido no resultado-chave mencionado? No momento, nada. Se o criador desse resultado-chave está convencido de que mais tempo de reuniões é um indicador importante de sucesso, ele deve criar uma meta e medi-la. Talvez monitorar quantas vezes foram feitas reuniões ou o número de horas delas. Mas, na verdade, essa pequena melhoria serviria apenas para mascarar o problema. Seria melhor...

» **Seja específico:** A linguagem vaga acaba com os resultados-chave. No exemplo anterior, a culpada é a palavra *estruturadas.* O que é uma reunião estruturada? Se perguntássemos isso a dez pessoas, provavelmente receberíamos dez respostas diferentes. Vá mais fundo. Para você, uma reunião estruturada talvez signifique algo assim:

1. Falar sobre os resultados do mês passado.
2. Examinar o processo de vendas.
3. Abordar as necessidades de contratação.

Poderia ser qualquer coisa. O segredo é ser específico em sua pauta. Então será possível medir a porcentagem das reuniões que seguiram sua pauta estruturada. Mas mesmo com essa recomendação, o problema ainda existe. Em vez disso, por que não...

» **Combine-os com resultados-chave baseados nas consequências:** Quando vejo resultados-chave baseados em reuniões, minha inclinação é supor boas intenções por parte do criador; ele provavelmente está propondo a ideia de fazer reuniões para analisar ou melhorar algum aspecto do desempenho. Com isso em mente, e em consistência com o conselho do item anterior, seja específico sobre por que estão se reunindo e o que seria considerado um sucesso ao realizar uma boa reunião. Se estiver sugerindo um resultado-chave baseado em reuniões para melhorar seu processo de contratação (por exemplo), inclua também um resultado-chave que de fato meça a melhoria da contratação. Ao fazer isso, você provavelmente verá que os resultados-chave baseados em reuniões logo se tornarão redundantes por ter encontrado a consequência que realmente queria.

Ao empregar essas sugestões, você estará fazendo a sua parte para obter resultados-chave melhores. E isso é tudo o que tenho a dizer sobre o assunto porque estou atrasado para... adivinhe só... uma reunião.

DICA

Seja o mais específico que puder ao incluir resultados-chave baseados em reuniões. Não diga: "Fazer reuniões regulares com a minha equipe." Em vez disso, diga:

> Fazer reuniões estruturadas com os quatro recrutadores designados para minha divisão para dar suporte aos objetivos de crescimento do quarto trimestre. Faremos reuniões a cada duas semanas para abordar seu processo de recrutamento, celebrar os sucessos, fazer brainstorming de soluções para o que não está funcionando, determinar o que fazer em seguida e concluir dividindo as tarefas para as duas semanas seguintes.

Os OKRs podem mudar no trimestre?

Dado o fato de que a única certeza na vida são as mudanças e que tudo à nossa volta está sempre se transformando e evoluindo, seria um paradoxo sugerir que os OKRs não pudessem ser alterados durante o trimestre, não é? Ainda bem que estou alinhado com o pensamento convencional das mudanças e fico feliz em lhe dizer que, sob as circunstâncias apropriadas, mudar os OKRs no meio do caminho não só é permitido, mas também é um curso de ação apropriado.

Ao criar um OKR, basicamente fazemos uma hipótese — uma que sugere que, se atingirmos os resultados-chave designados, atingiremos o objetivo. Algo inerente a essa hipótese é um conjunto de suposições, às vezes apresentado de forma explícita, outras vezes relegado ao reino do subconsciente. Veja um OKR acompanhado de uma explicação do que quero dizer.

Objetivo: Fazer uma série nacional de seminários sobre OKRs para conseguir novos clientes.

Resultados-chave:

1. Escolher as cidades e os locais dos eventos até 10 de abril.
2. Enviar um e-mail convidando todos os prospectivos clientes do nosso funil de vendas até 20 de abril.
3. Ligar para 100% dos destinatários dos e-mails até 15 de maio.
4. Conseguir cadastros de 100 pessoas por cidade.
5. Aumentar o número de novos clientes obtidos de 5 para 10.

Muitas grandes suposições provavelmente estão por trás desse OKR:

» As cidades escolhidas têm o público-alvo certo.

» As pessoas estarão dispostas a comparecer ao evento presencial.

» As pessoas que participarão do evento provavelmente estarão mais dispostas a se tornar novas clientes.

» Não haverá disrupções externas na forma como o negócio é conduzido ao redor do mundo. (Esta é a maior de todas.)

Lembra daquele vírus irritante chamado Covid-19? Eu realmente tinha planejado um OKR parecido com esse no verão de 2020, mas ele se foi quando o mundo praticamente parou em meados de março daquele ano. Diante do que acontecia à minha volta, será que eu deveria ter mantido aquele OKR? É claro que não! Dado o que acontecia com a economia mundial, as chances de concluí-lo eram nulas e apegar-me a ele não passaria de um pensamento positivo, o que raramente é uma atividade produtiva quando alguém procura se manter no negócio.

DICA

É uma boa ideia registrar as suposições que você acha que estão por trás da realização do seu OKR e ficar atento durante a fase inicial do trimestre em busca de informações que poderiam colocá-las em xeque.

Motivos válidos para mudar os OKRs no meio do trimestre

Fazer uma mudança no meio do caminho não exige as implicações de uma pandemia ou suposições erradas, e que abalam o mundo todo; existem muitos outros motivos que podem levá-lo a mudar seus OKRs no meio do trimestre. Talvez, com base nas condições do mercado e em resultados anteriores, sua companhia esteja fazendo uma mudança estratégica para um novo produto ou grupo-alvo de clientes que definitivamente afetaria os OKRs de cima a baixo. Ou talvez muitos clientes tenham passado a utilizar os serviços da concorrência, obrigando-o a reconquistar a participação de mercado perdida; essa situação também resultaria em mudanças nos OKRs.

Esses são indicadores bem claros de que é necessário fazer mudanças, mas pode haver dicas mais sutis também, como uma distinta falta de energia ou comprometimento em relação aos OKRs atuais ao revisá-los nas verificações semanais ou mensais. Se sua equipe perdeu toda a paixão pelos OKRs escolhidos, esse é um sinal de que você deve revisá-los o mais rápido possível.

Motivos inválidos para mudar os OKRs no meio do caminho

Isso provavelmente é óbvio, mas ainda assim vale notar que embora existam inúmeros motivos para mudar seus OKRs no meio do trimestre, um que não é válido seria porque eles exigirão esforço demais para serem atingidos. Os OKRs devem ser difíceis, obrigando a usar conhecimento, criatividade e uma boa dose de garra para atingir uma meta desafiadora, porém significativa. Essa última parte sobre garra — a paixão e a perseverança necessárias para atingir metas marcantes — é importante porque pesquisas vêm mostrando que ter garra costuma ser um elemento melhor para prever o sucesso do que QI ou conscientização (veja "The gritty truth" de Kirsten Weir, *American Psychological Association*).

Os OKRs são o equivalente da definição de metas de ir à academia para melhorar o condicionamento físico. Ninguém iria à academia um dia, afastaria aquele gigante movido a esteroides que poderia erguer um Fusquinha apenas com um braço e tentaria levantar os pesos que ele estava erguendo. Não, é preciso ter paciência e perseverança quando os ganhos são menores do que gostaríamos. Demonstramos verdadeira garra aprendendo o que funciona ao longo do caminho porque nunca perdemos de vista o alvo final, que, no caso dos OKRs, é a realização bem-sucedida do objetivo.

LEMBRE-SE

Os OKRs não são um contrato obrigatório. Sempre os iniciamos com o desejo sincero de que sejam realizados, mas sob certas circunstâncias, talvez precisemos atualizá-los no meio do trimestre.

Como posicionar as equipes para obter sucesso na criação de OKRs?

O primeiro passo para preparar suas equipes para maximizar a eficácia dos OKRs e posicioná-las para obter sucesso é fornecer o treinamento mencionado no Capítulo 7. Depois, porém, existe uma segunda alavanca que você pode puxar para prepará-las para apanhar a bola dos OKRs e sair correndo: garantir que todos tenham uma profunda compreensão dos OKRs do nível da empresa para que possam determinar sua própria contribuição e documentá-la na forma de OKRs.

A maioria das organizações dedicará tempo e esforço para criar OKRs do nível da empresa que representem suas prioridades orientadoras, que as distinguirão da concorrência e gerarão execução diariamente.

Mas simplesmente criar OKRs no nível da liderança não fará necessariamente os colaboradores de cada degrau da escada organizacional entender e, o mais importante, tomar decisões que ajudarão a cumprir esses OKRs. Para gerar essa compreensão, os OKRs de nível mais elevado devem ser comunicados por toda a empresa. Esse desafio de comunicação começa com os próprios executivos. A comunicação sempre começa de cima e vem descendo. Assim, é vital se certificar de que todos na equipe executiva estejam alinhados no que se refere aos OKRs da empresa para futuramente organizar suas equipes para o sucesso.

Uma vez que sua equipe de liderança desenvolveu OKRs do nível da empresa, não os entregue ao departamento de Comunicações Corporativas e espere que a mensagem embutida nos OKRs seja disseminada e acabe sendo recebida pelos colaboradores. Não, você precisa entender que cada membro da equipe sênior precisará comunicar e modelar os OKRs, e para fazer isso bem, eles precisarão ser consistentes quanto à história que contarão.

Contando uma história consistente

Para garantir uma história consistente, antes de apresentar os OKRs do nível da empresa aos seus colaboradores, recomendo um exercício de interpretação durante o qual cada membro da equipe executiva fará uma pequena apresentação (de cinco a dez minutos) para os colegas descrevendo os OKRs da empresa. Esse exercício ajudará a responder estas importantes perguntas:

1. Em que sequência cada membro da equipe executiva coloca os OKRs? Eles contam uma história coerente?
2. Eles entendem bem o que significa cada OKR? Se simplesmente lessem o que está na tela atrás deles, ficaria claro que seu conhecimento é tão profundo quanto uma poça d'água, algo que funcionários cansados de mudanças perceberão de imediato.
3. Com base nas apresentações, algo parece redundante? Ou algo está claramente faltando na história estratégica da empresa?
4. O quão entusiasmados eles estão com os OKRs? É difícil mostrar entusiasmo com algo que não conseguimos apoiar ou dar suporte com sinceridade.
5. Todo mundo está contando uma história consistente?

No caso de muitos membros da sua equipe de liderança, esse exercício será uma experiência nova, e eles poderão parecer um tanto resistentes de início. Contudo, uma vez que você (o CEO) confirma a importância de contar uma história consistente do sucesso da empresa e enfatiza seu lugar vital na narrativa, eles deverão ficar mais dispostos a subir no palco para contar a história da empresa de uma forma motivadora e que gerará compreensão e transparência para as equipes abaixo deles.

Esse exercício é sempre benéfico, mas isso não acontece porque todas as apresentações são fluídas como um TED Talk e cada elemento das histórias dos executivos está em harmonia. Pelo contrário. Haverá variações de qualidade, compreensão e comprometimento. Entretanto, se essas diferenças não forem apontadas e corrigidas na reunião, as narrativas desalinhadas acabarão sendo transmitidas por cada executivo à sua equipe, semeando confusão e ceticismo quando diferenças na sua história acabarem surgindo em conversas casuais na empresa.

Depois que todos os executivos tiverem a oportunidade de falar, o CEO falará sobre as diferenças na abordagem e fechará quaisquer lacunas de conhecimento que precisarem ser preenchidas. Quando chegar a hora da "tomada dois", as histórias serão consistentes e o motivo de cada OKR será bem claro.

Trabalhando com os líderes da equipe

Você não precisa limitar aos executivos o exercício de interpretação mencionado. Se sua equipe ou departamento criou OKRs, procure adotar a mesma abordagem com seu pequeno grupo de líderes. Estas são algumas dicas de como contar uma ótima história de OKRs:

» Comece com uma visão geral da estratégia e por que é ela vital para a organização e a equipe.

- Concentre-se em por que a mudança é necessária em seu ambiente.
- Explique brevemente o que são OKRs. Você provavelmente já apresentou uma definição; no entanto, quanto mais descrever o que são OKRs e (o que é muitíssimo importante) por que estão usando-os, maiores serão as probabilidades de sucesso.
- Analise os OKRs e conte uma história de como eles se combinam para gerar sucesso. A sequência dos OKRs é importante.
- Resuma por que essa iniciativa é fundamental para a empresa e o que virá em seguida.
- Ouça as perguntas.

Talvez você já conheça estes ditados: "Garanta que todos estejam lendo a mesma cartilha" e "Todo mundo deve remar na mesma direção". Em outras palavras, consistência é o segredo! Para que todos os membros da equipe estejam preparados para obter a glória dos OKRs, conte uma história consistente para eles.

Existem atalhos para a criação de OKRs?

Eu ouvi uma ótima história recentemente sobre Carl Friedrich Gauss, um matemático do século XVIII (e quem não gosta de uma boa história sobre um matemático alemão do século XVIII, não é?). Ela diz o seguinte: quando Gauss ainda estava na escola, um professor desafiou a turma a somar os números de 1 a 100 (1 + 2 = 3; 3 + 3 = 6; 6 + 4 = 10; e assim por diante). Supondo que esse desafio fosse ocupar os alunos por um tempo considerável, o professor estava saindo da sala quando o jovem Gauss colocou o lápis na carteira e disse: "Terminei!" O professor, obviamente incrédulo e provavelmente irritado por não poder aproveitar sua versão de um intervalo para fumar do século XVIII, examinou o caderno do jovem prodígio e ficou surpreso ao ver que ele de fato havia encontrado a resposta certa. (Se quiser fazer as contas, vá em frente; eu espero.)

Se ainda estiver fazendo contas depois de dez segundos, você está muito atrás de Gauss, que resolveu o problema quase que instantaneamente. Ele fez isso usando um atalho. Gauss percebeu que de 1 a 100 havia exatamente 50 pares de combinações de números: 1 + 100 = 101; 2 + 99 = 101; 3 + 98 = 101 etc. Assim, ele simplesmente multiplicou 100 por 50 para chegar à resposta correta de 5.050. Essa bela história me fez imaginar se não havia a possibilidade de um atalho para a criação de OKRs eficazes, e a resposta é um hesitante "sim" e "não".

Atalhos para OKRs eficazes

Estes são alguns atalhos para escrever bons OKRs:

- » **Usar fórmulas comprovadas:** Os objetivos são sempre compostos por três partes: eles devem começar com um verbo, ser seguidos pelo que esperamos alcançar e terminar com o impacto comercial pelo qual nos esforçamos. Escrever objetivos pode ser (e provavelmente será) uma tarefa difícil, mas usar uma fórmula simples como modelo poderá ajudá-lo a escrever OKRs com consistência, sendo o modelo novo ou não para você.
- » **Seguir uma checklist de características:** Depois de elaborar um OKR, meça a eficácia dele examinando-o à luz de alguns atributos básicos de um OKR eficaz:
  - O objetivo contém os três componentes (verbo + o que você quer alcançar + impacto comercial)?
  - Os resultados-chave são realmente mensuráveis?
  - Os objetivos são ambiciosos?
  - Você conseguirá atingir os objetivos dentro de noventa dias?
- » **Seguir uma cadência regular:** Transforme o desenvolvimento de OKRs em um hábito. Sua organização deve estabelecer uma cadência para os OKRs (em geral, trimestral) e, com base nessa programação, você terá datas predeterminadas para desenvolver, analisar e concluir os OKRs. Anote essas datas no calendário e observe-as como se fossem sagradas! No(s) dia(s) designado(s), reserve o tempo necessário para avaliar a situação e criar um conjunto eficaz de OKRs.

Áreas sem atalhos

Alguns aspectos do processo de criação de OKRs não permitem atalhos:

- » **Entender a estratégia da empresa:** A estrutura dos OKRs é basicamente um sistema de execução de estratégias, e a palavra-chave aqui é "estratégias". Independentemente de você ser o CEO ou um colaborador da linha de frente, seus OKRs devem estar alinhados com a estratégia da empresa, e para que esse alinhamento ocorra, você precisa entender o plano da empresa.
- » **Conversar com seu gestor e seus subordinados diretos:** Os OKRs nunca devem ser criados isoladamente. Com isso me refiro a escrever OKRs sem nenhuma discussão, inseri-los em um modelo ou sistema de software e esperar realizá-los. Os usuários que empregam as melhores práticas ao criar OKRs conversam com pessoas de toda a organização para se certificarem de que todos os OKRs foram questionados e avaliados

de modo apropriado. Quando você tiver seu primeiro conjunto de OKRs, sente-se com seu chefe para discuti-lo. O chefe deverá lhe dar feedback sobre os seguintes itens:

- Seus OKRs estão estrategicamente alinhados?
- Seus OKRs incluem extensões suficientemente ambiciosas?
- De que ajuda você precisará para realizá-los?

Se tiver subordinados diretos, você deverá ter conversas similares com cada um deles. Tudo isso leva tempo, mas o investimento gerará benefícios consideráveis na forma de OKRs de maior qualidade e resultados aprimorados.

» **Refletir:** Em minha carreira como consultor, já revisei literalmente milhares de OKRs. Deparei-me com diversas tendências ao longo desse tempo, incluindo a seguinte, que considero especialmente perturbadora.

Digamos que uma pessoa crie três OKRs. O primeiro é quase sempre o melhor em sentido técnico. Quase consigo ver a pessoa na frente do computador, com uma fumaça intelectual surgindo, conforme lida com o grande e satisfatório requisito de escrever um OKR estrategicamente alinhado, que inclua um objetivo forte e um conjunto de resultados-chave, e culmine em pelo menos um que meça o impacto comercial. O segundo OKR é no máximo adequado em termos técnicos e o terceiro é um monte de ideias desarmoniosas e deficientes que não se parece em nada com um OKR.

Sem dúvida, criar OKRs de alta qualidade exige esforço mental. E para isso não existe atalho. Não obstante, como costuma ser dito pelos especialistas ao redor do mundo, os vencedores das décadas seguintes serão aqueles que conseguirão pensar melhor e aprender mais do que a concorrência. Se tirar tempo para refletir bem no seu ambiente, em como contribui de forma singular para o sucesso e em como isso resulta em OKRs eficazes, esse será um dos investimentos mais valiosos que você poderá fazer.

4

Trabalhando com OKRs

NESTA PARTE...

Mesmo depois de escrever OKRs tecnicamente bons e estratégicos em sua organização, nada garante que você desfrutará dos muitos benefícios que o sistema tem a oferecer. Para maximizar seu investimento em OKRs, é vital trabalhar eficazmente com a estrutura.

Nesta parte, explico como funcionam as reuniões de OKRs: quando realizá-las e quais itens de pauta definitivamente gerarão mais valor para a equipe. Visto que "boas" reuniões costumam ser tão difíceis de se ver quanto unicórnios, também darei dicas para fazer com que elas sejam informativas, interativas e sempre valiosas. Esta parte também decifrará os mecanismos da pontuação dos OKRs, ajudando-o a entender seus resultados e aprender o máximo possível com o processo. Por último, você aprenderá a fazer os OKRs perdurarem na organização para que a estrutura se torne parte da sua cultura a longo prazo.

NESTE CAPÍTULO

» Determinando o melhor momento para fazer reuniões de revisão dos OKRs

» Maximizando a qualidade do tempo gasto em reuniões

» Otimizando o poder de aprendizado dos OKRs

Capítulo 11

Fazendo Reuniões de Revisão dos OKRs

Em 1860, o embaixador prussiano Otto von Bismarck visitou a corte do czar Alexandre II, ocasião em que caminharam pelo local e se encontraram com uma sentinela de guarda em uma área bem isolada do gramado do palácio. Perplexo, Bismarck perguntou ao czar por que a sentinela estava em um local tão afastado. O czar não sabia, de modo que consultou seu ajudante de ordens e outros até que alguém lhe revelou que esse era um costume antigo, embora ninguém soubesse a origem. Investigações adicionais revelaram que oitenta anos antes, Catarina, a Grande, determinou que uma sentinela sempre deveria ser designado para aquele ponto do gramado. Aparentemente, depois de um longo e rigoroso inverno russo, ela olhou pela janela e viu a primeira flor de primavera abrindo caminho no solo congelado. A sentinela devia ficar de guarda para evitar que alguém colhesse esse belo lembrete da mudança das estações. Oitenta anos depois, a sentinela continuava ali (bem, talvez não a mesma), um lembrete de uma única flor e de um costume não questionado que se tornou sagrado por nenhum motivo.

A ideia de aceitar as coisas sem questionar é um problema em muitas facetas de nossas vidas pessoal e organizacional que tende a afetar as reuniões com uma regularidade alarmante. Muitas organizações marcam reuniões padrão com pautas fixas e nunca se desviam delas, não importa as forças prestes a abalar a base dos seus negócios. Fixam-se nos mesmos temas e adotam as mesmas discussões que inevitavelmente resultam na mesma falta de progresso. É o equivalente em reuniões da sentinela solitária de Catarina, a Grande. Como são feitas cerca de 11 milhões de reuniões todos os dias só nos EUA, seria seguro dizer que elas não deixarão de ser feitas tão cedo, de modo que sua melhor estratégia seria aprimorá-las. Este capítulo mostrará como estruturá-las e facilitá-las para tirar o máximo de proveito delas.

A jornada para reuniões aprimoradas começa determinando quando realizá-las — qual cadência o deixará em uma posição melhor para ter mais chances de ser bem-sucedido com o sistema. Com base em centenas de experiências de clientes, recomendo fazer reuniões de verificação semanais, reuniões de revisão mensais e retrospectivas no fim do período. Detalharemos cada uma e veremos como torná-las significativas e produtivas. Alguns tópicos parecerão se enquadrar no campo do bom senso, como agendá-las com antecedência, já outros poderão surpreendê-lo, como o valor de controlar suas expectativas. No fim das contas, o objetivo deste capítulo é ajudá-lo a tirar o máximo de proveito do tempo gasto avaliando seu progresso com OKRs.

A Cadência das Reuniões

Talvez você tenha saído atordoado do que pareceu ser sua décima primeira milionésima reunião (ou talvez ela tenha sido tão ruim que só pareceu com 11 milhões de reuniões combinadas para resolver um probleminha), decidiu fazer uma pausa, buscou uma leitura sobre assuntos de negócios para recarregar as baterias e abriu este livro na página que fala sobre... fazer mais reuniões! Mas se ainda estiver lendo, me escute, porque fazer reuniões produtivas de revisão de OKRs é um dos passos mais úteis que poderá dar para tirar o máximo de proveito deles, e tudo se resume a uma palavra: feedback.

Como já mencionei em outra parte do livro, os OKRs são um tipo de definição de metas, e quando esse é o assunto, o cérebro funciona de uma forma muito simples, diminuindo a discrepância entre onde estamos e aonde queremos ir (a meta final estabelecida). Quando o cérebro detecta essa discrepância, ele procura eliminá-la, mas sem feedback sobre como fazemos isso, ele não conseguirá detectar nenhuma discrepância e, assim, não tomará nenhuma ação (veja *Sucesso* de Heidi Grant Halvorson).

O feedback é fundamental para transformar nossas metas em realidade porque ele nos dá informações sobre o nosso progresso, permitindo-nos (e o nosso cérebro) processar essas informações e determinar os próximos passos. Sem feedback, não sabemos quais ações tomar para chegar mais perto da nossa meta. Ir mais rápido? Mais devagar? Jogar tudo para o alto e experimentar uma nova abordagem? Quem sabe... Mas quando acrescentamos o feedback à equação, vemos o contexto e conseguimos navegar de forma mais eficaz da nossa posição atual para a condição final de um objetivo cumprido.

As reuniões que descreverei nas seções a seguir têm o objetivo de garantir que um feedback oportuno e relevante seja fornecido aos seus OKRs, ajudando-o a decidir quais ações são necessárias, acelerando as coisas se estiver ficando para trás, mantendo o passo se estiver dentro do prazo ou ficando à frente se as coisas estiverem funcionado bem. Recomendo que você organize as reuniões da seguinte forma:

» Semanais
» Mensais
» No fim do período (como retrospectivas)

Defendo essa cadência porque já vi que funciona e porque (especialmente no início) ter mais reuniões do que menos será benéfico ao passo que fortalece seus músculos de OKRs. Entretanto, meu conselho não é obrigatório para todos os contextos organizacionais; assim, considere sua própria cultura e frequência atual de reuniões ao escolher a cadência para as revisões de OKRs. Minha empresa trabalha com clientes que parecem ser totalmente avessos à ideia de verificações semanais dos OKRs, já outros estão convencidos de que é preciso fazer uma revisão no meio do trimestre. No fim das contas, como acontece com a maioria das coisas relacionadas com os OKRs, a resposta certa é a que for melhor para sua organização específica.

Fazendo reuniões semanais

Há quatro resultados básicos que buscamos com as verificações semanais:

» Avaliar o progresso de cada OKR.
» Identificar possíveis problemas que poderiam afetar a execução deles.
» Incorporar OKRs em sua cultura.
» Enlouquecer aos poucos seus colegas incluindo outra reunião na agenda. (Pode riscar esta; é só um efeito colateral da vida corporativa.)

Avaliar o progresso é o mais simples dos três e envolve a análise de cada OKR para determinar se você está em dia ou atrasado. Se houver números disponíveis para os resultados-chave, você poderá avaliar o progresso quantitativamente, mas se for cedo demais para que dados concretos estejam disponíveis, poderá recorrer ao progresso dos resultados-chave do tipo marco para medir seus esforços.

Independentemente da situação, fique atento a quaisquer questões que poderiam afetar seus OKRs desse ponto em diante, como recursos (humanos, financeiros ou ambos), mudanças no ambiente operacional ou pessoais. Se quiser estar à frente de quaisquer questões potencialmente prejudiciais, abordá-las em uma reunião semanal será a primeira linha de defesa nessa batalha.

Temas para as reuniões semanais

Para avaliar o progresso e ser proativo em relação a possíveis problemas, veja alguns temas específicos que podem ser incluídos em sua reunião semanal, os quais você deve conseguir abordar tranquilamente em trinta minutos:

» **Logística:** Pode ser tão simples quanto determinar quem estará disponível na semana seguinte. Se três membros da equipe planejam tirar férias e um quarto estiver gripado, ela ficará bem reduzida na próxima semana, o que definitivamente afetará o quanto conseguirá realizar nos OKRs.

» **Prioridades:** Onde concentrar seu foco e ênfase na próxima semana? Existe um marco essencial a alcançar que seja fundamental para atingir um resultado-chave baseado em métricas? Se sim, talvez queira colocá-lo no topo da sua lista de afazeres. Se criou uma lista de tarefas para acompanhar seus resultados-chave, essa também será uma excelente oportunidade de revisá-la.

» **Situações:** Como já mencionado, verificar a situação dos OKRs é um dos principais motivos para fazer a reunião; assim, reserve um tempo para revisar o progresso de cada OKR. Além de revisar as situações atuais, pergunte a cada membro da equipe o quão confiantes eles se sentem quanto à probabilidade de realizar cada OKR.

  Existem muitas maneiras simples de fazer isso, como avaliar os níveis numéricos. Em uma escala de 1 a 10, quão confiante você se sente de que realizará seus OKRs? Ou adote a velha metáfora do semáforo e use vermelho, amarelo ou verde para avaliar o progresso da equipe. Independentemente do método empregado para medir a confiança, é importante avaliar as mudanças de semana a semana. Se na última semana, em uma escala de 1 a 10, todos indicaram um animador 10 para cada OKR, mas esta semana sua convicção baixou para 6, você precisará descobrir o que está causando essa queda e implementar estratégias para corrigir o curso.

» **Engajamento:** Veja se todos da equipe ainda se sentem animados para fazer todo esforço necessário para tirar o máximo proveito de cada OKR. Se sentir níveis significativos de apatia ou indiferença em relação aos OKRs, aprofunde-se e avalie por que a equipe não se sente mais animada em sua busca.

A falta de engajamento pode ser especialmente problemática no início da implementação, quando a criação de OKRs ainda é uma novidade e é preciso aprimorar suas habilidades para chegar no ponto certo. A falta de engajamento pode levar a objetivos e resultados-chave que deixam de gerar paixão na equipe. Se enxergar um problema de engajamento no horizonte, lembre à equipe mais uma vez por que vocês adotaram os OKRs e revise a importância deles para o sucesso da empresa.

Existem muitos motivos (em geral, um eufemismo para "desculpas") para não fazer reuniões semanais, e eu já ouvi todos eles: "Estamos muito ocupados", "Somos ágeis", "Não somos iniciantes; somos profissionais experientes e sabemos o que estamos fazendo" etc. Na verdade, você precisa de reuniões — para abordar a lista anterior de itens pragmáticos e fazer com que os OKRs passem gradualmente a fazer parte da sua organização, fortalecendo seus músculos de estabelecimento e realização de objetivos, o que resultará em uma organização resiliente e focada no aprendizado constante e na execução perfeita. Essas culturas não são criadas da noite para o dia, e sim tijolo a tijolo, com um reforço constante do que realmente importa, e se realmente acredita que os OKRs poderão mudar o jogo para sua empresa, você precisará dedicar um tempo considerável e fazer todo esforço necessário para transformar esse futuro brilhante em realidade.

Não seja chato!

Uma noção final para ter em mente ao trabalhar na estrutura das reuniões semanas é bem simples: independentemente de como planeja usar o tempo, não seja chato. Ninguém quer ficar entediado ou ser obrigado a aguentar uma reunião assim. Certa noite, eu estava em um restaurante com alguns amigos, e na mesa ao lado havia um homem e uma mulher jovens, na casa dos 30, com um senhor de 50 e tantos anos que era um tagarela e tanto. Ele não parava de falar, e era óbvio que estava entediando seus dois companheiros ao ponto de quererem chorar. A cabeça deles não se movia; o rosto deles estava paralisado, encarando a parede com olhos sem vida. Em certo ponto, o falador disse: "Foi nesse dia que cheguei em casa e descobri que minha mulher tinha de me deixado para ficar com o namorado dela." Chocante! Com base em parte desse diálogo, acho que os dois jovens trabalhavam para ele. Consegue imaginar ter de lidar com um chefe assim? Talvez você consiga, mas espero que não.

Seu público é obrigado a estar nessas reuniões semanais; assim, embora eu não sugira aproveitar a ocasião para trabalhar no seu stand-up de cinco minutos nem tentar cantar a pauta como Adele, recomendo o seguinte:

- » Mantenha a discussão animada e vibrante
- » Incentive a participação e o debate intenso

A palavra-chave aqui é *participação*, e o incentivo a fazer o que for preciso para que todas as vozes e pontos de vista sejam apresentados para aumentar as oportunidades de aprendizado e a probabilidade de avanços criativos. Isso pode envolver designar pelo menos um tema para cada pessoa de modo a garantir que todos falem ou simplesmente pedir que aquelas pessoas com a tendência de ficarem quietas em tais reuniões participem.

DICA

Se já agendou uma reunião semanal com a equipe, tente incluir a verificação dos OKRs como parte da sessão em vez de incluir outra reunião na agenda cheia de todos. Talvez ela precise ser mais longa para os OKRs serem abordados com calma, mas criar o hábito de revisá-los ficará mais fácil se você se basear em uma reunião que já está marcada.

Fazendo reuniões mensais

De vez em quando, ouvimos uma reportagem dramática sobre uma celebridade, uma que vem caindo no nível de popularidade e relevância de A para D, que deixou de declarar o imposto de renda desde o início dos anos 1990 e que, como seria de se esperar, agora deve milhões de dólares para o governo. Alguns "informantes" dizem que ela tem tantas contas espalhadas pela casa que nem se deu ao trabalho de abri-las, e que poderiam encher a caçamba de uma picape, basicamente fingindo por anos que seus credores não existem. Em geral, essas histórias dramáticas são contadas para aumentar a audiência (eu posso até ouvir aquele âncora sincero contando as notícias principais: *"Mais nesta noite sobre aquela celebridade que foi acusada de sonegação de impostos — você não pode perder isso!"*), mas elas são um alerta contra o perigo de não fazer as coisas que realmente precisamos fazer se quisermos evitar consequências onerosas e negativas para nós mesmos e para os outros.

Obviamente, sua foto não sairá no jornal nem vão prendê-lo por negligenciar a reunião mensal de revisão. Contudo, haverá consequências em perder a oportunidade de reunir sua equipe para avaliar seu progresso, identificar problemas e continuar o processo de introduzir os OKRs em sua cultura.

Cadência mensal para evitar a síndrome de "criar e esquecer"

As reuniões mensais de revisão dos OKRs tendem a ser um pouco mais formais do que as semanais (recomendo usar um modelo para atualizar os resultados-chave; mais sobre ele depois) e são uma ótima oportunidade de analisar cada OKR, ajudando a enfatizar o valor do processo e fazendo com seja uma parte constante de como seu negócio é gerido. Nunca é demais falar sobre os benefícios e a importância de aprofundar os OKRs em sua cultura, transformando-os em um processo básico da execução de estratégia que todos aceitam e no qual todos confiam tanto quanto confiam no seu planejamento orçamentário ou estratégico.

Deixar de revisar regularmente os resultados o levará à temida síndrome de "criar e esquecer", aumentando muito as chances de que os OKRs sejam enviados ao ferro-velho das iniciativas abandonadas que eram encaradas com grande antecipação, mas que agora não passam de uma lembrança ou uma piada.

Perguntas a fazer nas reuniões mensais

Espero que esses avisos o tenham alertado e preparado para adotar as reuniões mensais de OKRs. Para ajudá-lo a aproveitar ao máximo esse evento, veja algumas questões que você pode levantar durante a sessão, normalmente durando de sessenta a noventa minutos. Se já deu uma olhada à frente e está fazendo as contas agora, listei cinco perguntas, o que daria doze minutos para cada no caso de uma reunião de uma hora ou dezoito minutos no caso de uma reunião de uma hora e meia. Mas sugiro não dividir o tempo com tanta exatidão; seria melhor seguir o fluxo ao se acostumar com o ritmo dessas reuniões. Se uma pergunta resultar em uma conversa relevante (grande ênfase em *relevante*), que faz todo mundo pensar, vá em frente e mergulhe de cabeça nesse entusiasmo.

- **Qual progresso você fez com os OKRs até agora? Quais resultados está vendo?** Sempre será importante (e encorajador) começar com o sucesso que viu até esse ponto do trimestre.
- **O que está dando certo ou não?** Como já mencionei, os resultados-chave representam uma hipótese ou uma estimativa de como a realização do objetivo será indicada; assim, considerando esse aspecto, pergunte se alguma suposição se mostrou inverídica ou se as informações coletadas o levaram a um caminho diferente na busca do sucesso dos resultados-chave. Por outro lado, considere também se as abordagens adotadas estão resultando em progresso e pagando dividendos.
- **Quão confiante você se sente de que realizará seus OKRs?** Em harmonia com meu conselho das sessões semanais, tudo bem ser informal aqui. Você pode pedir aos membros da equipe para darem porcentagens de confiança, fazerem um sinal positivo ou negativo, ou usarem o sistema dos semáforos. Se não sentiram confiança na reunião de OKRs ou se os níveis de confiança diminuíram desde a última, aprofunde-se para descobrir por que eles se sentem assim e faça um brainstorming para encontrar soluções.
- **De que ajuda adicional você precisa para realizar os OKRs?** Essa ajuda poderia envolver o auxílio de outra equipe ou receber recursos adicionais da empresa, mas se seu plano B para o sucesso nos OKRs é esperar que Elon Musk venha e compre sua empresa, seu problema é maior do que pensava. Independentemente da fonte de ajuda, é importante abordar todos os problemas com seu superior para que ele possa ajudá-lo a eliminar os obstáculos para obter sucesso nos OKRs.

» **O OKR ainda é certo para este trimestre?** Como mencionei no Capítulo 10, nunca devemos abandonar um OKR só porque ele é difícil de realizar; afinal, eles devem ser difíceis de atingir. É o que torna esse sistema tão poderoso. Mas às vezes as coisas acontecem. Talvez tenha surgido um grande problema com um cliente ou um produto que exige sua atenção imediata, ou talvez Elon Musk tenha comprado a empresa! Talvez você tenha dois OKRs e fique claro que um deles não será realizado nesse trimestre. Nesse caso, seria melhor colocar sua energia naquele em que se sente confiante de que conseguirá realizar e transferir o outro para o próximo trimestre.

A Figura 11-1 mostra um modelo que você poderá preencher para cada resultado-chave. Obviamente, é importante preenchê-lo antes da reunião para que os participantes possam revisá-lo com cuidado ao se reunirem para discutir o progresso. Durante a reunião, trate-o como um recurso para obter contexto e informações adicionais ao abordarem as perguntas apresentadas. (A versão em branco do modelo pode ser baixada no site `www.dummies.com/go/okrsfd`. Role a página até encontrar o link deste livro. Clique na aba Downloads para baixar o arquivo Microsoft Word do modelo.)

Modelo de Atualização de OKR

<table>
<tr><th colspan="3">Objetivo</th></tr>
<tr><td colspan="3">Escreva o objetivo aqui.</td></tr>
<tr><th>Resultado-chave</th><th colspan="2">Tipo de Resultado-chave</th></tr>
<tr><td>Use este espaço para informar o resultado-chave.</td><td colspan="2">Informe se o resultado-chave é do tipo métrica ou marco.</td></tr>
<tr><th>Cálculo do Resultado-chave (para RCs de métrica)</th><th>RC Alvo</th><th>RC Atual</th></tr>
<tr><td>Se for um resultado-chave do tipo métrica, descreva como ele será calculado.</td><td>Inclua o alvo aqui, o y de x para y.</td><td>Use este espaço para indicar o desempenho atual, na data de hoje.</td></tr>
<tr><th colspan="3">Atualização do Progresso</th></tr>
<tr><td colspan="3">Use este espaço para apresentar uma breve atualização do progresso feito no resultado-chave desde a última reunião.</td></tr>
<tr><th colspan="3">Nível de Confiança</th></tr>
<tr><td colspan="3">Use este espaço para fazer uma avaliação de 1-10 do quão confiante se sente de que atingirá o resultado-chave (1 = pouco confiante; 10 = muito confiante) e explique brevemente qual é o motivo da sua avaliação. Você também poderá usar "positivo" ou "negativo", ou vermelho, amarelo e verde.</td></tr>
<tr><th colspan="3">Ajuda Necessária</th></tr>
<tr><td colspan="3">Use este espaço para informar de que ajuda precisará (de outra equipe, recursos financeiros etc.) para garantir que o resultado-chave será atingido.</td></tr>
<tr><th colspan="3">Tarefas Futuras</th></tr>
<tr><td colspan="3">Use este espaço para listar quaisquer tarefas críticas que realizará entre hoje e a próxima reunião de atualização (semanal ou mensal).</td></tr>
</table>

FIGURA 11-1: Modelo de atualização dos resultados-chave.

DICA

Pesquisas sugerem que quanto mais distantes de uma meta, mais eficaz é o feedback positivo ao nos ajudar a atingi-la. No caso dos OKRs, isso sugere que, no primeiro mês, você talvez queira dar um feedback mais positivo para incentivar a todos a fazerem os esforços necessários para realizar o OKR. Por exemplo, um feedback como "Vocês estão fazendo um ótimo progresso. Vocês conseguem!" ajudará as pessoas a manterem o ritmo desde o início. Mas ao se aproximar do fim do período (no caso, um trimestre ou quadrimestre), dar um feedback mais específico e, se necessário, negativo, ajudará a equipe a focar e aumentará a probabilidade de o OKR ser realizado.

Retrospectivas de fim de período

No Capítulo 10, contei algumas histórias de terror de reuniões das quais tive o desprazer de participar ao longo dos anos — o CEO soneca, o motim na sala de conferências 4A e o membro da diretoria que achava que minha vida seria melhor se ouvisse sua autobiografia nos mínimos detalhes (não melhorou). Felizmente, como acontece com a maioria das coisas, a balança das reuniões tende a se equilibrar, de modo que já estive presente em muitas reuniões fabulosas (uma palavra forte, eu sei) que foram um modelo de criatividade e insights profundos que levaram a verdadeiros momentos "eureca" para todos que tiveram a sorte de estar presentes.

Mais de uma dessas ocasiões aconteceram durante a retrospectiva de fim de período (trimestral ou quadrimestral), quando as equipes se reuniram para pontuar os OKRs, analisar os resultados e compartilhar os objetivos e os resultados-chave para o próximo período. Gerar inovações exige matérias-primas apropriadas, presentes nesse tipo de reuniões: meses de resultados para analisar, números de verdade para avaliar e perguntas feitas para nos fazer refletir. Nesta seção, foco basicamente a análise dos resultados. (Abordarei a pontuação dos OKRs no Capítulo 12.)

Com a bola em jogo: Examinando os resultados

Como mostra o Capítulo 12, ao pontuar um OKR, a maioria das organizações faz uma média dos pontos dos resultados-chave para calcular o apuramento geral do objetivo. O número resultante é um ótimo ponto para começar uma discussão — mas ruim para terminar. Para desenvolver a conversa, é importante ter uma representação numérica do sucesso, fornecida pela pontuação, mas esses momentos "eureca" dificilmente serão resultado de um mero reconhecimento de que sua pontuação final foi de 0,7, 0,9 ou 0,3. Haverá mais chances de as portas do conhecimento serem abertas se você for além dos números, fazendo perguntas que o obrigam a pensar profundamente sobre o OKR e preparando-o para alturas ainda mais elevadas de sucesso no futuro. (Você ganha ainda mais pontos caso tenha se perguntado de onde vem a referência para as "portas do conhecimento", que é minha homenagem ao livro de Aldous Huxley que tem um título parecido e que serviu de inspiração para uma das minhas bandas favoritas: The Doors. Mas estou divagando...)

A seguir, apresento várias perguntas que podem ser feitas durante sua retrospectiva, depois de apresentar as pontuações de cada OKR. E não me esqueci de mencionar quanto tempo essa reunião deve ter. A maioria das equipes, dependendo do tamanho e da quantidade de OKRs a revisar e atualizar, dedicará até meio dia a essa valiosa reunião. Certo, agora as perguntas:

» **Você escolheu os resultados-chave certos com base no que acontece no seu ambiente?** Lembre-se de que cada revisão é uma oportunidade para realizar uma minivarredura ambiental ou estratégica do que acontece no seu negócio. Você se concentrou nos elementos certos do ambiente?

» **Os resultados-chave eram ambiciosos o suficiente? Você se esforçou? Foram ambiciosos demais?** Se os OKRs foram fáceis de atingir, provavelmente você deixou de fazer algo significativo. Por outro lado, se foram altos e irreais, você pode ter acabado com a motivação da equipe.

» **Os resultados-chave foram realmente mensuráveis?** Avalie se você tem a combinação certa de resultados-chave do tipo marco e métrica (para garantir que estava medindo o impacto comercial).

» **Você "criou e esqueceu" deles?** Ou seja, deixou de fazer alguma verificação discutida aqui? Se sim, por quê? É uma pergunta importante porque, como já mencionado, um dos objetivos principais dessas reuniões é incorporar os OKRs no seu ritmo operacional.

» **Os resultados-chave o mantiveram focado na geração de valor?** Se todas as cabeças na sala abaixaram com essa pergunta, então você tem um problema, e pelo menos uma alma corajosa provavelmente se voluntariará para dizer que os OKRs pareciam "perda de tempo". Nesse caso, trabalhe diligentemente no próximo período para criar OKRs que reflitam o valor estratégico e vão além das atividades rotineiras.

» **O que você aprendeu nesse período? O nível das metas aumentou para o próximo período?** Não encerre a reunião até que pelo menos uma lição tenha sido aprendida para cada OKR e vocês tenham identificado pelo menos três formas de melhorar no futuro.

Perguntas mais profundas para OKRs específicos

Espero que você goste de perguntas tanto quanto eu, porque, no espírito do pai fundador da filosofia ocidental, Sócrates, que adorava perguntas, ou de uma criança de 4 anos que agarra a perna do pai para enchê-lo de questões, ainda há mais perguntas que você pode fazer em sua retrospectiva de fim de período. O objetivo é levantar uma discussão ao considerar os resultados em grande escala, mas às vezes queremos nos aprofundar em um OKR específico, sobretudo se estamos aquém das expectativas. Se esse for o caso, reserve um tempo para considerar um ou todos os itens a seguir:

» Ao criar o OKR, você provavelmente fez suposições. Elas foram validadas? Se não, o que aconteceu e como isso afetou o sucesso do OKR?

» Como os líderes seniores poderiam tê-lo ajudado a colocar esse OKR de volta no eixo antes do fim do período?

» Havia alguma dependência em outro departamento ou grupo que o impediu de realizar esse OKR? Se sim, falou com eles antes do período?

Qual foi a resposta? Como garantir que as dependências vitais não impeçam o sucesso dos OKRs no futuro?

» Como a criança curiosa de 4 anos, procure fazer o exercício dos "Cinco Porquês". Pergunte: "Por que não conseguimos realizar o OKR?" Continue perguntando por cinco ciclos até chegar à raiz da sua deficiência.

Muito bem, talvez até Sócrates concorde que já fizemos perguntas demais por hoje. Elas deverão mantê-lo ocupado por um tempo e, com sorte, resultarão em vários momentos maravilhosos ao ver o rosto de alguém brilhar porque tudo se encaixou e está claro que todo o esforço que levou a esse momento valeu a pena.

Com seus OKRs pontuados e analisados, sua penúltima tarefa na retrospectiva será examinar cada OKR individualmente para determinar se eles serão mantidos por mais um período (se, por exemplo, não conseguir medir o impacto comercial no período), eliminados (porque já foram concluídos) ou alterados de alguma maneira (por exemplo, mudar o texto do objetivo para refletir o impacto comercial com mais exatidão).

O último ponto que o espera é concluir seus OKRs para o próximo período. Como mencionado no parágrafo anterior, talvez deseje prorrogar alguns do período atual, mas os OKRs dos próximos 90 ou 120 dias provavelmente refletirão suas prioridades e áreas de foco futuras. Você talvez esteja pensando: "Espere um instante! Que negócio é esse de concluir OKRs para o próximo período? Concluir? Quando os criamos para início de conversa?" Não se preocupe; estou contigo: essa sequência foi abordada no Capítulo 5.

Tirando o Máximo das Reuniões de OKRs

As seções anteriores lhe deram uma série de perguntas instigantes para estimular um diálogo construtivo centrado na análise dos seus OKRs. Mas devo reconhecer que, com base em experiências passadas, as reuniões desse tipo — que exigem muito foco e concentração em um assunto com o qual muitas pessoas talvez não estejam familiarizadas — podem ser desafiadoras.

Embora o nível de eficácia dessas reuniões varie bastante, muitas organizações, em especial as que são novas na estrutura, podem ter dificuldades de manter um nível produtivo de diálogo e discussão. Em uma empresa com a qual trabalhei e que tinha acabado de adotar a metodologia, um líder sênior fez uma sessão de revisão em grupo depois de as equipes usarem o sistema por um trimestre. Cada uma informou sua pontuação, foi receptiva às perguntas dos colegas e descreveu seus OKRs para o trimestre seguinte.

Eu não pude estar presente na reunião, então um cliente me enviou uma gravação do Zoom, e o que ouvi foi revelador. Embora eu tivesse compartilhado várias das perguntas mencionadas aqui, o grupo claramente achou o processo estranho, pois nunca havia seguido um procedimento padrão no passado. A última parte da reunião se resumiu a uma leitura rápida das pontuações dos OKRs. Nenhuma pergunta ou pedido de esclarecimento surgiu de um público que, de outra forma, parecia engajado (que, suponho, estava olhando o relógio de vez em quando). Conforme a sessão avançava, as apresentações ficaram cada vez mais curtas. Em determinado ponto, um apresentador disse: "Bem, o último grupo demorou três minutos para falar sobre seus OKRs. Achamos que conseguimos falar sobre o nosso em dois." Todo mundo riu, mas acho que o sentimento por trás das risadas era de "Sim, ande logo, por favor".

Esse foi o resumo de uma oportunidade desperdiçada. Investimos recursos humanos e financeiros consideráveis nos OKRs, correndo atrás da promessa de uma melhoria de execução, e a última coisa que queremos é deixar essa oportunidade escapar em uma névoa de apresentações chatas que chegam ao ponto de colocar o próprio potencial da estrutura em questão. Novamente, o problema geralmente está no fato de que os OKRs (e as reuniões de OKRs) são novidade para todos, e é difícil superar os obstáculos iniciais de qualquer coisa que fazemos pela primeira vez.

Lembra-se de quando aprendeu a andar de bicicleta? Você provavelmente não subiu nela na primeira oportunidade, agarrou o guidão bem forte e pedalou no asfalto a 30km/h. Provavelmente ficou balançando com instabilidade e não teria andado mais do que alguns metros se alguém não o estivesse guiando e segurando para ajudá-lo. De modo similar, forneço essa ajuda nas seções a seguir com várias dicas e técnicas que o ajudarão a tirar o máximo proveito das reuniões de OKRs.

Agendando reuniões com antecedência

Quando eu trabalhava em um escritório com divisórias, a pessoa bem do meu lado tinha um pôster na parede que dizia: "Planeje seu trabalho. Execute seu plano. Seu plano funcionará." Aquela declaração de 60 x 90 centímetros causou uma profunda impressão em mim, apresentando-me ao poder de planejar as coisas com antecedência e permanecer focado no mais importante para ajudar a moldar o futuro visualizado. Planejar e agendar suas reuniões de OKRs com antecedência é uma obrigação, porque as pessoas nunca estiveram tão ocupadas. Considerando quantas tarefas exigem do seu tempo — outras reuniões, tempo para pensar profundamente, ter pelo menos alguns minutos sem as tarefas do trabalho —, se essas sessões não forem marcadas no calendário com antecedência, elas provavelmente nunca acontecerão. Deixar as reuniões de OKRs ao acaso ou tentar incluí-las entre vinte outras prioridades indicará àqueles que prestam contas a você que você não está levando o processo a sério, e eles entenderão bem o recado.

Deixando bem acertadas as datas e as horas em que fará as verificações semanais, as revisões mensais e as retrospectivas de fim de período, você aumentará bastante as chances de que as sessões realmente aconteçam e os benefícios resultantes do aprendizado aprimorado virão. Não estou dizendo isso apenas com base no que vi; estudos comprovam os benefícios de agendar as coisas com bastante antecedência.

Meu exemplo favorito de um estudo desses vem de um experimento realizado por Peter Gollwitzer, da Universidade de Nova York (veja *Profit from the Positive* de Margaret H. Greenberg e Senia Maymin). Ele dividiu seus alunos em dois grupos e pediu aos membros de um que escrevessem um relatório sobre como passariam o Natal e que o entregassem até 27 de dezembro. Ele deu a mesma tarefa para o segundo grupo, mas pediu aos seus membros para dizerem exatamente onde e quando escreveriam o relatório. Por exemplo, um aluno poderia dizer que escreveria o relatório depois do café da manhã de 26 de dezembro na sala de estar dos pais. Na data de entrega, os resultados foram esclarecedores: 71% dos alunos que disseram onde e quando escreveriam o relatório fizeram isso dentro do prazo, mas apenas 29% dos alunos do outro grupo fizeram o mesmo. Esse estudo do que é conhecido como "intenções de implementação" foi reproduzido muitas vezes, e a lição é: se quiser que algo aconteça — uma reunião de revisão de OKRs, por exemplo —, seja específico quanto a onde e quando acontecerá.

Sim, todo mundo tem falhas, e até no renomado estudo de Gollwitzer quase um terço dos alunos que foram orientados a descrever onde e quando escreveriam seu relatório deixou de fazer isso. Assim, em essência, e em reconhecimento de que "coisas acontecem", além de agendar suas reuniões com antecedência, você também deve classificá-las como sacrossantas. Talvez essa seja uma palavra bem pomposa aplicada a um agendamento de reuniões, eu sei, mas os riscos são tão altos que tive que consultar o dicionário de sinônimos. Deixar de fazer uma reunião ou deixar o membro de alguma equipe faltar "só dessa vez" talvez seja um caminho sem volta — um que levará a um futuro em que as pessoas não veem as reuniões de OKRs com seriedade, colocando todo o programa em risco.

LEVANDO AS REVISÕES DE OKRS A SÉRIO

Alan Mulally se tornou CEO da Ford em 2006, logo antes da grande queda econômica e da crise financeira que afetou o mundo nos quase três anos seguintes. Uma de suas primeiras tarefas foi instituir revisões trimestrais, e seu comprometimento com o processo foi testado bem no início, quando um dos vice-presidentes disse que não poderia comparecer porque elas atrapalhariam o importante trabalho que ele vinha realizando em prol da empresa. Reconhecendo a natureza vital de revisar os resultados dentro do tempo, Mulally respondeu com um sorriso: "Tudo bem. Você não precisa vir às reuniões... Digo, você não poderá

(continua)

(continuação)

fazer parte do time da Ford se não vier, mas tudo bem. Isso não quer dizer que seja uma pessoa ruim." Quem você acha que foi a primeira pessoa que passou pela porta na reunião seguinte? Isso mesmo, certo vice-presidente que sabia que seu chefe era bastante dedicado à noção de revisar os resultados com regularidade (veja *American Icon* de Bryce G. Hoffman).

Não estou sugerindo que você deve recorrer à ameaça de demissão para fazer as pessoas comparecerem às revisões, mas precisa levar o processo bem a sério e mostrar esse comprometimento se espera que os outros sigam seu exemplo.

Fazendo perguntas simples

Talvez você já tenha ouvido falar de Ty Cobb, a lenda do beisebol que supostamente aterrorizava os lançadores, outros jogadores e até um provocador na arquibancada. A carreira do Hall da Fama de Cobb durou mais de duas décadas, de 1905 a 1928, e até hoje ele tem o maior número de recordes, incluindo a maior quantidade de títulos na carreira como rebatedor (11). Décadas depois de Cobb se aposentar, um repórter lhe perguntou: "Sr. Cobb, que média de rebatimento o senhor acha que teria contra os lançadores atuais?" Cobb coçou o queixo, pensou e respondeu: "Acho que 300." O repórter ficou surpreso, visto que a média de toda a carreira de Cobb foi de 366; assim, ele fez a pergunta óbvia: "Por que o senhor acha que conseguiria 300 contra os lançadores de hoje?" Cobb, conhecido por todos como assustador e sem paciência com perguntas bobas, rugiu: "Porque eu tenho 65 anos, seu idiota!"

Aparentemente fazer uma simples pergunta às vezes pode nos deixar em maus lençóis, sobretudo com as velhas lendas do beisebol. As perguntas apresentadas nesta seção não levarão ninguém à ira; na verdade, serão bem recebidas como uma forma de levar suas discussões relacionadas com os OKRs a um nível mais profundo, saindo do roteiro e desbloqueando insights valiosos. Guarde essa série de perguntas no bolso e recorra a ela quando precisar mudar de ângulo, se aproximar ou se afastar, basicamente maximizando o tempo gasto avaliando seus OKRs. Aqui vão diversas categorias de perguntas simples (veja "Relearning the Art of Asking Questions" de Tom Pohlmann e Neethi Mary Thomas, *The Best of HBR*, verão de 2023).

» **Compreensão:** Essas perguntas são usadas para diminuir a velocidade e garantir que todos os envolvidos tenham a mesma compreensão do que está sendo dito, o que, como todos sabem, nem sempre é o caso. Infelizmente, na maioria das reuniões, um tema é colocado em discussão e todos esperam com impaciência a sua vez para dizer algo, raramente entendendo o que a pessoa que falou antes disse. Ao fazer perguntas do tipo "O que você quer dizer?", "Como você chegou a essa conclusão?" ou "Poderia falar mais sobre isso?", estará alimentando a conversa e permitindo que todos realmente reflitam sobre a questão abordada.

» **Abrangência:** Quando as pessoas se reúnem para falar sobre pontos de interesse mútuo, como os OKRs específicos que estão tentando atingir, elas costumam se perder nos detalhes da questão. Essa tendência pode ser benéfica até certo ponto, desde que esse detalhamento resulte em pérolas significativas de sabedoria. Contudo, as discussões rapidamente se desviam depois de algum tempo, empregando uma linguagem que só o orador entende e fazendo todos os demais ficarem distraídos. Em situações assim, seria útil se afastar e ser mais abrangente para fazer a conversa voltar a um nível mais útil. Você pode perguntar: "Vamos dar um passo para trás. Como isso que você está dizendo se relaciona com a questão que estávamos discutindo?" Ou se achar que o orador está divagando, pergunte: "Estamos fazendo a pergunta certa?"

» **Investigar:** As reuniões de revisão de OKRs dão muitas oportunidades aos membros das equipes de respeitosamente questionarem uns aos outros para aprender mais sobre o negócio e como melhorar a execução das estratégias no futuro. Para esse tipo de reunião, o segredo é fazer perguntas que questionem as suposições e obriguem as pessoas a relembrarem de forma crítica os passos que deram para tentar atingir os OKRs. Alguns exemplos de perguntas são: "Diga-me exatamente o que você fez para atingir esse marco (resultado-chave)" ou "O que você achou que aconteceria nesse período que realmente aconteceu ou não?" Essas perguntas funcionam melhor quando feitas com verdadeira curiosidade. Elas nunca devem ser usadas como armas, em uma tentativa velada de atacar ou ridicularizar um colega.

» **Reformular:** No espírito de "A forma mais pura de bajulação é a imitação", às vezes vale a pena obter conhecimento a partir de uma pergunta, ou de uma série de perguntas, e aplicá-lo em outro campo. No mundo dos OKRs, isso se daria perguntando: "Como o que acabamos de discutir e aprender sobre esse OKR se aplicaria a algum dos outros OKRs?"

LEMBRE-SE

As pessoas costumam ser recompensadas e sobem na escada corporativa por responder perguntas, não por fazê-las. Em resultado disso, pensar e fazer perguntas rigorosas e valiosas se tornou meio que uma arte perdida. Reserve um tempo em suas reuniões de revisão para fazer o máximo possível das perguntas apresentadas neste capítulo.

Concentrando-se no aprendizado

Quando criança, eu amava assistir *A família Buscapé* na TV (ainda assisto às vezes), a história de Jed Clampett e sua família, que ficaram ricos ao encontrar petróleo e se mudaram para a chique Beverly Hills, onde sua grande fortuna foi protegida pelo avarento banqueiro Milburn Drysdale. De vez em quando, o clã dos Clampett ficava com saudades de casa e pensava na possibilidade de sacar seus milhões e voltar para o campo, o que seria um desastre para Drysdale, que só pensava no lucro. Sempre que esse assunto surgia, o Sr. Drysdale fazia de tudo, mas de tudo mesmo, para garantir que os Clampett ficassem onde estavam.

Sempre que sua partida parecia remotamente possível, ele chamava a "Srta. Jane" Hathaway, sua assistente sobrecarregada e subestimada, para intervir com algum esquema complicado e cômico para manter os Clampett na Califórnia. E se a Srta. Jane não seguia as instruções à risca, o Sr. Drysdale, com fumaça saindo pelas orelhas, perdia as estribeiras e soltava os cachorros nela. Mesmo quando criança, eu me perguntava por que ela aguentava esse abuso. Ela parecia qualificada. Não podia arranjar um emprego em outro banco e se livrar da ira do chefe de uma vez por todas? É claro, tudo aquilo não passava de uma comédia de televisão de baixo risco; assim, semana após semana a Srta. Jane aguentava a raiva do Sr. Drysdale. Mas no mundo real, se qualquer pessoa for tratada como a Srta. Jane, ela terá todos os motivos para ficar frustrada e postar seu currículo no Monster.com ou no Indeed. com segundos depois dessas broncas, porque ninguém quer (ou deveria esperar) existir em uma cultura de culpa e ridicularização.

Alerta de spoiler: você não atingirá 100% de todos os OKRs que imagina e corre atrás, e se conseguir, isso significará que os níveis dos OKRs estavam baixos demais e deveria considerar pensar em aumentar consideravelmente sua ambição. Mas suponhamos que você não esteja baixando os níveis e aceite que não será possível arrasar em todos os OKRs. Quando chegar a hora de revisar seus resultados no fim do período, e você inevitavelmente ficar aquém em pelo menos um OKR, poderá acabar adotando uma mentalidade e cultura de culpar aqueles que ficaram responsáveis pelos resultados-chave, mas não conseguiram atingi-los. Você poderia criticá-los, desprezá-los e questionar sua competência como o ganancioso Milburn Drysdale. Ou poderia aproveitar a oportunidade para examinar de forma crítica o que aconteceu e usar isso como uma oportunidade para aprender mais sobre seu negócio e aplicar essa sabedoria para seguir em frente. Se escolher a porta nº 1, culpando e criticando, poderei lhe passar o endereço do centro de controle de raiva mais perto para que possa obter ajuda imediata. A opção correta, claro, é escolher a atitude de questionar e aprender para crescer no futuro.

A disposição de aprender é uma ótima mentalidade a adotar em qualquer ponto da jornada nas vidas pessoal e profissional de uma pessoa. O presidente Franklin Roosevelt visitou Oliver Wendell Holmes Jr., juiz da Suprema Corte, no hospital quando este tinha 92 anos e estava doente. Quando Roosevelt entrou no quarto, ele se deparou com Holmes estudando grego. "Por que o senhor está lendo agora?", perguntou o presidente. O estimado jurista respondeu: "Ora, senhor presidente, para melhorar a mente." Os OKRs nos dão muitas oportunidades para aprender, começando pela primeira verificação semanal e indo até quando pararmos de usar OKRs, o que espero que nunca aconteça.

Estas são algumas ideias de como desenvolver e aprimorar uma mentalidade de aprendizado ao avaliar os resultados dos OKRs:

» **Treine.** Se a sua cultura for do tipo que foi historicamente poluída pelos Srs. Drysdales do mundo, mas você viu a luz e quer fazer a transição de uma cultura de culpa para uma de aprendizado, isso não será tão fácil quanto apertar um botão. As culturas representam padrões arraigados de pensamento e ação, e talvez seja necessário treinamento profissional e investimentos em desenvolvimento para aprimorar a cultura da sua organização. Inúmeros livros, webinars e firmas de serviços profissionais estão disponíveis para ajudá-lo no processo.

» **Estimule a cultura de aprendizado.** Independentemente de precisar ou não de ajuda profissional, para arraigar o hábito do aprendizado, incentive seus colaboradores a serem curiosos e fazerem perguntas. Este capítulo oferece muito material no qual se basear, e você poderá se basear nele para fazer isso, encorajando as pessoas a adotarem o espírito do "sim, e..." para chegarem a perguntas ainda mais interessantes.

» **Dê o exemplo.** Se você for um líder, tome a frente e mostre a todos que está comprometido com o aprendizado. Esse comprometimento pode se manifestar simplesmente por você mesmo fazendo cursos sobre como incentivar o aprendizado ou, se tiver coragem, expondo sua própria vulnerabilidade perante os subordinados ao admitir que não tem todas as respostas. Poderia até destacar que isso é bom, porque está ansioso para aprender e crescer, assim como eles.

Controlando suas expectativas

O sol nasceu e o céu está azul (o que os mais antigos nos EUA chamam de "dia da Câmara do Comércio"); você quer encará-lo de frente não só por causa do clima bom, mas também porque hoje é o dia da sua primeira verificação semanal dos OKRs. Você chega na sala de reuniões um pouco mais cedo, liga a lousa eletrônica, distribui materiais e espera o resto da equipe chegar. Alguns minutos depois, todos estão sentados, trocaram algumas palavras e é hora do show começar. Você começa e passa a palavra para o líder de equipe para revisar o primeiro OKR, e ele faz isso. Então... grilos. Nenhuma pergunta; nenhuma discussão. O silêncio é constrangedor, e você consegue sentir todos se coçando para voltar ao "trabalho de verdade".

Esse não é um cenário fantasioso para a sua primeira reunião de OKRs e talvez não seja assim na sua organização. Talvez você tenha uma cultura forte de estimular discussões em todos os tipos de reunião, nas quais incentiva o debate intenso, é receptivo a todos os pontos de vista e trabalha com um espírito de questionamento constante. Se esse for o caso, ótimo, você terá uma grande vantagem para maximizar os benefícios dos OKRs. Entretanto, se a sua organização for parecida com a de muitos clientes com os quais trabalhei ao longo de décadas, talvez não tenha sorte suficiente de já possuir uma rotina positiva de reuniões, e a estrutura dos OKRs, com seu processo associado de revisões, será algo completamente novo para todos os funcionários. Se for assim, a reação dos grilos que acabei de descrever não só será possível, mas infelizmente também será provável.

Suas primeiras tentativas de analisar os resultados dos OKRs podem representar desafios em diversas frentes. De início, a conversa talvez se concentre em perguntar se você realmente tem os OKRs certos. Se é sua primeira vez usando o modelo, é uma preocupação legítima e sensível dado o mar de possibilidades à sua disposição. E depois de determinar que está confortável com o seu conjunto de OKRs, pode ser difícil não se aprofundar demais nos detalhes operacionais e se desviar na esperança de ter uma conversa estratégica. Todo esse empreendimento pode parecer cansativo, como uma tarefa que exige bastante esforço em vez de uma reunião inspiradora para trocar ideias. A boa notícia é que todo esse conflito é normal, e a boa notícia de verdade é que ele é temporário.

Leva tempo para se ajustar a uma nova situação, independentemente do setor. Vários anos atrás, meu irmão mais velho me visitou em San Diego, e fizemos uma viagem para Los Angeles. Quando paramos em um semáforo em Hollywood, um Saab antigo parou do nosso lado, e meu irmão gritou com entusiasmo para o motorista: "Esse Saab é bom?" A expressão do motorista era de pura incredulidade, aparentemente diante da ideia de que um estranho qualquer começasse uma conversa no semáforo. O farol ficou verde e ambos voltamos a andar, mas isso não impediu meu irmão. Ele continuou falando sozinho, gritando no trânsito: "Eu estou pensando em comprar um. É confiável? Como é a manutenção?"

Demorou um pouco, mas algumas quadras depois, quando estávamos passando pelo icônico hotel Chateau Marmont, eles já eram como velhos amigos, contando histórias sobre os carros do passado, os méritos de comprar carros usados versus novos e sua impressão geral da marca Saab. Esse é o poder da persistência renderizada em cores em L.A. Em reação à hesitação inicial do motorista do Saab, meu irmão poderia ter subido o vidro, morrido de vergonha no seu assento e desistido, mas não o fez. Ele perseverou e, no fim, foi recompensado. O mesmo vale para as reuniões de revisão dos OKRs.

Seu grito de batalha nesse conflito deve ser "confie no processo". Continue se esforçando para garantir que esteja bem preparado para cada reunião, distribua os materiais com antecedência, incentive o diálogo e a discussão franca nas sessões e continue fazendo as perguntas deste capítulo. Com tempo, esforço e paciência, suas reuniões se transformarão em eventos que farão todos pensarem no futuro, não no passado, até o ponto em que a conversa se tornará organizada, estratégica e confortável. Se não acredita em mim, pergunte ao meu irmão. Simplesmente procure por um Saab 9-3 de 2011, abaixe o vidro e comece a falar. Ele ficará feliz em conversar com você.

Mantendo o ritmo da reunião

Às vezes, quando trabalho com um cliente, em especial se estou visitando o escritório dele, ele me convida para participar de uma reunião que não tem relação direta com OKRs, mas que poderia ter valor para mim, como uma sessão de comunicações estratégicas. Eu me lembro muito bem de uma reunião dessas. Depois de um almoço pesado, nós nos reunimos em uma sala quente, praticamente subtropical, para ouvir uma atualização sobre os planos de comunicação relacionados com a estratégia da empresa.

Dada a temperatura na sala e ao almoço rico em carboidratos, as condições não eram muito propícias para descobertas criativas, mas perfeitas para dormir. Fomos em frente, e o que deveria ser uma atualização de sessenta minutos acabou se tornando uma maratona de duas horas e meia, dominada por uma pessoa particularmente apegada às suas opiniões e que adorava ouvir a própria voz. (Ela deve ter comido uma salada no almoço.) Conforme a sessão avançava a passos lentos, ficou aparente que a mulher à minha esquerda, que balançava gentilmente na cadeira, estava tendo muita dificuldade para permanecer acordada. Quando entramos na sala, ela era a personificação da vivacidade, mas depois de duas horas, ela deixou de ser uma mulher motivada e vibrante, parecendo uma celebridade embriagada. Esse é o efeito das reuniões ruins e desnecessariamente longas.

Uma reunião em sua organização, sobre OKRs ou outro assunto, não deve demorar tanto quanto uma aula de medicina. É importante gerar impulso e deixar as coisas em movimento para manter a atenção e o interesse de todos. A ideia não é pular de um assunto para o outro sem entrar nos detalhes de assuntos importantes, mas é preciso ter disciplina para saber o quanto é suficiente e seguir em frente. Nas seções anteriores do capítulo, dei recomendações para a duração de cada tipo de reunião: para as verificações semanais, aproximadamente trinta minutos; para as revisões mensais, de sessenta a noventa minutos; e para as retrospectivas de fim de período, até um dia (dependendo do número de equipes participantes). Sempre que possível (o que seria quase sempre, exceto no caso de imprevistos), faça o seu melhor para ficar dentro desses limites e garantir que o evento tenha um bom ritmo e seja bem organizado.

Estas são algumas dicas para ajudá-lo a ficar dentro do horário enquanto favorece um ambiente que leva a análises robustas, discussões sinceras e aprendizado aprimorado:

» **Crie uma pauta clara.** Sei que isso se enquadra na categoria de conselho para reuniões do Capitão Óbvio, mas é um daqueles pontos que nunca devem ser violados e devem ser constantemente reforçados se você deseja ter um diálogo eficaz com a equipe. Deixar de criar uma pauta detalhada fará com que você corra o grande risco de sucumbir ao fenômeno desastroso e consumidor de tempo do "ensopado de reuniões". Esse prato não é nem um pouco gostoso, e seus ingredientes consistem em temas aleatórios, não relacionados e que dificilmente levarão a quaisquer insights estratégicos.

» **Nomeie um facilitador.** Alguém precisa ser o mestre de cerimônias desse circo, o que, na verdade, é uma metáfora muito apropriada. Em um circo de três arenas, o mestre de cerimônias introduz cada apresentação, faz comentários, dá o contexto e mantém o público entretido e engajado. Ele também é responsável pela segurança dos artistas e do público. Da mesma forma, um facilitador de reuniões de OKRs apresenta os temas, fornece o contexto relevante e, se necessário, faz perguntas instigantes para a discussão evoluir. Ele mantém os oradores e os outros participantes seguros durante o desenvolvimento da pauta, incentivando a participação e garantindo que todos falem de modo civilizado.

» **Fique dentro do tempo da pauta.** Perceba que não demorei para voltar a falar de pauta. O fato é que criar uma boa pauta não é suficiente. Para se beneficiar de um plano bem elaborado, você precisa ficar dentro do tempo reservado para cada assunto. Obviamente, há exceções; caso estejam discutindo um tema particularmente interessante, um que resultará em bons frutos, então continuem conversando. Mas se estiverem demorando em um tema que não afetará o sucesso futuro do OKR em mãos, então siga em frente.

» **Seja receptivo a pontos de vista diferentes.** Ou, olhando o outro lado desagradável nesse caso, não permita que uma pessoa domine a conversa como o robô tagarela descrito no início desta seção. Quando apenas uma pessoa fala e se recusa a ceder a palavra para outra pessoa, ele suga a vida da sala e elimina qualquer esperança de uma verdadeira discussão em grupo que poderia levar a descobertas inovadoras. As pessoas começam a "viajar" quando apenas uma pessoa controla a conversa, recorrendo à segurança dos seus celulares ou notebooks para fugir da monotonia. Seu facilitador deve dar um basta a qualquer dominância de apenas um indivíduo, agradecendo-o pela contribuição, mas logo convidando outros para contribuírem com pontos de vista diferentes.

DICA

Lembre-se do "pico-fim", a regra que sugere que a maioria das pessoa julga uma experiência não pela média de cada momento, mas com base em como se sentiram no seu ápice e no final. Por esse motivo, é melhor garantir que suas reuniões terminem bem. Fazer um resumo dos insights valiosos e do que foi aprendido, e agradecer a todos por seu comprometimento com os OKRs são duas coisas que você poderia fazer ao concluir.

Avaliando a reunião

Se as reuniões dos OKRs forem novas para sua organização, você precisará de um pouco de paciência para se encontrar e começar a aproveitar o que elas têm a oferecer. Para ajudar a acelerar essa curva de aprendizado, seria útil avaliar a eficácia das suas sessões iniciais em diversas dimensões, aprimorando o que funciona e o que pode ser adiado para futuras revisões.

A Figura 11-2 apresenta um formulário de avaliação de reunião que você pode pedir a todos os participantes para preencherem no fim de cada sessão. Como pode ver, ele está dividido em quatro partes:

- **Administrativo:** O componente administrativo foca os elementos básicos de gestão das reuniões que são tão antigos quanto as próprias reuniões, como começar e terminar na hora, distribuir os materiais com antecedência e garantir que todos compareçam. São os fundamentos para a realização de uma reunião eficaz e serão vitais e essenciais se quiser sentir os benefícios de uma sessão produtiva.
- **Facilitador:** A próxima seção abre espaço para julgar o trabalho do seu facilitador, que é vital para o sucesso de qualquer reunião. Um facilitador forte mantém a discussão focada, direta e seguindo em frente, ao passo que assegura que todas as vozes sejam convidadas a participar e ouvidas.
- **Equipe:** A terceira parte do formulário é usada para que os membros da equipe julguem uns aos outros, bem como sua participação, engajamento e compreensão do processo geral. Todos os elementos do formulário são importantes, mas essa seção pode ser de interesse especial no início da sua implementação. Se o feedback inicial sugerir que os membros da equipe não estão preparados e não parecem dispostos a participar ativamente, você precisará agir imediatamente, investigando as raízes desses problemas.
- **Conteúdo:** Por último, o conteúdo em si é colocado no microscópio para avaliação. Todos os OKRs foram revisados e as regras simples de discussão foram seguidas (o que aconteceu, por que aconteceu e o que faremos sobre isso)?

Para cada item específico na categoria, sugiro uma escala simples de pontuação de 0 a 2, sendo que 2 representa uma execução excelente do atributo, 1 significa que ele foi bem executado em termos gerais, mas poderia ter alguma melhoria e 0 sugerindo que o ponto deixou a desejar e um aprimoramento se faz necessário. Quando os pontos de cada indivíduo são contados, obtém-se a pontuação geral da reunião. Por exemplo, na Figura 11-2, a sessão recebeu 25 de 40 pontos possíveis, resultando em uma pontuação de 63%, o que corresponde a uma reunião bem executada em termos gerais, mas que poderia ser aprimorada no futuro.

Avaliar suas reuniões usando esse formulário simples lhe permitirá dar uma olhada nos bastidores e ver como a equipe encarou o conteúdo e o valor geral do processo. Essa informação será inestimável ao procurar melhorar no futuro. Ela também resultará em uma melhor prestação de contas, visto que os membros da equipe saberão que são responsáveis por fornecer informações e participar ativamente das reuniões. Por fim, o processo de avaliação lhe fornece um feedback valioso que você poderá usar para refinar seus esforços e melhorar a possibilidade de as pessoas deixaram a sala se sentindo energizadas, engajadas e prontas para trabalharem em seus OKRs.

Data: ______
Avaliador: ______
Equipe Avaliada: ______

Avaliação da Reunião

Item	Pontos
Administrativo	
A reunião começou na hora	1
Todos os membros da equipe estavam presentes	1
A reunião terminou na hora	2
Os materiais foram distribuídos pelo menos 24 horas antes da reunião	2
Os OKRs foram preparados de acordo com os padrões corporativos	0
Facilitador	
Revisou a pauta	2
Os OKRs foram usados para abranger a pauta e estimular a conversa	2
Engajou a equipe	1
Administrou a conversa (um tema de cada vez)	0
Fez com que o grupo se limitasse ao horário	2
Manteve uma lista de ações, incluindo *Quem* faz *O que* até *Quando?*	1
Terminou a reunião resumindo a lista de ações com a confirmação dos responsáveis	2
Equipe	
Participação ativa (anotações, discussão em grupo, questionar uns aos outros...)	1
Deu feedback e apoio aos membros da equipe	1
Entendeu seu papel e responsabilidades	0
Trouxe os materiais fornecidos	1
Conteúdo	
Os OKRs foram revisados	2
Todos os resultados-chave relevantes foram discutidos	2
A discussão incluiu: o que aconteceu, por que aconteceu e o que faremos sobre isso?	1
Os riscos foram revisados	1
Total	25
Total de Pontos Possíveis	40
Pontuação da Auditoria da Reunião	63%

Pontos	Avaliação	Faixa
2	Muito bem executada	>85%
1	Muito boa, há espaço para melhorias	51%-85%
0	Precisa de melhorias	<50%

Observações:
-

FIGURA 11-2: Formulário de avaliação das reuniões.

NESTE CAPÍTULO

» Aprendendo a pontuar OKRs

» Transformando números em insights significativos

» Decidindo como analisar os OKRs

Capítulo 12

Pontuando e Analisando OKRs

A "pontuação" de um OKR é a representação numérica do progresso que fazemos, geralmente registrada em uma escala que vai de 0,0 a 1,0. Essas pontuações são vitais porque são um indicativo do desempenho, informando se arrasamos na tentativa de atingir nossas metas, se obtivemos resultados medianos ou se erramos o alvo.

Depois de calcularmos a pontuação dos OKRs, devemos registrá-los em algum lugar. Isso pode ser feito em uma planilha ou documento do Google, em uma planilha do Excel, em PowerPoint ou um quadro gigantesco e triangular com números presos em todos os lados (sim, eu já vi isso). Se esses métodos da "velha guarda" não servirem para você, talvez queira investir em um dos muitos softwares dedicados aos OKRs cuja funcionalidade e facilidade de usar nunca deixam de me surpreender.

Neste capítulo, você aprenderá o que pontuar (objetivos, resultados-chave ou ambos?) e se aprofundará no processo técnico de pontuar seus OKRs; mas não se assuste com a palavra "técnico", porque independentemente de lidar com resultados-chave do tipo métrica ou marco, não é difícil dominar o processo de pontuação. Então abordaremos como decifrar as pontuações para determinar o que elas querem dizer. Também veremos os mecanismos de análise dos resultados dos OKRs, ponderando os prós e os contras de trabalhar com um software de OKRs e com soluções relativamente simples, como o Microsoft Office ou os produtos do Google. Se decidir que o software é a melhor opção para sua organização, este capítulo poderá ajudá-lo a escolher a ferramenta certa descrevendo diversos elementos a considerar.

Pontuando OKRs

Às vezes, quando minha habilidade de jogar golfe decide tirar férias inesperadas, eu paro de pontuar no meio da rodada. Este é outro refúgio patético do jogador de golfe irritado: a crença infundada de que jogar sem marcar pontos elevadíssimos de alguma forma ressuscitará sua tacada e o levará de volta aos resultados baixos ou, pelo menos, respeitáveis. Sempre que adoto essa estratégia, algo interessante acontece. Gostaria de dizer que esse algo é a descoberta de uma técnica ou uma tacada que eleva meu jogo ao nível de um jogador profissional, mas não é bem assim; o resultado mais comum é a total falta de interesse no jogo e um desejo ardente de chegar ao décimo nono buraco o mais rápido que meu carrinho de golfe conseguir para afogar minhas mágoas em uma bebida gelada.

Não importa se o assunto é golfe, OKRs ou ludo: se não pontuamos, não jogamos — simples assim. Sem o poder dos números para avaliar nossos OKRs, somos obrigados a recorrer à avaliação puramente subjetiva do desempenho, provavelmente dizendo coisas como "Acho que fui bem hoje", "O desempenho foi satisfatório" ou — e eu uso este com frequência em relação ao meu jogo de golfe — "Há espaço para melhorias". É difícil medir o sucesso real, identificar as áreas de melhoria e motivar nossa equipe a ser excelente se frases como essas forem o melhor que podemos propor ao falar sobre OKRs.

O Capítulo 11 falou bastante sobre as virtudes de fazermos perguntas fortes ao revisar os resultados dos OKRs — perguntas que vão muito além de uma revisão mecânica dos números associados a um OKR. Embora a ideia seja sempre olhar além dos números, esses valores monetários, porcentagens e números brutos que compõem a pontuação são o catalisador ideal para começar uma conversa focada no aprendizado e no desenvolvimento que colocarão as perguntas que apresentei no Capítulo 11 no contexto apropriado. Para início de conversa, só conseguiremos empregar o poder das perguntas se tivermos as pontuações.

No golfe, e em todas as atividades esportivas, a prática obviamente é um elemento crucial para aperfeiçoar nossas habilidades, mas no fim das contas, se realmente desejarmos ter evidências empíricas da melhoria, precisaremos entrar em campo, dar a cara a tapa e registrar direitinho nosso número exato em cada buraco. Só então conseguiremos analisar o que está acontecendo e determinar onde estamos sendo bem-sucedidos ("Ei, consegui colocar a bola no buraco de dois par 5 com duas tacadas!") e onde temos dificuldades ("Realmente fiz um triple bogey em três par 3???").

A melhor maneira de aprendermos mais sobre o negócio e aprimorar nossos esforços na execução da estratégia é pontuar cada um dos OKRs no fim do período (trimestre ou quadrimestre) ou no fim do ano. Como no golfe, se não monitorarmos nossa pontuação de OKRs, não teremos como medir o sucesso e acompanhar o progresso. Nas seções a seguir, darei conselhos sobre o que pontuar, como pontuar e compartilharei insights sobre como interpretar os números que os compõem. Depois, eu poderia muito bem ir jogar golfe — talvez minhas habilidades tenham voltado mais cedo das férias!

Entendendo o Que e Como Pontuar

Como mencionei no início do capítulo, a pontuação é uma parte necessária e importante do processo dos OKRs. O método padrão de pontuar um OKR é tirar a média dos pontos dos resultados-chave (em uma escala de 0,0 a 1,0), sendo que o número resultante representa a pontuação dele. Nesta seção, explicarei com alguns exemplos como ela funciona na prática.

Exemplo de pontuação n.º 1: Maximizando o impacto de uma conferência nacional de vendas

Imagine uma empresa que depende de uma equipe de vendas remota espalhada pelo país para vender os produtos. Para estimular o sucesso de seus representantes em gerar renda, ela faz uma conferência nacional de vendas. Este é um possível OKR e as informações sobre como ele seria pontuado:

Objetivo: Fazer uma conferência nacional memorável para aumentar as vendas em campo.

Resultados-chave:

1. Aumentar o número de representantes de vendas que participam da conferência de 5 mil para 10 mil.
2. Aumentar a pontuação de satisfação dos participantes sobre os workshops e os materiais oferecidos de 95% para 98%.

3. Aumentar o número de postagens positivas nas redes sociais (aquelas com pelo menos uma destas palavras-chave: *emocionante, inovador, aprendizado* e *oportunidades*) de mil para 2 mil.

4. Aumentar as vendas em campo no mês depois da conferência de US$3 milhões para US$3,5 milhões.

Estes são os resultados no fim do período:

1. O número de participantes foi de 6 mil. Isso dá uma pontuação de 0,2, que é calculada da seguinte forma:

   (6.000 - 5.000) / (10.000 - 5.000)

2. A satisfação dos participantes foi de 99%. Isso representa uma pontuação de 1,0, porque a meta foi ultrapassada. E não, não recebemos pontos bônus por ultrapassar a meta.

3. O número de postagens nas redes sociais com pelo menos uma das palavras-chave foi de 1.700. A pontuação para esse resultado-chave foi de 0,7, calculada da seguinte forma:

   (1.700 - 1.000) / (2.000 - 1.000)

4. As vendas somaram US$3,5 milhões. Como a meta foi atingida, isso representa uma pontuação de 1,0.

Agora calculamos a média da pontuação dos quatro resultados-chave:

0,2 + 1,0 + 0,7 + 1,0 = 2,9

2,9/4 (número de resultados-chave) = 0,7 (arredondada em um ponto decimal, que é o padrão)

A pontuação final para esse OKR foi de 0,7.

Interpretando as pontuações

Como abordaremos em mais detalhes na seção "Decifrando as pontuações de OKRs", 0,7 é uma boa pontuação para um OKR, e alguns "toca aqui" de arder a mão deverão ser dados com base nesse resultado. Contudo, é importante ver além dos números ao analisar os OKRs. Nesse caso, se a equipe fosse minha, eu estaria particularmente interessado em discutir o resultado-chave n.º 1, "Aumentar o número de representantes de vendas que participam da conferência de 5 mil para 10 mil". A equipe pontuou só 0,2 nesse resultado-chave, mas atingiu o resultado-chave de impacto comercial de aumento das vendas e pontuou um saudável 0,7 no OKR. Como foi possível?

Ao criar esse OKR, a equipe provavelmente supôs que, para atingir seu resultado-chave de vendas, ela precisaria fazer com que o máximo possível de representantes de vendas comparecesse à conferência, resultando na meta de dobrar a participação. Contudo, como atingiu a meta de vendas apesar de conseguir apenas mil representantes a mais na conferência, talvez essa tenha sido uma suposição errônea, uma que valeria a pena analisar mais de perto para extrair algum conhecimento. Uma análise adicional talvez revelasse que, de fato, o grosso das vendas é obtido por uma pequena porcentagem de representantes de vendas que têm um ótimo desempenho em campo, os que têm mais chances de comparecer nas conferências para terem acesso antecipado às ofertas mais recentes e às estratégias de vendas da empresa. Esse é um conhecimento valioso que a empresa pode usar ao pensar como incentivar os representantes de vendas no futuro. Em vez de programar uma grande e onerosa conferência nacional, ela talvez pudesse se concentrar em eventos regionais dedicados às necessidades dos representantes de vendas de maior desempenho. É uma importante dica estratégica valiosa, do tipo que só pode ser obtida se dedicamos um tempo para examinar nossos resultados-chave de forma crítica, procurando insights ocultos por trás dos números.

Exemplo de pontuação n.º 2: Maximizando um investimento de locação

Imagine que você anunciou uma propriedade em um site de locação para férias e, embora a ocupação seja aceitável em 80%, gostaria de maximizar seu investimento aumentando-a para 95%. Para isso, decidiu reformar a cozinha e o banheiro principal — dois cômodos que muitos locatários dão bastante atenção ao decidir por uma reserva. Com esse cenário, este seria um possível OKR:

Objetivo: Concluir a reforma da cozinha e do banheiro para aumentar a taxa de ocupação.

Resultados-chave:

1. Concluir os designs e os orçamentos para os cômodos até 14 de abril.
2. Concluir as reformas de ambos os cômodos até 20 de maio.
3. Trocar as fotos atuais e postar fotos atualizadas no site até 22 de maio.
4. Aumentar as visualizações semanais da propriedade de 100 para 175.
5. Aumentar a taxa de ocupação dos quatro meses seguintes de 80% para 95% (em comparação com o ano anterior).

No fim do período, os resultados foram:

1. Os designs e os orçamentos só terminaram em 21 de abril, resultando em uma pontuação de 0,0.
2. Como o processo de design atrasou, as reformas só foram concluídas em 15 de junho, resultando em outra pontuação de 0,0.
3. As fotos só foram postadas em 17 de junho, então outro 0,0.
4. As visualizações semanais do trimestre aumentaram para 180. Isso ultrapassou a meta, de modo que recebe uma pontuação de 1,0.
5. A taxa de ocupação dos quatro meses seguintes (em comparação com o ano anterior) foi de 100%, mais uma vez ultrapassando a meta e resultando em uma pontuação de 1,0.

Agora calculamos a média da pontuação dos cinco resultados-chave:

0,0 + 0,0 + 0,0 + 1,0 + 1,0 = 2,0

2,0/5 (número de resultados-chave) = 0,4

A pontuação final para esse OKR foi de 0,4.

Interpretando as pontuações

Bem, isso é bastante interessante, não é? A pontuação do OKR é o número relativamente modesto de 0,4, mas o resultado-chave de impacto comercial de aumentar a taxa de ocupação foi atingido com louvor. Isso quer dizer que as reformas não importam? Talvez você estivesse em uma maré alta geral de locação de férias e as taxas de ocupação teriam aumentado independentemente do que fizesse — ou até se não fizesse nada?

Como fizemos com o primeiro exemplo de pontuação, você precisa ver além dos números e investigar para explicar os resultados. Nesse caso, o aumento da ocupação poderia ser o resultado de um aumento de demanda de viagens de lazer, o que vem acontecendo no mundo todo conforme as pessoas saem do lockdown da Covid-19. Ou parece que um grande time local de futebol chegará nas eliminatórias e fãs de todo o país querem ver o jogo presencialmente. Eu diria que o dinheiro gasto em reformas ainda é um bom investimento porque circunstâncias favoráveis, como o fim da pandemia ou um time vencedor do campeonato, nem sempre o agraciarão com sua presença. Ademais, os cômodos reformados provavelmente lhe darão a oportunidade de cobrar diárias mais caras, aumentando essa métrica também.

Você pode tirar várias conclusões da pontuação dos seus OKRs. Pode arrasar em todos os seus resultados-chave orientadores/condutores e se sair mal no resultado-chave de impacto comercial ou atingir o resultado-chave de impacto sem o auxílio de resultados-chave condutores, como vimos no exemplo anterior da propriedade de locação de férias. Como sempre, sua tarefa mais importante, não importa a pontuação numérica, será tirar um tempo para incorporar o antropólogo dos OKRs que existe em você para entender o que os resultados estão lhe dizendo, o que poderá aprender com eles e como aplicará esse conhecimento nos dias e nos meses à frente.

DICA

Se estiver preocupado com a possibilidade de pontos baixos apesar de estar atingindo seu resultado-chave de impacto comercial, talvez seja bom pensar em ponderar os resultados-chave e atribuir o maior peso ao resultado-chave de impacto comercial. Entretanto, como observado neste capítulo e no anterior, grande parte do valor da análise dos OKRs vem de enxergar além dos números, tornando desnecessário o processo de ponderação.

Pontuando resultados-chave do tipo marco

Os três resultados-chave do tipo marco no exemplo de locação de férias da seção anterior tiveram pontuação 0 porque não foram concluídos dentro do prazo. No caso do primeiro resultado-chave, "Concluir os designs e os orçamentos para os cômodos até 14 de abril", houve um atraso de sete dias; assim, você talvez esteja se perguntando: "Não posso dar uma pontuação abaixo de 1,0, mas acima de 0,0, porque o marco foi atingido, só que depois do planejado?" Muitos clientes meus já brigaram com essa questão ao longo dos anos e, no fim das contas, praticamente todos aceitaram meu conselho e chegaram à conclusão de que essa pontuação binária, ou seja, de 0,0 ou 1,0, é a abordagem certa para os resultados-chave do tipo marco.

O desafio de pontuar um marco que não é atingido dentro do prazo, mas acaba sendo realizado em algum momento, é uma questão de determinar quanto atraso é tarde demais. Em alguns casos, as consequências de estar alguns dias ou até uma semana atrasado pode ser pequena e ter pouco impacto na perspectiva de realizar o OKR como um todo. Em outras situações, atrasar apenas um dia pode ser catastrófico e prejudicar bastante as chances de atingir o OKR. Imagine a magnitude em potencial de atrasar em um dia a entrega de um componente essencial ou uma solução de engenharia em uma missão espacial, por exemplo.

Em teoria, podemos determinar datas arbitrárias com antecedência. Por exemplo, uma semana de atraso representaria uma pontuação de 0,7; de duas semanas seria 0,5; um mês de atraso daria 0,3; e qualquer coisa além disso seria 0. Mas acho que essa abordagem viola o espírito dos OKRs, que diz que devemos nos estender para fazer coisas grandiosas, e essa extensão deveria se aplicar aos resultados-chave do tipo marco.

Ao criar um marco, desafie-se a atingi-lo o mais rápido possível — sem sacrificar a qualidade, claro —, dando tempo ao marco atingido para ter os resultados-chave do tipo métrica. Dizer a alguém que ele ganharia uma pontuação bastante saudável de 0,7 por estar atrasado abriria as portas para uma possível apatia e falta de urgência, o que, novamente, seria contraditório com o espírito da estrutura dos OKRs. Afinal, atingimos o marco ou não. É 1,0 ou 0,0.

Decifrando as pontuações dos OKRs

No fim das contas, o que todos esses números (0,3, 0,7, 1,0) realmente significam? Mais no início do capítulo, dei exemplos de OKRs com pontuações associadas, e um 0,7 foi rotulado como "bom", mas 0,4 em outro exemplo foi identificado como "modesto". Será que você precisará pegar o dicionário e começar a procurar por sinônimos de "bom", "ruim" e "indiferente" ao avaliar suas pontuações de OKRs? Isso poderia resultar em avaliações um tanto poéticas: "Bom trabalho em conseguir esse 0,9 no seu OKR, Fernando; isso foi transcendente! Mas você, Tom — um 0,2 no seu OKR; que despretensioso!" A maioria das organizações não trata esse processo como uma competição de expressão artística, preferindo se basear na metáfora convencional do semáforo, com vermelho, amarelo e verde.

Adotando a abordagem das cores

Em relação ao que constitui um nível de desempenho verde, amarelo e vermelho, não existe um padrão nas organizações, e você poderá criar uma escala do que funciona em sua cultura, segundo seu critério. Não obstante, a maioria das organizações com que trabalhei adota uma escala que categoriza qualquer coisa entre 0,0 a 0,3 como vermelho, de 0,4 a 0,6 como amarelo e de 0,7 a 1,0 como verde. A Figura 12-1 tem um resumo.

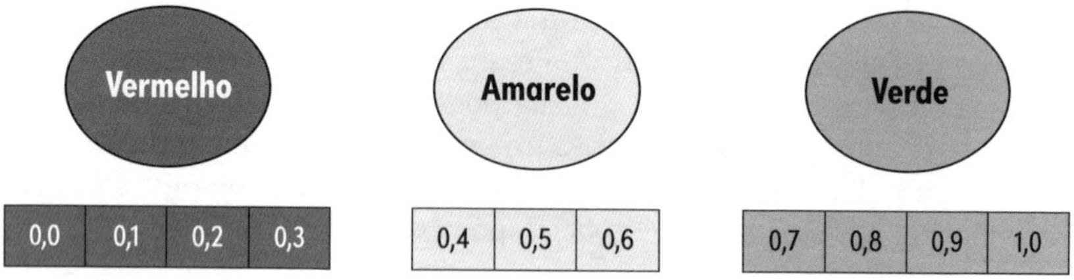

FIGURA 12-1: Pontuações dos OKRs classificadas por cores.

Como dito no capítulo, as pontuações numéricas e classificadas por cores são eficazes para começar discussões animadas sobre os resultados; mas não deve parar por aí, e você não deve julgar o desempenho apenas pela cor ou pela pontuação. Considere o exemplo anterior do OKR da propriedade de locação de férias (a seção do Exemplo de pontuação n.º 2) de aumentar a taxa de ocupação nos quatro meses seguintes. A pontuação numérica foi de 0,4, o que corresponderia a amarelo (não é uma pontuação excelente); contudo, o resultado-chave de impacto comercial da ocupação foi atingido com facilidade.

Medindo seu nível de extensão

Com base no parágrafo anterior, e em outras referências no capítulo, pode parecer que não sou fã da pontuação numérica, mas isso não está nem remotamente perto da verdade, porque além de fornecer material para dar início a diálogos construtivos sobre o desempenho, as pontuações dos OKRs são uma excelente maneira de medir nosso nível geral de ambição e extensão. Basicamente, significa que se só estivermos atingindo pontuações de 1,0 em todos os OKRs, provavelmente estamos sendo conservadores demais em nossa definição de metas e podemos estabelecer aspirações mais audaciosas.

Em contraste com não estender demais, se estivermos encontrando dificuldade com todos os nossos OKRs e conseguirmos uma pontuação de 0,0, os objetivos obviamente estarão muito além das nossas habilidades atuais, sendo necessário diminuir as expectativas nos próximos períodos. Ademais, se sempre mirarmos alto demais e ficar claro que não temos meios para chegar lá, nossa equipe provavelmente ficará desanimada com essas metas impossíveis e hasteará a bandeira branca de rendição antes mesmo de tentar. E essa é a boa notícia. Essas metas elevadas também podem fazer as pessoas agirem de forma antiética para tentarem chegar na luz verde, resultando em culturas corrosivas e atividades potencialmente ilegais (em casos extremos).

Foi isso o que aconteceu com o Wells Fargo quando ele instituiu um programa de vendas com metas inalcançáveis. Os funcionários criaram contas não autorizadas e enganaram as pessoas para abrirem contas desnecessárias. Essas falcatruas custaram ao banco mais de US$185 milhões em multas e prejudicaram bastante sua reputação.

Encontrando o equilíbrio na pontuação

Assim, como manter o equilíbrio ao pontuar os OKRs? Se estiver usando as regras estabelecidas do jogo dos OKRs, criando resultados-chave que o farão se estender um pouquinho além da sua zona de conforto, ou seja, resultados-chave que o obrigam a usar o pensamento criativo para atingi-los, então pontuações consistentes de 0,6 a 0,8 são um indicativo confiável de desempenho forte.

Esse alvo pode não ser bom para você, em especial se a cultura da organização considera qualquer coisa abaixo de 100% de realização como inaceitável. Já vi companhias assim durante minha carreira e entendo seu objetivo — até certo ponto. Empresas desse tipo tentam criar uma cultura de excelência e distinção, e poucas pessoas as culpariam por isso.

O problema é o desempenho marginal que fica para trás, porque todos sabem como as coisas realmente funcionam e entendem que, estabelecendo metas arbitrariamente baixas para manter essa aparência brilhante de superioridade, elas serão recompensadas sem empregar o esforço criterioso que poderia resultar em um desempenho de fato inovador. Se abrissem mão um pouco desse conceito de excepcionalidade, as equipes poderiam se sentir livres para apostar mais, experimentar abordagens inovadoras e fazer experimentos que poderiam levá-las aos níveis mais elevados do seu ramo.

Analisando os Resultados dos OKRs

Comecei a escrever roteiros de longa-metragem há muitos anos, e embora (ainda) não tenha recebido nenhuma ligação de Hollywood, amo esse passatempo e o acho extremamente satisfatório. Quando comecei a escrever, eu sabia muito pouco sobre a mecânica e muitas vezes fazia grandes observações sobre o enredo e possíveis diálogos em um caderno de folhas amarelas, sempre à mão. Aparentemente, e sem querer, eu estava em boa companhia — Quentin Tarantino, que era atendente de uma videolocadora e depois se tornou autor, escreve todos os seus primeiros rascunhos à mão. Mais tarde, aprendi a usar o Word para transformar meus pensamentos em algo mais parecido com um roteiro. Por fim, encontrei e aprendi a usar um software feito para escrever roteiros que formata automaticamente as linhas de ação, os nomes dos personagens, o diálogo, além de oferecer centenas de outras facilidades e atalhos. Não digo que a qualidade da minha escrita melhorou com o software, mas ele facilitou muito as coisas, sendo de grande ajuda para revisar e editar meu trabalho.

Uma escolha similar o aguarda no que se refere à análise dos resultados dos OKRs. Embora eu não sugira anotar os resultados dos seus OKRs em um caderno de páginas amarelas, você poderia empregar ferramentas acessíveis a todos, como as planilhas e os documentos do Google, o Word, o Excel ou o PowerPoint, para registrar e revisar os OKRs. Também poderia investir em um dos muitos softwares sofisticados feitos para OKRs. Nas seções a seguir, abordarei alguns dos prós e dos contras de cada um, e caso se sinta tentado pelos muitos recursos do software, descreverei várias coisas a considerar antes de mergulhar de cabeça no mundo digital.

Comparando os softwares de OKRs com os métodos da "velha guarda"

Por "velha guarda" não sugiro que deveria escrever os OKRs em um bloco de pedra com o cinzel do escritório (que fica no porão, do lado das máquinas de fax e das pilhas de envelopes de memorandos internos esfarelando). Aqui, "velha guarda" se refere primeiramente aos produtos do Google e da Microsoft que a maioria das organizações usará se não investir em um software de OKRs. Eles incluem as planilhas e os documentos do Google, o Microsoft Word, o Excel e o PowerPoint. Outras organizações usam ferramentas, como Trello, Jira, Tableau ou Power BI.

Quando digo "software de OKRs", refiro-me a programas dedicados para registrar, monitorar e analisar OKRs. Muitos têm várias funções auxiliares, mas sua principal proposta de valor é ajudá-lo a administrar seus OKRs com eficácia. As seções a seguir descrevem alguns prós e contras.

Os prós dos aplicativos do Google e da Microsoft

Estes são alguns dos benefícios de usar aplicativos como as planilhas e os documentos do Google, e o Microsoft Word, o Excel e o PowerPoint para analisar seus OKRs:

- **Acessibilidade:** Os produtos do Google e da Microsoft são tão comuns quanto os cubos mágicos e as máquinas de café, em outras palavras, existem na maioria das organizações.
- **Familiaridade com os produtos:** A maioria das pessoas aprendeu a usá-los bem — praticamente eliminando qualquer problema de aprendizagem e adoção.
- **Flexibilidade:** Podem ser personalizados para atender as necessidades das equipes, permitindo a customização na apresentação e na análise dos OKRs.
- **Integração:** A maioria desses produtos pode ser integrada pelo menos até certo ponto em outras ferramentas e sistemas de software, possibilitando importações, exportações, monitoramento e análises simples.
- **Custo:** Esses produtos costumam fazer parte de um pacote já pago pela organização, não resultando em despesas adicionais.

Os contras de usar ferramentas "velhas"

Agora veremos algumas desvantagens de analisar OKRs com ferramentas que não são especificamente dedicadas ao trabalho com eles:

- **Funcionalidade limitada:** É uma grande desvantagem. Essas ferramentas não foram feitas especificamente com os OKRs em mente, então oferecem menos opções que realmente poderiam beneficiá-lo, como (para citar apenas algumas) a visualização dos OKRs, os processos de monitoramento avançados e as funções de alinhamento.
- **Escalabilidade limitada:** Se sua organização for relativamente pequena, você talvez consiga registrar e monitorar seus OKRs com as ferramentas do Google e da Microsoft (ou, como mencionei antes, com Tableau e algumas outras). Entretanto, no caso das organizações maiores, os requisitos complexos dos OKRs da empresa podem sobrecarregar rapidamente a capacidade dessas ferramentas mais antigas.

- **Colaboração limitada:** A colaboração é possível com métodos mais antigos, mas o grau e a facilidade de trabalhar com os outros são limitados.
- **Personalização limitada:** É o último dos "limitados" e pode parecer estranho, considerando que inseri a flexibilidade como um "pró" na seção anterior. Mais uma vez, é uma questão da disponibilidade relativa do atributo. Embora nossos velhos amigos possibilitem certo grau de personalização, ele é diminuto em comparação com o que podemos fazer com um software dedicado.
- **Problemas de segurança:** Embora os produtos do Google e da Microsoft ofereçam algum nível de segurança, ela não é tão robusta quanto a segurança oferecida por um pacote de software dedicado a OKRs.

As vantagens dos softwares dedicados a OKRs

Estas são algumas das vantagens de trabalhar com um software dedicado ao registro, ao monitoramento e à análise de OKRs:

- **Registro, monitoramento, análise e automação avançados de OKRs:** Os sistemas de softwares dedicados a OKRs são projetados para facilitar cada aspecto do processo, com menos margem de erros. Os processos superiores de análise aumentam o potencial de tomadas de decisões bem fundamentadas, com base em dados, em toda a empresa.
- **Visibilidade aprimorada:** Sua interface gráfica é fantástica, apresentando dados de formas que estimularão conversas significativas sobre os resultados dos OKRs.
- **Colaboração aprimorada:** Os sistemas de softwares facilitam a colaboração entre os membros das equipes, os departamentos e as unidades de negócios na organização, facilitando o alinhamento de cima para baixo.

As desvantagens dos softwares de OKRs

Estas questões com softwares para OKRs podem ou não representar um problema para a organização, mas é importante levá-las em consideração:

- **Custo:** Precisar investir em um novo software é uma desvantagem óbvia de escolher um software dedicado em vez de usar as ferramentas que já estão à sua disposição. A maioria desses produtos exige um investimento na aquisição e taxas constantes de manutenção e assinatura. A boa notícia é que esse mercado já atraiu muitos players, e a competição acirrada abre espaço para a negociação dos custos.

» **Complexidade:** *"Quer que eu aprenda outro sistema novo?"* Essa é uma queixa que você provavelmente ouvirá de algumas pessoas cansadas de mudanças e de softwares em sua empresa caso decida comprar um aplicativo de OKRs. A maioria desses produtos é "relativamente" intuitiva, mas essa declaração exige grandes aspas, porque embora sejam vendidos como fáceis de usar, todos requerem treinamento.

» **Preocupações com segurança:** Incluí a segurança como uma preocupação no caso do pacote das ferramentas da "velha guarda" também, e levando em consideração a época em que vivemos, esse parece ser um risco em potencial inevitável. Apesar dos protocolos de segurança implementados por fornecedores de softwares (e a maioria é bem impressionante), seus dados confidenciais ainda podem estar vulneráveis a brechas de segurança ou ataques cibernéticos.

Escolhendo a melhor opção para você

Depois dessa análise, decida qual opção é melhor para sua organização, dado seu nível de maturidade e cultura de OKRs. Se puder fazer o investimento, aconselho comprar o software. Sugiro fazer isso por dois motivos.

O primeiro é que é impressionante ver esses prós se manifestando na vida real. Já experimentei inúmeras versões de softwares ao longo dos anos e me impressiono toda vez com seus recursos. É possível fazer muito mais e em diversas dimensões com um software dedicado do que com os produtos do Google ou da Microsoft que, ao comparar as opções e remover o custo da equação, escolher usar algum deles é quase automático.

Meu segundo motivo para recomendar um software dedicado é que comprá-lo servirá como mais um indício para a organização de que você leva a implementação dos OKRs bem a sério. Mostra que, apesar do custo financeiro e do esforço inicial necessário para treinar, você enxerga valor na estrutura dos OKRs e está disposto a fazer o que for necessário para maximizar seu potencial. Isso pode contribuir muito para conquistar curiosos relutantes ou céticos.

O Que Considerar ao Escolher um Software de OKRs

Certa vez, li que o norte-americano médio passa mais tempo escolhendo uma nova TV do que decidindo como alocar os fundos na poupança para a aposentadoria, isso se tiver uma. Eu poderia adotar uma postura de superioridade sobre isso, mas escolher a TV certa é uma decisão importante...

Brincadeiras à parte, alguns passam mais tempo com seu dilema televisivo do que com a escolha da conta para aposentadoria porque esta última é uma escolha bem difícil, exigindo habilidades que nem todos possuem.

Pode-se dizer o mesmo sobre a escolha do software certo. A maioria das pessoas não tem doutorado em "bits e bytes", não usa camisetas com placas de circuito nem batem papo com os coleguinhas no universo GitHub. A infinidade de recursos, funcionalidades e extras oferecida pelos fornecedores de softwares de OKRs pode ser esmagadora, e escolher um pode ser uma decisão crucial para o sucesso da sua implementação. Nas seções a seguir, dividirei os recursos dos softwares em diversas categorias e apresento itens específicos nos quais você poderá refletir ao testá-los. O software escolhido deverá habilitá-lo a fazer todas as coisas descritas nas próximas seções.

Ferramentas de estratégia corporativa e de execução de estratégias

Seu aplicativo de OKRs deve ter um módulo dedicado para ajudá-lo a criar e administrar sua estratégia corporativa. Deve ajudá-lo a criar estratégias de qualquer espaço de tempo em combinação com a habilidade de estabelecer objetivos de nível corporativo e resultados-chave de longo e curto prazos com os quais as unidades de negócios, os departamentos, as equipes e os indivíduos poderão se alinhar. Embora seja recomendado comunicar com eficácia a estratégia a todas as partes interessadas e pedir aos departamentos e às equipes para se alinharem verticalmente aos seus OKRs corporativos, de "níveis superiores", a maioria dos softwares de OKRs inclui a habilidade de se conectar com os "níveis inferiores", permitindo que todos os grupos abaixo demonstrem sua contribuição para o sucesso geral.

Ademais, o software deve permitir

» Transformar as atividades planejadas no nível corporativo em OKRs de departamentos ou equipes com as convenções de nomenclatura apropriadas dos OKRs.

» Aprofundar-se na visão hierárquica para ver o progresso em todos os níveis, desde o corporativo até o departamento, a equipe e o individual.

» Filtrar de diversas maneiras — por objetivos específicos, ciclos ou trimestres, unidades de negócios, departamentos, regiões etc.

» Criar uma categorização personalizada dos objetivos corporativos em perspectivas estratégicas, como Financeiro, Cliente, Processos Internos, Aprendizado e Crescimento.

» Visualizar os mapas estratégicos de alto nível, bem como as declarações de missão, visão e valores da empresa.

Orientação para OKRs de equipes

Para esta seção, uso o termo genérico "equipe", mas ele também pode se aplicar a uma unidade de negócios, departamento, região ou outro grupo.

O ideal é que seus softwares de OKRs providenciem um construtor passo a passo de OKRs que orientará os membros da equipe no processo de criação dos OKRs, incluindo campos para registrar a missão, os desafios, as oportunidades e o alinhamento — vertical e horizontal — da equipe.

O alinhamento vertical deve permitir que as equipes se alinhem diretamente com a estratégia corporativa para calcular o progresso automaticamente em direção aos resultados-chave corporativos ou indiretamente para fornecer visibilidade da contribuição da equipe para a estratégia sem necessariamente calcular o progresso que não afeta diretamente o resultado-chave corporativo. Por exemplo, ele talvez aumente a receita, e as equipes de vendas poderiam alinhar diretamente seus OKRs de vendas que resumem a receita total no topo, ao passo que a equipe de marketing poderia se alinhar indiretamente a um OKR que conta apenas os leads qualificados para vendas.

Os recursos de OKRs da equipe também podem habilitá-lo a fazer o seguinte:

- Alinhar-se com a estratégia no nível do objetivo da equipe ou com seus resultados-chave específicos
- Possibilitar que os resultados-chave tenham prazos específicos dentro do período do objetivo total
- Permitir que diversos contribuintes específicos sejam designados no nível dos resultados-chave
- Permitir que cada resultado-chave se alinhe com resultados-chave corporativos separados
- Permitir que as equipes postem e respondam a conversas dentro de um OKR de equipe
- Exibir o histórico da equipe e o processo individual ao longo do tempo em gráficos e tabelas

Capacidades de integração

A capacidade do seu software de OKRs de se integrar com vários outros softwares é importante porque talvez você precise usar outras plataformas ao preencher um OKR com dados. Estes são os tipos de aplicativos com os quais seu software de OKR deverá se integrar:

- **HRIS (Sistemas de Informação de Recursos Humanos), como Workday ou ADP:** Você deve sincronizar as dinâmicas de novos usuários, estruturas de gestão e outros atributos de colaboradores isolados, como unidade de negócios, departamento, região, papéis etc.
- **Ferramentas de gestão de projeto, como Jira ou Azure Dev Ops:** Auxiliarão na atualização automática de determinados resultados-chave.
- **Ferramentas de gestão de desempenho, como Success Factors ou Cornerstone:** Permitirão que os OKRs sejam considerados em avaliações e análises de desempenho.
- **LMS (Sistema de Gestão de Aprendizagem), como TalentLMS ou Docebo:** Essas ferramentas permitirão integrar facilmente e monitorar o treinamento relacionado aos OKRs.
- **Ferramentas de comunicação, como MS Teams ou Slack:** Com essas ferramentas, os usuários podem permanecer no fluxo de trabalho, receber notificações e fornecer atualizações de progresso com facilidade nas ferramentas com as quais costumam trabalhar.
- **Ferramentas de produtividade, como MS Office ou G-Suite:** Integram atividades, tarefas, documentos e calendários.

O software de OKRs da Inspire (encontrado em `www.inspiresoftware.com` e exibido na Figura 12-2) é um exemplo de sistema que entrega os atributos mencionados nessas seções. Outras plataformas populares são Quantive, Lattice, Profit e Workboard.

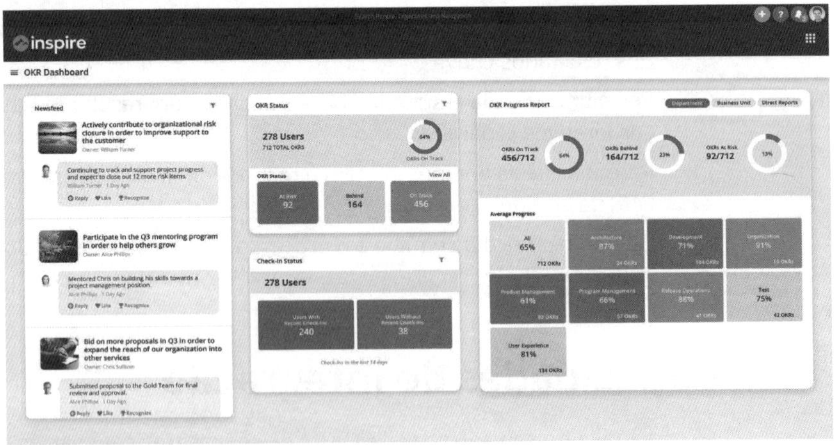

FIGURA 12-2: O software de OKRs da Inspire.

Planejamento e recursos

Para ajudá-lo a atingir seus OKRs, os softwares de OKRs devem:

- Elaborar recursos que o ajudarão a planejar suas atividades e tarefas em relação aos OKRs
- Planejar tarefas que se sincronizam com as ferramentas integradas de produtividade, como calendários, tarefas e listas de afazeres do MS Outlook
- Priorizar os OKRs e as tarefas para uma melhor classificação e visibilidade
- Visualizar e administrar os prazos de tarefas e atividades
- Ter recursos de verificação para atualizar o status e o progresso, e que ofereçam outros atributos, como indicadores do nível de confiança para sinalizar para os líderes onde eles precisam de orientação e suporte
- Verificar todas as áreas do aplicativo para atualizações simples de progresso
- Ter um recurso de alerta para enviar lembretes amigáveis aos usuários para atualizarem seus status e progresso
- Ter recursos de reuniões individuais que permitam aos líderes de equipe e aos indivíduos se reunirem e conversarem sobre progresso, feedback e reconhecimento de OKRs, e monitorar o histórico das conversas

Recursos para relatórios

A habilidade de revisar prontamente os resultados de OKRs é um dos principais motivos para investir em tal software. Para isso, veja se seu software favorito possui estes atributos:

- Painéis que apresentem dados de OKRs lado a lado com dados de KPIs e outras visualizações de inteligência corporativa
- Configurações de painéis no nível da empresa para diversas visões compartilhadas, como Revisões Corporativas Mensais, retrospectivas trimestrais e visualizações focadas em departamentos, além de painéis individuais para preferências personalizadas
- Relatórios de todos os níveis com a habilidade de filtrar vários atributos (departamento, região, datas etc.) e exportar para vários formatos de arquivos (Excel, PPT, CSV, entre outros)
- Elaboração personalizada de relatórios para escolher os campos exatos de dados que você deseja exibir, agrupar e classificar
- Feeds de notícias para revisar o status e o progresso com filtros para exibir insights para equipes e departamentos específicos, e alinhamentos com OKRs corporativos específicos
- A habilidade de dar like, comentar e reconhecer as realizações de OKRs pelo feed de notícias

Recursos de administração

Claro, não se esqueça das "letrinhas miúdas" do sistema de software:

- Um módulo robusto de administração para preparação, configuração e gestão de grupos e usuários
- Um recurso de importação para trazer o trabalho que você talvez já tenha criado em planilhas ou arquivos
- Configurações de privacidade para OKRs sensíveis
- Notificações robustas para manter os usuários em linha e informados
- Localização para idiomas de regiões específicas, como espanhol da Espanha ou espanhol da América Latina
- Uma página inicial padrão da empresa com widgets, incluindo um menu de Inicialização Rápida para orientar os novos usuários com o básico
- A habilidade de configurar logotipos, selos e prêmios personalizados, além de outras imagens no aplicativo

Outros recursos importantes

Por último, estes são pontos adicionais a considerar na escolha do software:

- Pesquisar, Seguir e Taguear Favoritos e dar Like, Reconhecer e Dar feedback e Fazer comentários
- Arquivar OKRs e visualizar o histórico em níveis estratégicos, da equipe e individuais
- Identificar os responsáveis e os colaboradores com nomes e fotos
- Vários tipos de RC, como métrica e marco
- Perfis de usuário para configurações e preferências individuais
- Um app para dispositivos móveis para obter atualizações em trânsito
- Segurança robusta e conformidade com SOC 2
- Cumprimento da LGPD (Lei Geral de Proteção de Dados Pessoais) para a privacidade de dados

Nas palavras de Kevin McCallister no filme *Esqueceram de mim* "Vocês desistem ou querem mais?", concluo que já chega. Essa longa lista de atributos compartilhada nas seções finais deste capítulo já deve convencer seu diretor de tecnologia e manter os representantes de vendas de softwares de OKRs na expectativa quando você testar a versão deles. Se seguir esses itens, um de cada vez, eu ficaria surpreso se não ouvisse pelo menos três "Uau, ótima pergunta" do representante de softwares.

NESTE CAPÍTULO

» Começando bem na implementação dos OKRs

» Comemorando os sucessos

» Mantendo a força dos OKRs

Capítulo 13

Fazendo os OKRs Perdurarem

Certo verão, meu pai decidiu revestir a frente da nossa casa com pedra ornamental, um belo material com variações naturais e que produz padrões, texturas e cores únicos. A nossa tinha um tom suave e quente que ia do marfim claro ao marrom arenoso, dependendo da luz, e todos ficamos maravilhados com a transformação da casa. Gostávamos das pedras até que, um dia, o inimaginável aconteceu: uma pedra que ficava bem no meio caiu. Parecia que faltava um dente, o que teria sido um charme na fachada da casa de um jogador de hóquei, mas não era o nosso caso. Meu pai agiu e logo fixou a pedra rebelde, mas outras caíram logo depois, e nenhuma tentativa para encontrar o adesivo certo teve sucesso. Nenhum reparo funcionava por causa de um problema maior: a umidade por trás das pedras. Arrumar a parede era como aquele jogo de tentar acertar a toupeira com um martelo, com elas sempre vencendo.

As pedras simplesmente não ficavam grudadas na parede, o que, em termos simples, era um verdadeiro desastre, até que o problema implícito da umidade foi identificado e corrigido.

Para dar aos OKRs uma chance de continuarem onde estão em sua organização por muitos anos, gerando foco, engajamento e alinhamento de cima para baixo, é necessário que a estrutura perdure. Neste capítulo, descreverei maneiras de garantir que sua implementação dure o máximo de tempo possível, fazendo com que os OKRs passem a fazer parte da cultura da organização.

Primeiro, identificaremos várias áreas em que você precisará se concentrar ao iniciar seus esforços de implementação dos OKRs, como comemorar os primeiros sucessos, evitar a ideia de que os OKRs são um projeto a ser concluído, garantir o "encaixe" adequado dos OKRs e empregar consultores. Então passaremos para o que você sempre deve saber uma vez que seus OKRs tenham atingido uma condição estável. Isso inclui a provisão de suporte constante, a necessidade de treinamento adicional, os benefícios da avaliação contínua e, por último, a importância de simplesmente usar a estrutura. Pronto para perdurar? Então continue lendo.

A Base do Sucesso dos OKRs

Como abri o capítulo com uma história sobre a minha casa de infância, continuarei falando sobre casas começando esta seção abordando as bases. Quando o assunto é construir uma casa, a fundação é essencial para garantir a segurança a longo prazo e a longevidade da construção; ela servirá como a base sobre a qual toda a estrutura repousará. Sem uma base sólida, a casa corre o risco de sofrer com umidade, erosão, rachaduras e muitos outros resultados indesejados que poderiam causar tristeza e exigir consertos onerosos por parte do proprietário.

Eu sei que não sou exatamente um William Faulkner quando o assunto são metáforas intrincadas e complexas. Se já leu (ou tentou ler) *O som e a fúria*, você sabe a que me refiro. Comparar a fundação de uma casa com a base que você deve lançar para implementar um programa de OKRs com sucesso é outro exemplo óbvio, porém inteiramente preciso. Você terá apenas uma chance de lançar a base para uma implementação eficaz dos OKRs, e as decisões tomadas e a filosofia empregada no início influenciarão bastante para o sucesso ou o fracasso do programa em longo prazo.

Nas seções a seguir, descreverei quatro aspectos da sua abordagem que podem ter um efeito descomunal no impacto final do seu programa de OKRs:

- » Por que é importante nunca pensar nos OKRs como um "projeto"
- » A importância de comemorar os sucessos no início e com frequência no seu trabalho
- » Um senso de como os OKRs se encaixam no conjunto maior das ferramentas usadas

» Os méritos da ajuda profissional em forma de consultorias para confirmar que você está em solo firme ao começar sua aventura com os OKRs

Começar bem é fundamental se você espera colher os benefícios que os OKRs têm a oferecer. Isso nem sempre é fácil, mas como William Faulkner disse no já mencionado *O som e a fúria*: "Dada a escolha entre a experiência da dor e nada, eu escolheria a dor." Ei, acho que eu realmente entendo isso.

Encarando os OKRs como uma jornada, não um projeto a concluir

Se chegasse a pesquisar nem que seja um pouquinho, tenho certeza de que você descobriria que sua organização costuma se envolver com diversos projetos. Ela pode ter programas e iniciativas relacionadas com tudo, desde novas instalações de softwares até modernizar as salas de reuniões dos escritórios com os aparelhos mais recentes de áudio/vídeo ou lançar um centro completo de bem-estar do colaborador, com uma academia moderna para manter todos em forma e cheio de energia (e em condições de ficar por mais tempo no escritório, mas não foi por isso que construíram a academia... foi?).

Embora cada projeto pareça diferente sob o ponto de vista dos resultados desejados, a maioria possui diversas características similares, incluindo um planejamento cuidadoso, compromisso com os recursos humanos e financeiros, um começo definido, uma gama finita de atividades e uma data específica de conclusão. Em certo ponto, sendo concluídos com sucesso ou não, a maioria dos projetos tem um fim. Mas você não deve encarar os OKRs dessa forma.

Sua implementação dos OKRs se parece com um projeto no sentido de que tem de começar em um bom dia, exige recursos humanos e financeiros e é planejada com cuidado, segundo uma gama bem pensada de atividades. O ponto onde os OKRs diferem de um projeto com uma diferença colossal é na definição de um ponto final. A menos que decida ou seja obrigado a deixar o negócio e fechar a portas pela última vez, seu negócio e o uso dos OKRs nunca terminará.

Até onde sei, nenhuma empresa tem um único ponto de vitória. A Amazon poderia atingir uma capitalização de mercado de US$10 trilhões e provavelmente não fecharia o negócio, declarando que fez tudo o que podia, com Jeff Bezos se aposentando em seu condomínio em Marte e jogando xadrez com Dwanye "The Rock" Johnson nas noites de terça. As organizações são máquinas de movimento perpétuo, com o chão sob seus pés sempre mudando na forma de mudanças nas condições econômicas, preferências flutuantes dos clientes, disrupções mundiais, como a Covid-19, e milhares de outras variáveis. Como seu negócio nunca termina, sua implementação de OKRs deve continuar também, ajudando-o a navegar pelos inevitáveis desafios e aproveitar as emocionantes oportunidades que surgem no caminho. Os OKRs escolhidos se adaptarão às condições em constante mudança do negócio, e essa flexibilidade o ajudará a permanecer ágil e se adaptar em face do inevitável redemoinho à sua volta.

CUIDADO

Referir-se aos OKRs como um projeto diminuirá sutilmente sua relevância constante na mente dos colaboradores, acostumados a associar projetos a datas finais específicas.

Os projetos vêm e vão, com alguns gerando um valor excepcional para a empresa e outros murchando e se tornando parte da história do escritório. ("Pobre Thompson; ele nunca mais conseguiu se recuperar do projeto cultural Fazer Brownies Cria Laços. Eu me pergunto o que aconteceu com todos aqueles fornos...") Os OKRs, por outro lado, o ajudarão no longo prazo, acompanhando-o a cada passo que der na jornada e ajudando-o a permanecer fluido em resposta às inevitáveis vicissitudes da vida organizacional moderna e tudo o que ela envolve.

Comemorando o sucesso

Os OKRs nos dão muitas oportunidades de comemorar os sucessos, e eu o incentivo a aproveitá-las, em especial ao aprender o processo e quando estiver bem nos estágios iniciais da implementação.

Os OKRs representam uma mudança, e pode ser um desafio para as pessoas aceitarem qualquer disrupção do status quo, quem dirá serem receptivas e adotá-la. Tirar um tempo para reconhecer até as pequenas vitórias — atingir marcos significativos ou um resultado-chave baseado em métricas, ou encontrar um insight valioso durante uma verificação de OKRs — pode ajudar bastante a reforçar o valor dos OKRs, gerando entusiasmo e ímpeto, e fazendo os OKRs se tornarem parte da sua cultura. Analisemos mais de perto esses benefícios:

» **Reforçar o valor dos OKRs:** Em diversos pontos ao longo do livro, mencionei a importância de comunicar o "motivo" dos OKRs; fazer isso representa um aspecto não negociável de qualquer implementação se você espera fazer suas equipes embarcarem nesse esforço. Infelizmente, o "motivo" pode se perder na rotina dos estresses de cada dia e nos problemas operacionais, fazendo as pessoas perderem de vista o valor criado pelos OKRs.

  Comemorar até as pequenas vitórias pode ajudar muito as pessoas a se lembrarem dos motivos de implementarem os OKRs. Fazer isso mostra que o programa está funcionando e que, com tempo e esforço, fará uma grande diferença na sua habilidade de se concentrar e executar suas prioridades estratégicas mais importantes.

- **Gerar entusiasmo e ímpeto:** Os OKRs representam uma iniciativa de mudança, e mesmo se forem lançados com grande pompa (pense em balões, serpentinas, discursos cheios de paixão do CEO e talvez até o surgimento do seu Defensor com uma capa de veludo com "OKRs" escrito com lantejoulas), sustentar esse aumento inicial de entusiasmo pode ser difícil. Mas comemorar todo e qualquer sucesso (talvez vocês tenham concluído as verificações de quatro semanas, embora algumas pessoas da equipe estivessem de férias e você precisou apagar um incêndio operacional) pode mostrar a todos que os OKRs têm um espaço importante em seus esforços constantes para fazer com que tenham foco, alinhamento e engajamento, de cima até embaixo.
- **Fazer com que os OKRs façam parte da cultura:** Esta é uma definição simples e eficaz do conceito supervariável de cultura: "É a forma como fazemos as coisas por aqui." Cada organização tem suas próprias maneiras de fazer as coisas e, quando combinadas, elas formam uma cultura única.

  Contudo, todas as organizações deveriam desenvolver determinados atributos de uma cultura positiva, incluindo a da conquista e do reconhecimento. Os OKRs fornecem muitas oportunidades para gerar esses aspectos desejáveis da "forma como fazemos as coisas" se você dedica tempo e esforço para reconhecer os sucessos. Toda vez que diminuir o passo para comemorar uma vitória, você estará plantando uma sementinha no jardim cultural; com o passar do tempo, essas sementes florescerão na forma de uma cultura em que todos, dos executivos aos funcionários na recepção, estarão concentrados em atingir sucessos e reconhecer os esforços daqueles que geram esses sucessos.

Você pode aproveitar várias ocasiões para comemorar os sucessos dos OKRs. Muitas organizações usam as reuniões mensais ou trimestrais para destacar o progresso no nível da empresa e aproveitam a oportunidade para elogiar as equipes ou as pessoas que foram essenciais para obter uma vitória. Na sua equipe, você pode usar suas verificações agendadas regulares para reconhecer as vitórias e gerar ímpeto adicional para os OKRs. O reconhecimento individualizado também é eficaz. Um bilhete escrito à mão para um colega por ter se esforçado um pouco mais para fazer a diferença em um OKR sempre será recebido com alegria. E, por último, nunca é demais combinar seu reconhecimento das vitórias com uma divertida reunião social.

Descobrindo como os OKRs se encaixam

Minha esposa e eu temos um amigo que se considera um mestre carpinteiro (ênfase em "se considera") que ofereceu seus serviços quando precisamos de um armário personalizado no nosso closet. Ele chegou na nossa casa usando um macacão com uma quantidade apenas suficiente de manchas para parecer autêntico e foi trabalhar, tirando as medidas exatas do espaço e discutindo as opções comigo. Algumas semanas mais tarde, ele nos trouxe o novo armário; então erguemos e levamos aquele monstro para o closet. Mas em vez de entrar no closet sem esforço, o armário bateu violentamente na parede dos dois lados. Ainda me lembro do olhar incrédulo no rosto dele ao apanhar ansiosamente a trena para medir o armário e o espaço. "Não vai encaixar." É sério, Sherlock? Quando as coisas não se encaixam, elas não funcionam, e esse armário não encaixou.

Para que a sua organização aproveite os OKRs ao máximo, eles também precisam se "encaixar" na organização. Nesse contexto, refiro-me ao encaixe dos OKRs com outros sistemas e conceitos que você emprega para manter as pessoas informadas sobre o que realmente importa e executar essas prioridades. Mais especificamente, é vital que seu programa de OKRs e os OKRs criados se alinhem com os seguintes elementos necessários para compor qualquer organização (mais detalhados no Capítulo 6):

» **Missão:** A missão representa seu objetivo principal, ou seja, por que a organização existe. Os OKRs criados na empresa devem ser consistentes com essa missão se espera ter alinhamento e engajamento. Imagine uma empresa de carros usados (vamos chamá-la de "Carros Usados da Estrada do Rei") cuja missão é:

  - Oferecer carros usados de alta qualidade a preços acessíveis aos clientes, atendendo-os de forma excepcional.

  Dada essa missão, poderíamos esperar ver OKRs focados em formas inovadoras de encontrar carros usados de alta qualidade e métodos para melhorar o atendimento ao cliente, talvez por meio de pedidos de crédito simplificados ou novas abordagens do processo de compra.

» **Visão:** Pense na visão como uma descrição do que a organização quer se tornar, daqui a cinco, dez ou quinze anos no futuro. Seus amigos da Carros Usados da Estrada do Rei têm a seguinte declaração de visão:

  - Até 2030, venderemos 500 carros por ano e conseguiremos uma receita de US$15 milhões.

  Os OKRs criados devem se adequar a essa visão audaciosa de futuro, e seria de se esperar que eles se concentrassem em encontrar maneiras inteligentes de fazer o negócio crescer para atingir essas metas elevadas. Quaisquer OKRs que mantivessem o status quo seriam rejeitados porque não contribuiriam para a visão.

  Estratégia: A estratégia representa as amplas prioridades adotadas por uma organização em reconhecimento de seu ambiente operacional e na busca de sua missão e visão. Para executar sua estratégia com eficácia, os OKRs devem levar à sua execução. Na Carros Usados da Estrada do Rei, a estratégia para atingir sua visão ambiciosa de crescimento se concentra em aumentar seu inventário (incluindo carros importados) e investir pesado em marketing digital para atrair o público que teria mais probabilidade de comprar seus carros. Ambas essas estratégias levam aos OKRs. Incluir carros importados, por exemplo, poderia gerar OKRs relacionados com encontrar uma fonte de carros certos pelo preço apropriado, encontrar um parceiro de atacado e atingir a margem de lucro desejada.

Alinhar seus OKRs com a missão, visão e estratégia da empresa gera compreensão dessas matérias-primas e promove transparência e alinhamento na empresa. Existe um segundo uso da palavra *encaixar* que se relaciona com os OKRs, e é no sentido de determinar como os OKRs se encaixam com sistemas de medição e gestão potencialmente rivais. Por exemplo, além dos OKRs, algumas organizações possuem iniciativas, pilares, exigências, grandes alvos estratégicos e outras ferramentas que podem ser facilmente confundidas com eles. Um pouco de pesquisa revela que muitos desses sistemas são bem parecidos e poderiam competir com os OKRs por atenção, tanto por parte dos executivos como da população mais abrangente de colaboradores. Recomendo fortemente que, antes de lançar OKRs, você faça uma lista de todos os outros sistemas que poderiam ser usados de alguma forma para monitorar o desempenho e determine se eles continuarão sendo necessários depois que começar a usar os OKRs.

LEMBRE-SE

O objetivo deve ser uma "única versão da verdade", tal como se relaciona com a execução, e os OKRs devem fornecer a variedade solitária dessa verdade.

Considerando o Uso de Consultores

Começarei esta seção revelando algumas verdades importantes. Número 1: sou consultor de gestão. Já venho trabalhando nesse ramo por quase 25 anos, primeiro com duas grandes firmas internacionais (você sabe, do tipo que o nome é composto por letras maiúsculas) e, nos últimos 20 anos, como presidente da minha própria empresa butique (com letras que formam uma palavra de verdade). Revelação 2: se você está lendo este livro e está animado com a ideia de usar OKRs, mas gostaria de receber mais orientações na forma de consultoria profissional, eu ficaria feliz em conversar sobre a experiência da minha empresa e o que ela tem a oferecer. A segunda revelação leva basicamente meus interesses em consideração, porque, ao longo dos anos, já me encontrei com pessoas que leram um dos meus livros, mas escolheram outro consultor porque não perceberam que eu prestava consultoria nas áreas sobre as quais escrevo. Esse fenômeno sempre me deixou embasbacado; assim, permita-se esclarecer as coisas. Senhoras e senhores, saibam que tenho orgulho de ser capitalista e que meus colegas e eu estamos abertos para negócios caso precisem na nossa ajuda em algum sentido.

Você talvez esteja pensando: "Mas você não deveria colocar tudo que eu preciso saber neste livro para não precisar da sua ajuda?" Esse é um bom ponto... para um ponto. Eu fiz o meu melhor para estruturar este livro de uma maneira que lhe dará o passo a passo de como criar um programa sustentável de OKRs, incluindo as dicas e as técnicas que aprendi depois de milhares de horas treinando e atuando como facilitador em salas de reuniões ao redor do globo e, mais recentemente, pelo Zoom e pelo Microsoft Teams. Mas — e aí vem o clichê mais velho que existe — assim como flocos de neves e impressões digitais, não existem duas organizações idênticas, e seria impossível para mim catalogar todas as questões, preocupações ou possibilidades que poderiam surgir ao implementar OKRs em sua organização.

Talvez você tenha ficado tentado a me dar razão nesse raciocínio, mas então começa a se perguntar: "Mesmo assim, por que eu deveria acreditar em qualquer coisa desta seção se você tem um interesse pessoal em me fazer ficar interessado em contratar um consultor?" A resposta simples é que, no caso de muitas organizações, a tutela de um consultor experiente (independentemente do escolhido) pode gerar muito mais dividendos em comparação com as taxas envolvidas na contratação. Os consultores podem acelerar seu sucesso de várias formas, incluindo:

- Aumentar o suporte por meio da credibilidade de um especialista
- Reduzir a distância entre a linha de partida e os resultados concretos
- Ajudar a fazer os OKRs se tornarem parte da sua cultura por meio de suporte constante

As seções a seguir abordarão cada uma delas com mais detalhes.

A credibilidade de um especialista para aqueles que duvidam

Já perdi a conta de quantas vezes eu já disse "perdi a conta" neste livro, mas depois de fazer algo por tanto tempo quanto eu, certos temas, perguntas e comentários surgem sempre. Um que já ouvi em muitas ocasiões (sim, já perdi a conta de quantas vezes) de executivos um pouco frustrados, mas esperançosos, foi:"Eu poderia liderar isso (OKRs) sozinho, mas a mensagem terá mais peso se vier de uma fonte externa." É verdade que um dos maiores impactos do preço pago pela consultoria é a credibilidade que um profissional especializado lhes apresenta, usando-a para conseguir o apoio e o suporte para os OKRs de um público que muitas vezes está cansado de mudanças e relutante.

Os consultores sábios podem responder às perguntas até dos descrentes mais rabugentos da sua empresa, usando toda a sua experiência para amenizar as preocupações quanto à estrutura, demonstrar como ela pode ser benéfica em praticamente qualquer ambiente e, muitas vezes, suavizar o que pode ser uma resistência considerável ao conceito.

Descobrindo como acelerar seu sucesso

Um segundo benefício de usar o *know-how* de um bom consultor se manifesta com um processo de implementação mais simples, um que o ajudará a evitar os obstáculos comuns que costumam atordoar os adeptos do DIY entusiasmados, mas ingênuos. Novamente, cada organização é diferente em algum sentido e exige uma abordagem única em sua aplicação dos OKRs, mas um consultor veterano, com anos de experiência nas costas, provavelmente empregará seu kit de ferramentas bem elaborado e comprovado para acelerar seu sucesso.

Um consultor habilidoso poderá se basear no seu histórico de centenas (ou mais) de engajamentos para criar e executar um plano que acelerará de forma significativa seu caminho até os resultados fornecendo

- Sessões estruturadas de treinamento focadas justamente no que você precisa saber para ser bem-sucedido
- Workshops de facilitação bem ajustados que resultam em OKRs estratégicos e tecnicamente bons
- O desenvolvimento de um processo personalizado de governança para guiá-lo no longo prazo

Fornecendo orientação constante

Por último, um bom consultor poderá fornecer treinamento e orientação a médio prazo para ajudá-lo a garantir que os OKRs se tornem parte da sua organização. Quanto mais você usar os OKRs, mais perguntas surgirão depois de estabelecer um entendimento sólido do básico e um ritmo operacional para o sistema.

Por exemplo, os OKRs deveriam ser ligados às revisões de desempenho? E os orçamentos? E quanto à ideia sempre controversa de relacionar os OKRs à remuneração por incentivos? Você poderia se arriscar e pesquisar essas perguntas no Google, esperando encontrar conselhos significativos, mas em harmonia com a ideia do risco, fazer isso seria como puxar a alavanca do caça-níqueis e esperar três números 7. Seria muito melhor recorrer à experiência e aos instintos do consultor com quem você trilhou seu caminho até agora, aquele que conhece sua organização e sua cultura, e sabe o que funcionará ou não em sua situação singular.

O que Procurar em um Consultor

Se concordar que uma perspectiva externa seria útil, estas são algumas áreas a considerar antes de escolher seu parceiro de consultoria:

» **Experiência com *E* maiúsculo:** As barreiras de entrada para se nomear um coach ou consultor de OKRs são tão altas quanto o primeiro degrau de uma escada. Qualquer um que tenha o mínimo de tempo para ficar na frente uma lousa escrevendo OKRs pode se declarar como um profissional da área, criar um site, escrever alguns blogs e começar a procurar clientes.

  Contudo, um consultor em quem você realmente pode confiar deve ter uma experiência moldada por anos de prática, além de habilidades em campos relacionados que definitivamente farão parte da conversa em qualquer interação. Por exemplo, todas as implementações de que participei nos últimos vinte anos exigiram a aplicação de técnicas de gestão de mudanças, a realização cuidadosa de comunicados e o conhecimento do planejamento estratégico. Se o consultor com quem estiver falando não tem experiência nesses campos, ele pode estar apenas um capítulo à frente neste livro quando você acabar chegando no ponto em que ultrapassará a experiência dele.

» **Experiência com *e* minúsculo:** Meu *e* minúsculo se concentra na experiência do consultor sobre sua área ou setor. Embora certa familiaridade com o ambiente seja útil, às vezes ter conhecimento demais pode resultar em falta de criatividade na abordagem e confiança em métodos e OKRs que o consultor usou com outros clientes parecidos. Como observei anteriormente, o aspecto mais importante da experiência é o ganho na implementação em si da estrutura.

» **Adequação cultural:** O consultor escolhido será um verdadeiro parceiro de jornada, e será importante se certificar de que essa pessoa ou equipe consiga servir de conexão confortável e simples no seu meio cultural. Os consultores, assim como as pessoas que você conhece todos os dias, têm personalidades diferentes; e com base em sua cultura, alguns se adequarão melhor à sua organização do que outros.

  Por exemplo, talvez a sua cultura seja do tipo incisiva, não faz prisioneiros e diz as coisas na cara, beneficiando-se de um facilitador bem forte, que fica feliz em revidar e entrar no combate estratégico com você. Por outro lado, se a sua cultura for mais gentil, esse facilitador aterrorizará todo mundo. Em sua busca para encontrar possíveis consultores, certifique-se de que sua antena cultural esteja ativada e fique atento aos sinais de alerta para ver se a pessoa trabalharia bem com sua equipe.

No geral, obter a ajuda de um consultor pode se mostrar um investimento bastante sábio do seu tempo e recursos financeiros. Contudo, você talvez ainda esteja relutante; afinal, são de consultores que estou falando. Talvez se sinta melhor com a ideia de interagir com um se eu aproveitar a oportunidade para colocar um pouco de diversão na profissão primeiro. Então aqui vai: qual é a diferença entre um consultor e um papagaio? Um fala sem parar e não diz nada de útil; o outro é o pássaro. Está se sentindo melhor agora?

Maximizando Seu Sucesso com OKRs

Antes neste capítulo, ao introduzir o tema sobre o que você precisa fazer para iniciar sua implementação e garantir que os OKRs se encaixem, usei a metáfora de construir a fundação de uma casa. Continuarei usando essa ideia como base (viu o que fiz aqui?) nesta seção, que lhe apresentará os passos que sempre deverá dar para consolidar o papel dos OKRs.

Por mais importante que a fundação seja para uma casa, depois que toda a estrutura é construída, haverá muitas coisas que o proprietário proativo deverá fazer para se certificar da constante segurança e conforto do lar, como realizar inspeções regulares no telhado, verificar a calha, manter uma ventilação adequada e muitos outros itens da lista de manutenção que devem ser verificados para garantir que a casa poderá atendê-lo por muitas décadas.

Mais uma vez, isso pode ser comparado com os OKRs. Os itens descritos nas seções anteriores podem ajudá-lo a se certificar de que seu programa foi construído sobre uma base sólida, mas para garantir a viabilidade de longo prazo dos OKRs, ações adicionais serão necessárias:

- Fornecer treinamento constante
- Oferecer suporte e recursos adicionais, conforme a necessidade
- Avaliar e refinar continuamente o sistema para atender suas necessidades em evolução
- Usar OKRs regularmente

Essas necessidades são abordadas em mais detalhes nas seções a seguir.

Fornecer treinamento constante

Ninguém gosta de ser ignorado. Talvez você já tenha presenciado a seguinte situação com um caixa (vamos chamá-lo de Davi), que atende o telefone quando você chega com as compras:

Davi (no telefone): "Ei... aham... mentira!" (Gargalhada.) "Ei, você mostrou aquele desenho que eu te mandei para o Miguel? Aham... mentira!" (Mais risadas.) E a conversa continua até que Davi o encara com ressentimento e diz o seguinte no telefone: "Bem, acho que vou ter que desligar", como se tivesse uma tarefa pessoal para fazer, não porque você estava parado na frente dele esperando que registrasse suas compras.

Ser ignorado não é nada divertido, e se não der o treinamento constante de OKRs, você será o equivalente organizacional de Davi, negligenciando seus colaboradores e privando-os das habilidades e do conhecimento de que precisam para tirar o máximo proveito dos OKRs. Assim como aqueles que esperam no caixa, seus colaboradores precisam ouvi-lo, sendo que a maioria estará pronta e disposta a aprender mais sobre OKRs; assim, não os deixe isolados em uma ilha de ignorância. A seguir estão algumas áreas a considerar ao elaborar seu plano de treinamento constante de OKRs.

- **Lembretes sobre o básico dos OKRs:** No Capítulo 7, descrevi as habilidades com as quais suas equipes devem ser munidas para escrever OKRs tecnicamente bons e estratégicos. Para muitas pessoas, essas habilidades serão novas, precisando ser praticadas de trimestre a trimestre antes de se transformarem em um hábito. Não é fácil criar novos hábitos, e com o tempo, algumas equipes e pessoas podem acabar voltando aos OKRs meia-boca, similares às descrições de suas atividades rotineiras. Você pode minimizar esse risco oferecendo lembretes sobre o básico dos OKRs na forma de sessões diretas de quinze a vinte minutos que destacam as técnicas para escrever OKRs fortes que exemplificam as características essenciais da qualidade. Sessões ao vivo serão sempre benéficas, mas dados os desafios de coordenar as agendas, até sessões gravadas, que poderão ser assistidas quando necessário, podem ser muito boas.

  DICA

  Inclua modelos nos OKRs, os quais chamo de OKRs "Astros do Rock". Tratam-se de exemplos de OKRs tecnicamente bem escritos e estrategicamente relevantes sendo executados na organização. Ver ótimos OKRs dos colegas pode motivar outros a elevar seu nível de realizações.

- **Trabalhando com OKRs:** À medida que suas equipes trabalharem com OKRs, suas exigências evoluirão. Além de dominar o básico da escrita de um OKR tecnicamente bom e estratégico, elas precisam aprender a trabalhar com OKRs da melhor forma possível e extrair o máximo de conhecimento e insights possíveis dos números de cada trimestre (ou quadrimestre). Esse treinamento as munirá com a habilidade de fazer justamente isso lhes fornecendo um currículo que se concentra em como realizar um processo de verificação eficaz, o que destacar nas revisões mensais e como aproveitar ao máximo as retrospectivas de fim de período. Se suas equipes forem novas na disciplina dos OKRs, recomendo apresentar com antecedência as perguntas que você espera que sejam respondidas a cada ciclo de revisão (veja o Capítulo 11 para saber mais).

» **Treinando novos colaboradores:** Sua meta de médio a longo prazos deve ser fazer os OKRs se tornarem parte da sua cultura, e você pode dar um grande passo nesse sentido apresentando o conceito aos novatos que chegam na organização. Seja claro sobre por que a organização usa essa estrutura, ensine o básico sobre a escrita de OKRs e diga o que você espera dos novatos quanto ao uso da estrutura. A maioria dos novos funcionários é como uma esponja, esperando absorver o máximo possível da cultura da organização; assim, não perca a oportunidade de transformá-los desde o início em aliados eficazes da sua causa.

São muitos os benefícios que você colherá ao dar um treinamento constante, talvez sendo o maior deles o reforço contínuo da importância dos OKRs para a organização. Tirar o tempo para dar lembretes, ensinar novos colaboradores e explicar os detalhes de como fazer revisões eficazes mostrará seu comprometimento com a estrutura e dará outra oportunidade de demonstrar o valor do sistema.

Fornecendo recursos e suporte

Eu me recordo da constante presença de um relógio, na minha casa de infância, que ficava em cima da geladeira. Não sei quando meus pais o colocaram lá — provavelmente na época em que Elvis começava sua carreira —, mas ele permaneceu nesse lugar durante todo o tempo em que estive na casa, e bem depois. Ligamos o relógio e ele nos dá a hora, o tempo. Infelizmente, os OKRs não são como esse imponente relógio; não podemos "ligar" os OKRs com um início entusiasmado e esperar que o sistema crie raízes e prospere. Para se mostrar valioso e confiável em longo prazo, os OKRs precisam de recursos e suporte.

Recursos a considerar

Um dos recursos são os softwares de OKRs, que detalho mais no Capítulo 12. Como mencionei, os softwares podem ser mágicos em sua renderização de dados brutos, trazendo os OKRs à vida de uma forma dinâmica, estimulando melhores análises e tomadas de decisões. E simplesmente preencher o cheque para comprar um software também representa seu comprometimento para fazer com que os OKRs se tornem seu modo padrão de agir.

Por mais impressionantes que os softwares possam ser, nós, os seres humanos, ainda somos uma parte necessária de qualquer implementação de sucesso dos OKRs. Para esse fim, se a sua organização é grande ou se cresce muito rápido, você talvez reconheça que conduzir o programa para o futuro exigirá mais do que esforços parciais por parte de um diretor de

RH (de Operações, Finanças ou Estratégia) já sobrecarregado. Nesse caso, você talvez precise tomar a iniciativa e recrutar um Defensor dos OKRs para tomar as rédeas e liderar o programa logística e filosoficamente. (Falo mais sobre o papel do Defensor no Capítulo 4.) Sem um Defensor para identificar as necessidades de treinamento, especificar se os OKRs se alinharão ou não com os principais processos do negócio e avaliar em termos gerais a melhor rota para seguir em frente, consistente com suas metas para os OKRs, você estará sujeito à maré, sendo empurrado em qualquer direção, independentemente de isso ser o melhor para você ou não. No que se refere aos softwares, incluir um Defensor resultará em mais gastos financeiros, mas pode confiar: o Defensor certo fará seus OKRs chegarem no próximo nível de eficácia.

Mensagens de suporte

O suporte constante dos OKRs assume primeiramente a forma de mensagens frequentes dos líderes seniores sobre o valor do sistema para a organização. Os líderes que levam os OKRs a sério devem aproveitar toda oportunidade para falar bem do sistema, demonstrando que apoiam seu uso e eficácia. Existem diversas maneiras de fazer isso, incluindo:

» **Reuniões presenciais:** Os líderes podem abrir cada uma dessas ocasiões relembrando por que a empresa usa OKRs e os benefícios que eles geram.

» **E-mails:** Muitos executivos seniores (CEOs, VPs, diretores, gerentes) enviam e-mails regulares ao pessoal para manter todos informados e engajados. Os OKRs devem ter um lugar de destaque nessas mensagens.

» **Caminhadas:** Adoro a citação "O mapa não é o território", o que quer dizer que um modelo de algo não é igual à coisa em si. No caso dos OKRs, tudo pode parecer muito bom, com as pessoas participando das sessões de treinamento obrigatórias e fazendo a sua parte para inserir os OKRs em um sistema, mas será que o processo está realmente ganhando força? Os líderes e os gerentes devem sair das suas torres de marfim de políticas e papéis e passar um tempo de qualidade conversando individualmente com os colaboradores da empresa, fazendo perguntas do tipo "O que você acha do programa de OKRs?" e "Quais OKRs estão dando certo no momento, e como ajudam você a atender melhor os clientes?" Talvez a pergunta mais valiosa que poderiam fazer é: "Posso fazer alguma coisa para ajudá-lo a ser bem-sucedido?"

» **Entrevistas externas:** Os líderes seniores, em especial os de grandes empresas, costumam ser citados na imprensa. Qualquer oportunidade de inserir uma menção ao uso de OKRs em uma dessas entrevistas definitivamente transmitirá o suporte do executivo aos OKRs.

» **Contratar um comediante:** Sim, pode ser um pouco exagerado, mas preciso incluí-lo, mesmo que consiga me lembrar de apenas uma vez em que isso aconteceu, mas foi memorável! Um cliente me convidou para falar um pouco sobre OKRs em um local onde estava toda a equipe de liderança estendida, talvez umas cem pessoas. A pauta do dia foi guardada em segredo a sete chaves, e eu não fazia ideia de quem falaria depois do meu breve (e, assim espero, animador) discurso.

Depois que terminei de falar, eu me sentei, as luzes diminuíram, e a luz de um holofote (é incrível o que eles conseguem fazer nos salões dos hotéis) brilhou em uma porta no canto. Quando ela abriu, o cumprimento que é a marca registrada de um dos personagens mais amados da comédia soou pelos alto-falantes do teto: "*Yeah, baby!*" O imitador de Austin Powers, vestido com roupas dos anos 1960, foi tão bom que todo mundo achou de início que era realmente Mike Myers. Nosso Austin mexeu os quadris, balançou a cabeça e dançou na sala por vinte minutos, milagrosamente incorporando elementos específicos da estratégia da empresa, incluindo os OKRs, no show. Eu duvido que foram de mim que se lembraram nessa tarde que foi maluca, incrível e animada. E só para constar, daquele momento em diante, ninguém daquela organização disse que era difícil falar depois de mim.

Avaliando e refinando continuamente

O antigo filósofo grego Heráclito (isso mesmo, estou indo de Austin Powers a Heráclito) disse que nunca entramos no mesmo rio duas vezes. O rio está em constante movimento, de modo que a água na qual entramos há um segundo já seguiu o fluxo e foi substituída por uma água nova. Assim, o rio está sempre mudando e evoluindo.

Os negócios são como o rio em movimento de Heráclito, sempre evoluindo, adotando novas estratégias para se adequar ao ambiente e reagindo a grandes mudanças nele. E como um negócio nunca permanece estático, os mecanismos que ele usa para medir o progresso e o sucesso também devem evoluir e mudar com o tempo.

A necessidade de evoluir também se aplica aos OKRs. É importante monitorar, avaliar e refinar seu programa para garantir que ele corresponda aos objetivos do negócio e o ajude da melhor forma possível, segundo os ventos inevitáveis da mudança que enfrentará.

Avaliando seu programa de OKRs

Avaliar significa determinar a condição de algo realizando uma análise e um estudo cuidadosos, então você pode estar se perguntando como fazer isso com a implantação de OKRs. Meu conselho é fazer pesquisas (trimestrais ou semestrais) com usuários de OKRs na organização para determinar o quão bem eles acham que o sistema está funcionando para eles e a organização inteira. Perguntas básicas, como as seguintes, são as que melhor funcionam:

- » O que você acha que funciona bem com nossa implementação dos OKRs?
- » O que você acha que não funciona direito e o que poderia ser melhorado?
- » No geral, você acha que o programa de OKRs está atingindo as metas que determinamos?

Você poderia se aprofundar um pouquinho mais com perguntas sobre pontuação, verificações, alinhamento e as cores de fundo favoritas do seu software de OKRs (sim, já vi debates acirrados sobre essa questão de vida ou morte), mas dado o fenômeno real da fadiga das pesquisas que devastam muitas organizações, sugiro se apegar ao mínimo de perguntas. Supondo que faça pesquisas com os usuários mais de uma vez por ano, você sempre pode atualizar as perguntas com base em quaisquer preocupações urgentes ou no feedback que recebeu em conversas informais.

Outra maneira de avaliar o desempenho da sua implementação de OKRs é olhar para o lado de fora, obtendo informações e insights de um conjunto mais amplo de pessoas e entidades que orbitam o planeta dos OKRs. Essa revisão inclui organizações que usam OKRs e que postaram histórias de sucesso no site delas; empresas de consultoria e treinamento que oferecem melhores práticas e estudos de caso; e vendedores de softwares que oferecem dicas de como maximizar o uso da tecnologia. Graças a esses players e muitos outros, cada vez mais programas de certificação em OKRs, blogs, podcasts e webinars vêm expandindo a fronteira de conhecimento e melhores práticas. Ao se manter atualizado quanto aos últimos desenvolvimentos, técnicas e processos, você garante que encontrará pelo menos algumas coisas para melhorar sua própria implementação.

DICA

Procure colegas em sua rede que implementaram OKRs nas suas próprias organizações. Eles poderão dar insights do que deu certo e quais armadilhas evitar ao implementar os OKRs.

Refinando seu processo de OKRs

Seria bom empregar as informações obtidas na fase de avaliação refinando seu programa de OKRs concordemente. A coisa mais simples e eficaz que você pode fazer é agir com base no que os resultados das pesquisas dizem. Digamos, por exemplo, que, em uma tentativa de inserir os OKRs rapidamente em sua cultura, você implementou uma cadência de verificação semanal para todas as equipes que usam OKRs e pediu que todas elas façam pelo menos uma revisão de sessenta minutos a cada cinco dias úteis. Se 90% dos participantes das pesquisas disserem que isso é frequente demais, dadas as exigências, e que não é consistente com a cultura da empresa em que a maioria das pessoas prospera, você deve diminuir as exigências das sessões semanais, talvez favorecendo as revisões mensais.

Agir com base em descobertas positivas é tão importante quanto agir segundo os resultados negativos, aprimorando o suporte geral do programa. Imagine que 60% das pessoas que participam das pesquisas dissessem que o alinhamento multidisciplinar melhorou por causa do uso dos OKRs. Esse resultado muito provavelmente significará que várias equipes estão prosperando no processo, tendo conversas produtivas com grupos dependentes e trabalhando em colaboração para transformar os OKRs compartilhados em um resultado. Essas informações são valiosíssimas! Encontre essas equipes e elabore comunicações em toda a empresa com base no que estão fazendo para exibir uma melhor prática de valor para as equipes que ainda não se arriscaram. Peça que essas equipes em evolução falem na próxima reunião presencial para descrever os passos que estão dando e os resultados positivos que estão vendo, em outras palavras, como diz a velha canção, destaque o positivo!

Você deve refinar o programa com o passar do tempo para alinhá-lo com qualquer evolução da sua filosofia de OKRs. Como exemplo, um dos muitos motivos pelos quais as organizações são atraídas aos OKRs é a ênfase do sistema em criar metas estendidas, as quais promovem o pensamento visionário e tira a empresa do conforto relativo do status quo. Entretanto, esse desejo de mirar as estrelas pode ir de encontro a uma cultura que exige 100% de realização de todas as metas, tornando improvável que as equipes se arrisquem com algo que poderia não dar certo, fazendo-as cair quando não atingem seus números. Nesses casos, uma organização poderia lançar OKRs com a instrução de que as equipes devem tentar atingir 100% de todos eles. Não obstante, com o passar do tempo, as equipes serão incentivadas a correr riscos e, o mais importante, esse risco e experimentação serão recompensados mudando gradualmente a cultura e seu uso de OKRs.

Usando o sistema

Manter novos hábitos para o autoaprimoramento ou realizar uma tarefa ambiciosa é um grande desafio. Independentemente da atividade, quer ela envolva iniciar um plano de exercícios, escrever aquele grande romance quer seja tirar o máximo proveito de uma implementação de OKRs, você precisará se esforçar todos os dias. Ninguém disse que era fácil. Em seu livro *A guerra da arte*, Steven Pressfield alerta contra o conceito da resistência, uma força poderosa que nos impede de fazer o trabalho que sabemos que precisamos fazer. A resistência pode assumir várias formas, desde procrastinação a duvidar de si mesmo, perfeccionismo ou distração. Todas essas formas de resistência podem se manifestar em uma implementação de OKRs.

» **Procrastinação:** "Sabemos que os OKRs são importantes, mas só precisamos fazer a próxima reunião da diretoria; depois podemos começar a usar o sistema de verdade."

» **Duvidar de si mesmo:** "Podemos fazer isso agora? As pessoas certas estão em posição para liderá-los? Nossa cultura conseguirá suportá-los?"

» **Perfeccionismo:** "Se não temos resultados-chave perfeitos para cada objetivo, qual é o sentido?"

» **Distração:** "Os OKRs são uma ótima ideia, mas temos muitas questões operacionais urgentes com as quais lidar agora."

Que balela! Eu poderia pensar em outras palavras, mas preciso manter uma classificação livre para este livro. Pressfield diz que, para superar a resistência, as pessoas precisam nutrir uma mentalidade de disciplina e perseverança, trabalhando mesmo quando não estão com vontade ou quando isso não é conveniente. Essa é a marca de um profissional, e você é um profissional, não é?

Com os OKRs, tudo isso se resume simplesmente em usar o sistema, e mais especificamente, fazer verificações, revisões e retrospectivas regulares. Parece fácil, eu sei. Mas assim como alguém de dieta diz "Só um biscoito", é fácil dar motivos para pular uma verificação de OKRs por causa de questões e exigências urgentes. Infelizmente, a tempestade de problemas nunca desaparece e logo aquela primeira reunião pulada vira duas, talvez três, e antes que perceba, a ideia das verificações se transformou em uma memória distante.

O hábito dos OKRs, como qualquer outro, se estabelece com a repetição. Por meio de reuniões repetidas — sessões para enxergar além dos números, dar destaque a perguntas difíceis e permitir o surgimento de novos insights —, você dará os primeiros passos que levarão à terra prometida do foco, do alinhamento e do engajamento. Sem desculpas. Trabalhe!

5
A Parte dos Dez

NESTA PARTE...

Se você está procurando as dez melhores dicas de aplicação rápida e fácil para tirar o máximo proveito da sua implementação de OKRs, veio ao lugar certo.

Nesta parte, você encontrará um baú do tesouro de respostas esclarecedoras para as perguntas mais frequentes que surgem durante a implementação dos OKRs.

Além disso, vou orientá-lo nas dez obrigações indispensáveis para um processo de OKRs bem-sucedido, com dicas úteis que o ajudarão a tirar o máximo da sua implementação de OKRs. Você também encontrará dez dicas comprovadas de como criar OKRs eficazes, aprimorando o foco do que realmente importa e ajudando-o a obter resultados inovadores.

NESTE CAPÍTULO

» Relacionando OKRs às revisões de desempenho e à remuneração por incentivo

» Superando a resistência aos OKRs

» Equilibrando os OKRs estendidos com uma cultura que exige 100% de realização

Capítulo 14

Dez Perguntas sobre OKRs

Até hoje, ainda não acredito que ela fez aquilo, mas quando estava na faculdade e a casa da minha irmã precisava ser pintada, ela concordou em deixar um amigo e eu pintar em troca de um pouco de dinheiro que precisávamos bastante. Eu nunca havia pegado em um pincel na vida, mas, para mim, pintar parecia tão difícil quanto andar de bicicleta (obviamente, bloqueara minhas lembranças dolorosas de joelhos ralados e as lágrimas que vinham com a jornada de aprendizado) e concluí que, apenas com alguns dias de trabalho, já teria dinheiro suficiente para o resto do verão. No fim das contas, pintar uma casa é mais complexo do que pensávamos. Quantos tipos de lixa existem? ... Primer? Como é, não existe um tipo só? ... Espere, você não pode estar falando sério — existe uma cor chamada branco Chantilly Lace?

Quanto mais aprendíamos o que realmente estava envolvido em pintar bem uma casa, mais perguntas nós tínhamos. A boa notícia é que meu amigo e eu aprendemos muito naquele verão — sobre pintura e a necessidade de ter uma boa educação —, e a casa da minha irmã acabou sendo pintada com branco Chantilly Lace.

Às vezes, as coisas podem parecer simples de início, mas são muito mais complexas de perto e quando nos envolvemos. Os OKRs são assim, e à medida que trabalhamos com o sistema, criando-os na empresa, fazendo revisões e retrospectivas regulares, muitas perguntas surgem à medida que as equipes procurarem descobrir como tirar o máximo proveito dessa poderosa ferramenta. Este capítulo apresenta algumas das perguntas que são os "maiores sucessos" que definitivamente surgirão durante a implementação.

OKRs Têm Relação com Revisões de Desempenho?

Segundo as pesquisas, 95% dos gerentes expressam insatisfação com seus sistemas de revisão de desempenho. Inúmeras estatísticas apontam para a mesma conclusão inegável: esse processo não funciona.

Felizmente, um novo modelo do processo de revisão de desempenho está surgindo. A visão em evolução foca um feedback mais frequente entre gerentes e colaboradores na forma de conversas trimestrais ou até mensais. Não existem classificações numéricas; apenas conversas abertas e honestas que se concentram basicamente no futuro, na capitalização dos pontos fortes do funcionário para gerar um desempenho aprimorado.

Parece que esse feedback recorrente tem seus benefícios. Por exemplo, os gerentes que pontuaram no quartil mais alto ao darem reconhecimento e incentivo com frequência viram um aumento de 42% de produtividade em comparação com os gerentes que pontuaram no quartil mais baixo.

Os OKRs podem influenciar essa nova abordagem melhorada de revisões de desempenho. A cada trimestre (por exemplo), um gerente pode se sentar com um colaborador, fazer perguntas sobre seus OKRs do trimestre passado (o que ele aprendeu, como contribuiu para um OKR compartilhado etc.) e falar sobre os do próximo trimestre para garantir que haverá alinhamento das prioridades e das expectativas. Mas para ter uma conversa significativa e produtiva, a maioria das organizações precisará treinar os gerentes sobre como estruturar essa conversa, quais perguntas fazer e como avaliar a segurança psicológica do colaborador, entre outras coisas.

Os OKRs Devem Se Relacionar com a Remuneração por Incentivo?

Se fizer o que a maioria dos "especialistas" e praticantes de OKRs diz, a resposta para se os OKRs devem se relacionar com a remuneração por incentivo será um sonoro "não". O primeiro motivo apresentado é a possibilidade de *baixo desempenho*, que acontece quando as pessoas ou as equipes estabelecerem metas que podem ser alcançadas com facilidade para seus OKRs e garantem que receberão incentivos. À primeira vista, faz sentido; afinal, as pessoas colocam seus interesses em primeiro lugar, e quem não gostaria de receber uma recompensa fácil com pouco esforço? Mas antes de desconsiderar o tópico, volte um pouquinho no tempo para abrir sua mente.

Há 25 anos, o Balanced Scorecard (BSC) era os OKRs da época — o "grande" medidor de desempenho e estrutura de gestão. Eles têm vários atributos em comum, e com o Balanced Scorecard as pessoas não só deixaram de debater a ideia de relacioná-lo à remuneração por incentivo, mas encararam essa relação como natural. Robert Kaplan e David Norton, os fundadores do Balanced Scorecard, disseram: "No fim das contas, para que o Scorecard gere uma mudança cultural, a remuneração variável deve estar conectada com a realização de objetivos corporativos. Não é uma questão de 'se', mas de 'quando e como' essa conexão deve ser feita."

Podemos ir bem além do BSC para determinar se relacionar o desempenho com a remuneração por incentivo usando alguma estrutura é uma boa ideia. Muitos livros foram escritos sobre isso, mas este é um bom argumento em favor dessa prática: em um estudo chamado "What really works" da *Harvard Business Review*, os autores Nitin Nohria, William Joyce e Bruce Robertson afirmaram sem rodeios:

Deveria ser óbvio que a melhor maneira de fazer as pessoas manterem altos padrões é recompensando as conquistas diretamente. Noventa por cento das empresas vencedoras do nosso estudo relacionaram fortemente o pagamento com o desempenho, ao passo que apenas 15% das perdedoras fizeram isso.

"Mas e o problema do baixo desempenho dos OKRs?" Se você seguir o verdadeiro espírito dos OKRs e instituir um processo de governança no qual os gerentes conversam regularmente com os colaboradores, esse argumento será no máximo ilusório. Os OKRs nunca devem ser estabelecidos sem negociação. Por exemplo, se José presta contas a Carol, ele deve elaborar seus OKRs e conversar com Carol para determinar se o nível de extensão inerente dos OKRs é apropriado. Essa conversa estimulará a compreensão da estratégia (aumentando a qualidade dos OKRs) e resultará em engajamento, porque José receberá um feedback direto sobre o que é mais importante: como contribuir para os esforços de execução da estratégia da empresa. Assim, os OKRs finais devem ser uma extensão apropriada e ser relevantes para uma possível relação de remuneração por incentivo.

Tudo isso poderia fazê-lo pensar que sou um grande defensor da relação entre remuneração por incentivo e OKRs. Mas não é o caso. Mas quero que você tome uma decisão informada à luz dos fatos em vez de depender de blogs escritos por pessoas com pouca experiência real nas trincheiras da execução de estratégias.

Quantos OKRs Você Deve Ter?

Responder com "o mínimo possível" não é muito útil, mas conselhos específicos serão dados. Primeiro, permita-me dizer por que menos é melhor. Uma das características de um objetivo (e um resultado-chave) eficaz é que ele o faz ir além da sua zona de conforto, levando-o a pensar e agir de forma criativa para realizá-lo. Em termos mais simples, os OKRs devem ser difíceis. Se estiver levando o exercício a sério, criando OKRs que exigirão um esforço significativo por parte da equipe por serem complexos e difíceis de atingir, na realidade, não deveria ter muitos deles. Por quê? Seus recursos são limitados em termos de atenção, capacidade cognitiva e tempo, e lidar com mais em vez de poucos OKRs desafiadores sobrecarregará seu sistema, provavelmente produzindo resultados abaixo do ideal e um possível burnout.

Concentrar-se em poucos OKRs o obriga a mostrar disciplina no processo de seleção. Existe uma velha história, atribuída a Mark Twain, em que ele diz a um amigo: "Tentei te escrever uma carta curta, mas como isso foi difícil demais, escrevi uma longa." Na maioria das vezes, é mais fácil criar uma longa lista de possíveis OKRs visionários, obtidos em brainstorming, do que reduzir o foco ao que realmente importa, isolando as áreas que realmente o levarão à execução da sua estratégia. Mas também é possível obter bastante valor (e satisfação) estreitando a perspectiva, focando os verdadeiros mecanismos de geração de valor, classificando um em relação ao outro e explicando o motivo de determinadas escolhas. Isso o ajudará a entender melhor sua seleção final e dará uma turbinada em sua motivação de atingi-los.

Mas qual é o número mágico de OKRs? Para os OKRs criados por departamentos ou equipes que operam com cadência trimestral ou quadrimestral, recomendo de um a dois objetivos por período, cada um acompanhado por três a cinco resultados-chave que contam a história do sucesso. Aplicar esse nível de foco intenso o obrigará a escolher apenas os OKRs que mais acrescentarão valor, que terão mais impacto e nutrirão a transformação ou a inovação do negócio.

DICA

Se não limitar os OKRs da equipe a um ou dois, e se ela decidiu escrever três, quatro ou até cinco, posso garantir que já se desviou buscando OKRs deveras estendidos, aventurando-se no território das atividades rotineiras.

Como Superar a Resistência?

Já mencionei ao longo do livro que os OKRs representam uma mudança, que nem sempre é aceita por aqueles que precisam viver com suas consequências. Assim, algumas pessoas da organização, independentemente do motivo, resistirão à adoção dos OKRs. Felizmente, existem várias maneiras de contra-atacar essa reação:

» **Determinar a raiz da resistência:** Descubra quais são as principais preocupações das pessoas relutantes em embarcar no trem dos OKRs. Acham que os OKRs entrarão em conflito com outros sistemas de execução que utilizam? Estão preocupadas que serão difíceis demais de implementar? Com frequência, a fonte do seu descontentamento é uma implementação fracassada em outra organização. Se esse for o caso, ouça com empatia e mencione o que fará para garantir que as armadilhas com as quais se depararam serão evitadas na empresa.

» **Saber e sempre comunicar a mensagem "Por que OKRs e por que agora":** A comunicação pode acabar com qualquer tensão relacionada com a estrutura dos OKRs. Uma vez que todos entendam por que e como os OKRs ajudarão em seus esforços de execução, eles ficarão mais dispostos a agir. Também forneça treinamento e envolva o máximo de pessoas possível em seu desenvolvimento. Elas estarão muito mais propensas a entender e dar apoio a algo que ajudaram a criar.

» **Garantir que os líderes seniores deem o exemplo de como esperam que os demais se comportem:** Isso é vital para superar a resistência. Os líderes devem escrever OKRs tecnicamente proficientes e estratégicos, então revisá-los com frequência para obter insights sobre o negócio.

O Que Ganho com Isso? Por Que me Importar com OKRs?

Se não estiver familiarizado com o modelo ou for naturalmente cético em relação a sistemas de gestão cujo título é uma sigla, será fácil considerar os OKRs como algo de pouco valor; é como uma engrenagem individual da roda gigante que é uma organização moderna. Estes são cinco motivos para se importar com os OKRs que mostram o que você ganha com eles:

» Para dominar os OKRs, você precisa ficar bastante habilidoso na arte e na ciência da medição, uma habilidade que poderá levar aonde for e usá-la para obter lucros ao longo da sua carreira.

» Realizar um OKR desafiador — que realmente faz você e sua equipe se estenderem — exige criatividade, talento e pensamento original, habilidades que o ajudarão ao longo da vida, aonde quer que ela o leve.

» Estabelecer OKRs claros o ajudará a entender o que exatamente se espera de você e o que precisa fazer para mostrar como contribuiu para o sucesso em geral, ajudando-o a se concentrar no que mais importa e a não se distrair com atividades urgentes, mas que não são importantes.

» Trabalhar de forma colaborativa em um ambiente de equipe para atingir OKRs aspiracionais é uma atividade significativa e realizadora que melhorará sua conexão com a equipe e a organização.

» Para escrever um OKR eficaz, você deve entender a estratégia da empresa, os OKRs no nível da empresa e quaisquer OKRs "acima" de você na hierarquia organizacional. Para alguns, pode ser a primeira vez em sua vida profissional em que o objetivo e a estratégia da organização são expostos na sua frente, podendo gerar engajamento e aumentar o aprimoramento.

Onde Encontrar Modelos de OKRs para o Negócio?

Simples: é só digitar algumas palavras no Google, e logo estará nadando — não, se afogando — em possíveis OKRs. "OKRs para organizações de vendas", "OKRs para Engenharia", "OKRs para RH", "OKRs para Operações", "OKRs para vídeos do Tik Tok mostrando gatos tocando piano". Basta digitar o negócio ou a função, e logo encontrará um site, ou diversos, que lhe oferecerá um universo de opções. Talvez imagine: "Isso é demais! Por que você não incluiu essa informação na página 1 em vez de esconder isso aqui? Teria me poupado muita leitura!" Então, você fecha o livro, acessa o Google e, dentro de minutos, voilà, conseguiu seus OKRs.

Não tão rápido. Alguns problemas (pelo menos) estão associados a conquistar a glória dos OKRs por meio do Google:

» **"Seus resultados podem variar":** Ao buscar OKRs relacionados com seu negócio ou função, você encontrará uma coletânea bem diversificada no que se refere à qualidade técnica do que é apresentado. E por "coletânea bem diversificada" quero dizer "geralmente terrível". Encontrará objetivos que contêm números (um grande ponto negativo), resultados-chave que mais se parecem com objetivos e resultados-chave que são obscuros e ambíguos, só para listar algumas falhas. Adotar OKRs assim enviará uma mensagem à organização de que a qualidade e os méritos técnicos do OKR não são tão importantes — uma que você não quer passar.

» **Genéricos demais:** Em geral, um motivo ainda maior para evitar modelos online é que a maioria dos OKRs que encontrará é tão genérica que poderia se aplicar a praticamente qualquer organização do planeta. Seus OKRs devem ser justamente isso: *seus* OKRs, refletindo os desafios únicos que *você* enfrenta, as oportunidades que batem à *sua* porta e a representação da *sua* estratégia específica. Note que eu disse "em geral, evitar" na primeira frase porque, do lado positivo, esses recursos podem ser um destino eficaz para ter uma inspiração inicial para seus OKRs únicos, ajudando-o a iniciar uma conversa sobre o que acabará escolhendo medir depois de considerar com cuidado suas próprias circunstâncias. Apenas use-os para ter inspiração inicial, não para seus OKRs finais.

Não Conseguimos Controlar os Resultados-chave. E agora?

Isto parece bastante com uma citação do filme *Matrix*, mas lá vai: o controle é uma ilusão. (Só para constar, existe uma citação no filme *Matrix Reloaded* bem parecida com a minha. Mandarei um livro autografado para a primeira pessoa que me enviar essa citação pelo e-mail `paul@okrstraining.com`.) O que quero dizer com "o controle é uma ilusão" é que essas medições não passam de uma hipótese — um palpite do que seria sucesso em relação às ações que toma. Veja um exemplo: imagine uma empresa que não quer mais ser altamente focada em transações ("recebedora de pedidos"), desejando criar laços mais profundos com os clientes para obter fidelidade e crescimento a longo prazo. Um OKR para esse objetivo poderia ser:

Objetivo: Executar uma estratégia de intimidade com o cliente para obter fidelidade e crescimento.

Resultados-chave:

1. Atualizar todo o material de marketing, incluindo o site, até 21 de julho.
2. Treinar todo o pessoal nas novas técnicas de vendas até 1º de agosto.
3. Aumentar as pesquisas dos clientes atuais e novos de 100 para 200 por mês.
4. Aumentar o Net Promoter Score (NPS) de 50 para 70.
5. Aumentar a receita bruta de US$2 milhões para US$2,7 milhões.

A empresa pode controlar os resultados-chave 1 e 2 porque são do tipo marco que envolvem ações específicas por parte dela. Pode orientar os recursos e fazer o esforço necessário para garantir que todo o material de marketing seja atualizado, e treinar a equipe de vendas. Sua hipótese é que, atingindo esses resultados-chave, o sucesso levará ou gerará os números 3, 4 e 5. No entanto, não há garantias de que ela atingirá as metas estabelecidas, porque inúmeras variáveis poderiam afetar o sucesso final de cada uma.

Essa falta de garantias não diminui o valor dos OKRs ou da medição em geral. Seu poder, como já mencionado diversas vezes neste livro, vem de perguntar e obter insights do seu negócio com base nos números obtidos, bons ou ruins. Esses insights servem como ponto de partida para discussões sobre as suposições feitas, quaisquer mudanças de prioridade ou déficits de recursos durante o período e o que aprendeu que poderia ser útil no futuro.

LEMBRE-SE

Embora nem sempre seja possível controlar os resultados-chave, você sempre se beneficiará do que eles dizem.

Como Equilibrar OKRs Estendidos com uma Cultura de Alta Realização?

Ao escrever OKRs, crie metas inspiradoras que representem um desempenho inovador. Talvez não seja possível atingir 100% delas, mas atingir nem que seja 70% poderia representar uma melhoria significativa de desempenho. Assim, como equilibrar um OKR estendido cuja realização de 70% é um excelente resultado com uma cultura que exige 100% de realização?

Primeiro, reconheça a verdade — para muitas organizações, nada menos do que a perfeição (no caso, 100% de realização) é aceitável. Essa situação oferece um cenário clássico de boa notícia/má notícia. A má notícia: é um fenômeno tipicamente cultural, e as culturas são conhecidas por serem bem difíceis de mudar, em especial a curto prazo. A boa notícia: as culturas *podem* ser mudadas. Como ter sucesso com essa questão problemática? É claro que você sempre desejará que suas equipes atinjam todas as metas, mas também desejará incentivar o aprendizado, a disposição de correr riscos e a inovação, que costumam ser o subproduto dos OKRs que vão além do básico.

Como no caso de muitos dilemas organizacionais, os executivos seniores devem dar o exemplo para superar esse desafio específico. O CEO deve criar um espaço seguro para equipes e indivíduos, incentivando-os a buscar metas audaciosas, mas enfatizando o aprendizado e os ganhos futuros em potencial que virão de resultados não tão perfeitos quanto os atuais. Isso não significa aceitar tudo sem questionar ou tolerar esforços que não são excelentes. Pelo contrário, as metas não atingidas serão analisadas com cuidado e usadas como uma oportunidade de aprender. Você pode perguntar "O que aconteceu?", "O que achamos que aconteceria, mas não aconteceu?" e "O que podemos fazer diferente daqui para frente?". Com tempo, paciência e perseverança, você verá uma mudança na sua cultura, de uma que insistia na realização total das metas, independentemente do valor deixado para trás, para uma que valoriza a experimentação, a inovação e o ato de correr todo o risco necessário para acelerar os resultados.

Como Saber se os OKRs São Certos para a Organização?

Se sua organização estiver aberta para negócios hoje, ela poderá se beneficiar dos OKRs. A estrutura de objetivos e resultados-chave representa um tipo de estabelecimento de metas, e definir metas é uma dessas coisas — como cumprir leis e regulamentos aplicáveis, montar a equipe certa e passar por pelo menos um desastre do tipo "responder a todos" que faz com que alguém acabe sendo demitido — que todas as organizações têm em comum.

Não importa onde você se encaixa no espectro organizacional, os OKRs podem acrescentar valor imediato. Se você tiver uma startup competitiva, com grandes ambições, os OKRs lhe fornecerão a tão necessária estrutura e foco ao dar os primeiros passos no grande mundo do comércio. Por outro lado, se a empresa já estiver bem estabelecida há décadas, você poderá recorrer aos OKRs como um esforço para garantir que não está parado nas mesmas rotinas de medição, desperdiçando oportunidades estratégicas que poderiam mudar tudo. Se já estiver no mercado há algum tempo e teve a sorte de estar em uma trajetória crescente, os OKRs poderão lhe servir de bússola para administrar esse crescimento. E se, infelizmente, sua organização estiver com problemas, os OKRs poderão servir como uma boia, ajudando-o a se concentrar no que mais importa no momento e dar um jeito nas coisas.

Os OKRs serão um acréscimo valioso ao seu kit de ferramentas gerencial, independentemente da situação, mas para maximizar suas chances de sucesso, considere o seguinte antes de dar esse salto:

- **Entenda por que você adota os OKRs nesse momento.** Qual é o motivo orientador específico? Esse mantra será um aliado crucial ao incentivar toda a organização a adotar os OKRs. Veja o Capítulo 3 para obter mais detalhes.
- **Esteja disposto a dedicar os recursos necessários para ter sucesso com os OKRs.** Esses recursos incluem a designação de um defensor dos OKRs e um corpo de embaixadores, além de uma possível compra de softwares. O Capítulo 4 fornece mais detalhes sobre o tema.
- **Esteja disposto a abordar os OKRs com humildade e paciência.** Se reconhecer que passará por dificuldades no caminho, mas estiver disposto a enfrentá-las com garra e perseverança, os OKRs levarão seu negócio a novas alturas. Muitos capítulos deste livro abordam essa questão, mas você encontrará orientação específica sobre as reuniões de revisão dos OKRs no Capítulo 10.

Atividades Rotineiras Podem Ser OKRs?

O modo mais fácil de identificar atividades rotineiras é fazer uma lista de seus papéis e responsabilidades padrão. São itens não negociáveis que você foi contratado para fazer e deve entregar a cada semana, mês e ano. Cada função tem uma lista principal de papéis e responsabilidades, incluindo a minha como presidente da OKRsTraining.com.

Sentado aqui, à minha mesa dourada, no maior escritório do quinquagésimo andar de um arranha-céu da Park Avenue (tudo bem, na verdade estou em um quartinho/home office extra no porão com um dos meus gatos tapando o monitor), posso pensar em várias funções essenciais que preciso cumprir para fazer meu trabalho: criação de conteúdo (blogs, newsletters, postagens nas redes sociais), desenvolvimento de novos produtos e serviços, desenvolvimento de negócios e marketing. A questão é se essas funções essenciais servem como candidatas para OKRs. Acho que não, e por alguns motivos:

» **Essas atividades são monitoradas em outros lugares e compõem o que considero ser métricas da "saúde do negócio".** Por exemplo, minha empresa monitora e mede o desenvolvimento do negócio usando o número de perguntas recebidas, o número de novos contratos e a receita. Monitoramos a criação de conteúdo com o número de blogs postados, o número de downloads etc. Se você considerar suas próprias funções no emprego, tenho certeza de que verá que a maioria delas está sendo avaliada de alguma forma ou maneira.

» **Esses indicadores nunca mudam.** Os indicadores serão monitorados enquanto eu trabalho. Já os OKRs devem ser ágeis, refletindo áreas fundamentais de foco e relevância estratégica do momento, o que significa que necessariamente mudarão com o passar do tempo.

Dito tudo isso, também sei que as atividades rotineiras *podem* servir de inspiração ou motivação para um OKR. Novamente me baseando no meu próprio negócio, uma atividade rotineira no desenvolvimento de negócio: atrair novos clientes. Se percebo que minhas métricas de "saúde" relacionadas com a atividade não estão tão boas quanto gostaria, posso criar um OKR para aumentá-las. Por exemplo, poderia ter um OKR dedicado à criação de escritórios internacionais ou criar uma rede de parceiros afiliados do mundo todo. São iniciativas "únicas" relacionadas a mudanças que uso para responder às circunstâncias atuais, sendo, apropriadas como OKRs.

NESTE CAPÍTULO

» Criando um manual de OKRs para orientá-lo na implementação

» Indo além dos números para gerar valor adicional a partir dos OKRs

» Aprendendo e evoluindo com OKRs

Capítulo 15

Dez Obrigações para Ter Sucesso com OKRs

Nada como voltar a um esporte que não praticava há 35 anos e receber aquela dose esmagadora de humildade, se lembrando do quanto envelheceu. Arrastei meus joelhos rangentes de volta para a quadra de tênis por causa da comoção gerada pelos excelentes Roger Federer, Novak Djokovic e Rafael Nadal, que juntos acumularam incríveis 64 grandes títulos. Meu plano era adotar pelo menos alguns de seus exercícios e rotinas de treinamento para melhorar meu jogo e meu nível geral de condicionamento. Esses três jogadores são lendários em seus hábitos de treino, e fiquei impressionado com seu comprometimento com a pura repetição. Eles provavelmente já acertaram bolas o suficiente para ir e voltar à Lua algumas vezes, mas continuam fazendo o mesmo, dando as mesmas raquetadas e repetindo os mesmos exercícios para alcançar a perfeição.

Existe grande poder na repetição. Se envolve acertar bolas de tênis ou implementar OKRs, repetir um processo pode resultar em grandes benefícios no longo prazo. Este capítulo tem as versões resumidas dos conceitos principais detalhados no livro. Mantenha essas dez lições vitais em mente para compartilhá-las com suas equipes e garantir uma implementação bem-sucedida dos OKRs.

Por que Implementar OKRs

Aqui vai um jogo de "Duas mentiras e uma verdade". Escolha qual das três declarações a seguir parece a mais provável de ter sido pronunciada por um CEO típico:

1. Para aumentar a criatividade, a partir de hoje realizarei todas as reuniões com uma dança interpretativa.
2. Depois de três anos vencendo o mercado, acho justo que todos se refiram a mim a partir de hoje como "Sua Alteza".
3. O mundo está ficando cada vez mais complicado, e a concorrência do nosso setor está ficando cada vez mais intensa.

Eu secretamente torço pela opção n.º 1 (adoraria ver isso!), mas é óbvio que a opção certa é a n.º 3. O mundo vem ficando cada vez mais complexo, e a necessidade de os colaboradores fazerem um bom julgamento e tomarem boas decisões em meio a incertezas combina muito bem com essa complexidade. Todo mundo vem trabalhando cada vez mais duro, de modo que nunca houve mais necessidade de clareza nos objetivos e na comunicação.

Ao apresentar os OKRs para o que provavelmente já será uma organização cansada de mudanças, lutando na linha de frente da volatilidade e da ambiguidade, o primeiro passo será deixar bem claro por que vocês estão realizando esse processo e como ele beneficiará a todos, de cima a baixo. E (dica) o motivo não pode ser "Porque o Google usa" ou "Porque lemos *Avalie o que importa* e tudo pareceu fazer sentido". Sem uma motivação para orientá-los, não será possível ter a atenção e o comprometimento de uma força de trabalho que já está no limite.

LEMBRE-SE

Tirar um tempo para chegar com cuidado ao motivo exato para usar OKRs e sempre comunicar esse motivo na empresa servirá de sinal para todos por que esse investimento de tempo e energia é necessário e aumentará a motivação tanto para usar quanto aprender com o sistema de OKRs.

Designe um Patrocinador Executivo, um Defensor e um Embaixador

Eu estava saboreando um café expresso delicioso enquanto escrevia isto — uma cortesia da minha velha e confiável cafeteira. O que poderia ser mais simples: ligar a máquina, colocar café e água e, momentos depois, tomar uma ótima bebida. É isso o que as máquinas fazem por nós: basta lhes dar uma fonte de energia, apertar o botão Ligar e lá vamos nós.

Mas os OKRs não são máquinas. O sistema depende muito do elemento humano para garantir uma implementação eficaz. Os três papéis mais importantes para o sucesso com a estrutura são o patrocinador executivo, o defensor e o embaixador dos OKRs. O Capítulo 4 dá mais detalhes sobre o objetivo e os benefícios de cada um, mas aqui temos um resumo:

- **O patrocinador executivo:** Dá o grito de batalha dos OKRs, deixando bem claro para todos por que a organização está embarcando na jornada dos OKRs e por que isso está sendo feito agora. Ele libera os recursos relacionados com a implementação, o que pode assumir a forma de softwares ou consultores. E o mais importante, ele dá o exemplo que espera ver os demais demonstrando na empresa, o que significa usar os OKRs para administrar o negócio. Se não tiver um patrocinador executivo claro e ativo, você já pode esquecer os OKRs, porque ninguém — repito, *ninguém* — prestará atenção.
- **O defensor dos OKRs:** O defensor (ou campeão) é o coração e a alma logísticos e filosóficos da sua implementação. Ele é o epicentro de todas as coisas relacionadas com OKRs na empresa. Desde a ligação com consultores externos (se decidir por isso) a organizar treinamento, participar em demonstrações de softwares, comparecer a webinars e conferências, e pesquisar melhores práticas de OKRs, se tiver alguma coisa a ver com OKRs, o defensor estará à frente. Um defensor habilidoso e determinado que trabalha junto com o patrocinador executivo são os dois maiores ingredientes do sucesso dos OKRs.
- **Embaixadores:** Eles são "superusuários" de OKRs em toda parte na empresa, dão suporte direto e fazem o controle de qualidade dos grupos designados. Ao mesmo tempo, eles trabalham com o defensor para obter apoio e suporte constantes para o processo. Por mais importantes que sejam o patrocinador e o defensor para atingirem o mais pleno potencial dos OKRs, eles não podem estar em todo lugar ao mesmo tempo. É aí que entra a natureza vital de um grupo de embaixadores que leva a mensagem em frente, compartilhando os desafios a serem superados e as melhores práticas que podem ser empregadas em toda a empresa.

Dê Treinamento (e Muito) para Quem Criará os OKRs

Veja algumas coisas que sei que são verdade. O corpo humano tem 206 ossos; a Torre Eiffel, na linda Paris, se estende 330 metros em direção ao céu; e o achocolatado vem de vacas marrons. Como é? Não vem? Isso será uma grande surpresa para 42% dos norte-americanos que acham que sim. Aqui vai outra coisa de que tenho absoluta certeza: a definição de metas na forma de OKRs não é algo natural para a maioria das pessoas, e sem o treinamento adequado, seus esforços iniciais gerarão OKRs ruins ou de pouco valor para elas ou a empresa, desperdiçando tempo e comprometendo o suporte do sistema.

Posso comprovar a veracidade dessa última declaração porque já recebi literalmente milhares de OKRs para revisar por parte de organizações que tentaram implementar o sistema sozinhas sem treinamento. Escrever um OKR tecnicamente bom e estratégico é no mínimo difícil, mas pedir a alguém para fazer isso sem o benefício do treinamento sobre o básico do modelo seria como pedir para jogar bilhar com as duas mãos amarradas para atrás. Escrever OKRs é uma arte e uma ciência, e se quiser que o modelo produza bons resultados, você deverá fornecer bastante treinamento para que as pessoas tenham as habilidades para dominar ambos os elementos.

Depois de decidir quais OKRs são os mais apropriados para você, a aula deve começar. Inicie seu treinamento com o básico (e veja o Capítulo 7 para ter mais informações):

- Definições de um objetivo e um resultado-chave
- Os dois tipos de resultados-chave (métrica e marco) e as fórmulas para escrever objetivos e resultados-chave
- As características de OKRs eficazes, enfatizando a importância vital da especificidade em ambos
- Exercícios para as pessoas esboçarem os OKRs e descobrirem que esse processo não é tão fácil quanto parece

Conforme a implementação avança, seu plano de treinamento evoluirá junto com ela. (Veja o Capítulo 7 para obter mais detalhes sobre o plano de treinamento.) Uma vez que suas equipes tenham escrito seus OKRs, chegará a hora de ensiná-las a trabalhar com eles, detalhando mais as expectativas de verificações e fazendo com que seu mecanismo de pontuação seja claro. O treinamento é uma verdadeira dádiva que continua produzindo resultados.

Crie um Manual de OKRs

Muitas organizações ficam animadas com os OKRs por causa da relativa simplicidade do sistema. Elas também acreditam que essa simplicidade significa que não é muito necessário ter alguma estrutura ou processo. Obviamente, você não quer que seus OKRs se transformem em um pesadelo burocrático, mas para maximizar o que o sistema tem a oferecer, precisará colocar algumas orientações em prática. A melhor maneira de fazer isso é criando um manual de OKRs simples que estabelece as regras básicas para os OKRs da organização. Um manual robusto de OKRs deve ser relativamente conciso, em geral com menos de quinze páginas, e deve incluir as seguintes seções:

- Por que vocês estão usando OKRs
- O básico dos OKRs
- Quem está incluído na criação dos OKRs
- Como criar OKRs e onde aplicá-los
- Dicas para garantir o alinhamento
- Recomendações de quando fazer verificações e revisões dos OKRs
- O mecanismo de pontuação
- A linha do tempo geral
- Recursos para aqueles que precisam de mais assistência

O manual costuma ser criado pelo defensor dos OKRs em conjunto com o patrocinador executivo, os embaixadores dos OKRs e os colaboradores representantes da organização. Um manual bem feito deixa claro para todos como os OKRs são usados e lhes dá as ferramentas para otimizar seu uso da estrutura.

Não Tão Rápido

Mexendo nas minhas gavetas recentemente, eu me deparei não com uma, mas com duas carteirinhas bem gastas de sócio das videolocadoras Blockbuster do início dos anos 2000. Naquela época, essa grande rede de filmes tinha mais de 9 mil lojas. A Blockbuster cresceu bem por um tempo, sempre expandindo a presença das suas lojas físicas para atender à demanda por fitas de vídeo, mas a empresa deixou de inovar no espaço digital, o que acabou levando à sua extinção nas mãos de pequenos concorrentes, como a Netflix.

Em retrospectiva, como dizem, tudo é bem óbvio, mas agora podemos dizer que a Blockbuster foi longe e rápido demais ao abrir lojas físicas, ignorando as inovações que aconteciam no setor. De modo similar, você pode acabar se aventurando demais e indo rápido demais com os OKRs, o que se daria ao criar OKRs em níveis cada vez mais baixos da organização rapidamente ou determinar que todos os colaboradores devem ter OKRs desde o primeiro dia da implementação. Ir devagar e sempre é um mantra mais prudente a empregar com os OKRs.

Para deslanchar com o sistema e ganhar o ímpeto muito importante, é vital exibir os benefícios no nível mais alto (mais provavelmente no nível da empresa), corrigindo quaisquer falhas no processo antes de expandir a iniciativa para os níveis mais baixos. Os funcionários verão essa nova estrutura com suspeita, perguntando-se em voz alta se ela vale seu tempo e atenção. O ceticismo faz com que seja essencial exibir algum progresso inicial em suas tentativas para converter alguns e cimentar os OKRs na cultura da organização. O Capítulo 5 fornece mais informações sobre o cronograma de uma implementação de OKRs.

DICA

Independentemente de onde você escolhe começar, no nível da empresa ou executando um projeto-piloto com uma unidade de negócios ou departamento, deixe pelo menos um ou dois ciclos passarem para corrigir as falhas antes de expandir mais o programa.

Garanta a Consistência de Como as Equipes Escreverão OKRs

Imagine que você seja o CEO de uma empresa que lançou OKRs recentemente na esperança de o sistema gerar foco e alinhamento. O seu primeiro trimestre chegou ao fim, e agora é hora dos subordinados diretos compartilharem seus resultados com você. Digamos que você tenha três unidades de negócios e que estes são os objetivos de cada uma:

Unidade de negócios 1: Encantar nossos clientes.

Unidade de negócios 2: Diminuir os custos da cadeia logística em 25% para aumentar a rentabilidade.

Unidade de negócios 3: Aumentar a presença nas redes sociais para melhorar o reconhecimento da marca.

Observe que os três são diferentes em termos do formato usado. O objetivo da unidade de negócios 1 é bem simples, mas não é exatamente um objetivo de acordo com a definição da palavra segundo os OKRs. Está mais para um slogan ou um tema.

A unidade de negócios 2 escreveu um objetivo que começa com um verbo, deixa bem claro o que deseja fazer (diminuir os custos da cadeia logística) e por que (aumentar a rentabilidade). Contudo, o objetivo contém um número, o que seria melhor para um resultado-chave.

Por último, o objetivo da unidade de negócios 3 segue a fórmula de um objetivo bem escrito:

Verbo + o que você fará + para/de modo que (impacto comercial desejado)

Se for o CEO nesse cenário, você precisará mudar as perspectivas de cada unidade de negócios, ajustando sua estrutura de referência com base na forma como o objetivo é escrito, dificultando comparar coisas iguais. Os OKRs devem estimular a transparência na organização, e o primeiro passo para isso acontecer é seguir fórmulas para escrever objetivos e resultados-chave eficazes.

LEMBRE-SE

Todo OKR deve ser diferente, demonstrando a contribuição do criador para o sucesso geral. Entretanto, eles devem ter o mesmo formato para garantir a consistência na abordagem e aumentar a transparência. Os Capítulos 8 e 9 fornecem mais detalhes sobre como escrever objetivos e resultados-chave.

Não Crie e Esqueça

Quando minha esposa e eu nos mudamos para a Califórnia em fins da década de 1990, logo fiquei maravilhado com a beleza do cenário e encantado com a majestosa variedade de palmeiras que encontramos ao nos estabelecer no nosso novo ambiente. Desejando aprender mais sobre essas graciosas maravilhas, comprei um grande livro que incluía belas ilustrações rotuladas com grandes palavras em latim. Quando ele chegou, mergulhei de cabeça, ansioso para aprender tudo o que podia... por cerca de dois dias. Com o passar do tempo, aquele grande livro saiu da minha mesa de cabeceira, passando para uma estante do meu escritório, seguindo para o armário do escritório, sendo colocado em uma caixa na garagem e, por fim, sendo doado para um sebo local, onde tenho certeza que recebeu um rótulo de "pouco usado". Embora eu tivesse boas intenções em aprender sobre palmeiras, minha atenção passou aos poucos para outras coisas e, antes que percebesse, essas intenções foram ignoradas.

No caso de palmeiras ou ao implementar OKRs com sucesso, a vida pode nos atrapalhar e nos desviar de nossos esforços. O vórtice de um negócio moderno pode gerar infinitas distrações com o potencial de prejudicar seu programa inicial de OKRs. Desde problemas comerciais importantes a incêndios operacionais que precisam ser apagados e preparar reuniões da Diretoria, não faltarão casos urgentes com os quais lidar. Todos esses problemas — e muitos outros — poderão tentá-lo a cancelar uma verificação de OKRs "só desta vez", mas, surpresa, milhares de outras distrações também surgirão na semana seguinte, fazendo com que a reunião seja adiada mais uma vez. Antes de perceber, quatro semanas se passaram, e os OKRs se transformaram em uma lembrança distante.

Sobretudo nas fases iniciais da implementação, é absolutamente vital seguir o processo de revisão dos OKRs. Dependendo da sua cadência de escolha, esse processo incluirá verificações semanais e revisões mensais, ambas levando a retrospectivas de fim de período. Além de inserir os OKRs lenta e constantemente em sua cultura, essas reuniões são excelentes oportunidades de gerar suporte para o sistema, descobrir o que está funcionando e determinar o que pode ser melhorado nos dias à frente. E se o dia estiver bonito, vocês podem até se reunir debaixo da sombra de uma *Phoenix canariensis*. Leia o Capítulo 11 para aprender mais sobre as reuniões de revisão de OKRs.

Vá Além dos Números para Aprender com os OKRs

No meu livro anterior sobre OKRs (coescrito com Ben Lamorte), definimos o conceito dos OKRs da seguinte forma:

Uma estrutura vital de pensamento e disciplina constante cujo objetivo é garantir que os colaboradores trabalhem juntos, concentrando seus esforços para fazerem contribuições mensuráveis que impulsionam a empresa.

A referência a uma disciplina constante destaca a importância de não criar e esquecer os OKRs, o número 8 deste capítulo das dez maiores obrigações para garantir o sucesso dos OKRs. Certificar-se de que os colaboradores trabalhem juntos reflete a importância do alinhamento horizontal e nutre a colaboração entre as equipes ao criarem OKRs (discutido no Capítulo 10 deste livro). A próxima parte da definição, "concentrando seus esforços para fazerem contribuições mensuráveis", mostra que os OKRs são feitos para ajudá-lo a focar o que realmente importa na obtenção de melhorias quantitativas de desempenho. Por último, a referência a impulsionar a empresa sugere que o objetivo de tudo isso é ajudar a empresa a executar sua estratégia singular.

Agora voltaremos às palavras do início da definição: "Uma estrutura vital de pensamento". O objetivo final dos OKRs é acelerar o desempenho da organização, mas isso não é feito simplesmente lendo as pontuações dos resultados-chave de cada período e esperando a mágica acontecer. Os números são uma ótima forma de começar uma conversa, mas a ideia não é parar por aí. Acho que esta será minha última referência a Peter Drucker neste livro (minhas desculpas à minha esposa, que já está cansada de ouvir referências a Drucker). Uma de minhas lições favoritas do guru original da gestão é esta pérola: "Os erros mais graves não são cometidos por causa de respostas erradas. O perigo de verdade é fazer as perguntas erradas" ("Stress Test Your Strategy" de Robert Simons, *Harvard Business Review*, 2010).

As inovações raramente se originam de números brutos. Se seu Net Promoter Score (NPS) for 70 ou se sua pontuação de reconhecimento da marca for 52, o que esses pontos de dados significam no grande esquema das coisas? As epifanias e as revelações que buscamos não vêm dos números, mas de uma investigação mais profunda do que esses números nos dizem, e é aí que entra em jogo o alerta de Drucker sobre as perguntas. Seu trabalho é remover o véu dos números, ir além e fazer perguntas que estimulem um nível mais profundo de pensamento e análise. As perguntas que faço no Capítulo 11 são uma boa maneira de começar essa busca.

Aprenda e Evolua com o Tempo

Minha história favorita de humildade em ação se relaciona com o escritor inglês John Masefield, que serviu como Poeta Laureado do Reino Unido de 1930 até sua morte em 1967. Durante esse período, ele compôs inúmeros poemas celebrando eventos reais ou ocorrências públicas importantes, sendo que todos deveriam ser publicados no *The Times* no dia respectivo. Masefield foi um poeta admirado e recebeu muitas honrarias durante sua vida, incluindo a Ordem do Mérito em 1935. Mas ele nunca encarou a publicação deles como algo garantido. Após sua morte, o *The Times* revelou que ele havia enviado um envelope carimbado e endereçado a ele mesmo com cada manuscrito para que pudessem ser devolvidos caso fossem considerados inaceitáveis (veja *The New Oxford Book of Literary Anecdotes*, 2006, John Gross, ed.). Que homem humilde!

A humildade é uma característica positiva, que deve ser admirada, sendo demonstrada por pessoas ou organizações, e adotada ao entrar na jornada dos OKRs. No início, você "não sabe o que não sabe" e provavelmente cometerá erros, incluindo muitas pessoas para criar OKRs cedo demais, não tendo um método consistente para monitorar os OKRs, deixando de reconhecer a importância dos embaixadores ou outras maneiras. Ao adotar uma atitude de humildade e ficar aberto às oportunidades de aprendizado que surgem com a experiência prática, você dirá aos colaboradores que valoriza a contribuição dos OKRs para o sucesso geral e está comprometido a fazer o processo dar certo.

Tenha Ajuda Profissional se Precisar

Por "ajuda profissional", não me refiro a deitar no divã, me contar sobre a sua infância e trabalharmos nos seus problemas por US$700 a hora, embora talvez precise justamente disso se sua implementação dos OKRs não der certo. Nesse contexto, "ajuda profissional" se refere a um consultor externo que lhe dará orientação e suporte para sua implementação, sem pedir nenhuma vez para lhe contar sobre seus sonhos. Pedir ajuda a alguém de fora da organização pode ser uma sábia decisão para você em pelo menos em dois cenários.

Talvez você esteja animado com a perspectiva de adotar os OKRs e babando nos promissores benefícios de foco, engajamento e alinhamento, mas tem pouca experiência com o estabelecimento formal de objetivos, e ninguém da equipe sênior tem uma experiência significativa com OKRs. É nessas horas que você precisará digitar na barra de pesquisa e buscar um consultor experiente. Os OKRs representam uma melhoria significativa, e se o conceito e o estabelecimento de objetivos em geral forem algo novo para a empresa, buscar um plano de implementação apropriado sozinho pode ser difícil. Um consultor experiente poderá avaliar a situação e montar um plano que inclua treinamento, coaching, facilitação e suporte para garantir que você tire o máximo proveito do seu investimento em OKRs.

Talvez sua organização esteja estabelecendo alvos por anos e tenha a sorte de possuir membros suficientes da equipe sênior que implementaram OKRs em empresas anteriores. Infelizmente, esse fato ainda não garantirá uma implementação de sucesso. Desde uma comunicação inexistente a ruim do seu motivo para ter OKRs a um treinamento insuficiente, um plano de implementação disperso e vários outros problemas podem colocá-lo em uma situação complicada. Se você já começou a usar OKRs, mas está vendo problemas surgindo — desafios com os quais não consegue lidar de forma rápida e satisfatória —, mais uma vez, a decisão prudente seria obter ajuda externa. Esse seria o equivalente dos OKRs a ligar para a polícia: pedir que alguém seja enviado de imediato para corrigir a implementação antes de perder o ímpeto e, o mais importante, o apoio e a fé dos seus colaboradores.

NESTE CAPÍTULO

» Usando CRAFT com OKRs

» Contando sua história de sucesso

» Concentrando-se no que mais importa

Capítulo 16

Dez Dicas para Criar OKRs Eficazes

Se você nunca trabalhou com OKRs antes, algumas dicas de como escrevê-los bem provavelmente serão de ajuda. Talvez sinta dificuldades de alinhar seus OKRs com a estratégia da empresa, não consiga torná-los o mais específicos possível ou esteja se perguntando quem incluir nesse esforço. Este capítulo lhe dará dez dicas para melhorar os OKRs que você e suas equipes escrevem.

Conheça a Estratégia da Organização

No fim das contas, você está implementando OKRs para ajudá-lo a executar sua estratégia. Assim, é importante que todos os OKRs criados, de cima a baixo na organização, se alinhem com a estratégia, e para que isso aconteça, todo mundo deve conhecê-la e entendê-la primeiro.

Quando se tem um conhecimento profundo de como a estratégia funciona, as probabilidades de desenvolver OKRs focados, relevantes e mensuráveis são muito maiores.

Como praticamente toda organização do planeta tem algum plano estratégico, é de se esperar que a sua também tenha. A ideia é que o plano tenha sido amplamente comunicado pela equipe de liderança sênior, ela tenha dedicado tempo e esforço para compartilhar os detalhes dele, e por que acha que esse plano seria a direção certa no momento.

Se algum aspecto do plano não estiver claro, entre em contato com seu chefe (ou com o chefe dele ou o CEO se agendar um horário) para que ele lhe explique os detalhes. É preciso compreender bem as decisões do plano referentes

- Aos mercados e aos clientes atendidos
- À proposta de valor específica com a qual sua empresa contribui
- Aos resultados desejados do plano

Com esse conhecimento em mãos, você estará muito mais preparado para escrever OKRs que demonstram a contribuição da sua equipe.

LEMBRE-SE

Alinhar seus OKRs com a estratégia da empresa também poderá ajudar a aumentar a motivação e o engajamento, além de fornecer um senso de objetivo e direção. Basicamente, os OKRs ligados à estratégia da organização geram uma poderosa sinergia entre os esforços da equipe e as metas mais amplas da organização, resultando em maior sucesso e impacto para todos os envolvidos.

Aprenda a Escrever um OKR Tecnicamente Bom

Não permita que a expressão "tecnicamente bom" o assuste. Você não está construindo pontes nem montando aeronaves aqui, mas é importante escrever um OKR que siga alguns princípios básicos para tirar o máximo proveito do sistema. Se você é novo em OKRs e está usando a estrutura pela primeira vez ou um veterano experiente que já escreve OKRs há anos, minha recomendação é escrevê-los usando as seguintes fórmulas:

Objetivo: Verbo + o que você fará + para/de modo que

Resultado-chave do tipo métrica: Verbo + o que você medirá/contará + de x para y

Resultado-chave do tipo marco: Verbo + o que você fará + data

Felizmente, essas fórmulas não são tão complexas quanto um modelo de precificação Black-Scholes ou uma equação de Navier-Stokes. Como é, você não conhece as equações de Navier-Stokes? Vai por mim, elas são um pouquinho mais complicadas do que criar um OKR — ou assim ouvi dizer.

Os dois primeiros elementos da fórmula do objetivo são bem simples: comece com um verbo, porque os objetivos são voltados à ação, então, após o verbo, faça uma descrição concisa do que você quer fazer. É a parte final que exige um pouco mais de atenção. A parte "para/de modo que" o obriga a estabelecer a relevância estratégica do objetivo — por que é importante fazer isso agora? Essa determinação o ajudará a escolher os objetivos mais importantes na execução da estratégia.

No caso de resultados-chave do tipo métrica, o mais importante a ter em mente é escrevê-los de "x para y" sempre que possível, sendo que *x* representa o patamar ou o ponto de partida e *y* representa seu objetivo final. Ao elaborar resultados-chave assim, o nível de extensão ficará aparente para todos.

Transforme os Objetivos em um Projeto CRAFT

Existe um problema de negócios que não pode ser prontamente solucionado com a ajuda de uma sigla inteligente em inglês? Acho que não, e com isso em mente, apresentarei uma com cinco letras, cada uma representando algo importante a se pensar ao realizar seu processo de seleção de objetivos. Como você vai desenvolver/construir/elaborar objetivos, usei uma palavra relacionada, *craft* (criar), que é uma sigla para **C**hallenges (Desafios), **R**esources (Recursos), **A**dvantages (Vantagens), **F**ire (Fogo) e **T**alk (Conversa):

- **Challenges (Desafios):** Um bom lugar para começar ao fazer o brainstorming de qual(is) objetivo(s) escolher é determinar o que poderá ajudá-lo a superar os desafios significativos enfrentados no seu negócio, coisas que o impedem ou já o impediram de atingir ambições maiores.
- **Resources (Recursos):** Ao compilar uma lista de possíveis objetivos, pense bem em quais você tem os recursos ou a capacidade de atingir no momento.
- **Advantages (Vantagens):** Esse é o lado bom de analisar os desafios. Aqui, você considera quaisquer vantagens que poderia explorar para fazer seu

negócio crescer, aumentar sua posição competitiva ou, se estiver no nível do departamento, aprimorar radicalmente seu desempenho.

- **Fire (Fogo):** No sentido de "o que atiça seu fogo"? Qual é sua paixão e por quê? Ao analisar qualquer negócio inovador e de sucesso excepcional, você verá que os envolvidos têm paixão por algo que permeia cada aspecto das operações. O que o motiva? Você provavelmente conseguirá ficar mais focado e motivado se tiver um objetivo que reflita uma paixão compartilhada.
- **Talk (Conversa):** Às vezes, os objetivos mais óbvios estão escondidos à plena vista; eles são tão óbvios que os ignoramos. Com isso em mente, ao considerar objetivos, considere as coisas sobre as quais você sempre conversa nas reuniões.

Seja Específico

Certo verão, quando eu tinha 20 e poucos anos, meus amigos e eu decidimos acampar a cerca de duas horas de onde morávamos. Meu amigo Jim era o único que já havia acampado lá, e como isso aconteceu algumas décadas antes do Google Maps, ele nos explicou como chegar no lugar. A informação mais importante era: vire no grande celeiro em Margaree. No dia da viagem, entrei no carro, saímos e quando chegamos no ponto indicado, em Margaree, o que encontramos? Celeiros em cada esquina do cruzamento, e todos eles pareciam ter o mesmo tamanho para mim! Como aqueles eram dias primitivos, sem celulares, meu único recurso foi experimentar rotas diferentes, e foi o que fiz. Como você pode imaginar, já estava escuro quando cheguei no acampamento. No fim das contas, ficou claro que "grande" não era um adjetivo específico o suficiente para explicar bem o caminho.

O que estava em jogo na minha viagem para acampar era algo relativamente pequeno (estar algumas cervejas para trás dos meus amigos quando chegasse no acampamento era a única consequência), mas com os OKRs, as consequências de não sermos específicos têm muito mais importância. Quaisquer palavras ou expressões que possam ser interpretadas de forma diferente por pessoas diferentes pode resultar em enganos e confusão quanto ao que seria um sucesso tanto no caso do objetivo quanto dos resultados-chave. Palavras como "qualidade", "eficiente" e "sustentável", por exemplo, estão abertas a interpretação com base no ponto de vista único do indivíduo, podendo levar a expectativas diferentes de sucesso.

Revise com cuidado cada palavra e expressão em um OKR antes de concluí-lo, verificando os possíveis casos de ambiguidade. É importante que cada palavra tenha um significado claro e consistente, de modo que todos aqueles que lerem o OKR — uma pessoa ou centenas de pessoas — possam entendê-lo da mesma forma. Se houver qualquer incerteza ou ambiguidade, é hora de reconsiderar e torná-lo mais claro. Você pode fazer isso fornecendo informações adicionais, incluindo links para documentos de apoio ou deixando bem claro o que quer dizer em detalhes.

Sempre Conte a História de Sucesso com Resultados-chave

Imagine que eu tenha pedido a você para se lembrar destas sete palavras: farol, brócolis, violão, cacto, câmera, rede e fonte. Espere trinta segundos e tente repeti-las. Não é fácil, é? Mas e se eu contasse uma história usando essas palavras? Vamos experimentar:

Enquanto andava na praia em direção ao farol, eu vi uma horta com brócolis crescendo no meio das dunas. Um homem com um violão tocava algo por perto, e pude ver um cacto em um vaso em sua mesa. Tirei minha câmera para capturar a cena e decidi descansar em uma rede que estava ali perto. Ao fechar meus olhos, pude ouvir o som da água escorrendo de uma fonte próxima.

Agora tente se lembrar das sete palavras novamente. Você provavelmente achou muito mais fácil se lembrar delas agora que foram usadas em uma história com contexto e conexões. Os resultados-chave também podem se beneficiar desse efeito da história. Ao escrever um objetivo, supondo que usou a fórmula de verbo + o que você fará + para/de modo que, você sabe qual impacto comercial deseja alcançar (o *para*). Assim, você cria um resultado-chave para medir esse impacto comercial. Nesse ponto, você escreve sua história fazendo uma pergunta básica: "O que deve acontecer para que esse impacto comercial seja atingido?" Sua resposta ajudará a clarear os possíveis resultados-chave. Continue fazendo essa pergunta até ter criado um conjunto de três a cinco resultados-chave que se juntam para contar a história de sucesso do seu objetivo.

Contar a história dos resultados-chave resulta em dois benefícios importantes:

- Desafia-o a determinar os resultados-chave que trabalharão juntos para gerar o impacto comercial. Isso o ajudará a criar resultados-chave relevantes que medem a realização do objetivo.
- Aumenta bastante sua habilidade de comunicar de forma clara e direta seus resultados-chave a colegas e outras partes da organização.

Não Espere Resultados-chave Perfeitos

Naquela viagem inesperadamente longa que fiz para o acampamento que descrevi na seção "Seja Específico", antes no capítulo, havia uma grande chance de sons eletrizantes do Van Halen estarem tocando nos minúsculos alto-falantes do meu carro, mantendo-me energizado enquanto viajava pelo interior. Eu adoro Van Halen, e aqui vai uma ótima história sobre essa banda virtuosa que, sim, tem a ver com OKRs.

De acordo com Dan Heath e Chip Heath em "The Telltale Brown M & M" (*Fast Company*, março de 2010), quando o Van Halen fazia shows ao vivo, sua grande quantidade de equipamentos exigia certa perícia técnica para montar. Como resultado, seu contrato padrão com os locais do evento era complexo e difícil de ler (David Lee Roth certa vez o comparou com as Páginas Amarelas chinesas). No contrato, eles incluíam uma cláusula sorrateira conhecida como Artigo 126, que determinava que não deveria haver a variedade marrom de certo doce colorido no camarim, senão o show seria cancelado. Na verdade, esse pedido aparentemente estranho era uma maneira inteligente de garantir que os operários de cada local estivessem prestando atenção e seguindo o contrato à risca. Roth verificava a tigela de doces ao chegar, e se encontrasse algum marrom, ele sabia que o pessoal do local provavelmente não havia lido o contrato com cuidado, o que significava que haveria erros técnicos que poderiam prejudicar o show. Essa rápida avaliação era vital para garantir o sucesso, porque Roth simplesmente não tinha tempo nem energia para inspecionar cada plugue e cabo. Basicamente, era uma maneira inteligente do Van Halen priorizar a atenção aos detalhes e garantir que seus shows sempre fossem bons.

Você consideraria "Número de doces marrons" como um resultado-chave complicado, sofisticado ou perfeito? De forma alguma, mas era uma métrica simples que Roth poderia acompanhar para supor que problemas maiores poderiam estar à espreita e estragar o show. O número de doces marrons era um indicador simples, mas poderoso, e muitas vezes é disso que você precisa para criar seus próprios resultados-chave. Perdoe-me pelo clichê, mas se tiver dificuldades para escrever um resultado-chave, não permita que a perfeição seja a inimiga do que é bom. Procure algo simples, que possa ser monitorado com facilidade — um item que acredita que levará ao impacto maior, ou resultará nele, do que deseja para o objetivo.

Equilibre a Equação

Meus professores do ensino médio teriam rido de mim propondo o título matemático desta seção, dado meu desempenho nem tão excelente assim em todos aqueles anos. "Equilibrar a equação" neste contexto simplesmente significa medir todo o objetivo com um conjunto de resultados-chave para contar toda a história de sucesso. A seguir, temos um exemplo de uma empresa de vendas diretas:

Objetivo: Equipar nossos consultores em campo com um treinamento inicial aprimorado para melhorar seu desempenho de vendas.

Resultados-chave:

1. Diminuir o número de dias para a primeira venda de 28 para 20.
2. Aumentar as vendas médias por consultor de 50 mil para 75 mil.

A boa notícia aqui é que os dois resultados-chave fazem um ótimo trabalho ao medir o impacto comercial da melhoria de desempenho das vendas. O problema é que o que gera esse desempenho das vendas — nesse caso, equipar os consultores com um treinamento inicial aprimorado — foi totalmente ignorado. Sem esses resultados-chave orientadores, será muito difícil agir durante o período para influenciar o impacto comercial de forma positiva. Um conjunto melhor de resultados-chave, que mede todo o objetivo e "equilibra a equação", seria o seguinte:

1. Criar um plano de treinamento inicial aprimorado e aprovado pelos executivos até 15 de julho.
2. Aumentar a porcentagem dos consultores em campo que concluíram o treinamento de 60% para 100%.
3. Diminuir o número de dias para a primeira venda de 28 para 20.
4. Aumentar as vendas médias por consultor de 50 mil para 75 mil.

Agora toda a história de sucesso é documentada no OKR.

Gere Alinhamentos Vertical e Horizontal

Os OKRs mais fortes são aqueles que geram alinhamentos vertical e horizontal. O alinhamento vertical, como o nome indica, denota consistência com OKRs que ficam "acima" daqueles que você cria e também é conhecido como alinhamento estratégico porque você demonstra sua contribuição com OKRs de nível superior. Na prática, isso significa que, ao criar um OKR, você deve analisar primeiro os OKRs da empresa e quaisquer outros que existam em grupos acima do seu na hierarquia corporativa — um OKR da unidade de negócios, por exemplo.

Seu desafio nesse ponto é criar um OKR que reflita bem seu papel na realização do OKR de nível superior. Os OKRs que você cria devem ser específicos para o trabalho, os desafios e as oportunidades, mas sempre que possível, eles também devem ser consistentes e se alinhar com os OKRs de nível superior. Uma importante ressalva, porém, é que nem todo OKR criado deve se alinhar diretamente com os OKRs de nível superior. Você enfrenta um conjunto específico de circunstâncias que dita a criação de um OKR que se concentra especificamente em sua situação particular. Obviamente, o que é mais importante nesse caso é defender sua escolha ao compartilhar o OKR com seus superiores.

DICA

O alinhamento horizontal acontece por meio do processo de identificar e administrar dependências. Ao criar OKRs, é importante especificar a ajuda necessária de pessoas fora da sua equipe para atingi-los.

Então precisará se reunir com essa(s) equipe(s) para discutir seus requisitos e avaliar seu comprometimento para ajudá-la(s). Caso aceite(m) trabalhar com você, o resultado será um OKR compartilhado. Se não puder(em) lhe dar a ajuda de que precisa, a situação será levada aos líderes, que deverão priorizar e tomar as decisões finais sobre os OKRs. Fazer isso pode parecer difícil do ponto de vista cultural, mas quando realizado objetivamente, gera clareza e transparência para todos os envolvidos.

Transforme-o em um Esforço Colaborativo

Eu não me considero um machão, mas já assumi uma versão desse personagem em algumas ocasiões pontuais, em especial na frente da minha esposa. Um grande exemplo é ao mudar os móveis de lugar, digamos, uma poltrona pesada. Ela diria: "Deixe-me ajudá-lo com isso." Então eu bufaria e responderia: "Eu consigo levantar sozinho." A poltrona é erguida e, logo em seguida, você me veria fazendo uma busca por quiropráticos no Google e comprando todos os analgésicos da farmácia.

Muitas coisas na vida, incluindo mudar os móveis de lugar e os OKRs, são feitas melhor com a ajuda de outros. Se for um líder e essa for a primeira vez que sua equipe escreve OKRs, você poderia tomar as rédeas e escrevê-los sozinho, mas ao fazer isso, se privaria de diversos benefícios valiosos que vêm de envolver sua equipe, incluindo os seguintes:

- **Pontos de vista diversificados:** Incluir toda a equipe nas conversas lhe permitirá empregar uma gama mais ampla de pontos de vista e ideias, garantindo que os OKRs que vier a escrever representem perspectivas diferentes e acabem refletindo o melhor que toda a equipe tem a oferecer.
- **Alinhamento:** Ao criar OKRs como uma equipe, você pode alinhar todos com o que está tentando realizar e saber se cada membro entende seu papel singular na geração de sucesso. A prestação de contas e a responsabilidade são resultados naturais e produtivos disso.
- **Apoio e suporte:** A página 1 do primeiro capítulo de qualquer texto sobre mudanças lhe dirá que as pessoas darão mais apoio a algo que ajudarem a criar. E falando em móveis, já ouviu falar sobre o efeito IKEA? Ele demonstra claramente que as pessoas atribuem um valor desproporcionalmente alto a produtos que ajudaram a criar (digita o autor enquanto observa com carinho o abajur da IKEA que montou).

Assim, da próxima vez que minha esposa se oferecer para me ajudar a mudar os móveis de lugar, espero aceitar com alegria essa ajuda. E no que se refere a criar OKRs, você deve sempre se lembrar da importância de trabalhar com os outros. Ao envolver sua equipe, você não só criará OKRs melhores, mas também desenvolverá uma equipe mais forte para se reunir em torno de sua conquista.

Foque o que Realmente Importa

Os OKRs têm o poder de gerar alinhamento, aumentar o engajamento e oferecem diversos outros benefícios, mas no fim das contas, o objetivo principal do modelo é ajudar sua organização a executar sua estratégia singular. Para cumprir esse objetivo, os OKRs criados na organização devem refletir o que mais importa para cada equipe que tem um lugar no organograma.

É relativamente fácil elaborar um conjunto de OKRs que não passam da razão de a equipe existir — as responsabilidades coletivas incorporadas pelas pessoas que compõem o grupo. Mas são apenas o mínimo necessário, ou seja, a aposta exigida para simplesmente fazer o grande jogo dos negócios. Se estiver se sentindo confortável com o status quo, talvez definhando atrás da concorrência, ou reconhecendo que não está extraindo nada que nem se aproxima do talento em potencial dos seus colaboradores, então, por favor, escreva OKRs que reflitam esse status quo. Mas não espere que ocorra uma mudança positiva ou crescimento tão cedo — ou, na verdade, nunca.

LEMBRE-SE

Para que sua execução seja eficaz, você precisa ir além das funções básicas da equipe, isolando as ações — provavelmente as novas, inovadoras e experimentais — que farão a diferença na execução. Sim, isso envolve muito trabalho, mas encontrar essas coisas e representá-las na forma de OKRs estratégicos é onde a mágica realmente acontece e a diversão começa.

Índice

A

agente de ligação, 69
ajuda profissional, 302
Alan Mulally, 109, 235
alinhamento, 30–32, 310
    horizontal, 31, 205–207
    reunião, 207
    vertical, 31–32, 200–202
        essência, 200
alinhamento forçado, 167
Alison Wood Brooks, 160
Amazon, 11, 101, 265
anátema, 78
Andy Grove, 11
Apple, 112
atenção, 53
    capacidade, 53
atividades rotineiras
    problemas, 142
avaliação de desempenho, 63

B

Balanced Scorecard (BSC), 285
Bao Xishun, 182
Beethoven, 160
benefício oculto dos OKRs, 71
Berton Averre, 186
Beyoncé, 160
Bill Lee, 111
Bill Schaninger, 56, 121
Blockbuster, caso, 297

C

cadência dupla, 91
campeão, 60
capacidade de atenção, 47
Carl Friedrich Gauss, matemático, 218
Carl Sagan, 207
Cesare R. Mainardi, 24
comemorar o sucesso, 266–267
consultores, 270–273, 302
crescimento, 26, 46–47
    sustentável, 25–26
criatividade, 182
cultura, 267

D

David Norton, 19, 285
David Packard, 98
David Robson, 160
defensor
    contratação, 64
    deveres, 60
    dos OKRs, 60–67, 85, 295
definição de metas, 8
dependências, 32–33, 205
desafios e oportunidades, 153
desempenho
    perspectivas, 147
disrupção, 27
dissonância cognitiva, 48
Donald Sull, 24
donuts, 190
Doug Fieger, 187
Dr. Seuss, 160

E

Edwin Locke, professor, 9
efeito IKEA, 311
embaixador dos OKRs, 66–71, 295
    habilidades interpessoais, 70
    número ideal, 67
    tarefas principais, 67
engajamento, 33–35

equipes dependentes, 78
especialista de fora, 125
estratégia, 77, 97, 109–115
executar, 23–25
exercício de interpretação, 216
experiência com OKRs, 70

F

fadiga de metas, 93
falácia do planejamento, 135
feedback, 224–225
foco, 47
Abraham Lincoln, 29–30
foróptero, 193
Franklin Roosevelt, 238
Frank Sinatra, 73

G

Gallup, 33
garra, 215
Gary Latham, 10
George Bailey, 98
George T. Doran, 16
Google, 11, 79, 92
grupos de apoio, 86–87
grupos-piloto, 82–83

H

Hanson Gregory, 191
Heidi Grant Halvorson, 224
Henry Kissinger, 153–154
Heráclito, 277
Hewlett-Packard, 98
humildade, 301–302

I

IKEA, 146
impacto comercial, 178
Impossible Foods, 110
ING (Serviços Financeiros), 101
Intel, 11
intenções de implementação, 235
intimidade com o cliente, 112–113
Nordstrom, 113

J

James Surowiecki, 162
Jeff Bezos, 114
Jim Collins, 103
Johann Hari, 125
John Doerr, 11, 79, 125
John Goffe Rand, pintor, 163–164
John Masefield, escritor, 301
Joseph A. Walker, 103

K

Katy Milkman, 28
Kirsten Weir, 215
Kleiner Perkins Caulfield & Byer, 11

L

Larry Bossidy, 23
Larry Page, 11
Laszlo Bock, 99
Leidy Klotz, 191
Leonardo da Vinci, 191
Leon Festinger, 48
linha do tempo, 94
Lotka-Volterra, equações, 197

M

maldição do conhecimento, 122
manual de usuário, 55
marcos, 93
Mark Twain, 286
Marriott, 97
McDonald's, 112
mentalidade de aprendizado, 239
Merck, 101
metas
armadilhas, 9
metas difíceis vs. fáceis, 36
método cascata, 203
Michelangelo, 191
Microsoft, 101
missão, 96–103

métodos, 100
modelo de atualização de OKRs, 230
motivação extrínseca, 203
motivação intrínseca vs. extrínseca, 203–205
Muhtar Kent, 106
"My Sharona", música de The Knack, 187

N

Neethi Mary Thomas, 236
Neil Armstrong, 104
Nordstrom, 112

O

objetivos
atributos, 164
características, 132
compartilhados, 169
estendidos, 189–190
feitos dentro do prazo, 166–167
fórmula, 13
harmoniosos, 167
qualitativos, 164–165
repentinos, 150–151
siglas, 168
significativos, 165–166
valor comercial, 169
Objetivos e Resultados-chave (OKRs), 12–20
alta realização, 290
atalhos, 218
atividades rotineiras, 141–142
avaliação, 277–278
benefícios, 287
cadências, 88–93
anual, 146–148
mudar durante o período, 214–216
não conseguir medir no período, 208–210
quadrimestral, 93, 149–150
trimestral, 92, 149–150
certos, 291
código aberto, 92
como não começar, 43–45
comprometidos vs. aspiracionais, 210–211
comunicação, 216
consistência, 218, 298–299
consolidação, 273
encaixe, 268–269
esforço colaborativo, 310–311
especificidade, 306
estratégia, 303–304
facilidade, 37–38, 120
foco, 311–312
fórmula, 158
individuais, 79–80
desafios, 81
investimento, 55
ir além dos números, 300–301
lista de possibilidades, 154–158
filtragem, 155–157
manual, 297
medir o objetivo, 309
melhores grupos para implementação, 74
modelos, 288
motivo, 294
mudança, 215
não têm fim, 265–266
no nível da empresa, 74–76
no nível das equipes, 77–79
número ideal, 75
número mágico, 286
pergunta básica, 152–153
pontuação, 245–254
abordagem das cores, 252
interpretação, 248–250
resultados-chave do tipo marco, 251–252
preparar equipes, 216–218
programa, 28
progresso, 298
quantidade, 286–287
recursos, 275
redundância, 81
refinar, 278
regras, 203
remuneração por incentivo, 285–286
responsabilização, 35

resultados-chave, 14–15
marcos, 14
métricas, 15
revisão de desempenho, 284
significado, 7
softwares, 254–261
suporte, 276–277
tecnicamente bons, 304–305
vs. 4DX, 17–18
vs. Balanced Scorecard (BSC), 19–20
vs. KPIs, 17
vs. metas SMART, 16
OKRs. *veja* Objetivos e Resultados-chave (OKRs)
OKRs combinados, 79
OKRs falsificados, 83
Oliver Wendell Holmes Jr., 238
oportunidade emergente, 149
oportunidades, 27
organização
desafios, 22
papéis, 52
Otto von Bismarck, 223

P

Pablo Picasso, 191
painel de métricas, 144
parceiro de consultoria, 44
patrocinador executivo, 52–59, 85, 295
responsabilidades, 54
Paul Newman, 166
Paul Niven
condução de alto desempenho, 123
despreparo, 121
pontualidade, 126
supino, 189
torradas, 62
perguntas
principais, 111
profundas, 232
secundárias, 114
simples, 236
Peter Drucker, 10, 101, 301
Peter Gollwitzer, 235
plano de treinamento, 274
Platão, 43
pontuação, 247
equilíbrio, 253
método padrão, 247
pontualidade, 126
portas do conhecimento, 231
prestação de contas, 35–36
problema de Michelangelo, 81
processo, 151, 177
programa-piloto, 82
departamento financeiro, 84
equipe jurídica, 84
grupo de apoio, 86
projeto, 85
projeto CRAFT, 305–306

R

Ram Charan, 23
reconhecer problemas, 163
Renoir, 163
repetição, 294
resistência, 279, 287
resultados-chave, 91–92, 164
atributos, 187
baseados em reuniões, 211–214
baseados nas consequências, 213
características, 132, 196
controle, 289
do tipo marco, 174–176
motivos, 175
do tipo métrica, 173–174
especificidade, 194–195
fórmulas, 184–186
história de sucesso, 307
imperfeitos, 182–184, 308
intermediários, 209
mais eficazes, 212
objeção, 197
orientadores, 180–182, 183–184
pergunta básica, 178–180

quantidade, 191–193
quantitativos, 188
tarefas associadas, 196
vs. tarefas, 195–197
reuniões
agendar, 234
apegar-se ao horário, 241–242
avaliação, 243
chatas, 227–228
duração, 241
formulário de avaliação, 244
mensais, 228–230
perguntas, 229–230
perguntas, 236
persistência, 240
regra do "pico-fim", 242
retrospectivas de fim de período, 231–234
perguntas, 231–232
semanais, 225–228
tipos, 225
Richard Nixon, 153
rituais, 93, 160–161
Robert Kaplan, 19, 285
Russell Wilson, 121

S

sabedoria das multidões, 162–163
saúde do negócio, 292
Scott Keller, 56, 121
semáforo, metáfora, 252
Sergey Brin, 11
silos, 32, 47
síndrome
da recuperação das reuniões, 212
de "criar e esquecer", 229, 300
Sony, 101
spotting, 159
Stephen Covey
história das pedras, 41
Steve Jobs, 36
Steven G. Rogelberg, 212
Steven Kramer, 204
Steven Pressfield, 279

T

Teoria Y, 34
Teresa Amabile, 204
Tom Peters, 120
Tom Pohlmann, 236
Tour de France, 105
treinamento, 120–143, 296
aprendizes, 125–126
conclusão, 137–138
confiança, 123–124
constante, 273–274
definição dos termos básicos, 131–132
objetivo, 131
resultados-chave, 131–132
história dos OKRs, 130–131
introdução, 127, 129–130
materiais de leitura, 125–126
patrocinador executivo, 127–128
prático, 133–137
treinador interno vs. externo, 124
virtual, 138–139
preparação, 139–142
Ty Cobb, ex-jogador de beisebol, 236

U

Uber, 28
unidade multidisciplinar, 78

V

Van Halen, 308
visão, 96, 103–108
Coca-Cola, 106
Ford Motor Company, 109
John F. Kennedy, presidente, 103
voluntário forçado, 70

W

Walmart, 112
Walmart Canada, 101
Wells Fargo, 190, 253
Winston Lord, 153–154

Este livro foi impresso nas oficinas gráficas da Editora Vozes Ltda.,
Rua Frei Luís, 100 – Petrópolis, RJ.